John Grisham
Jim McCloskey

INCASTRATI

Storie vere e incredibili di condanne ingiuste

Traduzione di Luca Fusari e Sara Prencipe

MONDADORI

mondadori.it

ISBN 978-88-04-79440-0

Titolo dell'opera originale
Framed
I edizione novembre 2024

OMNIBUS

INCASTRATI

A Kate Germond e Paul Casteleiro:
da quarant'anni e oltre la vostra tenace devozione
alla Centurion e a coloro che cerchiamo di rendere liberi
è pari solo alla perseveranza e ai grandi risultati ottenuti.
La Centurion non esisterebbe senza l'impareggiabile
servizio che offrite alle vittime di condanne ingiuste.

Jim McCloskey

A Peter Neufeld e Barry Scheck,
cofondatori dell'Innocence Project,
e ai guerrieri che lavorano con loro.

John Grisham

Indice

Prefazione

John Grisham

Nel 2006 pubblicai *Innocente,* in cui raccontavo la vicenda di Ron Williamson, vittima di un'ingiusta condanna a morte, a cui riuscì a scampare per un soffio. Prima di allora non avevo mai preso in considerazione di scrivere *non fiction* – con i romanzi mi divertivo troppo –, ma la storia di Ron mi colpì molto. Da un punto di vista puramente narrativo era una vicenda irresistibile che chiedeva soltanto di essere scritta, un tragico racconto di sofferenza, corruzione, perdita, morte sfiorata, con un pizzico di redenzione e una conclusione che non si poteva certo considerare un lieto fine, ma che avrebbe potuto essere di gran lunga peggiore. Non mi ci volle molto per capire che ogni condanna ingiusta meriterebbe un libro tutto per sé.

Da allora ho conosciuto tante persone condannate ingiustamente e poi prosciolte, e le loro famiglie, i loro avvocati e patrocinatori, i loro compagni di cella. Le considero persone fantastiche, perché hanno saputo sopravvivere a incubi che noi non riusciamo nemmeno a concepire. Alla maggior parte di loro fa piacere raccontare la propria storia. Sono disposte a fare tutto il possibile pur di cambiare una giustizia penale corrotta ed evitare altre condanne ingiuste. A decine hanno scritto delle proprie traversie. In molte hanno chiesto a me di scriverne.

Dopo *Innocente* non ho mai smesso di pensare a una raccolta dei casi giudiziari più clamorosi, ma ci si è sempre messa di mezzo la ricerca. È sconfortante l'idea di dover leggere migliaia di pagine di atti processuali, verbali di polizia, deposizioni di testimoni che cambiano versione in ogni grado di giudizio, precedenti penali, rapporti dei rilievi scientifici e poi ricorsi, mozioni, memorie e ordinanze, scritti e depositati da avvocati e giudici un tanto al chilo, o così parrebbe. Nei romanzi, che sono quasi sempre opere di fantasia, gli autori si possono concedere di essere più pigri. La *non fiction* invece è brutale, perché richiede una ricerca meticolosa. Non puoi permetterti errori.

Conobbi Jim McCloskey una quindicina di anni fa, quando mi chiese di intervenire alla festa annuale della Centurion a Princeton. Dopo i primi dieci minuti di convenevoli e strette di mano, cominciammo a scambiarci aneddoti sulle vittime di condanne ingiuste. Le storie di Jim sono sempre le migliori, perché le ha vissute in prima persona. Ne fa parte. Ha reso possibili diverse assoluzioni setacciando le strade da costa a costa in cerca della verità. La Centurion ha contribuito al proscioglimento di una settantina di imputati, e Jim era quasi sempre presente quando i suoi assistiti sono usciti di prigione per tornare tra le braccia dei loro cari. Era presente quando hanno assaporato la libertà, e ne è stato l'artefice.

Qualche anno fa cominciammo a parlare di questa raccolta. L'idea era semplice: selezionare cinque casi a testa, i nostri preferiti, e raccontarli. Di per sé, sceglierne soltanto dieci tra i moltissimi candidati fu già un'impresa, e altrettanto lo fu imporci un limite di settantamila battute per racconto. Un compito impegnativo, perché ogni singola vicenda avrebbe potuto riempire una biblioteca. Infine stabilimmo che ciascuno dei due avrebbe scritto per conto proprio, consultandosi il meno possibile con l'altro.

Così ci mettemmo a scrivere, con l'intento di sensibilizzare i lettori riguardo a certe storture della giustizia penale americana e, nel nostro piccolo, di contribuire a evitarle. Questo libro è un tentativo di portare alla luce i terribili stratagemmi illeciti a cui le autorità hanno fatto ricorso pur di condannare persone innocenti.

E vorremmo che fosse anche uno stimolo allo spirito d'iniziativa politico di cui la società avrebbe bisogno per cambiare le leggi, le prassi e le procedure inique che sono alla base di ogni condanna ingiusta.

Jim McCloskey

Come ha scritto John, la nascita del nostro sodalizio e della nostra amicizia risale a quindici anni fa. Ci accomunavano l'interesse e la compassione nei confronti degli americani e delle americane che, caduti vittime di una giustizia penale profondamente fallace, avevano subito un'ingiusta condanna all'ergastolo o alla pena di morte. Nel 2020 John si offrì generosamente di scrivere la prefazione al mio libro *When Truth Is All You Have*, pubblicato da Doubleday, in cui racconto non soltanto la storia quarantennale degli scontri fra la giustizia penale americana e i membri della Centurion, portavoce di persone condannate a pene ingiuste, ma anche il viaggio personale che mi ha portato a fare questo lavoro.

Naturalmente è stato un onore sentirmi chiedere da John di scrivere questo libro a quattro mani. Abbiamo stabilito subito che ciascuno di noi avrebbe raccontato cinque storie vere di casi in cui persone innocenti, incredule e sgomente, erano state giudicate colpevoli di reati con cui non avevano assolutamente nulla a che fare. I cinque descritti da me sono casi a cui ho lavorato personalmente come coordinatore e investigatore capo. Selezionarli tra la settantina di persone scagionate dalla Centurion è stata una sfida degna di Salomone. Ho avuto la fortuna di poter attingere ai voluminosi archivi interni dell'associazione e ai moltissimi documenti raccolti in anni e anni di lavoro. Intendo, tra le altre cose, i verbali della polizia e dei procedimenti legali, gli atti processuali, le motivazioni delle sentenze, i rapporti dei nostri investigatori.

Il sottotitolo che abbiamo scelto è *Storie vere e incredibili di condanne ingiuste*. Posso garantirvi che, a prescindere da quanto conosciate l'argomento, la vostra reazione dopo aver letto queste storie sarà: "Ma è tutto vero?". Domanda alla quale noi autori rispondiamo: "Sì, è tutto vero e succede molto più spesso di quanto immaginiate". La nostra intenzione e la nostra speranza sono che per voi non sia soltanto una lettura avvincente, ma che rappresenti uno spaccato di quello che succede in tanti tribunali americani. Il nostro intento è portare alla luce gravi irregolarità radicate nel sistema della giustizia penale, che costringono decine di migliaia di anime innocenti ad agonizzare in prigione per un tempo incalcolabile.

Prima di essere scagionati e di tornare in libertà, i ventitré imputati caduti nella rete delle dieci condanne ingiuste che raccontiamo sono stati incarcerati senza ragione per decenni. Quattro erano nel braccio della morte, due di loro sono arrivati a pochi giorni dall'esecuzione, uno è stato tragicamente giustiziato. Forse vi sorprenderà leggere che la composizione razziale dei ventitré è più o meno equamente divisa tra dieci bianchi e tredici neri, a riprova del fatto che il colore della pelle non protegge da questo genere di ingiustizie.

Spesso i veri assassini erano sotto gli occhi della polizia sin dal principio, e in due casi si trattava di testimoni chiave dell'accusa. Il DNA ha un ruolo importante in diversi casi, ma non nella maggior parte. Un elemento fisso sono invece le false dichiarazioni rese dalla polizia o dai civili in aula. La nostra non è la cronaca di errori commessi in buona fede dalle forze dell'ordine, da testimoni oculari animati dalle migliori intenzioni o da consulenti legali che effettuano analisi oneste ma imprecise.

Al contrario, le ingiuste condanne che vi stiamo per raccontare sono figlie della negligenza e dei raggiri architettati da inquirenti decisi a risolvere un caso o a ottenere una condanna ricorrendo a ogni mezzo, anche illecito: istigazione a giurare il falso, accordi sottobanco con criminali in cambio di testimonianze concordate a tavolino, dichiarazioni e confessioni false estorte con la forza a testimoni e sospettati, utilizzo di periti giudiziari incapaci o privi di credibilità, soppressione di elementi probatori scagionanti presentati dalla difesa, o altri atti mirati a ostacolare la giustizia, e che finiscono per rovinare vite innocenti a vantaggio dei veri colpevoli.

Ciascun racconto è un vero e proprio giro sulle montagne russe che si conclude quasi sempre con la vittoria della verità e della giustizia; tuttavia, gli assolti e i loro cari la ottengono pagando un prezzo inimmaginabile a livello personale. Riottenuta la libertà, bisogna affrontare la durissima sfida di ricominciare da capo. A riprova di quant'è forte lo spirito umano, tanti reduci del carcere dopo un'ingiusta condanna hanno la volontà e la capacità di farlo, liberi dalla rabbia e dall'odio degli anni passati e in grado di perdonare, di apprezzare ancora di più le piccole cose della vita che la maggior parte di noi dà per scontate e di desiderare un'esistenza tranquilla e pacifica.

La nostra speranza è che troviate questo libro interessante e istruttivo, e che leggerlo possa darvi un nuovo punto di vista sulla fallibilità della giustizia penale americana: una prospettiva che forse, prima, non avevate.

I Quattro di Norfolk

John Grisham

Omar Ballard era figlio di una prostituta tossicodipendente nera che lavorava nei quartieri malfamati di Newark, nel New Jersey, e di un uomo bianco che non aveva mai conosciuto. La donna era poco interessata al ruolo materno e quasi per niente al bambino, che cominciò a passare da una casa-famiglia all'altra e a gravitare suo malgrado attorno alle strade di cui era originario. Divenne un ragazzino arrabbiato, che incolpava la madre di tutti i suoi problemi. Spesso sfogava la sua indole collerica contro donne e ragazze. Si lasciò sedurre dalla vita del delinquente di strada e presto entrò nel giro criminale e violento del suo quartiere. Gli piaceva tutto: drogarsi e spacciare, l'alcol, le armi, il sesso, le rapine, le sparatorie, i pestaggi, gli omicidi, gli scontri fra bande, il brivido di scappare dalla polizia. Qualche volta lo beccarono ubriaco o con della droga addosso, ma niente di serio.

Ballard mollò la scuola e a diciannove anni se ne andò dal New Jersey. Era al verde, disoccupato e, come sempre, in cerca di guai. Trovò ospitalità da una sua vecchia amica, la diciottenne Tamika Taylor, madre single di due bambini che abitava in un quartiere popolare di Norfolk, in Virginia. La zona, frequentata da migliaia di giovani marinai di stanza nella vicina base navale, non aveva una reputazione particolarmente malfamata. Ma l'arrivo di Omar Ballard cambiò drasticamente le cose.

A quanto se ne sa, la prima ragazza che prese di mira a

Norfolk fu una bianca, Melissa Morse. La aggredì e la pestò con una mazza da baseball, ma le urla di lei attirarono l'attenzione di alcuni passanti che inseguirono Ballard. Lui cercò rifugio nel vicino appartamento di Billy e Michelle Bosko, una giovane coppia originaria di Pittsburgh. Abitavano a Norfolk perché Billy era in Marina, si erano sposati sei settimane prima e avevano appena conosciuto Omar tramite amicizie comuni. Lo fecero entrare, gli offrirono da bere, e fu una piacevole visita di cortesia finché davanti a casa loro non arrivarono le persone che inseguivano il ragazzo. I Bosko non riuscivano a credere che il loro nuovo amico fosse capace di aggredire una ragazza, e Billy si rifiutò coraggiosamente di consegnare l'ospite. Il gruppetto si disperse, e in seguito Billy dichiarò alla polizia che Omar non era colpevole.

Due settimane dopo l'aggressione a Melissa Morse, mentre Billy era in missione per una settimana a bordo della fregata *Simpson*, Omar Ballard andò dai Bosko. Era all'incirca la mezzanotte del 7 luglio 1997. Per sua stessa ammissione, Ballard era ubriaco, drogato e in cerca di sesso. Bussò alla porta e disse che aveva bisogno di fare una telefonata. Michelle, in maglietta e biancheria intima, lo fece entrare, gli diede il telefono e disse che in frigo c'era della birra. Vista l'ora, lei era intenzionata a tornare a dormire. Omar la seguì in camera da letto, la aggredì, cercò di strangolarla e quando lei perse i sensi la violentò. Eiaculò e si pulì con una coperta. Poi ebbe un momento di lucidità e si rese conto di essere in guai seri. Per mettere a tacere Michelle, decise di ucciderla. Trovò un coltello da bistecca in cucina, e tornò in camera da letto mentre la donna stava riprendendo conoscenza. La accoltellò al petto e la lasciò a terra. Si lavò le mani in bagno, strofinò la maglietta sui pomelli delle porte per cancellare le impronte, lasciò il coltello vicino al cadavere e, prima di uscire, frugò nella borsetta di Michelle sul tavolo della cucina e prese i contanti che trovò.

Durante l'aggressione l'appartamento, sessantacinque metri quadrati circa, rimase in gran parte intatto. Michelle, che lavorava in un McDonald's e teneva la casa in modo impeccabile, l'aveva sistemato per bene in vista del ritorno di suo marito, l'indomani. Alle cinque del pomeriggio seguente, quando Billy scoprì il cadavere della moglie, la casa era pulita e ordinata come sempre.

Fu effettuata un'approfondita analisi del luogo del delitto; tutti gli indizi, comprese le lesioni vaginali della vittima, suggerivano che l'aggressore fosse solo, e che fosse entrato senza forzare la serratura d'ingresso della casa. Le uniche impronte digitali appartenevano a Billy e Michelle. Tra il momento in cui il cadavere fu scoperto e quello in cui fu rimosso, gli investigatori passarono oltre nove ore a casa Bosko. Ne ispezionarono ogni centimetro, girarono filmati e scattarono decine di foto, raccolsero ogni potenziale prova, fecero persino isolare il corpo sotto una tenda per poter rilevare le impronte digitali latenti con i vapori di cianoacrilato. Fu un'indagine approfondita, e non lasciò alcun dubbio sul fatto che l'assassino di Michelle avesse agito da solo.

Quasi due anni dopo lo stupro e l'omicidio, la Scientifica analizzò il DNA di Omar Ballard. Ne risultò che lo sperma trovato sulla coperta aveva 21 miliardi di probabilità in più di appartenere a lui piuttosto che a un qualsiasi maschio bianco, e 4,6 miliardi di probabilità di appartenere a lui piuttosto che a un qualsiasi maschio nero. Lo sperma raccolto nella vagina della vittima aveva 23 miliardi di probabilità in più di appartenere a Ballard piuttosto che a un qualsiasi altro maschio bianco, e 20 miliardi in più di appartenere a lui piuttosto che a un qualsiasi maschio nero. Il DNA rilevato nel sangue sotto le unghie di Michelle corrispondeva a quello di Ballard.

Gli unici campioni di DNA prelevati dal luogo del delitto appartenevano a Michelle e al suo assassino, Omar Ballard.

La sua terza aggressione a sfondo sessuale di cui si abbia notizia avvenne dieci giorni dopo l'omicidio di Michelle. La vittima riuscì a identificare Ballard, che fu incriminato e incarcerato. Tuttavia, nessuno sospettò di lui come responsabile dello stupro e dell'assassinio di Michelle Bosko. La sua frenesia criminale – almeno due casi di stupro ai danni di donne bianche in meno di un mese, e nella stessa zona della città – non allarmò i poliziotti di Norfolk che indagavano sul caso Bosko.

Dovettero passare quasi due anni prima che gli investigatori scoprissero che c'entrava lui, peraltro grazie a una confessione dello stesso Ballard. Soltanto a quel punto fu sottoposto al test del DNA.

Sorvolare su un sospettato così ovvio è un peccato imperdonabile, ma la polizia di Norfolk aveva ben altro a cui pensare: stava cercando a ogni costo di incastrare una serie di innocenti. Quello che avrebbe dovuto essere un caso semplice, risolvibile grazie al DNA, si trasformò in breve in un'indagine precipitosa, condotta con un tale livello di incompetenza da sembrare, a volte, incredibile. Il caso Bosko rimane uno dei peggiori fiaschi nella storia della giustizia penale americana. L'arroganza e l'incompetenza che lo contraddistinsero lasciano senza parole, ma le sue conseguenze non si possono non definire strazianti.

Il 3 marzo 1999, quando venti mesi dopo l'omicidio i laboratori della Scientifica analizzarono finalmente il DNA di Omar Ballard, gli inquirenti avevano già fatto incarcerare *sette* membri o ex membri della Marina militare, accusati dello stupro e dell'omicidio punibile con la pena di morte di Michelle Bosko, benché né il test del DNA né i rilievi effettuati sul luogo del delitto li potessero inchiodare. E con l'eccezione di una multa per guida in stato d'ebbrezza, nessuno dei sospettati aveva precedenti penali.

Come tante indagini male indirizzate, questa cominciò da un'intuizione errata. Capita spesso, infatti, che gli investigatori della Omicidi perlustrino il luogo del delitto, se ne facciano un'idea basandosi su una reazione istintiva e offuscata dalla tensione del momento e, magari, indichino subito un sospettato: poco dopo, la polizia sta già andando di gran carriera nella direzione sbagliata.

Nel caso di Michelle Bosko, l'ipotesi incauta venne fuori quando i tecnici non avevano ancora finito di fotografare il cadavere. L'agente Judy Gray era stata la prima detective a giungere sul posto. Dedusse in fretta che, non essendoci alcun segno di effrazione, Michelle dovesse conoscere il suo assassino. Gray e un suo collega fecero mettere l'area in sicurezza. Quando arrivarono gli investigatori della Scientifica, i vicini dei Bosko si assieparono a guardare, increduli. Gray uscì e, come da prassi, cominciò a cercare indizi. Parlò a lungo con Tamika Taylor, l'amica di Ballard, e le chiese chi, secondo lei, poteva aver assassinato Michelle. Tamika era restia a rispondere, ma Gray la mise sotto pressione.

"Lo vede quello là?" disse Tamika, indicando con un cenno della testa un marinaio di nome Dan Williams (numero 1), dirimpettaio dei Bosko. "Secondo me è stato lui."

"Perché?" chiese Gray.

"Perché sembrava proprio ossessionato da lei."

Fu proprio così che Dan Williams divenne il principale sospettato dell'omicidio di Michelle Bosko. Tamika fece subito marcia indietro e disse che non era sicura: c'è in giro un sacco di gente matta, eccetera. Suggerì persino alla polizia di tenere d'occhio, tra gli altri, Omar Ballard, ma per qualche motivo non venne ascoltata.

Dan Williams e sua moglie Nicole abitavano in un appartamentino accanto a quello dei Bosko. Dopo aver scoperto il cadavere di sua moglie, Billy era corso da loro, sconvolto. Dan aveva chiamato il 911 e l'aveva accompagnato in casa, trovandosi di fronte il cadavere di Michelle. Le due coppie si conoscevano, entrambe non avevano figli, entrambi i mariti erano in Marina. Nicole era malata terminale di tumore alle ovaie. Mentre Michelle veniva uccisa, Dan e sua moglie dormivano.

La detective Gray avvicinò Dan e gli chiese gentilmente di seguirla fino alla stazione di polizia per rispondere ad alcune domande di routine. Si era convinta che fosse l'assassino senza avere una prova né un movente: le erano bastate le impressioni di Tamika. Dan accettò di buon grado l'invito, e ciò insospettì ancora di più Gray. Quando Dan Williams arrivò alla centrale, la polizia era certa di avere trovato il suo uomo.

Intanto, nell'appartamento, gli investigatori della Scientifica eseguivano gli accurati rilievi che, si sperava, prima o poi li avrebbero portati all'assassino. Fuori, quelli della

Omicidi mettevano in moto la disastrosa catena di eventi che li avrebbe allontanati dalle vistose tracce lasciate da Omar Ballard.

Spesso, nei casi di ingiusta incriminazione o condanna, all'intuizione errata fa seguito un altro tipo di cantonata, la miopia. I poliziotti acchiappano un sospettato, si convincono di avere preso quello giusto, si congratulano con se stessi per essere stati così intelligenti, dopodiché sorvolano sulle prove che scagionerebbero il malcapitato e si attaccano a qualunque cosa confermi la loro tesi. Se a furia di tartassarlo riescono a strappare una confessione al sospettato, rafforzano la propria posizione ed evitano una lunga indagine. Spesso l'interrogatorio è la scorciatoia preferita dei poliziotti pigri. Se viene fuori una prova che smonta la loro teoria, evitano di prenderla in considerazione. Se dopo l'incarcerazione del loro uomo se ne riesce a dimostrare l'innocenza (con il DNA), si rifiutano di crederci e ribadiscono testardamente che il colpevole è lui.

Dan Williams entrò nella centrale di polizia di Norfolk attorno alle sei e mezza pomeridiane del 7 luglio, meno di due ore dopo il ritrovamento del cadavere e ben prima che si concludessero i rilievi sul luogo del delitto. Non immaginava di essere un sospettato. Venticinque anni, laureato, ex boy-scout, era figlio di genitori severi che gli avevano insegnato a obbedire e a rispettare le autorità. Era un tipo tranquillo e mansueto, uno che a scuola non aveva mai preso una nota. Non aveva precedenti penali e non era mai stato interrogato dalla polizia. Con un'indole così passiva e ingenua, era completamente impreparato all'imboscata che lo attendeva.

L'interrogatorio cominciò alle otto di sera e, come ci si poteva aspettare, non fu registrato né in audio né in video. Le telecamere e i microfoni erano a portata di mano, come in qualunque stazione di polizia, e sarebbero stati usati a tempo debito. Non in quel momento, però, perché quella fase dell'interrogatorio nessuno la doveva vedere. Williams rinunciò al diritto di non rispondere e di richiedere la presenza di un avvocato, un errore di superficialità che gli innocenti commettono tra l'80 e il 90 per cento delle volte. I criminali colpevoli tendono molto di più a cucirsi la bocca o a chiedere un avvocato.

Williams cominciò a rispondere alle domande preliminari della detective Gray, spalleggiata dal collega Jack Horton che prendeva appunti. A parte loro, nella stanza non c'era nessun altro. Williams non ci mise molto a capire che la polizia sospettava di lui, ed era incredulo. I detective lo invitarono a fornire volontariamente campioni del suo sangue, dei suoi peli pubici, dei suoi capelli, e a consegnare i suoi indumenti intimi. Lui accettò di buon grado. Non aveva nulla da nascondere. Accettò di sottoporsi al test del poligrafo: altro errore. Gli innocenti dicono spesso di sì a questo test per l'impazienza di essere scagionati. Si fidano della polizia. Il fatto è che la legge americana consente alla polizia di mentire riguardo ai risultati della macchina della verità, cosa che succede spesso. Per la precisione, la legge consente alla polizia di mentire a piacimento durante l'interrogatorio a un sospettato. Il trucco del poligrafo è uno dei più utilizzati.

Alle nove e quarantacinque Williams venne collegato al macchinario e cominciò a rispondere alle domande dell'esaminatore, incentrate su ciò che aveva fatto il giorno prima e sui suoi contatti recenti con la famiglia Bosko. Disse sempre la verità e superò il test. Come al solito, però, gli venne detto il contrario: adesso c'erano le prove che mentiva. A mezzanotte, entrambi gli investigatori lo avevano già investito con una quantità di accuse insostenibili; volarono parole grosse, ci furono esplosioni di rabbia. Williams ribadì che dell'omicidio non sapeva nulla, che lui dormiva in camera sua insieme alla moglie. Gray mentì e disse che un testimone lo aveva visto a casa Bosko. Aggiunse che la polizia era al corrente della sua ossessione per Michelle, e poteva dimostrarlo con tanto di testimoni. Cresciuto con l'idea che le forze dell'ordine andassero rispettate, Williams era sconcertato che accusassero proprio lui. Credevano davvero che fosse colpevole! Confuso e sbigottito, faticava a ragionare con lucidità.

Con il passare delle ore, sua moglie Nicole cominciò a preoccuparsi seriamente. Chiamò il commissariato, cercò di capire che cosa stava succedendo e se c'erano stati dei problemi. Non ebbe risposte chiare e decise di andare di persona alla centrale. All'inizio dell'interrogatorio, la detective Gray uscì dalla stanza per parlare con Nicole. Le chiese cos'avessero fatto lei e il marito la sera prima. I poliziotti ipotizzavano che nella notte Dan fosse uscito di nascosto dall'appartamento e avesse compiuto l'omicidio, ma Nicole garantì che Dan aveva dormito con lei senza mai uscire di casa. A quel punto la polizia sapeva che Dan aveva un alibi solido, però fece finta di nulla.

A mezzanotte e mezza la detective Gray uscì dalla stanza, e Horton, parlando a Dan da uomo a uomo, cercò di convincere Williams a confessare. "Toglitelo, questo peso. Fallo subito, ti conviene, piuttosto che aspettare per sei settimane il risultato delle analisi del DNA." Williams tenne duro e disse che era stanco e voleva andare a casa. Secondo gli appunti di Horton, all'una meno cinque Williams ammise che trovava Michelle attraente, il che scatenò un fuoco di fila di insinuazioni: doveva essere infatuato di lei e voleva a tutti i costi andarci a letto.

Finalmente l'interrogatorio aveva preso una direzione. Gray rientrò, e insieme al collega insistette sull'"ossessione" di Williams per la vittima. Dissero di poter dimostrare che la sera prima dell'omicidio era stato a casa dei Bosko. Williams era confuso, esausto, e aveva bisogno di dormire. Appoggiava di continuo la testa al tavolo, e ogni volta gli investigatori gli ordinavano di sollevarla. Williams, un pugile suonato e messo alle corde, si ostinò a ribadire la verità: dell'omicidio non sapeva nulla. I detective cominciarono a mettere in discussione la sua memoria e ipotizzarono un'amnesia, un blackout. Forse, aveva commesso il reato in stato di sonnambulismo.

Non è una tattica insolita, negli interrogatori che vanno per le lunghe. I poliziotti chiamano spesso in causa l'amnesia, un blackout o il sonnambulismo, con il preciso intento di insinuare il dubbio nel sospettato. A quel punto indossano la maschera delle brave persone che sono lì apposta per raddrizzare la situazione.

A furia di insistere, l'espediente funzionò. Alle tre di notte, costantemente incalzato dagli investigatori, Williams cominciò a dubitare della sua stessa memoria. Forse era andato fuori di testa, forse era entrato in trance. La raffica di insinuazioni e accuse dei poliziotti non gli dava respiro.

Alle quattro e trentacinque Horton uscì dalla stanza. Gray cambiò tattica e fece appello alla coscienza di Williams. Non provava rimorso? "Michelle non è più tra noi. Pensa alla sua famiglia." E così via. Anche questo espediente funzionò, perché di colpo Williams scoppiò a piangere.

Alle quattro e cinquantuno la situazione cambiò drasticamente con l'arrivo del detective Glenn Ford, un veterano, un duro, nonché un esperto di interrogatori spietato che conosceva tutti i trucchi del mestiere. Le sue tattiche erano brusche, brutali, implacabili, fatte apposta per demolire la volontà del sospettato. Più di una volta era riuscito a ottenere false confessioni.

Ormai era ora di scucirne una a Dan Williams, e Glenn Ford si mise all'opera. Assistito da Horton che prendeva appunti, si sedette davanti al sospettato e gli disse che era pronto ad ascoltare la verità. Sapeva che Dan stava mentendo e poteva dimostrarlo. C'erano i testimoni. Tormentò Williams per un'ora, senza sosta. Lo minacciò con la prospettiva di una lunga carcerazione, ma gli promise indulgenza se avesse confessato (in seguito, sotto giuramento, Ford e Horton lo negarono). Colpì ripetutamente Williams al petto e lo insultò (poi negò anche questo).

L'interrogato era terrorizzato, e ormai non riusciva più neanche a ragionare. Dopo nove ore da incubo era a un passo dal crollo. I poliziotti erano convinti della sua colpevolezza, e l'unico modo per uscire dalla stanza era accontentarli. Per salvarsi, doveva collaborare.

Ford sentì che la vittoria era vicina, e alle cinque e quarantuno del mattino, durante una pausa, disse a Horton che Williams era "pronto a confessare". Lo stavano interrogando da dieci ore, ma teneva duro.

Alcuni anni dopo, in prigione, Williams cercò di spiegare perché avesse confessato. "Ero confuso, sconvolto. Non stavo bene. Mi sentivo impotente e non ce la facevo più. Perciò dissi ciò che volevano sentirsi dire, inventandomi i dettagli. Sapevo che quella che stavo raccontando a Ford non era la verità, ma volevo farla finita con le domande."

Alle sette del mattino, dopo undici ore di interrogatorio, i detective si decisero ad accendere il registratore. Williams, spaventato, sfiancato, disse ciò che volevano, e aggiunse diversi particolari basati sulle insinuazioni fatte dagli investigatori durante la notte. Naturalmente, nella sua raffazzonata versione del delitto c'erano diversi dettagli non veri.

Tra le altre cose, nella (prima) confessione raccontò che: era uscito di casa per andare da Michelle, sul suo stesso pianerottolo. Forse durante un episodio di sonnambulismo. Era a piedi nudi, ma sul luogo del delitto non risultavano impronte. Lei l'aveva fatto entrare. Lui l'aveva aggredita. Lei aveva urlato, ma nessuno diceva di averla sentita. Lui non aveva eiaculato, ma nella vittima e sulla coperta c'erano tracce di sperma. Quando era uscito, lei gridava ancora. Non l'aveva soffocata, ma l'autopsia avrebbe rilevato segni di strangolamento. Non l'aveva accoltellata, ma l'autopsia avrebbe rilevato quattro ferite da arma da taglio, tutte potenzialmente fatali. Non c'era sangue in giro. Era solo, non l'aveva aiutato nessuno. Sulle prime non ricordava come l'avesse uccisa, poi disse che forse l'aveva colpita alla testa con una scarpa, che però non seppe descrivere, e successivamente l'autopsia escluse ferite di quel genere.

Il dettaglio della scarpa fu un tocco di classe. A ipotizzare che fosse l'arma del delitto era stata, qualche ora prima, la detective Gray, che poi ammise: "Gli riempimmo la testa di particolari del genere. Confessò cose che io e Jack [il detective Horton] ci eravamo inventati di sana pianta".

Alle sette e un quarto del mattino i poliziotti spensero il registratore e uscirono dalla stanza. Williams, obbligato a rimanervi, si mise a terra e si addormentò. Dopo un po', Gray andò a spiarlo. Sdraiato sul pavimento, estraniato dalla realtà, Williams era in preda a un riso isterico.

L'interrogatorio non era finito. Nella fretta, i poliziotti si erano fatti prendere la mano, e c'era bisogno di dare un'aggiustata alla confessione. Mentre Williams era ancora nella stanza, la detective Gray andò a leggere il referto dell'autopsia di Michelle Bosko. Si accorse delle sconcertanti divergenze tra i rilievi del medico legale e la confessione di Williams, in particolare riguardo alle coltellate e allo strangolamento. Non c'erano ferite alla testa. Qualunque investigatore con un minimo di spirito d'osservazione avrebbe capito all'istante che Williams stava parlando a vanvera.

In seguito il medico legale dichiarò che i risultati dell'autopsia erano coerenti con l'ipotesi iniziale di un solo aggressore.

Alle nove e venticinque, Gray e Horton tornarono nella stanza degli interrogatori, svegliarono Williams, che era ancora per terra, e gli chiesero di firmare il verbale della confessione. Lui firmò, loro uscirono.

Alle undici la detective Gray, infuriata, irruppe nella stanza e ricominciò a intimare a Williams di dire la verità. Lo informò che aveva appena visto l'autopsia e descrisse le lesioni da arma da taglio e da strangolamento: lo screditatissimo stratagemma della "contaminazione del testimone". Perché Williams non le aveva raccontato delle coltellate e del soffocamento? Perché non era sul luogo del delitto, ma Gray non tollerava di essere contraddetta. Ricominciò con le insinuazioni e alla fine Williams si arrese. Pur di farla tacere e di rimanere solo, si corresse. Nella seconda confessione dichiarò che non aveva ucciso Michelle con la scarpa; l'aveva invece soffocata e accoltellata al petto, proprio dove gli aveva indicato Gray.

Dan Williams uscì dalla stanza degli interrogatori quindici ore dopo esservi entrato. Fu incarcerato e accusato di stupro e omicidio punibile con la pena capitale. La polizia aveva risolto il caso in fretta. Gli investigatori, sicuri di aver trovato il responsabile, potevano finalmente andare a dormire. Siccome l'indagine si era basata sull'interrogatorio anziché sulle prove, gli inquirenti non avevano notato che, nonostante avesse accettato i prelievi di sangue, capelli e peli e acconsentito a un tampone genitale, Williams non aveva graffi sul corpo. Detective con un briciolo di intuito in più avrebbero stabilito che il sangue e l'epidermide trovati sotto le unghie di Michelle erano la chiara prova di una colluttazione, della quale l'aggressore doveva portare in qualche modo i segni.

La notizia dell'omicidio si diffuse in tutta Norfolk, soprattutto nelle case vicine alla base navale. Subito dopo si venne a sapere che Dan Williams aveva confessato. Omar Ballard fu sorpreso, e in un certo senso perplesso che la polizia non lo stesse cercando, ma tirò un sospiro di sollievo al pensiero che i segugi del commissariato di Norfolk avessero fiutato la pista sbagliata. A ogni modo, non riuscì esattamente a tenere un profilo basso. Era già alla ricerca della sua terza vittima.

Dopo la prima notte dietro le sbarre, Dan Williams si svegliò confuso e annebbiato, ma non appena si schiarì le idee ritrattò completamente la confessione. Le sue proteste, però, rimasero inascoltate.

Quando gli avvocati assegnatigli d'ufficio lessero la confessione, capirono che era seriamente nei guai. A prescindere da com'era stata ottenuta o da quanto divergesse dai rilievi, era probabile che sarebbe stata presentata come prova in tribunale. È raro che i giudici non le ammettano, e in genere i giurati le prendono per vere. In aula non si parla mai dei metodi d'interrogatorio brutali e prevaricatori della polizia. A chi li ha usati basta negarlo, e alla giuria non sembra verosimile che qualcuno confessi un crimine che non ha commesso.

La verità, invece, è ben diversa. A tutt'oggi, le confessioni di quasi il 25 per cento dei sospettati poi scagionati dal DNA risultano estorte dagli inquirenti. Nel 1997 gli Stati americani dov'era obbligatorio registrare *per intero* gli interrogatori, in audio o in video, erano soltanto sei, e non includevano la Virginia. Oggi, alla luce del caso Bosko, il dipartimento di polizia di Norfolk impone che le registrazioni siano integrali.

Gli avvocati di Williams sapevano sia che la confessione sarebbe stata presa per valida, sia che le probabilità di una condanna a morte erano alte. Valutarono da subito la possibilità di patteggiare, per salvare almeno la vita al loro cliente, ma l'imputato non ne volle sapere. Ribadì più e più volte, ai legali, ai suoi genitori e a chiunque lo ascoltasse, che non era stato lui a uccidere Michelle. La polizia l'aveva maltrattato, tartassato e costretto a firmare una confessione fasulla.

Il vero assassino colpì di nuovo dieci giorni dopo l'omicidio Bosko. Omar Ballard pestò e stuprò una quattordicenne, che in seguito riuscì a identificarlo. Fu arrestato e finì per dichiararsi colpevole, ma per i detective della Omicidi continuava a essere un signor nessuno. L'assassino di Michelle l'avevano trovato, l'indagine era praticamente chiusa. L'indifferenza della polizia fu tale che nessuno si preoccupò di organizzare nemmeno una perquisizione di routine a casa Williams. Prima che arrivassero i risultati delle analisi del DNA dovevano passare settimane, forse mesi, ma i detective erano sicuri che avrebbero dato ragione alle loro meticolose indagini.

A novembre, quattro mesi dopo il delitto, i pubblici ministeri proposero a Williams un accordo. Se si fosse dichiarato colpevole di stupro e omicidio, il Commonwealth della Virginia non avrebbe chiesto la condanna a morte, e a lui sarebbe toccato l'ergastolo senza possibilità di scarcerazione. I suoi avvocati gli consigliarono di accettare, ma lui ribadì che era innocente.

Nello stesso periodo, Nicole Williams morì di tumore alle ovaie. A Dan non fu consentito di presenziare al funerale. Gli avvocati della difesa non l'avevano mai interrogata.

A dicembre, cinque mesi dopo l'omicidio, la Scientifica concluse l'analisi dei campioni di sangue, sperma e altro materiale biologico forniti da Williams. Gli inquirenti rimasero sconcertati: il DNA non corrispondeva a quello dell'assassino. Williams poteva essere scagionato, ma fino ad aprile né lui né i suoi legali seppero nulla delle analisi. Anzi, a gennaio, pur essendone al corrente, la pubblica accusa offrì di nuovo a Williams la possibilità di dichiararsi colpevole in cambio dell'ergastolo. Lui rifiutò.

In un altro distretto è probabile che a questo punto gli inquirenti avrebbero riconosciuto l'evidenza: si erano accaniti sull'uomo sbagliato. A Norfolk, invece, non vollero ammettere l'errore, e subito elaborarono nuove teorie. Il risultato del DNA si poteva spiegare perché: 1) Williams era coinvolto ma aveva usato un preservativo, oppure 2) era coinvolto ma non aveva eiaculato, e 3) aveva stuprato e accoltellato Michelle, ma lo sperma apparteneva a un complice, e così via. La possibilità che Williams non fosse presente durante l'omicidio fu scartata.

La farsa ricominciò in grande stile quando i poliziotti elaborarono una teoria incentrata sulla presenza di un complice. Il principale sospettato (numero 2) era un marinaio, Joe Dick, al quale Dan e Nicole Williams affittavano una stanza di casa loro: essendo così vicino all'assassino e al luogo del delitto, non poteva non essere coinvolto. Il 12 gennaio 1998 Dick sbarcò dalla nave *Saipan* della Marina militare per parlare con la polizia. Non sapeva di essere tra i sospettati, e non poteva immaginare che sarebbe finito in prigione.

Il detective Ford lo stava aspettando, per lui non c'era scampo.

Dick era un tipo introverso, riservato, facilmente manipolabile, socialmente goffo e incline a cedere all'influenza dell'autorità. Un ragazzo strano con pochi amici, decisamente mal attrezzato per il confronto che lo attendeva.

Verso le dieci e dieci del mattino fu fatto accomodare in una stanza degli interrogatori. Come Williams, non aveva precedenti e non era mai stato interrogato dalla polizia. Era nervosissimo. Entrarono Ford e il detective Don Brenner, che lo convinsero subito a rinunciare al diritto di non rispondere e di richiedere l'assistenza di un avvocato durante l'interrogatorio; un errore colossale che portò alla sua incriminazione.

Dopo pochi minuti Ford gli stava già chiedendo di Michelle Bosko, di Dan Williams e dell'omicidio, ma Dick rispose che quello che sapeva lo aveva letto sul giornale o sentito in giro. La notte dell'omicidio era a bordo della sua nave. Ford disse di avere le prove che Dick mentiva, e che sulla nave, quella notte, lui non c'era. Ben presto cominciò a gridare e ad accusare Dick di essere coinvolto nell'omicidio. Lui ribadì la propria innocenza, e lo scambio di accuse e dinieghi andò avanti per un po'. Ford sostenne che Dan Williams aveva confessato, e sottintese che la sua confessione coinvolgeva anche Dick. Non era vero: Williams non aveva mai parlato di complici. Ford aggiunse che la polizia lo aveva incastrato con il test del DNA (in seguito il detective Brenner ammise che non era vero). Ma di nuovo, durante un interrogatorio i poliziotti possono raccontare le bugie più spudorate.

A un certo punto Ford menzionò il test del poligrafo. Dick lo accettò subito benché fosse preoccupato, troppo nervoso e confuso. Superò l'esame, però la partita era truccata. Ford lo informò con solennità che era andato male, ma si rifiutò di mostrargli i risultati. Dick, abbastanza ingenuo da fidarsi ancora della polizia, ne fu sconvolto. Cominciò a dubitare di se stesso.

Ford seguì la solita scaletta: inventarsi ed esagerare prove che non esistono; dirsi assolutamente certi che il sospettato è colpevole; non accettare alcuna ipotesi alternativa; dare la netta impressione che il sospettato non se ne andrà dalla stanza finché non confessa, e pazienza se ci vorrà un secolo; respingere prontamente ogni potenziale alibi; ricordare di continuo al sospettato che è seriamente nei guai; ipotizzare un caso di amnesia, perdita di coscienza, sonnambulismo, trance o qualunque cosa possa insinuare il dubbio nella mente del sospettato.

Poi gli investigatori fecero ricorso al siparietto del poliziotto buono e di quello cattivo. Verso le due e mezza del pomeriggio Ford uscì dalla stanza, e in tono dolce e amichevole il detective Brenner cominciò a implorare Dick di dire la verità, "togliti questo peso dalla coscienza, vedrai che poi ti senti meglio, pensa alla famiglia di Michelle", e via dicendo. Gli garantì che avevano già tutte le prove necessarie e che ormai mancava soltanto la confessione.

Dick si rivelò più malleabile di Dan Williams, ma del resto non era forte come lui né sul piano mentale né su quello emotivo. Quattro ore consecutive di interrogatorio lo avevano sopraffatto. Si arrese e fece il complicato sforzo di confessare un reato di cui non sapeva nulla. A distanza di anni avrebbe cercato di spiegare perché: "Pensavo che se gli avessi dato ragione su tutto, Ford avrebbe smesso di parlare.

Ero stanco e frustrato, volevo soltanto levarmelo di dosso. Lo feci perché sapevo che mi avrebbe scagionato il DNA".

Dick, che non conosceva neanche un dettaglio dell'omicidio, cominciò con il raccontare una versione così inverosimile che non convinse nemmeno gli investigatori. Nessun problema: gli suggerirono qualche dettaglio e gli mostrarono persino una foto del cadavere di Michelle sul luogo del delitto. Per tre insostenibili ore perfezionarono la versione che convinsero Dick a adottare. Eppure, a dispetto di una manipolazione così accurata, la confessione che ne uscì era un resoconto bizzarro, molto distante dai rilievi della Scientifica e dalle dichiarazioni di Dan Williams, l'assassino stupratore di cui Dick era ormai complice.

A Glenn Ford, però, andava bene così. Ancora una volta aveva inchiodato il sospettato e risolto il caso. Per riuscirci erano bastate soltanto poche ore di tattiche di interrogatorio prevaricatrici. Joe Dick fu accusato di stupro e omicidio punibile con la pena di morte, e incarcerato senza possibilità di cauzione.

Dopo l'arresto, il sottufficiale Michael Ziegler, superiore di Dick a bordo della *Saipan*, sospettò che il ragazzo fosse stato sviato dalla polizia. Lo conosceva bene e sapeva che non sarebbe stato difficile costringerlo a confessare un delitto che non aveva compiuto. Ziegler controllò i registri di bordo e verificò che, in effetti, mentre Michelle veniva assassinata Dick era sulla *Saipan*. Ne parlò con l'ufficiale comandante, che gli disse di mettersi a disposizione delle autorità civili, degli inquirenti e degli avvocati difensori. Lui lo fece e poi aspettò e aspettò, ma nessuno lo interpellò per verificare l'alibi di Dick. In seguito disse al "New York Times" che la notte dell'omicidio Dick era "senza dubbio" in servizio. La polizia non chiese mai di controllare i registri della nave.

I genitori di Dick ingaggiarono Mike Fasanaro, un avvocato di Norfolk; ottenuta una copia della confessione, il legale concluse in fretta che il suo nuovo cliente era colpevole, "coinvolto senza dubbio nel caso in ogni suo aspetto". Pochi mesi prima, Fasanaro aveva vissuto la terribile esperienza di vedere un suo cliente giustiziato con l'iniezione letale, e non riusciva a togliersela dalla testa. Cominciò ad abbozzare una richiesta di patteggiamento, pur di tenere Joe Dick lontano dal braccio della morte.

Due mesi dopo la confessione di Dick, dai laboratori della Scientifica giunsero altre cattive notizie per gli inquirenti. Nel sangue, nello sperma e nel resto dei reperti biologici rinvenuti sul luogo del delitto non c'era il DNA di Dick.

Ed ecco che gli inquirenti formularono una nuova teoria: i responsabili erano tre! E il terzo era ancora a piede libero.

A questo punto Omar Ballard si trovava in prigione per il secondo stupro. Per risolvere il caso sarebbe bastato sottoporlo all'esame del DNA, ma il detective Ford e i suoi cervelloni avevano ben altro da fare. Invece di vagliare i sospettati credibili, volevano a tutti i costi trovare il numero 3, ma non sapevano da che parte cominciare. Del luogo del delitto non ci si poteva servire, perché scelsero di ignorarlo. Ford ricorse a un altro sporco trucco, e corruppe un detenuto informatore della polizia perché incastrasse Joe Dick.

Gli informatori bugiardi continuano a inquinare il sistema penale americano perché la polizia e i pubblici ministeri continuano a usarli. A tutt'oggi, nel 25 per cento dei casi di proscioglimento grazie al DNA, la condanna ingiusta è stata ottenuta anche grazie alle bugie di un informatore.

Quello di Ford fu trasferito nella cella di Dick, e chiacchierando con lui venne a sapere di un certo Eric, per il momento senza cognome. Non c'era nessun motivo per pensare che questo Eric fosse coinvolto nell'omicidio di Michelle Bosko, ma di certi futili dettagli la polizia non sapeva che farsene. Bisognava trovare il terzo assassino. L'informatore fece il nome e Glenn Ford si rimise all'opera. Individuò un altro marinaio, un certo Eric Wilson (numero 3), e lo invitò al commissariato per rispondere ad alcune domande. Eric conosceva Dan Williams e aveva sentito qualche voce riguardo al suo caso. Immaginò di dover rispondere a un normale interrogatorio di routine, niente di particolare.

Eric Wilson non era mai stato interrogato dalla polizia e non aveva mai commesso la minima infrazione in vita sua, nemmeno un eccesso di velocità. Veniva dal Texas meridionale, era figlio di genitori molto religiosi e uniti, era stato uno studente nella media e dopo il diploma si era arruolato in Marina con l'idea di fare carriera.

Alle dieci e dieci del mattino lo fecero entrare nella stanza degli interrogatori da dove sarebbe uscito nove ore dopo. Il detective Ford mise in piedi il suo consueto teatrino: manipolazione dell'interrogato per farlo rinunciare subito ai suoi diritti basilari; domande di routine che un po' alla volta si facevano precise e insinuanti; test del poligrafo, naturalmente "fallimentare", benché nel caso di Wilson non avesse dato prove conclusive; e poi l'artiglieria pesante. Eric rimase sconcertato quando gli dissero che non aveva superato il test, e fu scioccato dalla condotta di Ford. In seguito testimoniò che il poliziotto era stato "molto aggressivo, molto minaccioso, furioso, chiassosissimo". Ford continuò a picchiettargli le dita sulla fronte finché per errore non gliene ficcò uno in un occhio. Poi negò di averlo fatto. La sua spalla, il detective Jason Trezevant, lo definì "probabilmente uno degli interrogatori più rilassati a cui abbia partecipato in diciotto anni".

E probabilmente lo fu.

Ford aumentò la pressione al massimo, ma Eric riuscì a tenere duro e a negare qualunque suo coinvolgimento. Ford disse di avere parecchie prove, come sempre, ma non le comunicò al sospettato. Di sicuro non c'erano elementi concreti, e nelle assurde confessioni di Dan Williams e Joe Dick il nome di Eric Wilson non compariva. Un informatore pagato aveva semplicemente parlato di un "Eric". Ma in qualche modo il detective Ford aveva unito i puntini, e adesso sul giovane Eric Wilson piovevano le accuse di aver stuprato e ucciso una bella e giovane donna che neanche conosceva. Ford gli mostrò le fotografie di Michelle prima e dopo.

Gli interrogatori della polizia si basano sulla presunzione di colpevolezza, e Ford non era disposto a lasciarsi contraddire. Dopo quattro ore uscì dalla stanza infuriato e disgustato. Trezevant si calò nella parte del poliziotto buono e cominciò a parlare d'altro con Wilson. La conversazione divagò, ed Eric fece l'errore di citare un suo sogno. Nel sogno c'era una ragazza in pericolo, le stava succedendo qualcosa di brutto ma lui non sapeva bene che cosa. Eric non riusciva a identificare la ragazza, e Trezevant gli andò in soccorso mostrandogli una foto di Michelle che mangiava un brezel e ipotizzando che la ragazza del sogno fosse lei. Eric disse che tutto sommato sì, poteva esserlo.

Tanto bastò a riaprire le porte. Tornò Ford e insistette sul sogno. Voleva i dettagli: chi c'era, cosa succedeva a Michelle, dov'era ambientato, e via dicendo. Eric cercò di descriverlo al meglio, e quando non ci riusciva poteva contare sull'aiuto dei poliziotti. Un po' alla volta, dopo diverse ore, il sogno prese forma. Eric, Dan Williams e Joe Dick aggredivano Michelle in casa sua, la immobilizzavano e la stupravano. A un certo punto Ford si stufò e ordinò a Eric di piantarla con le cazzate oniriche e di raccontare com'era andata realmente. Eric fu sconvolto dal sospetto che forse non era stato un sogno. Forse era successo davvero, e in tal caso tutto aveva senso: il test del poligrafo, le prove che la polizia diceva di avere, le costanti asserzioni di Ford e la certezza di un suo coinvolgimento. Confuso, spaventato e ormai incapace di resistere, Eric confessò lo stupro ma non l'omicidio.

Successivamente avrebbe raccontato: "A un certo punto diventa insopportabile, e pensi: 'Ehi, in teoria questi qui sono dalla parte dei buoni. Forse hanno ragione, forse sono stato io. Forse c'è qualcosa che non va in me, e non ricordo che cosa ho fatto'. E allora cominci a dirgli quello che vogliono loro. Avrei fatto di tutto, ma proprio di tutto, per levarmi dalle scatole il detective Ford".

Lo chiusero in una piccola cella della stazione di polizia e là, solo e spaurito, Eric cominciò a rendersi conto di ciò che aveva combinato.

Due mesi dopo, la Scientifica comunicò che il DNA di Eric non aveva niente a che vedere con il sangue, lo sperma e il resto del materiale biologico prelevato dal luogo del delitto.

La polizia tirò subito fuori una teoria nuova: nella banda c'erano *quattro* uomini! Senza esitazioni gli investigatori si affrettarono a trovare il quarto sospettato. E ancora una volta, anziché affidarsi agli indizi concreti, preferirono interrogare uno dei primi tre. Siccome Joe Dick era il più vulnerabile, e il suo avvocato il più ansioso di patteggiare, Glenn Ford prese di mira lui. Messo alle strette dal dovere di salvare il suo "accordo", e con quello la sua vita, a un certo punto Dick confessò che nell'aggressione erano stati coinvolti altri tre uomini, per un totale di sei. Non sapeva come si chiamassero, tranne uno, un certo George. Il fatto che non conoscesse i nomi dei membri di una banda che in qualche modo si era organizzata quanto bastava a stuprare e uccidere una giovane donna avrebbe insospettito chiunque, ma i poliziotti erano troppo disperati per rallentare. A quel punto, il giovane marinaio si era convinto di essere colpevole ed era disposto a dire qualunque cosa.

Per chissà quale motivo, nel forsennato mondo dell'indagine di Glenn Ford "George" diventò un ex marinaio di nome Derek Tice (numero 4). Tice si era congedato con onore dalla Marina, e da Norfolk si era trasferito in Florida. Il suo unico legame con il caso Bosko l'aveva creato la mente confusa di Joe Dick. Un'altra eroica squadra di agenti speciali andò ad arrestarlo, e lui venne accusato di stupro e omicidio ed estradato in Virginia. Quando arrivò a Norfolk per fare una chiacchierata con il detective Ford era psicologicamente a pezzi.

Il suo interrogatorio, secondo gli appunti dell'investigatore Don Brenner, cominciò alle due e un quarto pomeridiane. Glenn Ford affrontò i passaggi preliminari e fece firmare a Tice la rinuncia al diritto di non rispondere e di chiamare un avvocato come se fossero un'inezia. Dopo qualche domanda generica, gli chiese di dirgli tutto quello che sapeva riguardo allo stupro e all'omicidio di Michelle Bosko. Tice rispose che sapeva soltanto quello che aveva sentito dire in giro, e che era rimasto sorpreso dall'arresto di Dan Williams (numero 1). Di colpo Ford saltò in piedi rovesciando la sedia, e cominciò a gridargli di smetterla di mentire. Tice, spaventato e timoroso che lo picchiassero, ribadì la sua versione. Ford lo accusò di nuovo di mentire. Poi mentì a sua volta, dicendo che: 1) gli altri tre imputati intendevano testimoniare contro di lui e dichiarare, addirittura, che l'idea dell'aggressione era stata sua; 2) la polizia aveva le prove del suo coinvolgimento nel delitto; 3) un testimone segreto poteva confermare la sua presenza sul luogo dell'omicidio.

A distanza di anni, Ford ammise che forse aveva alzato un po' la voce. Negò di avere minacciato due volte Tice di morte per iniezione letale, però secondo Tice non era andata così: "Ogni volta che dicevo che quella notte non ero lì eccetera mi dava del bugiardo e sosteneva che invece sì, sapeva che c'ero, e che se avessi continuato a mentire mi avrebbero processato e fatto l'iniezione letale. Ripeteva: 'Morirai. Ti faranno la puntura. Faremo in modo che ti condannino'".

Passavano le ore, ma lo snervante interrogatorio non finiva mai. Derek Tice cominciò a chiedersi se ci fosse una cospirazione contro di lui. Se Dan Williams, Joe Dick, Eric Wilson, la polizia, i testimoni segreti lo volessero incastrare. Cominciò a dubitare di se stesso e a perdere il senso della realtà. Non c'era più niente di chiaro. E Ford non mollava l'osso.

Dopo cinque ore, Tice continuava a negare ogni coinvolgimento. Era esausto, ma non poteva sapere che Ford era pronto a continuare all'infinito pur di strappargli una confessione.

Alle quattro del pomeriggio Tice era stato trasferito nella fatidica stanza del poligrafo, collegato al macchinario e interrogato dal detective Will Sayre, l'"esperto" del dipartimento di polizia di Norfolk, la stessa persona che aveva sottoposto al test gli imputati Williams, Dick e Wilson. Sayre aveva effettuato il test da solo, senza Ford né Brenner presenti, e alle cinque e mezza aveva informato Tice che non lo aveva superato. Il poligrafo mostrava chiaramente che aveva partecipato allo stupro e all'omicidio in casa di Michelle Bosko.

Secondo Tice, Sayre gli assicurò che lo avrebbero giustiziato, e che lui stesso avrebbe assistito all'esecuzione (in seguito Sayre negò di averlo detto).

Sayre aggiunse che, effettivamente, a volte Ford era "un po' prepotente" e che se Tice avesse voluto confessare avrebbe provveduto ben volentieri lui stesso a verbalizzare la sua testimonianza.

A quel punto Tice si appellò al diritto di non rispondere. Disse a Sayre che voleva un avvocato, e l'altro rispose che in effetti era una scelta sensata. Secondo gli appunti di Sayre,

Tice dichiarò che non avrebbe più aperto bocca finché non avesse parlato con un avvocato.

Per qualche motivo, la richiesta di un legale venne ignorata. Alle sette e mezza di sera Tice fu riportato nella stanza degli interrogatori. Arrivarono Ford e Brenner e ricominciarono le intimidazioni, le accuse, i dinieghi, le minacce, gli insulti e le sfuriate. Ford aveva una foto di Michelle. La sbatté in faccia a Tice e gli domandò come si sarebbe sentito se fosse stata sua figlia (Tice aveva una bambina di quattro anni). Tice pensò a lei e al trauma che avrebbe vissuto se le avessero giustiziato il padre. Scoppiò a piangere. Alla fine, dopo dieci ore, era crollato.

Dopo alcuni anni, ricordò così l'episodio: "Ero spaventato, solo, nauseato. Avevo mal di testa, pensavo che Ford dicesse la verità riguardo ai tre testimoni contro di me, pensavo che avrebbero usato il test del poligrafo come prova. Avevo paura che, se non avessi confessato, Ford mi avrebbe picchiato. Volevo uscire da quella stanza in un modo o nell'altro, sentivo di essere in trappola e che l'unica via di scampo era dichiarare il falso... Adesso mi sento solo uno stupido".

Tice cominciò la confessione dal riassunto generico che Ford gli aveva esposto nelle prime ore di interrogatorio. Ford insistette sul fatto che c'erano più di quattro persone coinvolte e pretese che Tice ne facesse i nomi. Lui citò un suo amico, Geoffrey Farris (numero 5), ma Ford disse che la polizia sapeva già di lui. Chi altro c'era? Alla stessa maniera raffazzonata in cui stava inventando i fatti, Tice chiamò in causa un altro suo amico, Rick Pauley (numero 6).

Come le altre tre false confessioni, quella di Tice era disseminata di contraddizioni. Una tra le più evidenti riguardava l'utilizzo di un martello da carpentiere per entrare in casa Bosko. Non erano stati rilevati segni di effrazione, e Ford lo sapeva. Tice disse anche di aver eiaculato durante lo stupro.

All'una e mezza di notte, Derek Tice firmò la sua confessione e fu incarcerato. Tre giorni dopo, il quotidiano locale scrisse che Williams, Dick, Wilson e Tice avevano bussato alla porta di casa Bosko e, dopo uno stupro di gruppo, strangolato e accoltellato Michelle.

Successivamente, Ford negò di aver "suggerito" a Tice la confessione.

Nel carcere di Norfolk, Tice fu assegnato alla stessa unità di Omar Ballard. I due non si conoscevano nemmeno, ma nei mesi seguenti una teoria si aggiunse alle tante che si erano susseguite: Tice, Ballard e sei altre persone che praticamente non si conoscevano avevano formato una banda durata giusto il tempo di organizzare ed eseguire lo stupro e l'omicidio.

Rick Pauley era un ex marinaio che abitava con i genitori a Norfolk. Subito dopo la confessione di Tice fu arrestato e interrogato dagli investigatori Bobby Backman e Don Brenner, che lo accusarono ripetutamente, si rifiutarono di credere ai suoi dinieghi, mentirono citando le prove della sua presenza sul luogo del misfatto, lo minacciarono di morte se non avesse collaborato, gli promisero clemenza in caso contrario, dichiararono che non aveva superato il test del poligrafo e, quando lui chiese un avvocato, ignorarono il suo diritto a ottenerlo e a non rispondere. Dopo cinque ore, Pauley era sul punto di crollare e dichiarare qualunque cosa alla polizia pur di mettere fine all'interrogatorio. In seguito raccontò a sua madre che per poco non l'avevano convinto di essere colpevole.

Ma Pauley si rifiutò di confessare, e a un certo punto i poliziotti rinunciarono. Gli andò bene, perché Glenn Ford era in vacanza. Secondo l'avvocato di Pauley, se Ford fosse stato in servizio avrebbe fatto confessare anche lui.

Tuttavia, anche se non c'erano indizi che lo collocavano sul luogo del delitto, Pauley fu incriminato per stupro e omicidio punibile con la pena capitale, e rinchiuso nel carcere di Norfolk dove passò dieci mesi.

A quel punto la polizia fermò Geoffrey Farris, un altro ex marinaio che abitava in zona. Quando entrò nella stanza degli interrogatori, Farris non era in arresto, ma la situazione cambiò in fretta. Glenn Ford, tornato dalle ferie, affrontò le fasi preliminari come al solito, cioè sbarazzandosi dei diritti di non rispondere e all'assistenza di un legale. Dopo due ore di accuse e l'immancabile poligrafo, Farris pretese un avvocato e smise di parlare. Ford gli disse che era in arresto per stupro e omicidio e lo fece portare via. Anche lui finì in carcere per dieci mesi.

Alla fine di agosto del 1998, la Scientifica diede ulteriori cattive notizie agli inquirenti. Tra il DNA prelevato sulla scena del crimine e quello di Derek Tice, Rick Pauley e Geoffrey Farris non c'erano corrispondenze. Sei uomini in galera, tutti scagionati dal DNA.

Ed ecco una nuova teoria: la banda era composta da *sette* uomini, e il settimo era ancora a piede libero!

Siccome la fonte degli ultimi due nomi casuali – Rick Pauley e Geoffrey Farris – era stato Derek Tice, parve logico che potesse avere un altro asso nella manica. Il manuale del bravo investigatore imponeva di mettere di nuovo sotto torchio proprio lui.

Funzionò. Il 27 ottobre, durante l'ennesimo interrogatorio-maratona coordinato da Glenn Ford, Tice sputò il nome di John Danser (numero 7), e l'allegra brigata della polizia di Norfolk partì ancora una volta alla ricerca dell'inafferrabile fornitore di sperma.

John Danser era un ex marinaio che conosceva Williams (numero 1) e Tice (numero 4), ma nessuno degli altri. Era stato nella polizia militare e non si lasciò intimidire facilmente. Lo arrestarono a casa sua, a nord di Philadelphia, e lo estradarono a Norfolk. Ford lo interrogò seguendo la solita routine. Danser accettò di sottoporsi al test del poligrafo, e quando gli dissero che non lo aveva superato chiese un avvocato. Ma l'interrogatorio continuò. A un certo punto Ford mostrò a Danser una foto della scena del delitto e gli chiese se la ricordasse così, dopo che aveva stuprato e accoltellato Michelle. Danser continuò a negare. Aveva un alibi di ferro – la notte dell'omicidio era a casa sua in Pennsylvania – e non mollò di un centimetro. Ford sostenne di avere le prove che Danser fosse a Norfolk mentre si compiva il delitto, ma come sempre non ne chiarì la natura. A un certo punto si arrese, e Danser finì in galera con l'accusa di stupro e omicidio.

Due mesi dopo arrivò la conferma che il DNA sul luogo del delitto non era neanche il suo.

Febbraio 1999. Le autorità di Norfolk avevano incarcerato sette marinai ma non c'era uno straccio di prova contro nessuno di loro. Questo non scoraggiò la pubblica accusa, decisa a sfruttare le quattro false confessioni.

Un mese prima, Dan Williams (numero 1) aveva ceduto alla pressione e accettato di dichiararsi colpevole in cambio di due ergastoli senza possibilità di scarcerazione. In precedenza aveva rifiutato, ma alla vigilia del processo cambiò idea. Nicole, la testimone che poteva scagionarlo, era morta. I suoi avvocati non avevano condotto indagini, ed erano convinti che sarebbe stato giustiziato perché nessuna giuria avrebbe creduto falsa la sua confessione. Patteggiando poteva salvarsi la vita, e ormai sentiva di non avere scelta.

Joe Dick (numero 2) aveva accettato una proposta simile. Eric Wilson (numero 3) l'aveva rifiutata e continuava a ritrattare la propria confessione. Insistette per andare a processo. Anche Derek Tice (numero 4) era tentato di dichiararsi colpevole, ma alla fine si rifiutò.

Prima che la polizia tirasse fuori l'ennesima ipotesi e si mettesse a cercare il numero 8, entrò in scena Omar Ballard e in qualche modo la situazione cambiò. In una lettera scritta a un amico dalla prigione, Ballard ammise di essere l'assassino di Michelle. La lettera finì nelle mani della polizia, che la inoltrò all'accusa, che cercò di farla passare sotto silenzio. La mostrò agli avvocati difensori soltanto su ordine di un tribunale.

Un veloce esame del DNA inchiodò Ballard. Finalmente l'uomo giusto! Glenn Ford corse in carcere a interrogare il nuovo sospettato. Per i suoi standard fu un colloquio breve, senza minacce o falsi test del poligrafo e senza le solite tattiche. In pochi minuti Ballard confessò. A commettere il delitto era stato lui, da solo, e provava rimorso. Delineò in dettaglio la scena e l'appartamento, e fu il primo e l'unico a fornire una descrizione esatta dell'arma che aveva usato, un coltello seghettato da carne. Ford alluse alla presenza di complici, ma Ballard la negò. L'investigatore insistette e Ballard si spazientì. Ripeté di avere agito da solo, però Ford non gli credeva. Alla fine della registrazione del dialogo, Ford chiede a Ballard se ha qualcosa da aggiungere, e lui risponde: "No, a parte che i quattro che hanno confessato sono degli stupidi".

In una successiva deposizione giurata, Ballard dichiarò: "Ford mi fece una serie di domande tendenziose per portarmi a descrivere l'omicidio di Michelle come voleva lui. Per esempio, prima mi illustrava un certo dettaglio della sua versione, poi mi incoraggiava a inserirlo nella mia risposta. Ribadii più volte che avevo agito da solo, ma Ford voleva che coinvolgessi gli altri imputati". In seguito, intervistato in un programma televisivo, Ballard definì Ford "uno schifoso, che ti fa dire quello che vuole e non si ferma finché non accetti" e concluse: "L'unica cosa di cui sono colpevoli quei quattro bianchi è di aver accettato".

Anziché fare un passo indietro e arrendersi all'evidenza, anziché riesaminare il caso e prendere in considerazione l'ipotesi di essersi sbagliati, gli inquirenti andarono avanti ostinatamente. Avevano investito troppo in quell'indagine disonesta.

C'era una nuova teoria. Gli uomini implicati nel delitto erano otto, e Omar era il capobanda. Pazienza se nessuna delle prime quattro confessioni menzionava la banda o la presenza di un nero, e pazienza se la quinta confessione negava espressamente il coinvolgimento di altre persone.

La teoria della banda degli otto era grossomodo questa: Dan aveva invitato sei marinai bianchi a una festa a casa sua benché la moglie Nicole, malata di tumore, fosse appena tornata dall'ospedale dopo un intervento chirurgico. Siccome Billy Bosko era in mare, i sette avevano deciso di andare a stuprare sua moglie, la vicina di casa Michelle, che sulle prime non li aveva fatti entrare. La combriccola si era spostata all'esterno, nel parcheggio, dove aveva incrociato per caso Omar Ballard, e, benché nessuno lo conoscesse, lo aveva coinvolto nel tentativo di stuprare Michelle tutti insieme: Omar aveva detto che Michelle era sua amica e che a lui avrebbe aperto. Una volta in casa, Ballard aveva fatto entrare anche gli altri, che a turno, ma non si sapeva in che ordine, avevano violentato Michelle. Soltanto Ballard aveva eiaculato. Sempre a turno, ma non si sapeva in che ordine, avevano accoltellato Michelle. L'aggressione, avvenuta in soggiorno o forse in camera da letto, doveva aver lasciato la casa in condizioni pessime, però la banda era stata abbastanza scrupolosa da rimettere tutto in ordine e, ovviamente, cancellare ogni singola impronta digitale.

Per credere a questa ricostruzione ridicola bisognerebbe credere inoltre a una lunga lista di ipotesi folli, per esempio: Joe Dick (numero 2) avrebbe eluso la sorveglianza della *Saipan*, sarebbe corso all'appartamento a commettere il reato – insieme a persone che non conosceva – e sarebbe tornato, sempre eludendo i controlli, a bordo della nave; John Danser (numero 7) avrebbe percorso in cinque ore anziché in sette la strada che separava casa sua da Norfolk per poi unirsi alla banda – di cui conosceva soltanto due elementi –, commettere il delitto e correre di nuovo a casa; Geoffrey Farris (numero 5) poteva dimostrare tramite i tabulati che la notte dell'omicidio aveva telefonato alla sua ragazza in Australia: secondo le accuse, per uscire di corsa dalla sua casa di Norfolk a compiere il misfatto insieme alla gang avrebbe posato il ricevitore senza riattaccare e sarebbe tornato, dopo l'omicidio, a concludere la conversazione; inoltre, aggressori diversi avrebbero inferto a Michelle ferite tutte identiche e della stessa profondità. Ma forse la parte più pazzesca della storia è quella in cui un delinquente navigato come Omar Ballard compie un delitto così feroce insieme a un mucchio di bianchi che nemmeno conosce.

Come si poteva prevedere, la Teoria degli Otto crollò sotto il peso della sua stessa demenzialità. Derek Tice (numero 4) ritrattò e si rifiutò di testimoniare contro i tre che aveva accusato: i pubblici ministeri furono perciò costretti a ritirare le accuse contro Geoffrey Farris (numero 5), Rick Pauley (numero 6) e John Danser (numero 7), che tornarono in libertà dopo mesi di carcere duro. Non ricevettero scuse né risarcimenti o spiegazioni: nulla. E, tutto sommato, a loro andò bene.

Alla luce delle dichiarazioni di Ballard, Dan Williams (numero 1) cercò di ritrattare la propria ammissione di colpevolezza, ma il giudice glielo negò. Joe Dick (numero 2), ormai convinto di essere colpevole, scrisse persino una lettera di scuse ai familiari di Michelle. Eric Wilson (numero 3) fu processato e condannato per stupro. A distruggerlo fu la sua confessione, letta ad alta voce in aula. Scontò sette anni e mezzo di carcere e fu rilasciato nel 2005. Derek Tice (numero 4) subì due processi differenti e venne condannato all'ergastolo senza possibilità di scarcerazione. Dick testimoniò per l'accusa nei processi contro Wilson e Tice, ma non fu credibile. I giurati, tuttavia, rimasero colpiti dalle confessioni registrate.

Williams, Dick e Tice furono condannati all'ergastolo senza possibilità di scarcerazione. Strano ma vero, in uno Stato che utilizza spesso la pena di morte Omar Ballard ottenne un compromesso che gli risparmiò l'iniezione letale. Era un criminale spietato con la fedina macchiata da un delitto violento, l'omicidio di Michelle Bosko, del quale peraltro era reo confesso. In un'altra cornice, le autorità avrebbero spinto per un processo-spettacolo. Perché, invece, furono benevole? L'unica spiegazione plausibile è che gli inquirenti avevano paura di un processo in piena regola, che avrebbe consentito agli avvocati di porre alla giuria una domanda ovvia: "Come si fa a condannare quest'uomo per un delitto di cui altre quattro persone si sono dette responsabili?". Troppo rischioso: la pubblica accusa trovò un accordo con Ballard e lo fece condannare all'ergastolo.

A influenzare l'esito delle indagini sul caso Bosko non fu la verità, ma la menzogna. Le bugie, dette da così tante persone, a così tanti livelli e per così tanti motivi, finirono per rendere la verità irrilevante. I dati di fatto emersi dai rilievi scientifici sul luogo del delitto non cambiarono mai, ma chi indagava li trascurò consapevolmente. C'era stato un solo aggressore, il DNA apparteneva a uno solo dei sospettati. Omar Ballard, per sua stessa ammissione, aveva agito da solo.

Nel 2004 fu chiesto a Peter Neufeld, cofondatore dell'Innocence Project di New York, l'associazione non profit creata nel 1992 con l'obiettivo di scagionare e liberare le persone detenute senza motivo, di esaminare l'ingiusta condanna inflitta ai Quattro di Norfolk. Neufeld conosceva il caso, celebre nel sempre più frequentato ambiente della difesa legale di innocenti. A quanto ne sapeva, nella storia degli Stati Uniti non era mai successo che il DNA scagionasse un numero così alto di imputati che, tuttavia, erano finiti a processo e in galera. Nella grande maggioranza dei casi in cui il DNA scagiona un imputato, la pubblica accusa fa ciò che va fatto, e ammette l'errore. "Il DNA vale più della confessione" spiegò Neufeld. "La condotta dell'accusa e della polizia nelle indagini sul caso Bosko è così assurda, vessatoria e incomprensibile che, davvero, non ha precedenti."

Il caso, però, era troppo grosso per l'Innocence Project. Neufeld chiese aiuto a un celebre avvocato difensore di condannati a morte, George Kendall, che dopo un iniziale momento di scetticismo per via di tutte quelle confessioni fece qualche ricerca e si appassionò alla vicenda. Accettò l'incarico e coinvolse altri tre grossi studi legali a unire le forze. Il suo, Holland & Knight, assunse la rappresentanza di Joe Dick. Lo studio Skadden Arps, forte di mille avvocati e impegnato da tempo nel lavoro *pro bono*, accettò di rappresentare Dan Williams e lo affidò a Don Salzman, appassionato difensore di innocenti. Derek Tice fu rappresentato da Des Hogan dello studio Hogan & Hartson. Greg McCormack, l'avvocato di Eric Wilson, aveva già presentato una richiesta di clemenza e continuò a rappresentare il suo cliente.

L'obiettivo era quello di ottenere dal governatore della Virginia la grazia. Contattarono i migliori esperti del paese e chiesero loro di lavorare con grande scrupolo e in autonomia gli uni dagli altri. Furono consultate e messe all'opera autorità qualificatissime e obiettive in fatto di analisi della scena del crimine, test del DNA, interrogatori, false confessioni e crimini violenti. I tre studi legali erano ricchi di avvocati talentuosi e di risorse, ai quali attinsero a fondo.

Ogni perito diede lo stesso parere: Omar Ballard aveva agito da solo, e le confessioni dei Quattro di Norfolk erano inattendibili perché estorte con la forza. I marinai non c'entravano nulla con il delitto.

Gli avvocati radunarono un incredibile gruppo di sostenitori. Quattro ex procuratori generali della Virginia, tre democratici e un repubblicano, esortarono il governatore a concedere la grazia ai quattro marinai, e altrettanto fecero quindici ex giudici e pubblici ministeri. Tredici giurati dei processi Wilson e Tice depositarono dichiarazioni giurate in cui ammettevano di essersi sbagliati. Sentivano di essere stati ingannati, perché in aula nessuno aveva detto loro dei precedenti di Ballard per violenza sessuale né della reputazione dell'investigatore Ford, famoso per estorcere confessioni false. Il 6 gennaio 2006 il "Virginian-Pilot", il più grosso quotidiano dell'area di Norfolk, dichiarò con un editoriale: "Se la pubblica accusa o la polizia fossero in grado di fornire, anziché le loro confessioni, almeno una prova concreta del coinvolgimento di uno qualsiasi dei quattro condannati, il verdetto dei loro processi avrebbe ancora ragion d'essere. In caso contrario, [il governatore] dovrebbe scarcerarli".

Anche in due editoriali usciti sul "New York Times" e sul "Washington Post" fu chiesta la grazia.

Su richiesta degli avvocati dei Quattro di Norfolk, ventisei ex agenti speciali dell'FBI esaminarono a fondo il caso e giunsero alla stessa conclusione: Ballard aveva agito da solo e le quattro confessioni erano false. È raro che gli agenti dell'FBI rilascino dichiarazioni pubbliche su casi del genere, ed è ancora più insolito che convengano nel sostenere che qualcuno è stato condannato ingiustamente. In questo caso erano talmente convinti che accettarono di partecipare a una conferenza stampa. Il 10 novembre 2008, a Richmond, l'ex vicedirettore del Bureau Jay Cochran dichiarò: "Dopo un attento esame delle prove siamo giunti a una conclusione inequivocabile: i Quattro di Norfolk sono innocenti. Crediamo che nel caso di questi quattro uomini della Marina sia stato commesso un tragico errore e chiediamo al governatore Tim Kaine di concedere loro la grazia".

Il 6 agosto 2009 il governatore Kaine concesse a Dan Williams, Joe Dick e Derek Tice la grazia condizionata. Per Eric Wilson, scarcerato quattro anni prima, non era necessaria alcuna forma di clemenza, almeno secondo Kaine. In pratica, anziché assolverli, Kaine convertì i loro ergastoli in pene ridotte. Dopo oltre dieci anni di carcere i tre furono rilasciati, ma per la legge erano ancora considerati responsabili di stupro e omicidio.

Fu un risultato dolceamaro, per loro e per chi li sosteneva. La grazia avrebbe dichiarato nulle le accuse, invalidato le condanne e mostrato, in un raro atto di coraggio, che la giustizia della Virginia aveva tradito i marinai. Li avrebbe dichiarati ufficialmente innocenti e avrebbe consentito loro di ricominciare davvero a vivere senza pendenze alle spalle.

Lentamente, in maniera inaspettata, giustizia fu fatta. Nel 2010 l'investigatore Glenn Ford fu condannato a dodici anni di galera per estorsione. Aveva messo in piedi un sistema rozzo ma efficace: prendeva di mira i trafficanti di droga che rischiavano condanne pesanti, millantava di avere agganci importanti a livello governativo e, in cambio di un migliaio di dollari in contanti, prometteva loro di fare pressione sulla pubblica accusa dicendo che lo avevano aiutato a risolvere altri casi e meritavano un trattamento di riguardo. Viceversa, se l'imputato si rifiutava di pagare la tangente, Ford prometteva che gli avrebbe reso la vita più difficile. Né più né meno che un brutale ricatto.

Durante il processo per estorsione, l'accusa dimostrò che il racket di Ford durava da oltre quindici anni. Pertanto, mentre costruiva la sua fama di detective numero uno di Norfolk, responsabile di numerose false confessioni e ingiuste condanne, aveva intascato almeno 800.000 dollari sottobanco.

E i suoi problemi non finivano qui. Nel corso degli anni, con l'aumentare della notorietà del caso dei Quattro di Norfolk, si fecero avanti altre sue vittime e i loro avvocati.

I difensori dei Quattro erano insoddisfatti della grazia condizionata e più che mai decisi a far scagionare e riabilitare i loro clienti. Mentre i loro investigatori andavano a caccia di ulteriori prove, presentarono valanghe di ricorsi.

Nel 2016 il giudice della Corte distrettuale John A. Gibney annullò le condanne di Dan Williams e Joe Dick e li dichiarò innocenti. Nel darne le motivazioni, Gibney sottolineò con un'osservazione pungente che "sotto ogni aspetto, le prove dimostravano che Danial Williams e Joseph Dick non avevano commesso lo stupro e l'omicidio di cui si erano dichiarati colpevoli, e nessun essere umano sano di mente avrebbe potuto condannarli in base alle prove disponibili".

A febbraio del 2017 gli avvocati dei Quattro presentarono le istanze con cui chiedevano la grazia al governatore Terry McAuliffe, che dopo un mese la concesse. Un suo portavoce dichiarò che "la grazia ha scritto l'ultimo capitolo alla grave ingiustizia che perseguita questi quattro innocenti da quasi vent'anni".

La loro fedina penale tornò pulita e i loro nomi furono cancellati dai registri dei criminali e dei responsabili di violenze sessuali. Furono dichiarati finalmente *innocenti*!

Non consideravano conclusa la storia, però. Grazie ai loro potenti avvocati minacciarono di intentare cause civili contro la città di Norfolk e il Commonwealth della Virginia. Nessuna delle parti coinvolte aveva voglia di discuterne in tribunale, e a dicembre del 2018 si accordarono per un risarcimento complessivo di 8,4 milioni di dollari.

Dall'omicidio di Michelle Bosko sono passati più di venticinque anni.

Danial Williams vive nel Michigan centrale, vicino alla sua città d'origine. Quando sua moglie Nicole morì, lui era in carcere, accusato di stupro e omicidio. Non si è mai risposato, non ha figli, si sta costruendo una casa nuova per sé. Dodici anni della sua vita sono andati in fumo in varie carceri e celle della Virginia. La rabbia più grande la prova per la polizia e per il trattamento vergognoso che riservò ai Quattro.

"Mi avevano insegnato a rispettarle, quelle persone" dice.

Quanto a Glenn Ford, non lo vuole neanche sentire nominare e commenta: "Mi dispiace che non si sia fatto molti più anni di galera".

Joe Dick abita con i suoi genitori nel Maryland. Ha già cambiato diversi lavori, ogni volta fatica a mantenerli. È rimasto segnato, lo stress post-traumatico lo perseguita. Negli anni si è rivolto a diversi terapeuti con scarso successo. Dei Quattro è quello che ha sofferto di più. Per Glenn Ford Joe fu il più semplice da demolire. Si dichiarò subito colpevole. Fu il primo a testimoniare contro gli altri. In carcere era un bersaglio facile, e il ricordo lo tormenta ancora.

Eric Wilson vive in una cittadina del Texas con sua moglie e la sua famiglia. Ha scontato sette anni e mezzo di pena e ogni giorno si sforza di non ripensare alla sua vicenda. È impossibile. Basta poco per farlo ripiombare nell'incubo: la vista di un'auto della polizia; un film o un telefilm in cui gli agenti sfondano una porta a calci o un pubblico ministero sollecita un testimone; lo sguardo sospettoso di un vicino di casa che conosce da tanto. Pensa agli anni perduti in prigione e alla carriera in Marina che sognava. È contento che Glenn Ford sia stato condannato e incarcerato, ma gli basta ricordare il suo nome per provare un'emozione precisa, sempre la stessa: l'odio.

Derek Tice abita in una cittadina del North Carolina con sua moglie e la sua famiglia. Ha scontato undici anni, due mesi e un giorno senza motivo. Ha un buon lavoro, è in pace con il mondo, ma ha anche accettato che non potrà mai dimenticare quello che avvenne a Norfolk. "Tra vent'anni avrò ancora i flashback" dice.

E Omar Ballard è in galera da venticinque anni senza possibilità di scarcerazione; naturalmente, non ha mai neanche sperato di uscire. Nel corso degli anni, in varie interviste, si è attribuito la piena responsabilità dello stupro e dell'omicidio di Michelle Bosko. Agì da solo, e ha dichiarato numerose volte che i Quattro di Norfolk sono innocenti.

Colpevole fino a prova contraria

Jim McCloskey

Clarence Lee Brandley aveva esaurito le sue possibilità.

Benché fosse rappresentato dai migliori avvocati, incluso Percy Foreman, il più famoso penalista di Houston, non aveva più ricorsi a disposizione. I tribunali del Texas li avevano tutti respinti, in ogni grado di giudizio. Non c'era più nessuno a cui rivolgersi. Negli ultimi sei anni e mezzo, lui e i suoi avvocati avevano subito due processi per omicidio punibile con la pena di morte e un'udienza probatoria di due giorni al tribunale di Conroe. Avevano presentato, credendole inoppugnabili, le prove non soltanto della sua innocenza ma anche del razzismo, della corruzione e degli illeciti che lo avevano fatto finire nel braccio della morte del Texas.

Ma il tempo era scaduto. Quel giorno, il 6 febbraio 1987, il giudice Lynn Coker avrebbe fissato la data dell'esecuzione di Clarence.

Mentre il giudice prendeva posto, Clarence sedeva in manette al tavolo della difesa accanto all'avvocato Mike DeGeurin, socio dello studio Foreman, e al suo giovane assistente Paul Nugent. Come sempre, Clarence rimase impassibile. Il suo contegno non lasciava trasparire il tormento e la paura che lo scuotevano. Si rifiutò di dare ai suoi avversari la soddisfazione di vederlo spaventato. Ma sapeva di essere arrivato alla fine. La sua anziana madre, Minnie Ola, piangeva in silenzio seduta dietro di lui. Tra i presenti in aula c'erano il figlio adolescente del giudice Coker, venuto a vedere papà in azione, e i pochi neri autorizzati a presenziare dal vicesceriffo. Alla maggior parte delle persone nere era stato negato l'ingresso.

Coker chiese a Clarence se avesse qualcosa da dire prima che fosse stabilita la data. Clarence lo guardò dritto negli occhi, tacque per un tempo che sembrò eterno, poi rispose con voce chiara e decisa: "Vostro onore, sono innocente". Per tutta risposta, Coker annunciò in tono piatto e monocorde, come se stesse leggendo il bollettino del meteo, che Clarence sarebbe stato giustiziato il 26 marzo 1987.

L'udienza era durata due minuti esatti. Immediatamente dopo, Clarence fu accompagnato fuori dall'aula, sempre in manette, e riportato nel braccio della morte del penitenziario di Huntsville, a una cinquantina di chilometri dall'interstatale 45, una massiccia struttura in mattoni completata nel 1849: il primo carcere statale del Texas. Là avrebbe aspettato il suo destino, dal quale ormai lo separavano poco più di sei settimane.

Conroe è il capoluogo della contea di Montgomery, nel Texas meridionale. Nel 1980 era una cittadina di circa diciottomila abitanti, e un microcosmo del peggior razzismo del Sud. L'impoverita comunità nera era confinata nell'area di Dugan, un fazzoletto di terra originariamente abitato da schiavi liberati, dove sorgevano piccole case anonime e fragili baracche. Era un gruppo poco numeroso e dall'atteggiamento remissivo. E ne aveva ben donde. A Conroe comandavano i bianchi, e la storia locale abbondava di brutali episodi di violenza contro neri falsamente accusati di molestie sessuali ai danni di bianche.

A Dugan tutti conoscevano la vicenda di Bob White, un nero ingiustamente accusato di aver stuprato una bianca in casa sua mentre il marito era assente. L'11 giugno 1941, mentre White sedeva al tavolo della difesa in un'affollata aula del tribunale di Conroe, il marito gli si avvicinò e con tutta calma gli sparò alla nuca con una calibro .38, uccidendolo sul colpo. Una settimana dopo, l'uomo fu processato per l'omicidio di White. Su sollecito del procuratore distrettuale, la giuria lo assolse in meno di due minuti. Gli abitanti di Dugan sapevano anche cos'era successo a Joe Winters davanti al vecchio tribunale di Conroe il 20 maggio 1922. Winters era stato ingiustamente accusato di aver violentato una quattordicenne bianca che aveva gridato "stupro" quando un passante l'aveva vista insieme a lui. Incatenato a un palo di ferro e cosparso di cherosene, l'uomo era stato bruciato vivo di fronte alla cittadinanza, in presenza dei vicesceriffi. Lo stesso nonno di Brandley, Dennis "Putt" Brandley, fu ammazzato a colpi d'arma da fuoco in pieno giorno, senza motivo, dal bullo della cittadina. Mentre era a terra, agonizzante per il primo proiettile, i presenti guardarono l'uomo esplodergli addosso altri due colpi per finirlo. L'assassino non fu mai nemmeno arrestato.

Cresciuto a Conroe tra gli anni Cinquanta e Sessanta, Clarence aveva sperimentato la vita nel Sud segregato. Al Crighton Theatre, in centro città, per vedere un film i neri erano costretti a sedersi in balconata. Nelle rare occasioni in cui il padre di Clarence poteva permettersi di comprare il cibo per la famiglia in un ristorante riservato ai bianchi, doveva ordinarlo dalla porta della cucina, sul retro del locale, e aspettare lì che fosse pronto.

L'incubo di Brandley cominciò il mattino di sabato 23 agosto 1980, in occasione di un torneo regionale di pallavolo femminile organizzato dalla Conroe High School, dove lui lavorava come bidello. Quel mattino, poco dopo le nove era arrivata la squadra di pallavolo femminile di Bellville, che distava circa un'ora da Conroe. Cheryl Dee Fergeson, una graziosa sedicenne con i capelli biondi e gli occhi azzurri, ne era la capitana. Sua madre era morta di cancro l'anno prima, e Cheryl viveva con il padre in un ranch alla periferia di Bellville. Lei e il suo fidanzato, Frank Rodriguez, avevano intenzione di sposarsi dopo il diploma. Verso le nove e un quarto Fergeson si allontanò in cerca dei bagni. Secondo i primi racconti di tre inservienti bianchi, l'ultima volta fu vista mentre saliva le scale che terminavano sul pianerottolo dei servizi ed entrava nei bagni delle ragazze. Gli inservienti dichiararono che in quel momento si trovavano ai piedi della scala, in attesa di ricevere istruzioni dal loro supervisore, Clarence Brandley. Avevano appena finito di allestire i tavoli e le sedie nella vicina mensa.

Quando Fergeson non si presentò in palestra, le sue compagne di squadra cominciarono a preoccuparsi e a cercarla. Alle dieci e quaranta il torneo fu sospeso e tutti si unirono alle ricerche. Un'ora dopo, Brandley e un altro inserviente, Henry "Icky" Peace, trovarono il cadavere della ragazza in un sottotetto adibito a deposito, sopra il palcoscenico dell'auditorium scolastico. Era nascosta da alcuni pannelli di legno, distesa a pancia in su sopra un materassino da ginnastica giallo, completamente nuda eccetto i calzettoni bianchi. La doppia porta che conduceva al palcoscenico si trovava a pochi passi dai bagni; qualcuno l'aveva trascinata da là fino al palco e poi sulla rampa di scale che dal palco portava al sottotetto. I suoi vestiti furono ritrovati due giorni dopo dalla polizia in un sacco dell'immondizia, dentro un cassonetto della scuola.

All'indomani del delitto fu eseguita l'autopsia. Joseph Jachimczyk, medico legale della contea di Harris, stabilì che Cheryl era stata stuprata ed era morta per strangolamento da legatura, ovvero soffocata da qualcosa che le era stato avvolto intorno alla gola. La parte anteriore del collo presentava una lesione lunga circa 11 centimetri e larga poco più di mezzo. Cheryl aveva le unghie pulite e integre e lividi sui tricipiti, segno che un assalitore l'aveva tenuta ferma da dietro mentre l'altro le toglieva a forza i vestiti. I tamponi vaginali rivelarono la presenza di sperma, ma Jachimczyk trascurò di esaminarlo per identificarne il gruppo sanguigno. In seguito testimoniò di aver gettato via i tamponi dopo trenta giorni, dal momento che nessuno a Conroe li aveva richiesti. All'epoca la tecnologia per il rilevamento del DNA non era ancora stata perfezionata, ma era possibile determinare scientificamente il gruppo sanguigno di una persona a partire dal sudore, dallo sperma e da altri fluidi corporei, oltre che dal sangue. Qualunque laboratorio degno di tal nome avrebbe dunque potuto analizzare i tamponi per individuare un gruppo sanguigno e confrontare il risultato con quello di qualsiasi sospettato, se i tamponi non fossero stati gettati via.

La polizia prese subito di mira Clarence e Icky perché avevano trovato il cadavere, il che sollevava la domanda: perché farlo venire alla luce così in fretta dopo essersi dati tanta pena per nasconderlo? Oltretutto, per Icky sarebbe stato quasi impossibile sopraffare fisicamente e sottomettere Ferguson; era alto meno di un metro e cinquanta, molto grasso, e indossava occhiali con lenti spesse. Tuttavia, quel giorno entrambi gli inservienti furono portati alla centrale di polizia e interrogati, e poi trasferiti in ospedale per il prelievo di campioni di sangue e capelli. Il poliziotto di Conroe che li riaccompagnò a scuola li avvertì: "Uno di voi due sarà impiccato per questo".

Poi si rivolse a Clarence e disse: "Naturalmente il favorito sei tu, negro".

Clarence Brandley era cresciuto a Dugan insieme a nove fratelli; dopo essersi diplomato alla Booker T. Washington High School, era stato chiamato alle armi. Ottenuto il congedo si era sposato due volte e aveva avuto cinque figli. Per la prima volta dai tempi dell'esercito aveva un lavoro stabile, come bidello della Conroe High, dove dopo pochi mesi era stato promosso a supervisore degli inservienti. Finalmente le cose cominciavano ad andare meglio, e lui a rilassarsi.

Adesso tutto stava per cambiare. Clarence intuì subito che sarebbe finito al centro delle indagini. A nessuno dei tre inservienti che avevano visto Cheryl entrare in bagno era stato chiesto di fornire un campione di sangue e di capelli. Le impronte digitali erano state prese soltanto a lui. Il lunedì Clarence e Icky furono sottoposti al test del poligrafo a Houston. A entrambi fu detto che lo avevano superato, ma a Clarence era chiaro che qualcosa non andava. A ventotto anni era abbastanza sveglio da sapere tutto del razzismo che spingeva sia le forze dell'ordine locali, sia i civili bianchi, bigotti e ignoranti, a prendersela con i neri innocenti. Ed era ovvio che gli investigatori avevano la necessità di trovare un assassino, e alla svelta. La scuola sarebbe cominciata la settimana successiva. I genitori isterici che temevano per la sicurezza dei propri figli avevano sommerso l'istituto e la polizia di telefonate con cui minacciavano di non mandare i ragazzi a scuola finché il colpevole non fosse stato arrestato.

Il pubblico ministero della contea, Jim Keeshan, non era soddisfatto del ritmo delle indagini della polizia. Era basito dal fatto che il capo degli investigatori, Monty Koerner, avesse concesso ai suoi la domenica libera il giorno dopo l'omicidio. Keeshan aveva quarant'anni ed era procuratore distrettuale da cinque. In qualità di rappresentante della legge e dell'ordine nella contea decise che era il momento di coinvolgere nelle indagini i Texas Rangers. La sera di giovedì 28 agosto, perciò, arrivò a Conroe il ranger cinquantacinquenne John Wesley Styles. Collaborava già da tempo con le forze dell'ordine locali di tre contee, inclusa quella di Montgomery, e perciò conosceva gli inquirenti di Conroe, che furono ben felici di averlo a bordo. L'antico motto dei Texas Rangers è "*One riot, one ranger*": per domare una rivolta basta un solo ranger. Uno come Styles poteva arrivare là dove nessun altro sarebbe riuscito.

Styles era entrato nei Rangers undici anni prima, nel 1969, dopo essere stato per diciotto anni sceriffo della contea di Baylor, nel Texas settentrionale, vicino al confine con l'Oklahoma. Il venerdì mattina fece rapporto a Keeshan, e come sempre portava un ampio cappello bianco da cowboy, grossi stivali di cuoio e una Colt calibro .45 alla vita. Era un uomo bianco robusto, alto oltre uno e ottanta e con il pancione che gli sporgeva da sopra la cintura da ranger. Insieme alla stazza, la sua voce profonda e autoritaria metteva in soggezione i testimoni che interrogava.

Styles trascorse la giornata con Keeshan e i suoi colleghi. Verso le quattro del pomeriggio lasciò i loro uffici e andò alla Conroe High accompagnato da diversi agenti di polizia. Una volta là, ancora prima di aprire le indagini convocò Clarence nell'ufficio del preside e lo arrestò per l'omicidio di Fergeson. Il giorno seguente, il "Conroe Courier" strillava in prima pagina: BIDELLO ACCUSATO DI OMICIDIO. L'articolo era corredato da una foto a figura intera di Clarence accompagnato nel palazzo di giustizia da un agente di polizia, con le mani ammanettate dietro la schiena e uno sguardo cupo. Senza dubbio tutto ciò placò i nervi dei cittadini di Conroe, soprattutto dei genitori degli studenti.

Adesso Styles doveva trovare prove che avvalorassero l'arresto. Il mattino di sabato 30 agosto, una settimana dopo il delitto, organizzò alla Conroe High un incontro tra la squadra investigativa e gli inservienti John Sessum, Gary Acreman e Sam Martinez, ai quali chiese di spiegare "passo per passo" quello che era successo il giorno dell'omicidio di Fergeson. Intimiditi e confusi, con l'aiuto di Styles e degli agenti i tre inservienti ricostruirono la giornata che avrebbe portato Clarence Brandley nel braccio della morte. Quando la ricostruzione terminò, i tre uomini si dissero d'accordo con i verbali stesi dalla polizia, ma li firmarono in forma dattiloscritta molti giorni dopo. Le loro dichiarazioni giurate finali si corroboravano a vicenda e divennero la base delle loro deposizioni in tribunale, tre mesi dopo. La versione che presentarono durante il processo era questa.

Tutti e tre avevano cominciato a lavorare poco prima delle otto del mattino. Come da istruzioni di Clarence, il loro primo compito era preparare le sedie e i tavoli in mensa. Avevano finito dopo circa un'ora e mezza, verso le nove e trenta, e, mentre aspettavano che Clarence tornasse e assegnasse loro l'incarico successivo, una ragazza bionda era salita per le scale lì accanto ed era entrata nei bagni delle ragazze. Gli inservienti erano vicinissimi alle scale. Martinez disse che la bionda indossava un paio di jeans e una grossa cintura di pelle con una specie di incisione, forse un nome.

Sempre secondo la versione dei tre, subito dopo l'ingresso della ragazza nei bagni era comparso alle sue spalle Clarence, che portava numerosi rotoli di carta igienica. Mentre lui saliva le scale, Martinez gli aveva detto che nei bagni c'era una ragazza. Clarence aveva risposto che non aveva intenzione di entrare. Aveva poi chiesto agli uomini di aspettarlo dall'altra parte della strada, presso la palazzina dei laboratori. Mentre la raggiungevano, i tre avevano incontrato Icky Peace, il quale si era unito a loro ad attendere che Clarence arrivasse ad aprire la porta dell'edificio in cui dovevano riordinare sedie e tavoli.

Stando alla loro deposizione, quarantacinque minuti dopo, verso le dieci e mezza, Clarence era uscito dall'edificio principale e aveva fatto cenno a Icky di andare a prendere le chiavi, in modo che gli uomini potessero fare il loro lavoro e tornare a casa. Circa un'ora dopo, intorno alle undici e mezza, Clarence era arrivato alla palazzina dei laboratori, aveva controllato il lavoro e congedato Acreman, Sessum e Martinez, che se n'erano andati. Lui e Icky erano tornati all'edificio principale. Sia Acreman sia Sessum testimoniarono sotto giuramento che quando Clarence era tornato alla palazzina a controllare il loro lavoro aveva un atteggiamento diverso. Appariva nervoso e ansioso che se ne andassero il prima possibile.

Questa versione privava Clarence di un alibi. Dopo aver detto ai tre inservienti di aspettarlo davanti alla palazzina dei laboratori, si era trovato da solo sul pianerottolo del bagno, e sapeva che all'interno c'era una ragazza. Viceversa, i tre inservienti potevano confermare i propri alibi a vicenda, dal momento che nei momenti critici della scomparsa di Fergeson erano sempre stati insieme.

Testimoniando di fronte al gran giurì, durante il suo primo processo, Clarence dichiarò che quando era arrivato sul pianerottolo Acreman era già lì, proprio davanti all'ingresso dei bagni. Martinez era invece ai piedi della scala che saliva dalla mensa; Sessum e Icky a metà strada. Quando Clarence aveva finito di salire i gradini, Acreman gli aveva detto di non entrare nel bagno delle ragazze perché era occupato. Clarence aveva risposto che non ci stava entrando. Non lo faceva mai; chiedeva sempre a una collega di controllare che in quella toilette ci fosse tutto il necessario, ed era stato così anche quel mattino. Prima che lui e Icky ne scoprissero il cadavere, Clarence non aveva mai visto la ragazza scomparsa.

Dopo aver detto agli altri di andare ad aspettarlo davanti alla palazzina dei laboratori, aveva messo due rotoli di carta igienica nel bagno dei ragazzi. Poi era andato nel suo ufficio, a fumare una sigaretta mentre ascoltava la radio. Dopo una ventina di minuti era uscito a dare le chiavi a Icky, che doveva aprire la palazzina ai tre inservienti. A quel punto erano circa le dieci. Li aveva fatti aspettare perché accumulassero almeno mezza giornata di ore lavorative e potessero rivendicare un giorno intero di paga.

Dopo aver consegnato le chiavi a Icky, Clarence era tornato in ufficio, aveva aspettato circa un'ora ed era andato a controllare il lavoro degli inservienti. Soddisfatto, aveva congedato Martinez, Acreman e Sessum per il resto della giornata. Verso le undici lui e Icky erano tornati nell'edificio principale a chiudere la mensa. In quel frangente erano arrivate tre ragazze e avevano detto che una loro amica era scomparsa. Lui e Icky si erano uniti alle ricerche. Venticinque minuti dopo avevano trovato il suo corpo senza vita.

Don Brown e George Morris erano due avvocati svegli ed esperti, specializzati in diritto penale. Lo studio di cui erano soci era affacciato sulla piazza del palazzo di giustizia di Conroe e avevano seguito la vicenda sui giornali. Erano progressisti convinti, credevano fermamente nei diritti costituzionali dei loro clienti e si battevano con forza per fare in modo che avessero giustizia. Quando la famiglia di Brandley chiese aiuto a loro, accettarono di rappresentarlo gratuitamente. Erano ben consapevoli del razzismo che permeava la giustizia locale, e sospettavano che si trattasse di una situazione tipica di Conroe: gli inquirenti cercavano di sbarazzarsi di un caso di stupro e omicidio di una bianca affibbiandolo a un nero. Dopo aver parlato a lungo con Clarence, si convinsero della sua innocenza.

La conferma che le indagini fossero influenzate dal razzismo arrivò presto. Usando i loro stessi beni immobili come garanzia, gli avvocati ottennero un finanziamento da 30.000 dollari per pagare la cauzione che era stata fissata il 5 settembre. Quando si presentarono dallo sceriffo, quest'ultimo si rifiutò seccamente di liberare Clarence. Ne seguì una riunione a porte chiuse con il giudice Lee Alworth, alla quale presero parte il procuratore distrettuale Keeshan, lo sceriffo Gene Reaves e l'avvocato Don Brown. Reaves ammise subito che la cauzione andava bene. E allora perché, chiese il giudice, vi siete rifiutati di rilasciare Brandley? Lo sceriffo rispose: "Perché quel negretto non se ne deve più andare in giro". Il procuratore Keeshan assentì e ripeté parola per parola che "quel negretto non se ne deve più andare in giro". Con grande sorpresa e soddisfazione di Brown, il giudice ordinò comunque che Clarence fosse rilasciato il mattino successivo. Ma si rivelò un imbroglio.

Alle spalle della difesa e prima che Clarence fosse rilasciato, Keeshan e il giudice Alworth si erano già accordati in segreto per portare la cauzione a 75.000 dollari. Il giudice Alworth accolse il ricorso con cui Keeshan chiedeva l'aumento l'indomani mattina. Senza un'udienza, era una mossa illegale. Scioccato e furioso, Brown chiese subito che il giudice fosse ricusato. Per evitare un'udienza, Alworth si fece volontariamente da parte, definendo pubblicamente Brown "l'uomo più disgustoso che abbia mai conosciuto" e aggiungendo in tono aggressivo che "Don Brown non starebbe simpatico neanche a sua madre". Dulcis in fundo, indicò come suo sostituto il giudice Sam Robertson Jr, di Houston, con diciannove anni d'esperienza come pubblico ministero e famoso per il suo zelo a favore dell'accusa. Una delle prime cose che fece fu confermare la cauzione da 75.000 dollari, una somma impossibile da trovare per gli avvocati, e assicurarsi che nei lunghi mesi che precedevano il processo Clarence rimanesse in carcere.

Ci volle una settimana per selezionare una giuria composta da nove uomini e tre donne, tutti bianchi; poi l'8 dicembre 1980 il processo cominciò. Acreman ribadì la sua dichiarazione giurata, con due variazioni. Precisò che Clarence seguiva la ragazza ad appena tre metri di distanza, mentre lei saliva le scale ed entrava in bagno. Aggiunse poi che, nel mentre, lui si trovava a una quindicina di metri dai piedi delle scale. Martinez e Sessum ripeterono quello che avevano detto nelle dichiarazioni giurate. Quello che ferì davvero Clarence fu la testimonianza di Icky Peace: l'uomo dichiarò di aver trovato il cadavere della ragazza dopo che, durante le ricerche, Clarence lo aveva sollecitato in tre diverse occasioni a controllare il sottotetto, e insinuò che il suo superiore sapesse dov'era il corpo perché era l'assassino.

Poi i periti interpellati dall'accusa e dalla difesa parlarono alla giuria dei capelli, dei peli e dello sperma trovati sulla vittima. Tutti concordavano che in un caso come quello di Fergeson l'analisi dei peli trovati sul corpo e il confronto con particolari sospettati non potevano dare un risultato certo. Sulla coscia sinistra della ragazza erano stati rinvenuti due peli di maschio bianco non identificati, uno castano e uno castano-rossiccio. Fu sottolineato che sia a Clarence che a Icky erano stati prelevati campioni di peli, ma non agli altri inservienti bianchi. Keeshan disse che non era necessario e che sarebbe stata "un'inutile imposizione". Anche il giudice respinse la richiesta della difesa di prelevare campioni biologici dai tre uomini per un confronto. Un pelo trovato su un calzettone di Fergeson fu analizzato al microscopio e confrontato con quelli di Clarence, ma nessuno dei periti seppe dire se si trattasse di un capello o di un pelo pubico.

Venerdì 12 dicembre il caso passò nelle mani della giuria.

Uno dei giurati si chiamava Bill Srack, lavorava come capocantiere per la Shell e non era del posto. Nel 1971 lui e la moglie avevano venduto casa a Houston e si erano trasferiti in una verdeggiante zona periferica a sud di Conroe. Srack votava repubblicano e non gli importava granché dei diritti civili o del razzismo intrinseco nel sistema giudiziario di Conroe. Prima di far parte della giuria aveva vagamente sentito parlare del caso Brandley, ma senza interessarsene troppo. Era la quinta volta che veniva scelto come giurato. Le altre quattro era successo a Houston, per due procedimenti federali e due casi nella contea di Harris.

Durante la discussione tra i giurati, che quel venerdì proseguì per undici ore e si trascinò fino al sabato mattina, Bill Srack sollevò un polverone, perché non riusciva a decidersi: non era convinto dell'innocenza di Clarence, ma aveva il ragionevole dubbio che non fosse colpevole. In seguito spiegò che gli inservienti non gli avevano fatto una buona impressione, specialmente Acreman, e nemmeno il medico legale che aveva gettato via i tamponi vaginali. Non credeva che Keeshan avesse dimostrato la colpevolezza di Clarence, e lo spiegò sin dall'inizio agli altri giurati. La situazione si surriscaldò in fretta: si alzarono i toni, volarono parole grosse. Srack fu chiamato varie volte "amico dei negri", soprattutto da tre giurati che si erano coalizzati contro di lui. Di tanto in tanto si ritirava nella saletta del caffè e sedeva da solo mentre dalla stanza accanto gli arrivavano le parole "amico dei negri". Trascorse il venerdì notte nell'albergo riservato ai giurati, e il sabato mattina fece colazione da solo mentre gli altri mangiavano tutti insieme. Alla fine fu l'unico dei dodici a votare per la non colpevolezza.

Opporsi agli altri undici richiedeva molto coraggio; costò moltissimo anche a lui. Non era Henry Fonda che in *La parola ai giurati* riesce a convincere il resto della giuria. Quella non era Hollywood. Gli sembrava l'inferno, piuttosto. Non si era mai sentito così oltraggiato e solo. Alla fine il giudice Robertson prese atto che non c'era unanimità sul verdetto, convocò i giurati e li congedò seccamente. Davanti a tutti, inclusi i membri della giuria che stavano uscendo, ordinò a Clarence di alzarsi in piedi, dopodiché gli disse che gli negava la cauzione in attesa di un nuovo processo, "poiché mi pare evidente che una giuria imparziale non solo la giudicherebbe colpevole di omicidio, ma valuterebbe la pena di morte".

Mentre Bill Srack, devastato e sconfitto, usciva dal tribunale, sentì uno degli altri giurati dire ai giornalisti: "Ben gli sta, a quel bastardo". E non era finita. Quel sabato, da quando mise piede in casa il suo telefono non smise mai di squillare. Le chiamate andarono avanti per mesi, giorno e notte. Chi chiamava restava in silenzio, lo definiva "amico dei negri" o minacciava di andarlo "a prendere". Alla fine le telefonate si diradarono, ma lo stress che Srack e sua moglie dovettero sopportare per mesi fu quasi insostenibile.

Il suo voto dissenziente lo avrebbe danneggiato anche a distanza di anni. Alla fine degli anni Ottanta, infatti, Srack decise di cambiare lavoro e fece domanda per diventare responsabile acquisti della contea di Montgomery. Arrivò in cima alla graduatoria del concorso e si presentò al colloquio con una commissione formata da tre magistrati, uno dei quali era Jim Keeshan, che nel 1985 era stato promosso a giudice di contea. Keeshan bersagliò Srack di domande sul suo voto al processo Brandley di sette anni prima. Tra un'aggressione verbale e l'altra, il giudice mise in dubbio la sua razionalità e la sua capacità di interagire con le altre persone, dal momento che era rimasto cocciutamente fedele alla sua opinione senza andare incontro alle richieste degli altri giurati. Non occorre dire che Srack non ottenne il posto. Un altro boccone amaro da ingoiare per aver votato secondo coscienza.

Stanchi degli sfacciati favoritismi del giudice Robertson nei confronti della pubblica accusa, Brown e Morris presentarono una mozione di ricusazione. I pregiudizi e la faziosità del giudice contro Clarence erano facili da documentare – così gli dissero durante un'udienza – e loro erano intenzionati a presentare la mozione in tribunale. Per evitare di essere messo pubblicamente in imbarazzo, due giorni dopo Robertson si fece da parte, proprio come Alworth a novembre. L'indomani il neoeletto giudice John Martin fu chiamato a presiedere il secondo processo. Martin era un ex avvocato penalista che Brown e Morris conoscevano bene: furono contenti della sua nomina, la considerarono un buon auspicio per il 1981, e cominciarono a prepararsi per il nuovo processo.

Si illudevano. Non ci volle molto prima che il giudice Martin svelasse la sua vera natura. Nella riunione a porte chiuse che precedette il processo, apostrofò Brown come se fosse un bambino, intimandogli di "chiudere quella boccaccia e lasciar parlare Jim Keeshan".

Poi, alla vigilia del processo, nella versione degli inservienti si aprì una crepa. Brown ricevette una telefonata da John Payne, il cui fratello Ed viveva nello stesso palazzo della figlia Cynthia, che era sposata con l'inserviente Gary Acreman. John aveva saputo da Ed che il giorno dell'omicidio

Fergeson suo genero era tornato a casa dal lavoro molto irrequieto, e continuava a camminare avanti e indietro. Aveva detto al suocero che a scuola una ragazza era stata uccisa e che i suoi vestiti erano stati gettati nel cassonetto dell'immondizia dell'istituto. Si trattava di un'informazione esplosiva, perché Acreman aveva sempre detto alla polizia, e testimoniato durante il primo processo, di non sapere che a scuola era stata uccisa una ragazza, visto che dopo aver concluso il lavoro nella palazzina dei laboratori era stato mandato a casa da Brandley. Acreman aveva dichiarato di aver appreso dell'omicidio leggendo il giornale della domenica. E poi, se la polizia aveva trovato i vestiti di Fergeson nel cassonetto soltanto il lunedì, come faceva Acreman a sapere dove fossero?

Quando Brown riuscì a incontrare di persona Ed Payne, quest'ultimo aveva già ritrattato e si rifiutava di parlare. Brown riferì a Keeshan la telefonata di John Payne, ma il procuratore sorrise e si disse "sicuro" delle indagini, aggiungendo che non aveva bisogno della testimonianza di Ed Payne. Acreman, Martinez e Peace fornirono sostanzialmente la stessa versione degli eventi che avevano dato durante il primo processo. Sessum era riluttante a testimoniare, perciò nessuna delle parti lo chiamò al banco.

Questa volta Keeshan presentò un nuovo testimone per l'accusa, un adolescente nero di nome Danny Taylor.

Taylor raccontò alla giuria di aver lavorato brevemente a scuola durante l'estate del 1980. Un giorno si trovava con Clarence, quando era passato un gruppetto di studentesse bianche. Dopo averle viste, Clarence aveva commentato: "Se ne becco una da sola, non ti dico che cosa le faccio". Il giudice Martin aveva ammesso quella testimonianza nonostante le infervorate obiezioni della difesa, che sosteneva che non fosse vera e che, se anche lo fosse stata, avrebbe irrimediabilmente influenzato la giuria composta interamente da bianchi. Clarence si consultò con i suoi avvocati e li informò che quel testimone a sorpresa era stato licenziato dallo staff scolastico per aver minacciato il loro capo con un coltello da macellaio. Il giudice lo mise agli atti, ma il danno ormai era fatto.

Il ranger Styles dichiarò che il motivo per cui non aveva mai preteso campioni di sangue, capelli o peli dagli inservienti Acreman, Sessum e Martinez era che "non avevano avuto contatti" con la vittima, Cheryl Fergeson.

L'accusa continuava a considerare Brandley l'assassino perché era l'unico ad avere il mazzo di chiavi che apriva le porte che separavano il pianerottolo del bagno dal palco dell'auditorium. Poco importava che spesso le porte rimanessero spalancate, che altri avessero chiavi passe-partout, o che non fosse mai stato stabilito se al momento dell'omicidio le porte fossero effettivamente chiuse a chiave. Morris, l'avvocato di Clarence, interrogò David Harris, il supervisore del personale dei bidelli, il quale sapeva di un altro mazzo di chiavi in possesso di Clarence Robinson, un bianco che era stato responsabile degli inservienti prima di Clarence. Quelle chiavi non erano mai state restituite alla scuola. Anche il figlio di Robinson, James Dexter Robinson, aveva lavorato come inserviente a scuola, e se n'era andato un mese prima dell'omicidio di Fergeson. Nessuno dei due era mai stato indagato né annoverato tra i sospettati.

Gli avvocati Brown e Morris decisero che chiamare Clarence a deporre avrebbe potuto essere controproducente. Nel primo processo la sua ricostruzione cronologica dei fatti aveva contraddetto la testimonianza degli altri inservienti, e a quanto pareva era stata la loro versione che la giuria aveva preso per valida. Durante l'arringa finale la difesa si concentrò quindi sull'indagine maldestra e frutto di pregiudizi della polizia, sui peli di maschio caucasico non identificati rinvenuti sull'interno della coscia della vittima, sul controsenso che Clarence avesse nascosto il cadavere ma fatto in modo che Icky lo trovasse, e sulla probabilità che a uccidere Fergeson fossero state due persone, come suggerito dai lividi sulla parte superiore delle braccia della ragazza.

Nella sua arringa, Keeshan si spinse invece a teorizzare che siccome Clarence lavorava part-time in un'agenzia di pompe funebri, poteva provare attrazione per i cadaveri. Il pubblico ministero concluse così le proprie considerazioni: "Sappiamo che l'assassino, chiunque sia stato, non prova disgusto per un corpo morto. Qualcuno si è fermato a spogliarlo, quel cadavere. Qualcuno ha avuto un rapporto sessuale con quel corpo, apparentemente dopo che la ragazza aveva perso conoscenza o era morta". Morris aveva intuito subito l'intento dell'assurda teoria di Keeshan e sollevato un'obiezione, ma il giudice Martin aveva permesso al pubblico ministero di continuare.

Alla fine Keeshan riuscì a dipingere Clarence non soltanto come uno stupratore e assassino, ma anche come un necrofilo che bramava le ragazzine bianche e aveva aggredito Cheryl Fergeson "con la rabbia feroce di un animale". Le sue conclusioni trasudavano uno smaccato razzismo. Keeshan concluse implorando la giuria di "contribuire a rendere la vostra comunità un posto sicuro e sano in cui vivere. Un posto in cui i vostri figli e nipoti possano partecipare a una manifestazione scolastica senza temere che un essere mostruoso commetta un crimine come questo". Poco dopo il caso passò alla giuria. Quel giorno, venerdì 13 febbraio 1981, dopo appena un'ora arrivò il verdetto, unanime: Clarence Lee Brandley era colpevole di omicidio capitale.

L'indomani la giuria ebbe il compito di decidere se condannarlo all'ergastolo o alla pena di morte. Per stabilirlo fu ammessa una nuova testimone per l'accusa, la diciannovenne nera Jo Ellen Parrish. La ragazza raccontò che una sera del marzo 1979 si trovava in un locale di Dugan chiamato The Doll House. Subito dopo la chiusura, Clarence, che aveva un fucile a canne mozze infilato nella parte posteriore dei pantaloni, l'aveva costretta a seguirlo nella casa dove viveva da solo.

Mentre si trovavano in camera da letto sul retro della casa, era arrivato il suo ragazzo a cercarla, e si era messo a picchiare forte contro la porta. Siccome Clarence le teneva le mani attorno al collo e la stava soffocando, lei non poté urlare. Da quel punto in poi, il suo racconto dei fatti fu confuso e pieno di contraddizioni. Parrish disse che Clarence aveva cercato di costringerla a un rapporto sessuale, ma che non era "successo niente". Poi le aveva preparato da mangiare e "non era stato cattivo" con lei. A un certo punto disse di essere scappata con indosso soltanto la biancheria intima e una vestaglia che apparteneva a Clarence e di essere andata da un'amica. Il giorno seguente, tornata a casa, aveva spiegato la propria assenza al fidanzato e accusato Clarence di tentato stupro. Il suo ragazzo l'aveva accompagnata dalla polizia, a ribadire le accuse.

Il fatto che nel 1979 la polizia non avesse incriminato Clarence per stupro lasciava intendere che le dichiarazioni di Parrish non fossero risultate credibili. In quell'ultima fase decisionale del processo, invece, la sua testimonianza ebbe conseguenze rovinose. Nel 1979, in seguito alle accuse di Parrish, la polizia aveva perquisito la casa di Clarence e recuperato un inutilizzabile fucile arrugginito, trovato da sua madre anni prima. Clarence si era dichiarato colpevole di possesso illegale di arma da fuoco e stava ancora scontando la condanna a tre anni in regime di libertà condizionale, il che non fece una buona impressione. Nel controinterrogatorio la difesa chiese al procuratore distrettuale di presentare i verbali delle accuse di Parrish del 1979 e di un'altra sua dichiarazione ufficiale, resa nell'agosto del 1980 in occasione dell'arresto di Clarence. Keeshan disse che il suo ufficio non riusciva a trovarli, e così facendo fu lui ad avere l'ultima parola.

Il procuratore distrettuale concluse dicendo alla giuria che Fergeson era rimasta vittima di un "atto bestiale".

Alla giuria occorsero appena quarantacinque minuti per decretare la pena di morte.

A marzo del 1981 i vicesceriffi trasferirono Clarence nel braccio della morte dell'Unità Ellis di Huntsville. Mancavano pochi mesi al suo trentesimo compleanno. Dire che aveva paura è un eufemismo. Essere rinchiuso nella prigione della contea durante i processi era una cosa, nel braccio della morte tutt'altra.

Lo svestirono subito, gli rasarono i capelli e gli consegnarono un cambio di indumenti tutti bianchi, la divisa dei condannati a morte. L'unico dettaglio che lo differenziava dagli altri era il numero 680 sui vestiti, che divenne il suo nome. La sua cella, che misurava due metri e mezzo per un metro, aveva un letto e un water. La Bibbia divenne la sua compagnia costante, un rifugio dal quale trasse forza e ispirazione. Sentiva moltissimo la mancanza della sua famiglia, soprattutto di sua madre, disperata per il destino del figlio. Clarence era particolarmente legato alla sorella gemella Florence e ai fratelli minori Tim e Ozell. Tutti e quattro erano andati a vivere con Minnie Ola quando aveva divorziato dal marito ed era tornata a Dugan da Houston.

Mentre Clarence era in prigione, i suoi avvocati non smisero di combattere. Don Brown fece ricorso e, sostenendo di avere testimonianze inedite, chiese di ripetere il processo. Il giudice Martin rifiutò quasi tutti i nuovi testimoni proposti, ma accettò – nonostante le vigorose obiezioni di Keeshan – Oscar Johnson, proprietario dell'agenzia di pompe funebri dove Clarence aveva lavorato. Johnson disse al giudice che gli incarichi di Clarence all'agenzia non avevano niente a che vedere con i morti. Si occupava di lavoretti di manovalanza; i cadaveri erano un ambito esclusivo di Johnson. Brown spiegò poi al giudice che Keeshan questo lo sapeva, ma aveva detto il contrario alla giuria per cercare di far passare Clarence per necrofilo. Tuttavia la richiesta di un secondo processo a Brandley fu respinta, e il passo legale seguente fu presentare ricorso alla CCA (Court of Criminal Appeals), la Corte d'appello, il più importante organo giudiziario penale del Texas.

La crepa successiva nell'impianto accusatorio si aprì nella primavera del 1981, quando la rivista "Houston City Magazine" pubblicò un articolo che metteva in dubbio sia l'operato degli inquirenti sia la legittimità del verdetto. Accompagnava l'articolo un'intervista a Icky Peace che offriva informazioni esplosive. Per la prima volta si seppe dell'agente di polizia di Conroe che aveva detto a Clarence: "Naturalmente il favorito sei tu, negro". Icky sosteneva di averne parlato con Keeshan, il quale gli aveva intimato di tenere la bocca chiusa per non danneggiare l'inchiesta contro Brandley. Inoltre, sempre Icky ammetteva di aver mentito, durante i processi contro Brandley, negando che qualcuno avesse fatto pressioni su di lui perché testimoniasse fornendo elementi incriminanti contro l'imputato. Tutto questo confermava quello che Icky aveva dichiarato a Lorna Hubbell, un'investigatrice dei difensori di Brandley, poco dopo l'arresto di Clarence.

A Hubbell Icky aveva spiegato di non sapere che cosa ci fosse scritto nella dichiarazione giurata che aveva reso subito dopo il delitto, perché era analfabeta. La polizia l'aveva costretto a firmarla mentre il ranger Styles lo soffocava con la catenina per diabetici che portava al collo. Nonostante quello che aveva detto alla stampa, Icky si rifiutò di rendere alla difesa una dichiarazione giurata che descriveva l'abuso subito.

Mentre i mesi del 1981 passavano, lo staff del tribunale, in particolare la cancelliera distrettuale responsabile dei fascicoli processuali Peggy Stevens, ostacolò i tentativi di Brown e Morris di accedere ai reperti esibiti in giudizio – i vestiti macchiati di sangue della vittima, i peli trovati sul cadavere, le fotografie della scena del delitto eccetera – e necessari per fare appello alla CCA e chiedere un nuovo processo. Verso la fine dell'anno la famiglia Brandley, frustrata dalla lentezza dell'appello e non capendo che i ritardi non erano dovuti a Brown e Morris, cercò nuovi avvocati. I familiari di Clarence riuscirono a raccogliere 25.000 dollari e ingaggiarono Percy Foreman, famoso per aver rappresentato clienti di alto profilo come James Earl Ray, l'assassino di Martin Luther King, Jr.

Sulle prime, Brown e Morris si sentirono tagliati fuori. Avevano lavorato duramente per Brandley nei due processi, e quasi del tutto *pro bono*. Ma erano talmente convinti dell'innocenza di Clarence che accettarono di collaborare con lo studio di Foreman, con la garanzia di essere pagati equamente da quest'ultimo.

Alcune persone, nell'ambiente del tribunale, sapevano perché Brown non avesse ancora ricevuto i reperti, e ne erano profondamente turbate. Una alla volta, in autonomia, tre di loro si misero in contatto con Brown e lo incontrarono in segreto per dirgli quello che stava succedendo: non potevano più tacere, anche se rischiavano il licenziamento. Il primo a farsi avanti fu Frank Robin, che da poco lavorava come assistente del procuratore distrettuale Jim Keeshan. In via confidenziale, e con un certo nervosismo, rivelò a Brown che diverse settimane prima erano scomparse dall'ufficio della stenografa, Mary Johnson, impegnata a stendere i verbali del processo, le prove più importanti. Come se non bastasse, il giudice Martin, il procuratore distrettuale Keeshan e Peggy Stevens stavano collaborando per insabbiare la vicenda tenendo la difesa all'oscuro. Se la sparizione dei reperti fosse venuta alla luce, Keeshan avrebbe incolpato un inserviente per aver gettato via la scatola senza volere.

Poco dopo l'ingresso di Brandley nel braccio della morte, Janet Dial, segretaria del giudice Martin, diede le dimissioni. Non le piaceva il rapporto di complicità che si stava creando tra il suo capo e Keeshan. Quasi ogni mattina del secondo processo Brandley, Dial aveva visto Keeshan entrare nell'ufficio del giudice Martin e consultarsi con lui a porte chiuse. Non lo trovava giusto.

Non molto dopo aver parlato con Frank Robin, Brown ricevette una telefonata da Janet, la quale gli disse che la stenografa del tribunale Mary Johnson voleva incontrarlo in segreto, in un posto isolato vicino al lago Conroe. Chiedeva inoltre che fosse presente anche Janet. Brown portò con sé il suo socio Morris e i quattro parlarono nell'auto di Mary. Agli avvocati sembrò un incontro con Gola Profonda, l'informatore del Watergate.

Spaventata, Mary raccontò la sua storia e si fece promettere dagli avvocati che non l'avrebbero mai indicata come la loro fonte. Disse che il mattino di lunedì 11 gennaio 1982, quando era arrivata al lavoro, la scatola con i reperti non c'era. Sconvolta all'idea che qualcuno la potesse incolpare, e conscia della gravità del fatto, aveva informato immediatamente il suo capo, il giudice Martin. Con suo grande stupore, Martin le aveva ordinato di non dire niente a nessuno, tantomeno alla difesa, perché "la farebbero troppo grossa". Mary riferì poi che Keeshan aveva le chiavi del suo ufficio; una sera in cui si era fermata a lavorare fino a tardi aveva sentito la chiave girare nella porta e visto entrare lui e il suo investigatore Charlie Ray. Sorpresi di trovarla lì, i due avevano accampato qualche scusa e si erano allontanati in tutta fretta.

Mary sapeva inoltre che, se li avessero scoperti, Keeshan avrebbe chiamato in causa la sbadataggine di un addetto alle pulizie, il che era ridicolo perché gli inservienti non erano autorizzati a entrare nel suo ufficio. Le pulizie se le faceva da sola.

Quando Mary concluse il suo racconto, Janet Dial confermò agli avvocati che, durante il processo Brandley, il giudice Martin e il procuratore Keeshan si erano incontrati ogni giorno prima delle udienze. Mary intervenne per dire che li aveva sentiti "ripassare gli atti e le obiezioni per averla vinta in aula".

Brown e Morris avevano sentito abbastanza. Senza citare le loro fonti, colpirono il giudice Martin come avevano fatto con i suoi predecessori, il giudice Alworth e il giudice Robertson. Presentarono una mozione per ricusarlo e gliene mostrarono il contenuto in privato, concentrandosi soprattutto sulla sua collusione con Keeshan per coprire la sparizione delle prove processuali. Una settimana dopo, Martin annunciò al giornale locale che avrebbe abbandonato il caso Brandley perché era "venuto a conoscenza della scomparsa di alcuni documenti". L'intera faccenda fu così minimizzata e lui evitò un'umiliazione pubblica.

Il caso fu affidato a un quarto giudice di Conroe, Lynn Coker. La prima cosa che fece Coker fu respingere la richiesta della difesa di un'udienza che stabilisse la verità dietro la sparizione dei reperti. In tal modo protesse il suo collega, il giudice Martin, da un'indagine per il ruolo avuto nell'insabbiamento delle prove mancanti.

Nel gennaio del 1983 Don Brown presentò alla Corte d'appello il ricorso contro la sentenza Brandley e fornì una dettagliata descrizione della negligenza professionale dei magistrati e dei pubblici ministeri, oltre che dell'inettitudine della polizia, che avevano portato alla condanna di un uomo innocente. Presentò l'appello da solo, perché il suo socio George Morris era malato e di lì a poco sarebbe morto di cancro ai polmoni.

Due lunghi anni dopo, a maggio del 1985, la CCA respinse il ricorso. Nelle motivazioni confermava che nel procedimento contro Clarence Brandley e nella condotta del giudice Martin e del procuratore distrettuale Keeshan non c'erano state irregolarità.

Il passo successivo dell'accusa fu fissare la data dell'esecuzione. Benché Martin fosse stato costretto ad abbandonare il processo tre anni prima, prese da parte il collega Coker e chiese con insistenza di poter essere lui a decidere il giorno; era ora di vendicarsi. In segno di apprezzamento per i suoi vent'anni di onorato servizio nell'amministrazione del tribunale, Martin scelse la data di nascita dell'assistente distrettuale Peggy Stevens: l'esecuzione di Clarence venne dunque fissata per il 16 giugno 1986. Gli fu comunque concessa una sospensione quando la difesa acquisì prove che lo discolpavano e puntavano il dito contro un nuovo sospettato. Nell'estate del 1986 ci fu quindi un'udienza probatoria, durante la quale gli avvocati di Clarence spiegarono perché, alla luce delle novità, si sarebbe dovuto tenere un altro processo.

All'epoca il primo difensore di Clarence era diventato Mike DeGeurin, il socio di Percy Foreman, che continuava a lavorare fianco a fianco con Don Brown. DeGeurin era astuto, in gamba, brillante e molto stimato dalla comunità legale. Ci sapeva fare con la gente e riusciva a convincere i testimoni a dirgli quello che sapevano, sia in aula sia in privato.

Per l'accusa le cose avevano cominciato a mettersi male quando DeGeurin aveva ricevuto una telefonata da un avvocato di Conroe, W.B. Etheridge, il quale lo informava che la sua cliente Brenda Medina gli aveva detto che il suo ex fidanzato e padre di suo figlio, James Dexter Robinson, le aveva confessato di aver ucciso una ragazza a scuola proprio il giorno della morte di Fergeson. Aveva nascosto il cadavere abbastanza bene da avere il tempo di partire il mattino presto del giorno dopo e tornare nella sua cittadina natale, Greenville, in South Carolina.

Etheridge disse a DeGeurin che aveva accompagnato Brenda a parlare con il nuovo procuratore distrettuale Peter

Speers (successore di Keeshan). Speers però non l'aveva informato, com'era invece legalmente tenuto a fare. La malafede del suo operato era palese: Speers aveva ignorato la confessione di un delitto per cui qualcun altro stava per essere giustiziato; non aveva reso nota la confessione all'avvocato del condannato e non aveva nemmeno provato a verificarne la veridicità. DeGeurin era furibondo.

Brenda testimoniò all'udienza probatoria e raccontò la sua storia al giudice Coker. Si presentò anche James Robinson, convinto da Richard Reyna, un investigatore della difesa, a tornare a Conroe a "ristabilire il suo buon nome".

Robinson aveva lavorato come inserviente alla Conroe High fino al 29 luglio 1980. Sotto giuramento ammise di aver detto a Brenda che aveva ucciso una ragazza, ma questo era accaduto un mese prima dell'omicidio di Fergeson. Stando a lui, se l'era inventato soltanto per spaventare Brenda durante un litigio. Dichiarò anche di essere partito da Conroe per tornare a casa il 6 agosto, diciassette giorni prima che Fergeson fosse uccisa.

Accettò di sottoporsi al test del poligrafo. Quando gli fu chiesto se avesse ucciso Fergeson, Robinson rimase in silenzio per quattro minuti e mezzo, poi rispose: "Be', potrei averlo fatto ed essermelo dimenticato" e poi si affrettò ad aggiungere: "No, non sono quel genere di persona. Sono innocente".

Gary Acreman sorprese la difesa testimoniando invece che il mattino del 23 agosto James Robinson era presente nell'istituto scolastico. Disse che gli era sbucato davanti all'improvviso consigliandogli, per scherzo, di "non lavorare troppo". Acreman dichiarò di non avere mai raccontato di quell'episodio a nessuno perché gli era "sfuggito di mente". Ed Payne, che testimoniò attraverso un laringofono dopo aver perso le corde vocali per un tumore, dichiarò quello che aveva detto al fratello John durante i processi Brandley, ovvero che il giorno in questione Acreman era tornato a casa da scuola molto irrequieto, gli aveva raccontato che quel mattino all'istituto era stata uccisa una ragazza e aveva visto qualcuno gettare i vestiti di lei nel cassonetto.

John Sessum, uno dei tre inservienti che lavoravano insieme il giorno dell'omicidio, testimoniò per la prima volta che Acreman aveva parlato con la ragazza per "almeno tre o quattro minuti" prima che lei entrasse nel bagno. Poi, dopo che Clarence li aveva mandati alla palazzina dei laboratori, Acreman era scomparso per trenta-quaranta minuti. Sessum dichiarò che, in occasione del primo processo, Acreman gli aveva ordinato di non dire niente sul suo dialogo con la ragazza. Sessum inoltre aggiunse che aveva paura del Texas Ranger, che all'epoca del primo procedimento lo aveva minacciato di mandarlo in prigione se avesse cambiato la sua versione rispetto alla dichiarazione giurata che aveva rilasciato quel giorno.

Convinta che durante l'udienza probatoria i suoi testimoni fossero stati convincenti e cautamente ottimista, la difesa fu scioccata e delusa quando il 22 dicembre 1986 la Corte d'appello respinse la richiesta di un nuovo processo a Clarence, concordando con le conclusioni del giudice Coker, secondo il quale i testimoni della difesa non erano credibili. Caso chiuso. Il 6 febbraio 1987 Coker fissò una nuova data di esecuzione della condanna a morte: il 26 marzo 1987.

Fu allora che cominciò il mio coinvolgimento. A novembre del 1986 Ozell Brandley, il fratello di Clarence, mi aveva visto partecipare al programma televisivo "Today Show" insieme a Nate Walker, un uomo che la Centurion aveva appena fatto scagionare. Mi chiese dunque di andare a Houston per aiutare la difesa a liberare suo fratello, che stava per essere giustiziato. Dopo che lessi gli atti del processo, Ozell mi presentò a DeGeurin e a un nuovo avvocato del suo studio, Paul Nugent, e dopo molte ore di confronto nel loro ufficio i due mi invitarono a unirmi alla squadra della difesa nell'ultimo disperato tentativo di salvare la vita a Clarence. Nugent mi ospitò in un appartamento sopra il garage di casa sua e DeGeurin mi prestò la vecchia Chevy di sua madre.

Con appena tre settimane a disposizione, l'investigatore Richard Reyna e io ci mettemmo al lavoro, io vestito di nero e con il collarino bianco da prete, Richard in jeans ben stirati e stivali da cowboy. Il 7 marzo ci presentammo alla casa mobile in cui viveva Sessum, in una zona periferica di Conroe. Immaginavamo che se a uccidere Cheryl Fergeson fossero stati Robinson e Acreman, Sessum doveva essere stato un testimone oculare, e forse avrebbe voluto parlare, considerato che la data dell'esecuzione si avvicinava. Nei dieci giorni successivi, poco alla volta, ci disse effettivamente chi aveva ucciso Cheryl e com'era successo.

Erano stati Acreman e Robinson.

Sessum raccontò che lui e Martinez si trovavano ai piedi della scala e avevano sentito Cheryl gridare aiuto mentre Acreman e Robinson la trascinavano nel bagno in cima ai gradini. L'uomo aveva incubi da allora e si sentiva terribilmente in colpa per non aver impedito l'aggressione: "È colpa mia se è morta. Se fossi salito potevo salvarla". Adesso però era determinato: "Ho lasciato uccidere una ragazza innocente, non permetterò che un altro innocente ci vada di mezzo. Che cosa devo fare?". Il giorno di San Patrizio raccontò la storia in una deposizione filmata.

Lo stesso giorno Richard e io andammo da Acreman. Quando gli dicemmo che Sessum lo aveva coinvolto nell'omicidio di Fergeson lui cominciò a tremare e accettò di fare una dichiarazione mentre lo filmavamo. Si disse innocente e addossò tutta la colpa su Robinson. Sia Sessum sia Acreman scagionarono Clarence, dicendo che era arrivato dieci minuti dopo che la ragazza era stata stuprata e uccisa.

DeGeurin e Nugent presentarono i video a Coker, e il 20 marzo, sei giorni prima dell'esecuzione, il giudice ordinò suo malgrado che venisse sospesa. Due settimane dopo, Sessum fece una coraggiosa apparizione nel programma televisivo "60 Minutes" e raccontò a Harry Reasoner e all'intera nazione quello che aveva visto. Nel frattempo, su insistenza degli investigatori del procuratore distrettuale, Acreman aveva ritrattato le proprie dichiarazioni in video, ma continuava ad affermare di aver visto Robinson gettare i vestiti della ragazza nel cassonetto dell'immondizia. A dispetto delle dichiarazioni di Sessum e delle informazioni fornite da Acreman, l'ufficio del procuratore si rifiutò di ammettere che aveva commesso un errore. Speers rimaneva ciecamente convinto che Brandley dovesse essere condannato.

Per la prima volta, però, la Corte d'appello del Texas si espresse a favore dell'imputato, concedendogli un'altra udienza probatoria e nominando un nuovo giudice: Perry Pickett, ormai in pensione dopo trent'anni di lavoro nella contea di Midland, nel Texas occidentale, e impiegato dalla CCA come giudice speciale. Pickett era un magistrato tutto d'un pezzo e un uomo coraggioso, che durante la Seconda guerra mondiale era fuggito da un campo di prigionia nazista e si era nascosto dietro le linee nemiche in Italia fino alla Liberazione. La prima cosa che fece fu tenere un'udienza nel tribunale di Conroe per cambiare la sede del processo. Ascoltò le testimonianze di una grande varietà di persone, bianche e nere, inclusi l'eroico Bill Srack, due importanti ed eloquenti pastori neri della chiesa di Conroe e la coraggiosa Janet Dial. Tutti parlarono del razzismo e del clientelismo che storicamente affliggevano il sistema giudiziario di Conroe.

Alla fine dell'udienza il giudice Pickett annunciò: "Siamo di fronte a una situazione instabile ed esplosiva, che non contribuisce all'imparziale amministrazione della giustizia. Proprio perché giustizia sia fatta, il dibattimento si trasferisce nella contea di Galveston". Fissò una nuova udienza probatoria di lì a una settimana, il 28 settembre 1987. L'aula allora esplose in grida di esultanza, e gli afroamericani presenti si sentirono liberi di esprimere sentimenti a lungo trattenuti. Sapevano che per le persone nere, forse per la prima volta in quel tribunale, era appena successo qualcosa di giusto e positivo. E mentre il suo processo lasciava Conroe e veniva spostato a Galveston, Clarence Brandley poté finalmente tirare un piccolo sospiro di sollievo.

La nuova udienza probatoria esplorò tutti gli aspetti della vicenda. Per due settimane, in un'aula di tribunale di Galveston, il giudice Pickett ascoltò le deposizioni di quarantasei testimoni per stabilire se Brandley avesse avuto un processo equo e se ci fossero nuove prove, sufficienti a concedergliene un altro.

Sessum confermò di avere visto Acreman e Robinson trascinare la ragazza dentro il bagno. Ed e John Payne parlarono del comportamento sospetto di Acreman quand'era tornato a casa il giorno del delitto. Tre nuovi testimoni, colleghi di Acreman al servizio taxi cittadino, dissero che un giorno, mentre parlavano dell'omicidio alla scuola, Acreman aveva improvvisamente esclamato che Clarence era innocente e che lui sapeva chi era stato. Altri due testimoni dichiararono di aver visto Robinson a Conroe tre giorni prima del delitto. Fu stabilito che il sangue sul corpo della vittima era di tipo A, lo stesso sia di Robinson sia di Acreman. Cheryl Bradford, una giocatrice di pallavolo presente al torneo, disse di aver visto due uomini bianchi che corrispondevano alla descrizione di Acreman e Robinson uscire in tutta fretta dalla porta della palestra da venti a trenta minuti dopo aver visto Cheryl in corridoio che si dirigeva verso il bagno. Quella stessa testimone ebbe "i brividi" quando vide la foto di Robinson a "60 Minutes", certa che fosse uno degli uomini che uscivano di corsa dalla palestra.

Il 19 novembre 1987, sulla base delle sue conclusioni il giudice Pickett raccomandò alla CCA di concedere a Clarence un nuovo processo. "La corte è convinta che Clarence Lee Brandley non abbia avuto un processo equo e non abbia commesso il reato per cui attualmente si trova nel braccio della morte" dichiarò, e aggiunse: "Le testimonianze prodotte nel corso dell'udienza probatoria stabiliscono in modo inequivocabile che Gary Acreman e James Dexter Robinson sono i principali sospettati e probabilmente i responsabili della morte di Cheryl Lee Fergeson." Il giudice si disse rammaricato della sparizione delle prove processuali che contenevano i peli di maschio caucasico trovati vicino alla vagina: ciò vanificava la possibilità di un confronto con quelli di Robinson e Acreman. Pickett trovò molto sospetta la testimonianza di Keeshan secondo cui non ordinò ad Acreman o agli altri inservienti bianchi di fornire campioni di capelli o sangue perché sarebbe stata "un'inutile imposizione". Né fu colpito positivamente dalla risposta del ranger Styles alla stessa domanda: "Diciamo che io non l'ho fatto, e non è stato fatto; e il perché non lo so".

Citando dettagli credibili delle testimonianze di Mary Johnson, Janet Dial e Frank Robin, Pickett stabilì che il giudice Martin e il procuratore distrettuale Keeshan avevano intrattenuto costanti rapporti *ex parte* prima di ogni seduta del procedimento contro Clarence e cospirato per insabbiare la sparizione delle prove processuali. Definì "non veritiere" e "non credibili" le testimonianze con cui il giudice Martin e Peggy Stevens negavano l'accaduto. Mary Johnson pagò a caro prezzo la sua coraggiosa e onesta testimonianza contro il suo capo, il giudice Martin: venne licenziata poco dopo che Pickett diffuse le sue motivazioni. Inoltre divenne una presenza sgradita nel palazzo di giustizia, dove gli ex colleghi la consideravano sleale nei confronti dei giudici di Conroe. La sua carriera come stenografa del tribunale della contea di Montgomery era finita.

Il giudice Pickett riprese severamente il ranger Styles per le sue tattiche investigative e il suo atteggiamento intimidatorio. Icky Peace e Sessum parlarono delle minacce di Styles e del modo in cui aveva estorto loro false testimonianze. Entrambi dichiararono di aver ancora paura di lui. Sessum era stato minacciato di finire in prigione se non avesse collaborato dopo aver fornito la sua versione sul giorno del delitto. Icky disse che una sera Styles si era presentato a casa sua e l'aveva portato alla stazione di polizia locale. L'aveva trattenuto lì fino all'una e mezza di notte, senza mai smettere di malmenarlo e di soffocarlo con la catenina che portava al collo. Quando Icky era andato a lamentarsi nell'ufficio del procuratore distrettuale, gli avevano detto che aveva "le allucinazioni" e che si "immaginava le cose".

Sam Martinez, invece, si attenne alla sua testimonianza originaria e disse al giudice Pickett che lui aveva "parlato chiaro" sin dalla prima volta, ovvero dopo aver concordato una versione con gli altri inservienti, imbeccati da Styles. Martinez non ammise mai di aver visto quello che aveva visto Sessum, benché si trovasse insieme a lui quando la ragazza era stata aggredita. Il motivo potrebbe essere che suo padre faceva l'addetto alle pulizie in tribunale; forse Martinez lo voleva proteggere dal potente Keeshan.

Il giudice affermò senza mezzi termini che, arrestando Brandley ancor prima di cominciare le indagini, Styles aveva agito "con cecità". Ciò portò alla "inevitabile conclusione che l'indagine non sia stata condotta per risolvere il crimine, ma per condannare l'imputato". Il giudice aggiunse che "la convinzione di avere già preso il suo uomo ha impedito [a Styles] di seguire piste che avrebbero potuto dimostrare che le sue idee preconcette erano sbagliate".

La corte raccolse anche le prove del clima razzista che aveva pervaso il procedimento contro Clarence, inclusa l'intera indagine e i procedimenti legali post processuali. Sottolineò che il vademecum interno della procura della contea di Montgomery raccomandava che nel caso di un processo a una persona nera la pubblica accusa escludesse i neri dalla selezione della giuria. Bill Srack descrisse la sua tormentata esperienza come giurato, e le sue conseguenze. Altri parlarono dell'uso frequente del termine "negro" da parte degli inquirenti, e del razzismo dilagante in tribunale.

In conclusione, il giudice Pickett dichiarò che "in trent'anni di procedimenti sulle manchevolezze del sistema giudiziario da parte di questa corte, nessun processo ha mai dipinto un quadro così scioccante degli effetti del pregiudizio razziale, delle false testimonianze, dell'intimidazione dei testimoni, di indagini dall'esito prestabilito, condotte da pubblici ufficiali che, qualsiasi fosse il motivo, avevano perso di vista la giustizia e l'equità". Poi raccomandò alla CCA di indire un nuovo processo per Mr Brandley.

In Texas soltanto la Corte d'appello statale ha il potere di annullare una condanna e ordinare un nuovo processo. La CCA impiegò altri due anni per esprimersi, il 13 dicembre 1989, a favore delle conclusioni del giudice Pickett. Ordinò un nuovo processo per Clarence, dopo che indagini "artefatte" avevano "sovvertito il corso della giustizia" e la pubblica accusa aveva presentato testimonianze "false" e "intrinsecamente inattendibili" eliminando, al contempo, prove che avrebbero favorito l'imputato. Il procuratore distrettuale Speers si rifiutò comunque di cedere e fece ricorso alla Corte suprema degli Stati Uniti. Il suo ricorso fu respinto senza commenti.

Speers decise allora di non riprocessare Brandley e di lasciar cadere le accuse contro di lui. Il 23 gennaio 1990 Clarence uscì dal braccio della morte, assolto e finalmente libero.

Il suo caso era ormai famoso. La scarcerazione fu festeggiata non solo da sua madre, dai suoi figli e fratelli e da una schiera di sostenitori bianchi e neri, ma anche dalla stampa e dai programmi televisivi di tutta la nazione.

Clarence convertì in chiesa un piccolo negozio e vi prestò servizio come pastore. Non riuscendo a mantenersi così provò con una varietà di occupazioni diverse, finché non trovò lavoro come meccanico presso la Metropolitan Transit Authority di Houston. Ci rimase per tredici anni. Alla fine si trasferì in una cittadina della contea di Montgomery e visse serenamente insieme a Dorothy Moore, che da anni era la sua compagna. Il 2 settembre 2018, a tre settimane dal suo sessantasettesimo compleanno, Clarence morì di polmonite.

Non fu mai risarcito per la sua ingiusta detenzione nel braccio della morte. Intentò azioni legali contro le autorità responsabili della condanna, ma un giudice le respinse appellandosi all'immunità sovrana delle istituzioni chiamate in causa. Nel 2011 lo Stato del Texas gli negò qualunque risarcimento per gli errori giudiziari a suo danno: aveva presentato la domanda troppo tardi. E per aggiungere al danno la beffa, il Texas gli ordinò di pagare gli assegni familiari che in nove anni e mezzo di ingiusta detenzione non era riuscito a saldare, per un totale di 25.000 dollari. Il suo stipendio settimanale rimase sotto sequestro per molti anni.

Un'interessante postilla al caso è la ricomparsa delle prove smarrite. Quando nel gennaio 2018 morì Charlie Ray, a suo tempo investigatore del procuratore Keeshan, la sua famiglia scoprì nel garage di casa una scatola di reperti relativi al caso Brandley. Ray era insieme a Keeshan la sera in cui quest'ultimo entrò nell'ufficio di Mary Johnson, da dove le prove scomparvero poco tempo dopo, durante un weekend. La scatola fu consegnata al procuratore distrettuale Brett Ligon. A tutt'oggi non sappiamo davvero che cosa contenesse né che fine abbia fatto. Quello che sappiamo è che Ligon affidò ai Texas Rangers e alla polizia di Conroe – in pratica ai corpi responsabili dell'errore giudiziario che aveva mandato Brandley nel braccio della morte – il compito di esaminare i reperti e scoprire se ci fosse qualcosa che si poteva sottoporre a nuove analisi.

Alla morte di Clarence, ebbi il privilegio di pronunciare uno degli elogi funebri in suo onore. Dissi ai presenti che era l'uomo più coraggioso che avessi mai incontrato. Non si arrese mai al panico, nemmeno quando lo sforzo per scagionarlo non sembrava dare frutti e la data dell'esecuzione si avvicinava. Davanti alla certezza pressoché assoluta che l'avrebbero giustiziato per un crimine che non aveva commesso, era rimasto sempre calmo e forte. Giunto a una settimana dal giorno fatidico, aveva accettato il suo destino con una serena dignità e un coraggio che avevano ispirato tutti noi a lavorare freneticamente per salvarlo. La sua freddezza sotto il fuoco nemico ci aveva reso più saldi.

Clarence era un uomo buono e gentile. Una brava persona. Era umile e riservato. Se nel profondo del cuore provava odio o rabbia verso coloro che l'avevano danneggiato, io non l'ho mai percepito né visto. Dall'inizio alla fine, dopo tutte le ingiustizie patite in carcere e negli anni successivi, non ne ha mai parlato apertamente. Tutti noi che lo abbiamo conosciuto gli abbiamo voluto bene.

Acreman e Robinson non sono mai stati incriminati per lo stupro e l'omicidio di Cheryl Fergeson.

Giocare all'autopsia

John Grisham

La prima importante autopsia di cui si abbia notizia fu quella di Giulio Cesare nel 44 a.C. Il condottiero romano aveva seriamente sottovalutato la lealtà dei suoi sodali, e quando ebbe l'impudenza di dichiararsi dittatore perpetuo quelli si offesero, presero i coltelli e lo aggredirono in Senato. Una sessantina di persone si avventò su Cesare, cogliendolo di sorpresa e indifeso. Lo lasciarono in un bagno di sangue, scapparono e, come spesso fanno i politici, cominciarono subito a negare il proprio coinvolgimento o a addossare la colpa a qualcun altro.

Per motivi mai chiariti, benché i fatti fossero evidenti, qualcuno che aveva l'autorità per chiederla ordinò l'autopsia. Non era una novità: i greci dissezionavano cadaveri già da cinquecento anni.

Sotto gli occhi di un nutrito pubblico, il celebre medico Antistio svolse il suo orribile compito e ben presto confermò l'evidenza: Cesare era morto dissanguato, dopo essere stato colpito con ventitré coltellate.

Nel Cinquecento Leonardo da Vinci, sempre assetato di conoscenza, si procurò e dissezionò almeno trenta cadaveri, non per svolgere indagini giudiziarie ma per capire e riprodurre l'anatomia umana. Di tanto in tanto anche il suo rivale Michelangelo posava pennello e scalpello, prendeva il bisturi e faceva ricerche simili.

Nel Medioevo, sia in Europa che in Asia, l'autopsia era

una pratica diffusa ma scarsamente sfruttata nelle indagini sui delitti. La prima inversione di tendenza si vide negli Stati Uniti dell'Ottocento, quando all'esplosione demografica corrispose un aumento del tasso di omicidi. Quando si indaga su un assassinio, il cadavere della vittima è quasi sempre il reperto più utile. I patologi americani, a forza di esaminare resti in cerca di indizi, perfezionarono le proprie competenze.

Nel 1936 la fondazione dell'American Board of Pathology fu il primo serio tentativo di regolamentare la pratica dell'autopsia fissando un certo numero di requisiti necessari per praticarla. Il settore, come il tasso di criminalità, continuò a crescere, e nel 1940 era ormai prassi che qualsiasi patologo coinvolto in un procedimento legale dovesse essere "certificato" dall'American Board of Pathology per poter testimoniare in tribunale. L'aumento della richiesta da parte degli investigatori coinvolse sempre più specialisti, e le tecniche scientifiche furono modernizzate. Fecero seguito ulteriori regolamentazioni. A un certo punto, il compito di certificare i patologi passò alla National Association of Medical Examiners.

La National Association of Medical Examiners gestiva anche i reclami contro i suoi membri, e come in tutti i rami della medicina, non c'era mai penuria di mele marce. Nel 1992 il famigerato patologo texano Ralph Erdmann fu protagonista delle cronache nazionali per il numero enorme di autopsie che diceva di aver eseguito. Gestiva il lavoro di una quarantina di contee rurali che non potevano permettersi un medico legale, e lo faceva sempre di buon grado. Lavorava persino a domicilio, spostandosi dove necessario. La maggior parte delle contee era sprovvista delle strutture necessarie, ed Erdmann era costretto a improvvisare. Dissezionava cadaveri nei parcheggi, nei garage e nei vicoli. Divenne il cocco dei poliziotti e dei pubblici ministeri, perché riusciva spesso a manipolare i suoi referti in modo che avvalorassero le teorie dell'accusa. Si autodefiniva "il Quincy del Texas Panhandle", come il personaggio televisivo reso celebre da Jack Klugman. A un certo punto il suo raffazzonato modus operandi gli si ritorse contro, anche a causa dei reclami degli avvocati difensori. Quando finalmente fu aperta un'indagine su Erdmann, si accertò che almeno in un terzo delle sue autopsie non aveva nemmeno dissezionato il cadavere.

In media ne eseguiva 300 all'anno e diceva che il record era stato di 480.

La National Association of Medical Examiners raccomandò ai suoi membri di mantenersi sotto le 250 autopsie all'anno. Oltre le 325 avrebbe tolto la certificazione ai loro laboratori.

Considerato che in genere un'autopsia dura tra le due e le quattro ore, esclusi la stesura del referto e altri adempimenti burocratici, i numeri di Erdmann erano straordinari.

Eppure, i suoi record impallidivano davanti a quelli di un altro patologo, che negli anni Novanta praticava nel Mississippi. Era soprannominato "Il re dei cadaveri", e durante il suo regno monopolizzò il mercato delle autopsie occupandosi dell'80 per cento dei casi di omicidio nello Stato. In un'occasione si vantò di aver eseguito almeno 1000 autopsie all'anno, o persino 1500, con un record assoluto di 2000.

Era il dottor Steven Hayne.

Nato a Los Angeles nel 1941, si era laureato in medicina alla Brown University nel 1976 e si era specializzato in patologia. Nel 1985, dopo aver lavorato per qualche anno in vari ospedali del paese, aveva assunto l'incarico di direttore sanitario di un laboratorio della contea di Rankin, nel Mississippi. Per arrotondare praticava autopsie, a 400 dollari l'una.

Fu la scelta giusta nel momento giusto. Per via dello stipendio basso e di altre difficoltà, il Mississippi non riusciva a dotarsi di un medico legale statale fisso. Se un coroner di contea sospettava un omicidio, era tenuto a far eseguire un'autopsia. Non c'erano né un obitorio né un laboratorio centrale di Stato ai quali inviare il cadavere, così come non c'erano agenzie statali o centri di smistamento che seguissero e regolamentassero le autopsie. I coroner di contea, tutti e ottantadue, dovevano chiamare un patologo e implorarlo perché eseguisse un'autopsia. Siccome praticamente tutti i patologi disprezzavano sia quel tipo di lavoro sia il magro compenso, per non parlare della sgradevole prospettiva di dover deporre in tribunale, c'era sempre un certo arretrato di cadaveri in attesa dell'esame.

Qui entrò in scena il dottor Hayne, che fiutò l'affare e annunciò di aver aperto bottega. Il suo era un ragionamento semplice: con un approccio da "catena di montaggio" si poteva guadagnare bene. Cominciò praticando diverse autopsie al mese, velocemente, con efficienza e con un atteggiamento espansivo e disponibile da piazzista. Ben presto giunse a farne una al giorno, ed era soltanto l'inizio. Si fece pubblicità con il passaparola, e i coroner, la polizia, gli sceriffi e i pubblici ministeri furono ben felici di portargli i loro cadaveri. Pubblicava persino annunci su bollettini e riviste di categoria. Nel 1988 praticò 320 autopsie. Nel 1990 era arrivato a 1200 all'anno.

Hayne non era soltanto un incredibile stacanovista, ma anche un meraviglioso testimone per l'accusa. Affabile, loquace e scaltro, per anni incantò le giurie con un'efficace combinazione di giovialità e astute osservazioni mediche. Usava parole semplici ma anche termini tecnici, parlava in tono chiaro e senza accento. Non aveva la cadenza del Mississippi. Veniva dalla California, dalla Brown University e da altri posti lontani. Gli avvocati sanno da anni che più strada fa il perito per raggiungere il tribunale, più farà colpo sulla gente del posto. Grazie alla pratica continua, Hayne entrò perfettamente nel ruolo.

Quando non era al tavolo autoptico o in un'aula giudiziaria, lavorava come direttore del laboratorio del Rankin Medical Center e dirigeva un centro di frenologia. Come se non bastasse, prestava servizio come perito nelle cause civili ed eseguiva autopsie private.

In seguito rispose così a una domanda sul suo carico di lavoro sovrumano: "Normalmente non dormo più di due o tre ore al giorno. E lavoro sette giorni alla settimana, non cinque. Non mi prendo ferie. Perciò lavoro con più efficienza, e più rigore, della maggior parte delle persone. È un dono e una maledizione, ma è ciò che ho dentro di me, e lavoro tanto, tantissimo. Sono capace di lavorare per diverse ore di seguito e non faccio molti errori. Credo che il mio curriculum parli da sé".

Errori, invece, ne faceva, e parecchi.

Quando ormai monopolizzava il mercato delle autopsie, il piccolo obitorio di Hayne accoglieva cadaveri a un ritmo impressionante. Non era insolito trovarne sei o sette in attesa del bisturi, spesso ammassati come tronchi sulla rampa di carico. Un funzionario statale che visitò la struttura la paragonò a "una fabbrica di autopsie, senza misure di sicurezza". Un ex funzionario dichiarò che "Hayne era alla continua ricerca di scorciatoie. Capitava spesso che ci fossero errori di catalogazione dei reperti, oppure che le prove fossero inquinate perché maneggiate o conservate male. Non rispettava le norme di sicurezza sul materiale chimico o biologico". Un agente di polizia paragonò l'obitorio a una "fabbrica di salsicce". Un commissario di polizia disse di avere visto cinque cadaveri dissezionati, uno di fianco all'altro, in varie fasi di esame, a rischio di reciproca contaminazione. Un funzionario statale dubitò che Hayne svolgesse tutto il lavoro da solo: "Non sono mai riuscito a credere" disse "che Steve praticasse tutte le autopsie di cui si vantava. Non ha mai avuto una salute di ferro. Non può aver sopportato il ritmo che diceva di seguire".

Che le praticasse di persona o no, il dottor Hayne le sue autopsie le faceva pagare care. Ben presto il prezzo cadauna salì a 1000 dollari, più 350 dollari all'ora per testimoniare in aula. Accoglieva cadaveri da tutto lo Stato, del quale divenne, *de facto,* medico legale. Siccome fatturava separatamente in ogni contea e non teneva una contabilità centralizzata, soltanto Hayne sapeva davvero quante autopsie eseguisse e quanto gli fruttassero. Non era difficile, comunque, fare una rapida stima: come medico legale non certificato incassava oltre un milione di dollari lordi all'anno.

I suoi sostenitori lo consideravano un bene prezioso per lo Stato. Svolgeva un lavoro che pochi altri medici si sarebbero accollati. I pubblici ministeri lo adoravano perché in aula era bravissimo, sapeva convincere le giurie e, quando si trattava di trovare prove a sostegno della tesi di colpevolezza dell'accusa, era creativo.

A tutt'oggi nessuno sa quante ingiuste condanne siano state scritte prima di tutto dal bisturi del dottor Steven Hayne.

La storia di una delle prime cominciò il 15 settembre 1990 con il rapimento e l'uccisione di Courtney Smith, una bambina di tre anni.

Courtney abitava insieme alla madre, alla nonna, a due sorelle e a tre zii in un cottage rivestito di assicelle di legno azzurro lungo una strada di campagna, in un angolo squallido della piccola cittadina morente di Brooksville, in Mississippi. Il quartiere era un reticolo di strade di ghiaia e casette basse costruite ben prima del 1990. Alcune erano ben tenute, verniciate di fresco, con i vasi di fiori e i prati curati. La maggior parte era costantemente in cattivo stato. Ce n'erano anche di abbandonate, o di ampliate per accogliere diverse generazioni della stessa famiglia. Qua e là spuntava qualche roulotte. Benché fosse un quartiere povero, il tasso di delinquenza era basso. Tanti residenti dormivano senza chiudere le finestre né le porte, sempre che ci fosse una serratura da chiudere.

Quel sabato sera Courtney e sua sorella Ashley, di cinque anni, cenarono insieme alla nonna e alla bisnonna, dopodiché tornarono a casa, a pochi minuti di camminata. Era ancora estate, l'aria era calda e umida e i vicini se ne stavano all'aperto, a oziare in veranda, a grigliare, a giocare per strada. A casa, la madre delle bambine, Sonya Smith, le lavò e le preparò per la nanna. Fece indossare a Courtney una maglietta con una papera davanti e, sul petto, la scritta MISSISSIPPI. Quando le piccole si addormentarono, Sonya si vestì e uscì di casa. Dopotutto era sabato, e a lei piaceva frequentare i banconi delle bettole locali. Sua madre Ruby si era offerta di badare alle bambine. In casa c'era anche Tony, fratello di Sonya, uno dei tre zii che vivevano con loro.

Ruby, la nonna, cominciò ad annoiarsi e uscì insieme a

delle amiche. Zio Tony si addormentò in fretta sul divano. Le bambine dormivano in camera da letto. Non c'era niente di insolito in quell'accudimento collettivo. Zie, zii, nonni, cugini e vicini di casa davano tutti una mano.

Attorno a mezzanotte un uomo della zona entrò in casa dalla porta, che non era chiusa a chiave, e passò davanti al divano dove dormiva Tony. Guardò nella prima stanza da letto, vide due bambine addormentate, prese in braccio Courtney senza svegliarla e uscì. Imboccò un corto sentiero e si allontanò con lei dalle case. Vicino a uno stagno la posò a terra, incerto sul da farsi. Quando le penetrò la vagina con un dito, Courtney si svegliò e scoppiò a piangere. Per farla smettere, l'uomo tentò di strangolarla, dopodiché la gettò nello stagno. Lei non sapeva nuotare e lottò per stare a galla. Quando la sua testolina affondò per l'ultima volta, l'assassino tornò alla sua auto, parcheggiata poco lontano, e se ne andò.

Sonya Smith passò la domenica mattina a cercare sua figlia, dando per scontato che fosse a casa di qualche altra famiglia. Sulle prime non ci fu alcun panico, perché era normale che i bambini andassero a dormire da chi si offriva di tenerli d'occhio. Nel tardo pomeriggio, tuttavia, fu evidente che Courtney era scomparsa. La polizia ricevette una chiamata attorno alle otto di sera, e a quell'ora centinaia di persone erano già alla ricerca della bambina.

Il lunedì mattina, il capo della polizia locale vide nello stagno il corpo parzialmente sommerso di una bambina. Lo tirò fuori e lo portò a riva. La piccola indossava una maglietta con disegnata una papera e la scritta MISSISSIPPI. Aveva perso sangue dalle ferite vaginali e dalla testa. L'uomo avvolse il cadavere nella giacca di un collega e attese l'intervento dello sceriffo.

Il primo ad arrivare fu il vicesceriffo Ernest Eichelberger, che a dispetto del cognome era un robusto afroamericano e militava nelle forze dell'ordine da appena cinque anni. In qualità di vicesceriffo, assunse il ruolo di investigatore principale. Sapeva che una bambina era scomparsa e rintracciò il padre di Courtney, che la identificò.

Poi Eichelberger portò il cadavere al coroner della contea, che lo mandò immediatamente al dottor Steven Hayne per l'autopsia. Hayne se ne occupò quella sera stessa e stabilì che la bambina riportava segni di strangolamento, ma probabilmente era morta annegata. Aveva subito violenza sessuale, ma l'assenza di peli pubici o di sperma gli fece concludere che l'assassino non l'aveva costretta a un rapporto. Trovò alcuni ematomi al polso destro che attribuì, ma non ne era sicuro, a una morsicatura di denti umani. Effettuò altri esami e calcolò che i lividi della bambina erano stati inferti poco prima che lei morisse. Altri segni sul corpo potevano essere morsi di animali.

Poter seguire la pista dei morsi fu un colpo di fortuna per Hayne e per gli investigatori. All'epoca, nello Stato del Mississippi operava uno dei maggiori esperti nazionali di morsicatura, il fenomenale dottor Michael West.

Da anonimo dentista di Hattiesburg, Mississippi, West si era trasformato chissà come in consulente tecnico legale ed era stato sotto i riflettori di alcuni dei più clamorosi processi dello Stato. Quasi da un giorno all'altro era diventato un esperto non soltanto di segni di morsicatura, ma anche di balistica, armi da fuoco, ferite, lividi, segni di colluttazione, incendi dolosi, sfondamento di finestre e graffi. In quasi tutti i casi la sua spalla, il dottor Hayne, praticava l'autopsia, e poi passava la palla a West perché individuasse le prove.

Conclusa l'autopsia su Courtney, Hayne chiamò West e gli disse di raggiungerlo al più presto all'obitorio. Avevano per le mani un altro omicidio, e l'assassino, per qualche motivo, aveva deciso di mordere la vittima.

West non arrivò in tempo. Nella tarda serata di lunedì, l'impresario di pompe funebri che gestiva l'obitorio decise di procedere con l'imbalsamazione senza avvertire nessuno.

L'indomani il dottor West esaminò il cadavere appena imbalsamato e convenne subito con il suo compare che sul polso destro della vittima c'erano lesioni causate da denti umani. Recise un po' di pelle attorno alle ferite, ne studiò la forma e scrisse un breve referto. Presentò alla contea una fattura da quasi 3000 dollari per la prestazione e informò il coroner che, non appena lo sceriffo avesse avuto un sospettato, sarebbe stato disponibile a prestare ulteriore assistenza.

Di sospettati ce n'erano a bizzeffe. Il metodo d'indagine del vicesceriffo Eichelberger prevedeva di arrestarli tutti, sbatterli in cella e aspettare che la verità venisse a galla da sé. Per primo toccò a un certo Mickens, prozio acquisito di Courtney, del quale erano noti la propensione per l'alcol e, da ubriaco, il vizio di mettere le mani addosso alle donne. Tanto bastava perché Eichelberger lo ritenesse in qualche modo coinvolto nello stupro e nell'omicidio di una bambina. Quando il sospettato apparve nei telegiornali della sera, ammanettato e sconvolto, un inviato snocciolò gli efferati dettagli del delitto: all'omicidio si erano aggiunti uno stupro violento, una ferita alla testa e un taglio sulla bocca.

Poi Eichelberger arrestò Tony, Ernest e William Smith, gli zii di Courtney, accusandoli di omicidio senza avere lo straccio di una prova contro di loro. Quando l'assassino era entrato a rapire Courtney, lo zio Tony dormiva sul divano. I tre avevano appena perso una nipote che adoravano e proteggevano, e con la quale abitavano. Adesso, incarcerati, si vedevano accusare di averla uccisa.

Eichelberger aveva appena cominciato. Arrestò William McCarthy e David Harrison, due uomini che non c'entravano nulla con l'omicidio ma che, siccome erano amici di Ruby, la nonna di Courtney, e quella sera si trovavano nel quartiere, risultavano abbastanza loschi da meritare l'incarcerazione.

Arrestò John Hodge, il compagno di Sonya Smith, Robert Godwin, un vicino di casa, e Lee Harris, un amico dello zio Tony.

Al decimo arresto, Eichelberger fece centro ma non capì di aver preso l'assassino. Era Justin Johnson, un trentacinquenne della zona noto per essere un tipo strano e solitario, con diversi precedenti: più di una volta si era introdotto di notte nelle case di donne che poi aveva aggredito o minacciato. Gli agenti lo presero di mira perché diversi vicini di casa dichiararono di aver visto la sua Buick Electra parcheggiata nei pressi dello stagno verso mezzanotte, il giorno dell'omicidio. Il suo alibi non stava in piedi. In prigione, Eichelberger gli chiese se fosse mai stato arrestato e lui rispose: "Sì, per una faccenda simile, tentato stupro. Non tanto tempo fa".

Un investigatore esperto, ma forse anche un poliziotto di quartiere scarso, si sarebbe concentrato su Johnson, però Eichelberger si fece distrarre da un altro sospettato promettente: Levon Brooks.

A un certo punto, Johnson venne scarcerato. Sarebbero passati diciotto anni prima che un altro investigatore lo interrogasse riguardo all'omicidio di Courtney Smith.

Levon Brooks divenne il principale indiziato perché di tanto in tanto portava l'orecchino. Abitava nella cittadina di Macon, poco lontano, ma non bazzicava Brooksville. Conosceva bene la famiglia Smith perché anni prima era uscito qualche volta con Sonya. I due erano rimasti amici, ma del resto Levon era amico di quasi tutti. Gli piacevano la vita notturna, i locali, le ragazze, e in particolare gli abiti e le ultime tendenze. L'orecchino d'oro era una novità e rafforzava la sua reputazione di uomo in anticipo sui tempi. Lavorare al Santa Barbara, un locale notturno non distante da casa sua, gli piaceva. Guadagnava bene, l'orario non era sfiancante, conosceva un sacco di donne. Levon aveva trentadue anni, era scapolo, bello, e passava da un'avventura all'altra. Riusciva sempre a rimanere in buoni rapporti con le sue ex.

Il sabato sera in cui Courtney Smith era stata rapita e uccisa, Levon lavorava al Santa Barbara, a oltre dodici chilometri da Brooksville. Numerosi testimoni avrebbero confermato che era lì a miscelare cocktail, cucinare, tenere d'occhio la pista da ballo e, come sempre, a flirtare con le ragazze.

Purtroppo, però, nemmeno un alibi così cristallino poteva reggere il confronto con la testimonianza scientifica contraffatta e sottoposta alla giuria dai dottori Hayne e West.

La teoria dell'orecchino cominciò il suo lungo e tortuoso viaggio con la presunzione, da parte degli investigatori, che l'unica possibile testimone del rapimento di Courtney fosse sua sorella Ashley. Trascorsi alcuni giorni senza trovare nemmeno un indizio, riempito il carcere di "sospettati", gli investigatori pressati dall'obbligo di risolvere il caso decisero di concentrarsi su Ashley e di stimolarla a ricordare qualcosa.

Interrogare un bambino, specialmente se è stato traumatizzato da un delitto violento, è un'incombenza delicata e complessa che dovrebbe essere gestita da professionisti qualificati e con competenze psichiatriche. Cinque giorni dopo l'omicidio di Courtney, e all'indomani del suo funerale, Ashley subì il suo primo interrogatorio, condotto da un agente di polizia senza alcuna qualifica come psichiatra, psicologo o terapeuta. A suo tempo aveva condotto una trasmissione televisiva per bambini, e tanto bastava perché si vantasse di saperci fare con i piccoli.

L'interrogatorio fu un disastro e avrebbe dovuto convincere la polizia che Ashley andava lasciata in pace. La bambina inventò dettagli che persino gli agenti sapevano essere falsi. Disse che suo zio Tony aveva affrontato l'intruso con un coltello, che poi diventò una pistola. Spesso divagava in modo fantasioso e assurdo, come quando disse che il rapitore era scappato con Courtney a bordo di un aeroplano. Nel colloquio successivo cercò di identificare il rapitore, o i rapitori: era un nero di nome Shavon, anzi, Travon, un ex compagno di università di sua madre; Travon aveva un complice, anzi due, un nero e un bianco; poi il rapitore ridiventò uno solo, un bianco di nome Clay; aveva una calza che gli copriva la faccia, anzi no, una maschera di Halloween. Durante un terzo interrogatorio aggiunse nuovi dettagli: gli aggressori erano usciti con Courtney e rientrati con bibite e patatine; uno l'aveva presa in giro dicendo "Ah-ha, abbiamo tua sorella", un altro aveva un sacchetto pieno di soldi.

La verità era che durante il rapimento Ashley dormiva, e che si era accorta della scomparsa di sua sorella soltanto il mattino dopo, al risveglio. Per cinque giorni, da quel momento fino all'interrogatorio, non aveva mai detto di aver visto il rapitore. La sua suggestionabile immaginazione si scatenò soltanto quando i poliziotti cominciarono a suggerirle dettagli.

In certe comunità nere andò di moda, per un breve periodo, portare una moneta da un quarto di dollaro come orecchino. Quando un investigatore chiese ad Ashley se il rapitore "portava un quarto all'orecchio", lei colse lo spunto al volo. Sì, ce l'aveva, il "quarto all'orecchio".

I sagaci investigatori dedussero che forse si trattava proprio di un orecchino. Nel 1990, da quelle parti, Levon Brooks era uno dei pochi maschi neri che lo portavano.

Finalmente i poliziotti avevano un sospettato vero. Mostrarono ad Ashley le foto di alcuni neri e le disposero in modo da far spiccare Brooks. Lei lo identificò e aggiunse che aveva bendato Courtney con una calza: due dettagli che aveva sentito descrivere dalla polizia.

Per quanto esile, l'orecchino era l'unico indizio che poteva collegare Brooks al delitto. La notte dell'omicidio lui non era in zona; per di più, da quando Sonya Smith si era trasferita in quella casa, lui non ci aveva mai messo piede. Non conosceva né Courtney né Ashley. Non aveva precedenti per violenza sessuale e non era mai stato arrestato né sospettato per molestie a minori.

Mentre già l'indagine si concentrava su Levon Brooks, gli investigatori erano occupati altrove.

Il 23 settembre giunse in città il dottor West, con i suoi utensili e un sacco di gesso. Cominciò dai dieci uomini incarcerati, nessuno dei quali aveva un avvocato, e li convinse a farsi prendere le impronte delle arcate dentarie. Nessun avvocato con un minimo di cervello avrebbe acconsentito a una simile procedura senza un mandato o l'ordinanza di un giudice, ma i concetti di giusto processo e tutela legale contavano poco. I "sospettati" intuirono che non potevano non cooperare.

Strano ma vero, West ficcò una paletta di gesso anche nella bocca di Sonya Smith, la madre della vittima, e ne ricavò un calco. Nessuno aveva insinuato che Sonya fosse neanche lontanamente coinvolta nell'omicidio; nessuno aveva un motivo per includerla tra le persone sospettate di aver morso il polso di sua figlia.

In totale, i "sospettati" che acconsentirono ai rilievi dentali furono dieci, e tra essi c'era il vero assassino Justin Johnson. L'indomani, il dottor West informò le autorità che la sua indagine era conclusa, e che i segni di morsicatura non si potevano ricondurre a nessuna delle dieci arcate.

Scagionato il primo gruppo di indiziati, Eichelberger si concentrò su Levon Brooks: lo arrestò e informò il dottor West che c'era un serio sospettato. Insieme a un altro vicesceriffo portò Brooks allo studio dentistico West di Hattiesburg, a due ore da lì, dove fu presa l'ennesima impronta dentale.

L'indomani mattina, West diede agli investigatori la notizia su cui facevano affidamento. Secondo lui, Levon Brooks era l'unica persona al mondo che avrebbe potuto lasciare quei segni sul polso della vittima. Scrisse che "la struttura dentale di Brooks ha certamente e senza alcun dubbio inferto segni di morsicatura al corpo di Courtney Smith".

"Certamente e senza alcun dubbio." Una formula senza precedenti in medicina legale, ovviamente creata ad hoc da West, che negli anni successivi l'avrebbe usata più e più volte. Nei rari casi in cui gli avvocati difensori contestarono quella frase pressoché letale, i giudici – quasi sempre poco ferrati in scienza forense e ancor meno desiderosi di farsi una cultura in materia – respinsero le obiezioni e consentirono a West di imporre il suo nuovo standard. I giurati non capivano la differenza. In appello, la Corte suprema del Mississippi trovava quasi sempre un motivo per accoglierlo.

Prima di West, i consulenti chiamati a testimoniare in aula esprimevano pareri vincolati a un "ragionevole grado" di certezza medica o scientifica. West ebbe la licenza di dichiarare senza pudore che sulle sue conclusioni non potesse esserci alcun dubbio.

A quel punto l'accusa aveva tutto il necessario per accusare Levon Brooks di omicidio punibile con la pena di morte: 1) la sconclusionata e spesso sconcertante testimonianza di una bambina di cinque anni traumatizzata, sorella della vittima; 2) l'esito di un confronto fotografico manipolato, al quale era stata sottoposta la stessa bambina; 3) un test del poligrafo apparentemente non superato da Brooks; 4) le conclusioni inequivocabili del dottor West riguardo alla morsicatura.

Il processo cominciò il 13 gennaio 1992, circa sedici mesi dopo l'omicidio. Il pubblico ministero era Forrest Allgood, procuratore distrettuale in carica e convinto sostenitore della pena di morte. Fu la prima delle tante occasioni in cui, negli anni, Allgood si affidò all'accoppiata Hayne-West. Pochi altri suoi colleghi li utilizzarono quanto lui.

Allgood descrisse la sua tesi nell'esposizione introduttiva. Poiché la sua unica prova concreta erano i segni di morsicatura, si affidò soprattutto a quelli e disse alla giuria: "L'assassino, un uomo, ha lasciato la sua firma affondandole i denti nel braccio. Lo Stato del Mississippi, signore e signori, vi dimostrerà semplicemente che quell'uomo è Levon Brooks".

La prima testimone dell'accusa fu Ashley Smith, che nel frattempo aveva compiuto sette anni. Era spaventata quanto poteva esserlo una bambina, e il pubblico ministero non la aiutò a rilassarsi. La interrogò per primo e la avvertì che se non diceva la verità "il diavolo l'avrebbe portata via".

Spaventarla a morte fu uno strano modo di cominciare.

Con domande concise e parole semplici, Allgood ottenne da Ashley le risposte che aveva concordato con lei. Le fantasie, le imprecisioni e le incongruenze svanirono. Tuttavia, nel controinterrogatorio, l'avvocato difensore gliene chiese conto. Che fine avevano fatto gli altri rapitori, bianchi e neri, di sua sorella? E la fuga in aeroplano? E lo zio Tony che affronta l'intruso con il coltello, anzi, la pistola? E i cattivi rientrati in casa con le patatine, anzi, con i soldi?

Come nei primi interrogatori, Ashley andò in confusione e perse subito credibilità.

A Allgood non importava, perché aveva quello che gli serviva. Quattro giorni dopo, nella discussione finale, disse spudoratamente alla giuria che "sin dal primo istante, la bambina non ha riconosciuto in nessun altro che nell'imputato l'uomo che entrò nella sua stanza e rapì sua sorella. In nessun altro".

Il dottor Hayne testimoniò che probabilmente Courtney era morta per annegamento in acqua dolce, ma riportava contusioni alla testa e lesioni all'interno della vagina. Non c'erano tracce di sperma. Disse alla giuria che la probabile origine dei segni sul polso erano denti umani, come accertato dal dottor Michael West, il quale confermò. Infine Hayne dichiarò che il morso era stato inferto al momento della morte o poco dopo. Perciò, la persona a cui apparteneva l'impronta era l'assassino.

I periti che in seguito riesaminarono il caso convennero che la testimonianza era gravemente lacunosa. Stabilire 1) l'origine dei segni di morsicatura su un cadavere rimasto nell'acqua tanto quanto il corpo di Courtney e 2) se i segni fossero stati lasciati prima o dopo la sua morte era pressoché impossibile.

Furono introdotti altri elementi infondati o esagerati. Mentre Hayne descriveva le lesioni nella vagina della vittima, disse alla giuria che poteva averli lasciati sia un dito sia un pene. Di punto in bianco, Allgood chiese: "E un manico di scopa?".

Un manico di scopa?

Nessuno ne aveva mai parlato. Non ce n'era traccia sul luogo del delitto, né nei verbali. Durante le indagini non c'era mai stato il minimo accenno a nessun manico di scopa.

Allgood, invece, lo fece comparire dal nulla e Hayne precisò subito che in effetti sì, le ferite potevano provenire anche da un manico di scopa.

La difesa contestò l'improvvisa presentazione di un dettaglio così sensazionale, ma il giudice la ammise. La giuria si ritrovò davanti alla disgustosa immagine di Levon Brooks che stuprava la bambina con un manico di scopa. Forse, visto che non erano state trovate tracce di sperma, non aveva usato il pene. Doveva aver utilizzato qualcos'altro: perché non un manico di scopa?

A fissare l'orribile immagine nella mente dei giurati pensò poi Allgood, che durante la discussione finale citò di nuovo il suo immaginario manico di scopa.

Al quarto giorno di dibattimento, il dottor West fu chiamato a testimoniare e dedicò la prima mezz'ora del suo intervento a presentarsi al giudice e ai giurati come uno dei massimi esperti nazionali di odontologia forense. Si autodefinì "veterano dell'analisi della scena del crimine" e si vantò di essere stato persino in televisione, ospite del programma di Phil Donahue. Sostenne di aver testimoniato come consulente legale in tredici Stati, e per fare colpo li elencò tutti e tredici. Il suo lungo curriculum era la prova evidente di quanto approfondite e ampie fossero le sue competenze. Citava decine di articoli sull'analisi della morsicatura, scritti e pubblicati da lui. Tuttavia pochi, o forse nessuno, erano passati al vaglio di altri esperti e scienziati. West dichiarò di aver collaborato con Scotland Yard, con la Royal Canadian Mounted Police e con forze dell'ordine di tutto il mondo, compresa "l'intelligence israeliana". Elencò i posti in cui aveva tenuto conferenze, compresi la Cina e per ultima, come sempre, "l'accademia dell'FBI di Quantico, in Virginia".

La difesa fece un fiacco tentativo di verificare le sue credenziali, ma il giudice lo autorizzò a testimoniare. Se davvero aveva quelle qualifiche e lo avevano chiamato a testimoniare in tutti quei posti, di certo sapeva il fatto suo. Doveva averlo perso qualche altro giudice, il tempo di indagare sul suo curriculum.

Il dottor West era pronto per iniziare. Per prima cosa Allgood gli sottopose il suo problema più grande: il cadavere era stato imbalsamato prima che lui lo vedesse. Nessun problema, in realtà. Al termine della sua spiegazione, il medico convinse la giuria che in effetti l'imbalsamazione aveva mantenuto integra la pelle e che, miracolosamente, gli aveva facilitato il compito di verificare che i segni della morsicatura corrispondessero alle arcate dentarie di Levon Brooks.

Poi incantò i giurati con l'analisi della dentatura dell'imputato. Servendosi di fotografie ingrandite e di calchi in gesso, spiegò con precisione e dovizia di particolari com'era giunto all'identificazione. Usò termini ed espressioni come "fratture", "smussature", "bordi taglienti", "curve a L", "faccette" e "area dentellata dal contorno acuminato". Spiegò che la pelle umana cambia a seconda dell'area del corpo. Che a denti diversi corrispondono diversi segni di morsicatura, i quali cambiano a seconda della pelle.

Strano ma vero, i primi calchi in gesso della dentatura di Brooks non gli erano bastati. Il dottor West aveva avuto bisogno di ulteriori dettagli, e, poco prima dell'inizio del processo, era stato a trovare l'imputato nel carcere della contea di Noxubee e lo aveva convinto ad aprire la bocca. A quel punto gli aveva premuto sui denti un tampone di comune pasta modellabile. Lo aveva poi estratto e osservato, concludendo che riproduceva gli incisivi superiori di Brooks con più precisione del gesso.

West spiegò che i segni di morsicatura sul polso di Courtney erano sottili, a malapena visibili, e che una persona normale non li avrebbe notati. Per fortuna – del pubblico ministero –, West aveva una risposta, una pionieristica tecnica investigativa inventata da lui che poteva salvare la situazione. Grazie a un paio di occhiali di protezione gialli e a un certo tipo di luce ultravioletta, West sosteneva di poter individuare lesioni e segni di morsicatura altrimenti invisibili. Aveva ribattezzato la procedura "Fenomeno West". Utilizzandola riusciva a trovare gli indizi non osservati dagli altri investigatori.

Dopo aver descritto il suo lavoro e le sue analisi, e impressionato la giuria con la sua competenza, il suo vocabolario, la sua esperienza, la sua affabilità e persino, a tratti, la sua umiltà, West era pronto a sferrare il colpo decisivo. In conclusione, dichiarò che i segni di morsicatura sul polso di Courtney erano stati lasciati "certamente e senza dubbio" da Levon Brooks.

La difesa non fece obiezioni. Il giudice non disse nulla.

La pubblica accusa non fornì altre prove credibili. Nessun agente della Scientifica fu chiamato a testimoniare, perché non c'erano reperti biologici che collegassero Brooks al delitto. La giuria scelse di credere ai periti Hayne e West, piuttosto che ai testimoni che collocavano Brooks nel locale dove lavorava, la notte del delitto. Dopo cinque giorni di deposizioni e le discussioni degli avvocati, Levon Brooks fu dichiarato colpevole di omicidio punibile con la pena capitale.

Due giorni dopo, la giuria lo condannò all'ergastolo senza possibilità di scarcerazione, e venne trasferito nel famigerato carcere statale Parchman.

Nel giro di qualche mese, Brooksville tornò alla normalità. Dopo la condanna e l'incarcerazione del colpevole, la gente si sentiva più al sicuro e cominciò a rilassarsi.

Ai primi di maggio, però, l'assassino colpì di nuovo, e in una maniera molto simile. Il secondo omicidio somigliava così tanto a quello di Courtney che qualcuno, fra i tutori della legge, avrebbe dovuto farsi qualche domanda seria.

La vittima fu Christine Jackson, un'altra bambina di tre anni, che abitava non lontano da Courtney Smith. Viveva con sua madre Gloria e il fratello e la sorella in una catapecchia lungo una strada sterrata in un angolo isolato della contea. Gloria non era quel che si dice una madre presente, e si ritrovava frequentemente ai ferri corti con i servizi sociali riguardo alla salute e al benessere dei suoi figli, spesso affamati e trascurati. Fra i tanti uomini che frequentava, uno, Kennedy Brewer, aveva deciso di stabilirsi da lei per aiutarla con le bollette e i bambini. Brewer aveva soltanto diciannove anni ed era in cerca di un lavoro fisso.

La sera di sabato 2 maggio 1992 Gloria affidò i figli a Kennedy e uscì con le amiche a fare un giro dei locali. Il primo in cui entrarono, il suo preferito, fu il Santa Barbara, ormai privo del suo storico barista Levon Brooks che da tre mesi stava scontando l'ergastolo. Gloria tornò a casa verso mezzanotte e mezza e trovò Kennedy e i tre bambini addormentati. Svegliò il ragazzo, fecero sesso in un'altra stanza, tornarono in camera da letto e si addormentarono.

Justin Johnson si trovava in zona. Abitava con i suoi genitori a meno di un paio di chilometri da lì e aveva deciso di farsi una lunga passeggiata al buio, senza una meta precisa. A distanza di anni, quando confessò gli omicidi, disse che a condurlo alla casetta malconcia in fondo alla strada furono delle voci. Le stesse voci gli dissero di aprire una finestra con la serratura rotta, infilarcisi e prendere in braccio con delicatezza una bimba che dormiva per terra. Lo fece senza disturbare Gloria e Kennedy e senza svegliare Christine o gli altri bambini. Portò la piccola nel bosco, e quando lei si svegliò la mise giù e la accompagnò per mano nel cuore dell'oscurità. Si fermarono vicino a un torrente. Le voci si rifecero vive e gli ordinarono di "stuprarla, farle del male e sbarazzarsi del cadavere". Lui la spogliò e la violentò, eiaculò, la strangolò e la gettò nel torrente. Poi scoppiò in lacrime e saltò in acqua per salvarla, ma la corrente l'aveva già trascinata via. Fradicio e infreddolito, Johnson rimase a lungo seduto sulla sponda a piangere e ad ascoltare le voci nella sua testa. A un certo punto tornò a casa dei suoi genitori.

La domenica mattina, non appena si accorse che sua figlia era scomparsa, Gloria fece una raffica di telefonate ad amici, vicini di casa e parenti. Quando arrivò un vicesceriffo, almeno venti persone stavano già cercando Christine.

Gloria e Kennedy diedero all'agente la loro versione di quello che era successo. Erano sicuri che, quando si erano addormentati, Christine stesse dormendo ai piedi del loro letto. Al loro risveglio non c'era più. Non c'erano segni di effrazione, ma del resto nessuna delle porte di casa aveva la serratura.

Spesso la strada verso una condanna ingiusta comincia da un'intuizione errata sul luogo del delitto. Se nessuno si era intrufolato nella casa, il colpevole doveva essere già lì, quella notte. E gli unici due adulti presenti erano Gloria e Kennedy.

Il vicesceriffo Eichelberger si unì all'équipe di esperti e ben presto diede credito all'istinto del collega. Da quel momento, Kennedy Brewer divenne l'imputato principale. Non c'erano l'ombra di un movente, né indizi, né, a quel punto, il cadavere. E non ci si spiegava come Brewer fosse riuscito a scendere dal letto, prendere la bambina, portarla via, violentarla, sbarazzarsi del cadavere, tornare a letto e addormentarsi senza disturbare Gloria.

Come succede di solito, all'intuizione errata fece seguito la miopia: gli investigatori identificarono in Kennedy il loro uomo.

La ricerca continuò invano finché, il mercoledì, quattro

giorni dopo l'omicidio, un elicottero della polizia non avvistò il cadavere. Era ancora nel torrente e doveva essere appena tornato a galla. Il coroner della contea ne commissionò l'autopsia al dottor Hayne.

Gli agenti riconobbero le affinità tra i due omicidi, ma non credevano che fossero legati. E perché no? Il ragionamento era semplice: Levon Brooks non poteva avere ucciso Christine Jackson, visto che era detenuto al Parchman.

Come nel caso Brooks, la polizia rastrellò i soliti sospetti e li portò in ospedale per esaminarli. Sei uomini, compresi Kennedy Brewer e Justin Johnson, acconsentirono a un prelievo di sangue, saliva e urina, e campioni di peli pubici e corporei e di capelli. Non furono notati dettagli insoliti, a parte che Justin Johnson aveva le braccia piene di graffi. Lui disse all'infermiera che "se li era fatti da solo".

Ma non importava, perché il fiato degli agenti soffiava sul collo dell'unico, vero sospettato: Kennedy Brewer, che si intestardiva a dichiararsi innocente.

Il dottor Hayne concluse che Christine era stata strangolata e stuprata. Raccolse un campione di sperma. Rilevò anche numerose abrasioni sulle braccia e sulle gambe della bambina e sospettò che fossero segni di morsicatura. Doveva perciò consultare il dottor West. La coppia svolse un perfetto lavoro di squadra, perché West era già all'obitorio per collaborare all'autopsia. Come ci si poteva aspettare, anche lui era dell'opinione che si trattasse di tracce di denti.

Ancora una volta, a uno stupratore del Mississippi era venuta una gran voglia di mordere.

West tornò nella sua clinica di Hattiesburg e incontrò lo sceriffo della contea di Noxubee, che aveva portato con sé un gruppo di sospettati. Il medico prelevò le impronte dentali di Kennedy Brewer e due altri uomini.

Gloria Jackson, la madre di Christine, aveva seguito la comitiva, e anche a lei fu presa un'impronta. Nessuno sapeva perché. Come nel primo caso, la madre non era sospettata di aver portato la bambina fuori casa per poi violentarla, strangolarla, morderla, ucciderla e gettarla nel torrente per poi tornare a letto.

All'escursione in clinica da West non partecipò invece l'assassino, Justin Johnson. La polizia non gli chiese di farsi prelevare l'impronta dentale, ma, del resto, ora che a condurre le indagini era praticamente il dottor West non era un dettaglio importante. La polizia nutriva forti sospetti su Kennedy Brewer, il medico lo sapeva e il suo dovere era chiudere il caso.

Lo risolse nel giro di una settimana. In una lettera allo sceriffo scrisse che "i segni di morsicatura trovati sul corpo di Christine Jackson sono stati, certamente e senza alcun dubbio, inferti da Kennedy Brewer".

Considerato che le autorità possedevano campioni di sangue e saliva di Justin Johnson, la mossa più logica sarebbe stata quella di confrontarli con lo sperma prelevato dal corpo di Christine. Non fu così, almeno inizialmente. Dovevano passare sedici anni prima che qualcuno ci pensasse. Intanto, Kennedy Brewer arrivò a pochi giorni dall'iniezione letale.

Nel 1992 la scienza e la tecnologia del cosiddetto "test del DNA" erano ancora agli albori. Lo si utilizzava già come strumento d'indagine, ma nel Mississippi non capitava spesso.

All'epoca ci si basava sull'analisi dei segni di morsicatura, una tecnica dalla storia lunga e contestata. La maggior parte degli scienziati più accreditati e dei consulenti legali la giudicava completamente inaffidabile, una "pseudoscienza" paragonabile al confronto di capelli e peli, impronte di scarpa, proiezioni ematiche, schegge di vetri sfondati e altre "prove". Tuttavia, siccome nei processi veniva usata da anni, i giudici la ammettevano.

In uno studio del 2001, a venticinque celebri esperti di morsicature vennero sottoposte quattro serie di segni di morsi e sette impronte dentali con le quali confrontarle. Fu constatato un sorprendente tasso di errore del 63,5 per cento. Soltanto un terzo degli specialisti aveva associato le impronte ai denti giusti. Tutti continuarono a prestare consulenza e a testimoniare in aula come se lo studio non contasse nulla.

La tecnica dell'analisi della morsicatura si basa su tre

presupposti. Il primo è che ciascuna persona possieda arcate dentarie uniche e lasci impronte ricalcabili. Il secondo è che la morsicatura lasci sulla pelle impronte sempre distinguibili. Il terzo è che uno specialista esperto sia in grado di studiare i segni e identificarne l'autore.

Nessuno di tali presupposti è suffragato dalla scienza. Nel 2009, la National Academy of Sciences dichiarò che la disciplina forense dell'analisi dei segni di morsicatura non ha basi scientifiche. Ancora più di recente, nel 2022, il National Institute of Standards and Technology ha ribadito che la pelle non registra né preserva in dettaglio i segni di morsicatura, e che pertanto la pretesa degli analisti di poterli associare a un responsabile è insensata. In molti casi, le conclusioni delle analisi erano così fumose che gli esperti non riuscivano nemmeno a concordare quali segni fossero morsicature e quali no.

I rapporti del National Institute of Standards and Technology e della National Academy of Sciences sono corroborati da altri studi. Nel 2016, la Forensic Science Commission del Texas dichiarò che l'analisi dei segni di morsicatura era troppo vaga, e pertanto non la si poteva più impiegare nei procedimenti penali. Persino il Council of Advisors on Science and Technology, il gruppo di consiglieri con il quale si consulta il presidente degli Stati Uniti in merito alle decisioni di ordine scientifico-tecnologico, raccomandò una sospensione.

Ma, in fondo, al diavolo la scienza. Nella maggior parte delle giurisdizioni l'analisi della morsicatura è ancora permessa; i pubblici ministeri la chiedono, i periti la eseguono, i giudici la approvano, le giurie ci credono, le corti d'appello la ratificano.

Naturalmente, quando Kennedy Brewer fu processato, questi ultimi studi non gli furono di nessun aiuto. Una volta accertato che era un esperto, nonché uno dei maggiori odontologi forensi del paese, il dottor West fu libero di deporre per ore. Come all'epoca del processo Brooks mostrò gli ingrandimenti dei segni di morsicatura e i calchi della dentatura di Kennedy, e spiegò con snervante diligenza quanto fossero scrupolose le sue analisi. Descrisse il suo metodo di "comparazione diretta", che era consistito nel prendere il calco dentale del sospettato e premerlo sulla pelle della bambina.

L'autopsia era stata filmata, ma il giudice vietò di mostrarla alla giuria perché la trovava troppo compromettente. C'era musica sparata a tutto volume, si sentiva il chiacchiericcio tra Hayne, West e i loro assistenti, si poteva constatare l'atteggiamento "cinico" dei medici. Alcuni anni dopo, un altro esperto di segni di morsicatura studiò la registrazione e la descrisse così: "Il dottor West preme più volte il calco dentale di Kennedy Brewer sulla pelle di Christine Jackson, con forza sufficiente a creare segni visibili".

Fu proprio la "comparazione diretta", il metodo di cui West era unico pioniere, a creare i segni di morsicatura che incastrarono Kennedy Brewer.

Il 24 marzo 1995, dopo soltanto un'ora e mezza di deliberazione, la giuria emise un verdetto di colpevolezza. Due giorni dopo condannò l'imputato a morte. Il giudice fissò la data dell'esecuzione entro due mesi e concluse la farsa rivolgendosi con aria solenne a Kennedy e dicendogli: "Che Dio abbia pietà della sua anima".

Nel 1995 la coppia Hayne-West era al centro di parecchie attenzioni, non sempre benevole. Gli avvocati difensori protestavano a gran voce, i giornalisti indagavano sui casi risolti dai due. E facevano montagne di scoperte incredibili.

Durante un processo del 1991, il dottor West aveva dichiarato di poter ricondurre, con la sua incredibile tecnica del raggio ultravioletto, un'abrasione sul corpo della vittima alle stringhe delle scarpe dell'imputato, e una lesione invisibile sul palmo di una mano dell'imputato alla tracolla della borsetta della vittima. In un caso di stupro aveva collegato le lesioni vaginali della vittima ai denti dell'imputato. Poi, grazie al Fenomeno West, aveva scoperto sul palmo di una mano di quest'ultimo segni corrispondenti al cacciavite che si riteneva fosse stato usato per minacciare la vittima. In un altro caso aveva ricondotto lesioni addominali a un paio di scarponi da trekking. In un caso eclatante, "Stato contro Keko", il cadavere della vittima fu riesumato quattordici mesi dopo la morte, l'imbalsamazione e la sepoltura. La coppia Hayne-West trovò subito un segno di morsicatura che per qualche motivo non aveva notato durante l'autopsia. Con i suoi occhialoni gialli e la speciale luce ultravioletta, il dottor West dichiarò che il morso era stato inferto poco prima del momento del decesso, e che il responsabile era, "certamente e senza alcun dubbio", Tony Keko (l'imputato). Gli avvocati difensori riuscirono a ottenere un nuovo processo e misero in dubbio le credenziali di West. All'epoca, il medico era stato sospeso dall'American Board of Pathology. Quando il giudice del processo gli negò la possibilità di testimoniare, la pubblica accusa (lo Stato della Louisiana) ritirò le accuse e Tony Keko fu scagionato. L'assassino di sua moglie non fu mai identificato.

E poi ci fu il famigerato "Caso del panino con la mortadella". Nel 1993 un'anziana di nome Amy Ware stava mangiando, appunto, un panino con la mortadella quando qualcuno fece irruzione in casa sua, la derubò e la uccise. La polizia prelevò l'avanzo del panino e lo congelò. Il corpo della donna fu portato al dottor Hayne per l'autopsia. Hayne consultò West che, per qualche motivo, non esaminò il panino se non alcuni mesi dopo. Quando finalmente si degnò di farlo, dichiarò che i segni di morsicatura potevano corrispondere ai denti del principale sospettato, Calvin Banks, e non corrispondevano a quelli di Amy Ware, la vittima. Purtroppo, Hayne e West avevano fatto un pasticcio riguardo alla versione da dare, e West non sapeva che durante l'autopsia il suo collega aveva trovato nello stomaco della vittima mezzo panino con la mortadella. Se lo aveva mangiato – la prova era nella sua pancia –, com'era possibile che i segni di morsicatura non fossero suoi? Era plausibile che Calvin Banks ne avesse staccato un morso o due, prima di ucciderla o dopo, lasciando lì il resto? West scattò alcune foto al panino congelato; poi, per qualche motivo, lo buttò via.

Il pubblico ministero al processo per omicidio contro Calvin Banks era Forrest Allgood. West testimoniò e spiegò alla giuria che i segni di morsicatura sul panino appartenevаno a Calvin Banks. La giuria ci cascò e condannò l'imputato. La Corte suprema del Mississippi ribadì la legittimità dell'analisi dei segni di morsicatura, ma annullò la condanna perché West aveva buttato via il panino prima che la difesa potesse esaminarlo.

Nel 1992 un'altra anziana, Georgia Kemp, fu trovata morta in casa sua dai pompieri accorsi sul posto. Gli investigatori stabilirono che qualcuno aveva appiccato un incendio doloso all'edificio, probabilmente per nascondere l'omicidio. L'autopsia di Hayne accertò che la donna era morta per accoltellamento e, nonostante l'assenza di reperti biologici, aggiunse che era stata anche vittima di stupro. Nel referto non parlò di segni di morsicatura. I sospetti ricaddero ben presto su Eddie Lee Howard, un disoccupato che viveva da quelle parti: aveva un precedente per aggressione sessuale, poteva essere stato lui anche quella volta. Lo arrestarono accusandolo di omicidio, ma servivano altre prove. Così il cadavere fu riesumato e inviato al dottor Hayne per un esame più approfondito. Come ci si poteva aspettare, il patologo si accorse di diversi segni di morsicatura che in prima sede gli erano sfuggiti. Chiamò West, che prese l'impronta dentale a Howard. Voilà! La morsicatura era stata senza dubbio inferta dall'imputato.

Forrest Allgood incriminò Eddie Lee Howard per l'omicidio. In tribunale, Howard insistette per difendersi da solo, e com'era prevedibile fu condannato a morte. Ancora una volta la Corte suprema del Mississippi acconsentì di nuovo all'uso dell'analisi dei segni di morsicatura, ma ribaltò il verdetto perché Howard non aveva un avvocato. Ne ebbe uno durante il secondo processo, ma fu comunque dichiarato colpevole.

Eddie Lee Howard trascorse ventisei anni nel braccio della morte finché, nel 2020, fu scagionato grazie all'esame del DNA. Il responsabile dell'omicidio non fu mai trovato.

Pur avendo invalidato le condanne di Calvin Banks e Eddie Lee Howard, la Corte suprema del Mississippi non si è mai dimostrata molto comprensiva con gli imputati che si dichiarano vittime di perizie discutibili. Nel caso di Levon

Brooks confermò il verdetto con una maggioranza di 8 a 1, e avallò con convinzione l'utilizzo dell'analisi dei segni di morsicatura. Dichiarò che come prova era "universalmente ammissibile nei tribunali del Mississippi", e affidabile tanto quanto le impronte digitali e il DNA. L'unico giudice in disaccordo la definì inaffidabile, soggettiva e non corroborata dalla scienza. Criticò pesantemente il dottor West con un lungo e puntuale riassunto delle sempre più numerose accuse che lo riguardavano.

A Kennedy Brewer non andò meglio. Con un verdetto unanime, la corte confermò la sua condanna e mise a tacere le critiche a West: "Il suo curriculum dimostra che il dottore possiede la competenza, le capacità, l'esperienza, la preparazione e i titoli necessari a definirlo un esperto in odontologia forense".

Purtroppo, come in quasi tutti gli Stati Uniti, nel Mississippi la carica di magistrato è elettiva, e ciò vale sia per i semplici giudici di contea – persone senza una preparazione specifica, alle quali non è richiesto nemmeno di avere un diploma di scuola superiore – sia per i nove membri della Corte suprema. Spesso le elezioni sono inquinate dai maneggi della politica e dei grandi capitali, e dietro lo scudo protettivo della legge e dell'ordine si celano interessi particolari. Durante la sua carriera come consulente legale, a West capitò raramente di vedersi contestato dalla Corte suprema. Il dissidente che in appello votò contro la condanna a Levon Brooks affrontò alle successive elezioni un avversario ben finanziato, che negli spot pubblicitari in televisione lo definì "l'unico giudice contrario alla condanna dell'assassino di una bambina di tre anni".

Il dissidente perse di trenta punti.

La Corte suprema dello Stato avallò ancora in numerose occasioni le conclusioni di Hayne e West e approvò, una dopo l'altra, condanne discutibili. Sembrava indifferente alla marea di critiche espresse da avvocati difensori, giornalisti, altri periti e persino da pezzi grossi delle forze dell'ordine.

Un caso scandaloso, però, fu troppo anche per la Corte suprema del Mississippi.

L'imputato Tyler Edmonds, ormai maggiorenne, era sotto processo dall'età di tredici anni per un omicidio. Il pubblico ministero, il solito Forrest Allgood, ne chiedeva – come prevedibile – la condanna a morte. Il suo testimone numero uno era il dottor Hayne, il quale spiegò che a suo avviso, considerata l'angolazione del proiettile nel foro di entrata nella pancia della vittima, a premere il grilletto non era stata una persona, ma due. La testimonianza combaciava perfettamente con la complicata ricostruzione di Allgood. Come al solito, in aula Hayne fu abbastanza abile da abbindolare gli ingenui giurati e far condannare Tyler Edmonds.

In una rara dimostrazione di coraggio giudiziario la Corte suprema ribaltò il verdetto, in quanto Hayne era palesemente uscito dalla sua sfera di competenza. Il processo fu ripetuto senza Hayne e senza la fesseria del doppio dito sul grilletto, e la giuria assolse Tyler, che uscì di prigione dopo cinque anni.

Quando un suo assistito subì una duplice ingiusta condanna per l'omicidio di una cameriera, l'avvocato californiano Christopher Plourd andò su tutte le furie. Il cliente aveva già trascorso dieci anni in carcere e aveva evitato per un soffio la condanna a morte. La tesi accusatoria contro di lui si fondava soltanto sulla testimonianza di un dentista locale riguardo ad alcuni segni di morsicatura. Dopo il proscioglimento del suo cliente, Plourd decise di smascherare quei ciarlatani e insieme a un amico, James Rix, non coinvolto nel caso, architettò una truffa. Presero le vecchie foto della presunta morsicatura sul seno della vittima e fecero realizzare da un dentista un calco delle arcate dentarie di Rix. Plourd cercò tra i cosiddetti "odontologi forensi di punta" nazionali e, per puro caso, scelse il dottor Michael West. Lo chiamò, gli raccontò una storia inventata e lo ingaggiò come consulente. Gli spedì le foto, il calco dei denti di Rix e un assegno da 750 dollari. Due mesi dopo, West gli rispose con una lettera e un video lungo venti minuti, nel quale snocciolava agli spettatori la sua minuziosa analisi. Non c'era alcun dubbio che a infliggere il morso erano stati quei denti (quelli di Rix).

Pur essendo una falsificazione nata nel contesto di una truffa, il video è stupefacente. West è un testimone forbito, sicuro di sé, e parla con il tono dell'esperto che dopo tanti processi sa spiegare le cose a chi non se ne intende. Riporta la sua analisi in termini dentistici e medici, ed è credibile. Non sorprende che alle giurie desse l'impressione di sapere il fatto suo.

Plourd rese pubblico l'imbroglio e cercò di attirare l'attenzione su West e sulla sua pseudoscienza. In seguito, per un decennio, gli avvocati difensori del Mississippi citarono la truffa come precedente utile a scongiurare gli interventi di West in tribunale.

Non ci riuscirono.

Nel 2001 gli avvocati di Brewer convinsero la Corte suprema del Mississippi ad autorizzare un'altra analisi del DNA. Il risultato fu sconvolgente per la pubblica accusa. Lo sperma rilevato sulla vittima non apparteneva a Kennedy Brewer, ma a un altro uomo.

I difensori chiesero immediatamente alla corte di invalidare le accuse contro il loro cliente e di farlo scarcerare. A quell'epoca la procedura del confronto del DNA aveva già scagionato diverse vittime innocenti di ingiuste condanne; il test era considerato pressoché da tutti una prova oggettiva.

Ma non nel Mississippi, dove la Corte suprema si rifiutò di credere all'innocenza di Brewer e dichiarò, tra le tante assurdità, che "gli indizi basati sul DNA non dimostrano oggettivamente che Brewer non abbia ucciso la vittima", e che diversi altri indizi portavano invece a lui. L'unico altro indizio concreto era la testimonianza del dottor West riguardo alla morsicatura.

Anziché riaprire il caso e cercare l'assassino autentico – la polizia aveva raccolto campioni di capelli, sangue e saliva di diversi sospettati, compreso Justin Johnson – Forrest Allgood annunciò di voler ripetere il processo a Kennedy per omicidio e stupro. Quindici anni dopo il delitto, e dopo che il DNA l'aveva scagionato, Kennedy sarebbe tornato in tribunale. Lo trasferirono dal braccio della morte del

Parchman alla prigione della contea di Noxubee, dove languì per quasi sei anni mentre Allgood posticipava l'inizio del procedimento.

Nel 2007 alcuni avvocati dell'Innocence Project di New York ebbero il permesso di effettuare esami supplementari e spedirono diverse scatole di reperti a un laboratorio californiano. Gli analisti presero alcuni campioni di saliva risalenti alle indagini sul caso Brooks, uno dei quali apparteneva a Justin Johnson, e dimostrarono che erano compatibili con lo sperma prelevato dal corpo di Christine. Finalmente, quindici anni dopo l'omicidio e lo stupro, il caso era risolto.

Il colpevole era Justin Johnson, che poco dopo l'arresto confessò l'omicidio di Christine Jackson. Portò gli investigatori alla vecchia casa dov'erano vissuti Kennedy e Gloria, mostrò loro la finestra rotta, disse di aver guardato dentro e visto un uomo e una donna addormentati sul letto e i bambini per terra, descrisse in che modo aveva tirato fuori Christine dalla finestra senza svegliarla.

I poliziotti gli chiesero se fosse stato coinvolto in altri omicidi, e lui ammise di aver ucciso Courtney Smith. Ricordava di essere andato in auto fino a uno stagno nel bosco, di aver proseguito a piedi fino a una casa poco lontano, di essere entrato dalla porta che non era chiusa a chiave, di essere passato davanti a un uomo che dormiva sul divano, di aver trovato due bambine addormentate in camera da letto, e di aver preso con sé e portato nel bosco la più piccola, che poi aveva ucciso e di cui si era sbarazzato gettandola nello stagno.

Dieci giorni dopo, Kennedy Brewer entrò in un'aula di tribunale gremita e si trovò davanti lo stesso giudice che tredici anni prima lo aveva affidato al braccio della morte con un minaccioso "Che Dio abbia pietà della sua anima". Stavolta il magistrato disse soltanto: "La dichiaro innocente. Può andare".

Senza spiegazioni né scuse.

Un mese dopo, nello stesso tribunale, fu assolto anche Levon Brooks.

I due avevano trascorso in totale trent'anni dietro le sbarre. Lo Stato li risarcì con 50.000 dollari per ogni anno di pena scontato, ma con un tetto massimo di 500.000 dollari.

Passarono quattro anni prima che le screditate autorità della contea di Noxubee si facessero coraggio e portassero in tribunale Justin Johnson. L'imputato si dichiarò colpevole di due omicidi punibili con la pena di morte e fu condannato all'ergastolo senza possibilità di scarcerazione. Raccontò come aveva rapito e ucciso entrambe le bambine. Aveva violentato Christine, ma non Courtney.

Non aveva morso né l'una né l'altra.

L'ultima serata tra amici

Jim McCloskey

Il soldato Mark Jones, originario di Corpus Christi, in Texas, stava per sposarsi con l'amore della sua vita, Dawn Burgett, la bella figlia ventenne di un militare di carriera. La data del matrimonio era fissata per sabato 1° febbraio 1992. Dopo aver partecipato come radiofonista all'operazione Desert Storm, Jones era di stanza a Hinesville, in Georgia, nel complesso militare di Fort Stewart. Mancavano due mesi al suo ventunesimo compleanno.

La sede della cerimonia nuziale era la cappella della base, e si preannunciava un grande evento. Dawn e sua madre avevano invitato centocinquanta persone. La madre di Mark era venuta apposta dalle Keys, in Florida; suo padre, costretto sulla sedia a rotelle, dal Texas. Parenti e amici erano arrivati in auto dal Tennessee, lo Stato dei Burgett. I genitori di Dawn volevano bene a Mark; era il figlio che non avevano mai avuto.

Il 31 gennaio, dopo le prove della cerimonia, sedici parenti e amici degli sposi entrarono nel ristorante Golden Corral di Hinesville per la tradizionale cena della vigilia. Per un malinteso sulle prenotazioni si poterono accomodare soltanto alle otto e un quarto, ma erano tutti di umore festoso e non vedevano l'ora che arrivasse il grande giorno.

Tra gli ospiti c'erano Kenneth Gardiner e Dominic Lucci, due tra i migliori amici di Mark di stanza alla base. Il ventunenne texano Kenny era arrivato a Fort Stewart da cinque mesi, dopo un periodo trascorso in Germania. Anche lui aveva partecipato a Desert Storm, come meccanico di veicoli e carrarmati. Il ventiduenne Dominic, che tutti chiamavano Dino, era nato e cresciuto a Cleveland, in Ohio. Dopo un anno di stanza in Corea era stato trasferito a Fort Stewart dove lavorava come cuoco e responsabile delle cucine. Portato a termine questo incarico, lo aspettava il congedo.

Dopo cena alcuni dei ragazzi si trattennero nel parcheggio del Golden Corral per decidere dove altro andare: Kenny e Dino volevano portare Mark a trascorrere la sua ultima serata da scapolo in un locale notturno. Il morigerato Mark avrebbe preferito andare a dormire, ma Dawn lo spinse a rimanere con gli amici e suggerì persino un club della zona che organizzava un concorso di bellezza in bikini.

Alle nove e mezza sposi e ospiti si salutarono. Dawn tornò a casa dei suoi; i tre soldati si diressero verso il locale del concorso di bikini.

Mark, che non aveva ancora compiuto ventun anni, non poté entrare perché all'ingresso gli chiesero il documento d'identità. Dino aveva un piano di riserva: il Tops Lounge, uno strip club di Savannah dov'era già stato una volta. Siccome Dino era l'unico esperto di Savannah, Kenny gli lasciò guidare la Chevrolet Cavalier a due porte nera, del 1992, che suo padre gli aveva appena regalato. Seguirono l'unico tragitto che Dino conosceva: imboccarono la 95, dopo settantasette chilometri uscirono allo svincolo per la Route 204 e Abercorn Street e infine percorsero Victory Drive in direzione est.

Nel frattempo, il trentacinquenne nero Stanley Jackson si aggirava a piedi in una zona malfamata di Savannah soprannominata Hazard County, "contea del pericolo", l'epicentro dello spaccio di droga e di un viavai di venditori e acquirenti. Alle dieci e cinque di sera, all'incrocio fra la Trentatreesima e East Broad Street, Jackson fu ucciso da una scarica di proiettili.

Quando i colpi esplosero, il trentottenne nero James White, padre di otto figli, autista di autobus e vicepastore di una piccola chiesa battista nera di Savannah, stava rientrando a casa. Udì gli spari, si voltò e dalla soglia ne vide le scintille sull'asfalto. Poi vide un'auto sbucare praticamente dal nulla e fermarsi inchiodando al centro dell'incrocio.

Successivamente White disse ai poliziotti intervenuti sul luogo del delitto che due uomini si erano sporti dai finestrini a sparare alla vittima, forse con dei fucili. Raccontò che l'auto si era fermata all'incrocio per pochi secondi ed era ripartita a tutta velocità in direzione nord lungo East Broad. Un agente di polizia che si trovava a un chilometro e mezzo da lì aveva udito gli spari e raggiunto il luogo del delitto attorno alle dieci e dieci. Furono recuperati cinque bossoli di proiettile. In seguito le perizie stabilirono che li aveva sparati tutti la stessa arma, un fucile d'assalto AK-47. I muri di una casa vicina erano crivellati, ma per fortuna nessun altro era stato colpito.

L'autopsia non rinvenne proiettili né frammenti di proiettile nel corpo di Jackson, che riportava sei fori di entrata e altrettanti di uscita. Era morto per una grave emorragia causata da alcune schegge di ossa vertebrali che gli avevano perforato i polmoni. Gli esami tossicologici riscontrarono un "livello significativo" di cocaina nel sangue della vittima, che in tasca aveva una pipa da crack artigianale. Al momento della morte era in libertà vigilata per aver comprato quella che credeva essere cocaina da un agente sotto copertura in un covo di spacciatori di Savannah.

Ignari che appena dieci minuti prima, a sei chilometri e mezzo da lì, c'era stata una sparatoria, i tre soldati arrivarono al Tops Lounge verso le dieci e un quarto; anche stavolta un buttafuori chiese i documenti a Mark. Un tassista e un suo cliente sentirono che i tre si lamentavano di non essere riusciti a entrare e consigliarono loro un altro locale di spogliarelli, il Club Asia. I soldati si fecero spiegare la strada e imboccarono East Broad in direzione nord, imbattendosi nel posto di blocco allestito dalla polizia sul luogo dell'omicidio di Stanley Jackson. Là un agente diede loro le indicazioni per aggirare lo sbarramento. Poco dopo si fecero di nuovo spiegare il tragitto da un poliziotto fuori servizio che lavorava come addetto alla sicurezza in un supermercato. A un certo punto si rivolsero a un'agente di polizia in divisa, Deborah Evans, ferma in attesa di attraversare la strada. Anche lei indicò ai tre come raggiungere il Club Asia, pochi isolati più in là. Accomodatisi nel locale, Kenny e Mark ordinarono Coca-Cola, e Dino una birra e uno shot di soju, un liquore coreano.

Non potevano immaginare che il loro mondo stava per crollare.

L'agente Evans aspettava di attraversare la strada in compagnia di James White, il testimone oculare dell'omicidio di Stanley Jackson. Lo stava accompagnando dal luogo del delitto alla cosiddetta "Caserma", nomignolo del quartier generale della polizia di Savannah, per mettere a verbale la sua dichiarazione. Erano appena passate le dieci e mezza; Jackson era stato ucciso trenta minuti prima.

Quando i soldati ripartirono, White disse a Evans che la loro auto "sembrava" quella degli assassini. Tanto bastò per scatenare l'inferno. Evans chiese subito rinforzi, lasciò White alla centrale e corse al Club Asia. Pochi minuti dopo, uno sciame di agenti scortava i tre uomini fuori dal locale e li mostrava a White, portato lì dalla Caserma per identificare gli assassini. Non gli sembravano loro.

Nel parcheggio, con il permesso di Kenny, i poliziotti perquisirono l'auto e non trovarono elementi probatori: né armi e munizioni, né bossoli di proiettile o scalfitture provocate dai bossoli, nulla che collegasse i soldati all'assassinio di Jackson o ad alcun genere di delitto.

In seguito l'auto venne pulita con l'aspirapolvere ed esaminata attentamente, ma la ricerca di residui di polvere da sparo non diede risultati.

Eppure, alle undici meno dieci i soldati furono trasferiti alla Caserma, poco lontano, e interrogati. Una schiera di detective e di ufficiali si presentò alla stazione di polizia per contribuire all'interrogatorio, destinato a durare tutta la notte. A coordinarlo erano il tenente responsabile della divisione Crimini violenti, D. Everette Ragan, e il sostituto procuratore distrettuale David Lock.

I poliziotti interrogarono i ragazzi separatamente per due ore e cercarono di estorcere loro una confessione mentendo e tenendoli sotto pressione. A ciascuno, per convincerlo, dissero che gli altri avevano già confessato, e che se avesse fatto la sua parte sarebbero stati più clementi con lui.

Tutti e tre ribadirono la propria innocenza e diedero versioni coerenti di ciò che era successo quel giorno fino al momento dell'interrogatorio. Alle tre del mattino la polizia andò al Tops Lounge a interrogare il buttafuori che aveva chiesto i documenti a Mark. L'uomo confermò l'alibi dei soldati e spiegò che i tre ragazzi avevano cercato a tutti i costi di convincerlo a farli entrare perché volevano festeggiare l'addio al celibato di Mark. Li definì "tre tizi qualunque che volevano divertirsi guardando un po' di tette".

Dino si rifiutò di farsi mettere i piedi in testa e minacciò di uscire dalla stazione di polizia: fu ammanettato a una sedia e chiuso dentro un armadio. Ne aprì l'anta a calci, e a quel punto lo arrestarono. Quando dissero a Mark che era in arresto per omicidio, era esausto e in lacrime.

Nel frattempo, in un altro locale del commissariato, James White stava raccontando una dettagliata versione dei fatti al detective Harvey Middleton, matricola della squadra Omicidi. Per due volte, nel suo verbale, White disse che l'auto di Gardiner "somigliava" a quella degli assassini, ma una volta giunto alla conclusione si corresse e precisò che il veicolo era "identico" a quello di chi aveva sparato. Inoltre, benché all'inizio avesse sostenuto che a bordo c'erano dei bianchi o dei creoli, alla fine citò soltanto dei bianchi.

A Middleton poteva bastare: avevano identificato l'auto. Tuttavia, la descrizione del veicolo data inizialmente da White non corrispondeva quasi per nulla all'auto di Gardiner. White aveva detto a Middleton che l'auto degli assassini era un modello più vecchio, "tra l'85 e il '90", aveva i finestrini oscurati ed era "più grossa dietro e più piccola davanti". L'auto nuova di Gardiner, del 1992, era esattamente il contrario, più grossa davanti e più piccola dietro, e non aveva i finestrini oscurati.

I tre giovani non erano i sospettati che ci si aspetta in un caso del genere. Nessuno di loro aveva mai avuto a che fare con la polizia, né civile né militare: mai un arresto, mai una condanna, mai un problema con alcun tipo di forze dell'ordine. Nessuno dei tre si drogava né esagerava con l'alcol. Tra loro e Jackson non c'erano collegamenti. Non avevano avuto i mezzi, il movente né l'opportunità di commettere un delitto così efferato.

Eppure, basandosi sulla sola identificazione di un'auto, poco dopo le due di notte il sostituto procuratore Lock e il tenente Ragan decisero di disporre il fermo dei ragazzi per omicidio e ordinarono di trasferirli nel carcere della contea di Chatham.

Nel 1991 oltre il 40 per cento dei circa centoquarantamila abitanti di Savannah era afroamericano. Tuttavia, il potere era da sempre nelle mani dei bianchi. La tensione razziale fra i padri-padroni bianchi della città e i leader civili e religiosi delle comunità nere politicamente impegnate cresceva. Nelle sclerotizzate istituzioni cittadine c'era pochissimo spazio per la convivenza razziale o la comprensione reciproca.

Alcuni anni prima, un'improvvisa diffusione del crack su scala nazionale – una vera epidemia – aveva fatto esplodere la criminalità violenta. In quasi ogni grande città le bande di spacciatori in guerra commettevano delitti brutali. A Savannah era particolarmente letale la gang nera di Ricky Jivens. In due anni il numero di omicidi commessi in città si era triplicato, dai ventuno morti del 1989 ai cinquantanove del 1991. A fine gennaio del 1992, l'epoca dell'assassinio tra la Trentatreesima e East Broad, a Savannah erano già stati commessi cinque omicidi, e quello di Stanley Jackson fu il sesto. A quel ritmo, si annunciavano settantadue morti in dodici mesi.

I leader delle comunità nere erano sempre più irritati nei confronti delle forze dell'ordine, considerate poco solerti nelle indagini quando la vittima di un delitto o di un crimine era nera e non bianca. La situazione era precipitata a metà settembre del 1991, quando un sedicenne scappato di casa e potenziale futuro membro della gang di Jivens sparò senza motivo a un uomo e al suo cane, uccidendoli, nel quartiere altoborghese bianco di Ardsley Park. I ricchi abitanti della zona ne furono inorriditi e terrorizzati. Per tutta risposta, il sindaco John Rousakis e il capo della polizia David Gellatly indissero diverse conferenze stampa e andarono di persona a garantire ai residenti di Ardsley Park che l'assassino sarebbe stato assicurato alla giustizia. Alle indagini fu assegnato un nutrito gruppo di investigatori.

La disparità fra il trattamento riservato all'omicidio di una singola persona bianca e ai trentasette neri assassinati in città quell'anno mandò su tutte le furie i leader neri, che nel corso di alcune conferenze stampa chiesero pubblicamente perché gli amministratori di Savannah non avessero fatto visita alle loro comunità, né si fossero dimostrati altrettanto solerti.

Alle elezioni di novembre gli elettori neri ebbero l'occasione di esprimere la propria rabbia. Il sindaco democratico Rousakis, che si candidava al sesto mandato consecutivo, fu incredibilmente sconfitto da Susan Weiner, originaria di New York, che divenne la prima donna – e il secondo rappresentante del Partito repubblicano – a governare la città in duecento anni di storia. Secondo il "Savannah Morning News", il più importante quotidiano cittadino, gli artefici della sbalorditiva vittoria di Weiner erano stati gli elettori neri, tradizionalmente schierati con i democratici. Il tema principale della sua campagna elettorale era stato il crimine; sui suoi manifesti, affissi in ogni angolo della città, non c'erano parole, ma soltanto fori di proiettile.

L'omicidio di Stanley Jackson avvenne perciò in una Savannah straziata dalle divisioni razziali: a uccidere Jackson, nero, erano stati almeno due bianchi, o perlomeno questo diceva un testimone, nero, che si faceva chiamare "reverendo". E adesso tre giovani soldati bianchi, per una semplice e sfortunata coincidenza, erano caduti nella rete delle forze dell'ordine. Le autorità si convinsero che, se avessero raccolto una quantità di prove sufficiente a loro carico, avrebbero dimostrato all'elettorato nero che i tutori della legge non discriminavano in base al colore della pelle. Mark, Kenny e

Dominic si trasformarono nei capri espiatori perfetti. Anziché ottenere giustizia, stavano per essere sacrificati sull'altare della politica.

La polizia di Savannah capì in fretta come sfruttare a proprio vantaggio le telecamere. Avvertì le emittenti televisive, e poco dopo le due di notte le troupe aspettavano già di riprendere i soldati che venivano trasferiti in manette dalla Caserma al carcere della contea. Le telecamere furono sul luogo dell'omicidio ancora prima che il cadavere di Jackson fosse rimosso. Concedendo piena libertà di accesso ai media, il sostituto procuratore distrettuale trasformò il Quarto Potere, per tradizione un nemico, nel suo nuovo migliore amico (successivamente, durante il dibattimento, le telecamere poterono entrare persino nell'aula giudiziaria, evento raro nella Savannah di quell'epoca. Per tutti i giorni in cui si svolse, il processo fu la notizia di punta di tutti i notiziari serali).

Scioccato e ancora incapace di capire che cosa fosse successo a lui e ai suoi amici, tra le due e le tre di notte Mark telefonò a Dawn. Le chiese di non prendersela con lui e la sconvolse con la notizia che si trovavano in carcere a Savannah "perché credono che abbiamo ammazzato qualcuno". Nel panico, Dawn corse a svegliare la madre di Mark in albergo e le disse dov'erano suo figlio e i suoi amici, e perché.

Cinquanta minuti dopo, prima dell'alba, le donne raggiunsero il centro di Savannah. Per miracolo poterono parlare con i tre ragazzi tutti insieme, divisi da un pannello di vetro. L'unica cosa che Dawn ricorda di quell'incontro è che qualcuno, in prigione, le diede il giubbotto azzurro di Mark.

La mattina dopo Dawn scrisse e incollò alla porta della cappella della base un cartello: IL MATRIMONIO FRA DAWN BURGETT E MARK JONES È ANNULLATO PER GRAVI MOTIVI FAMILIARI.

Il 6 febbraio, una settimana dopo l'arresto, si tenne l'udienza che doveva stabilire l'importo della cauzione per i tre sospettati. Il nonno di Dino ingaggiò come difensore del nipote il penalista locale Bill Cox, e lo pagò perché arruolasse John Watts Sr e suo figlio John Watts Jr come difensori rispettivamente di Kenny e di Mark. Fu stabilito che i tre imputati potevano tornare in libertà pagando 30.000 dollari ciascuno. A metà aprile le famiglie di Kenny e Dino riuscirono a raccogliere il denaro necessario e a far scarcerare i ragazzi. Quella di Mark no, e lui fu costretto ad aspettare il processo in prigione.

L'udienza preliminare, durante la quale la pubblica accusa era tenuta a dimostrare che c'erano prove sufficienti a processare gli imputati, era in programma il 26 febbraio. Con l'avvicinarsi della data, la pressione politica cresceva. Il 19 febbraio oltre duecento uomini e donne della comunità nera, inclusi gli amici e i familiari di Stanley Jackson, organizzarono una fiaccolata all'incrocio fra la Trentatreesima e East Broad. Gli oratori criticarono l'assenza delle autorità cittadine e si lamentarono ancora una volta che "quando è morto un uomo ad Ardsley Park, c'erano tutti".

L'indomani, un gruppo di trenta partecipanti alla veglia per Jackson presenziò a una riunione del consiglio comunale. Non erano previsti interventi esterni, ma la sindaca Weiner, in carica da due mesi, concesse la parola al portavoce del gruppo, il reverendo Leonard Small. Quest'ultimo rimproverò le autorità di Savannah per aver trattato le vittime bianche diversamente dalle nere, citò l'omicidio di Ardsley Park e chiese la fine del "razzismo istituzionale" di Savannah. Pregò per l'"unità razziale" e invocò che a Savannah "tutti godessero dello stesso trattamento".

Una settimana dopo, nel corso dell'udienza preliminare, White dichiarò di poter identificare senza alcun dubbio gli assassini di Jackson e indicò Gardiner e Jones. Spiegò che vedendoli in tribunale il giorno in cui era stata fissata la cauzione gli era venuto in mente che si trattava "sicuramente" di loro. Com'era prevedibile, questo rafforzò enormemente la posizione dell'accusa. Il sostituto procuratore Lock aveva un testimone oculare che inchiodava due dei tre soldati e garantiva che l'auto usata dagli assassini fosse quella di Gardiner.

L'accusa cercò di mettere Dino contro i suoi amici offrendogli vent'anni per omicidio volontario con attenuanti, in cambio della conferma che lui era al volante mentre gli altri sparavano. Lui rifiutò seccamente la proposta.

Alla vigilia del processo l'accusa ci riprovò e abbassò sensibilmente la proposta a diciotto mesi per omicidio colposo, purché Dino incriminasse i coimputati. Lui rispose con un no deciso, e dopo diversi anni disse che non avrebbe "mai svenduto me stesso e i miei amici per qualcosa che non avevamo fatto".

Il processo cominciò il 9 novembre 1992. La giuria era composta da nove bianchi e tre neri, con due neri come eventuali sostituti.

La tesi dell'accusa si reggeva perlopiù sulla testimonianza di James White, il quale ravvivò il suo resoconto dicendo alla giuria "li ho visti bene. Li stavo proprio guardando". Quando Lock gli chiese: "È sicuro che gli individui da lei identificati siano quelli che ha visto sparare all'incrocio, quella notte?", lui rispose: "Sono sicuro".

Eppure, la sua deposizione parve tutt'altro che limpida, incentrata com'era sulla brevità della scena e sulla paura di rimetterci la vita mentre la osservava. White disse che la sera della sparatoria stava rientrando in casa dopo aver celebrato una funzione in chiesa. Mentre cercava le chiavi della porta d'ingresso aveva sentito un forte rumore di spari venire da dietro l'angolo all'incrocio fra la Trentatreesima e East Broad Street. Si era voltato verso l'incrocio e aveva visto le scintille accendersi "come fiamme" sulla strada. Poi era apparsa un'auto e si era fermata in mezzo all'incrocio. White aveva visto "del fuoco uscire dalle armi" di quelli che descrisse come due uomini che si sporgevano all'indietro dal finestrino del passeggero e sparavano verso la vittima. Non era riuscito a capire se a sparare fossero stati entrambi o uno solo. Un attimo dopo l'auto era ripartita sgommando.

Era rimasto chiaramente traumatizzato, gli sembrava di essere "in una zona di guerra". Aveva assistito alla sparatoria per "tre secondi, al massimo quattro", durante i quali era rimasto aggrappato alla porta a bussare forte, tre o quattro volte, sperando che sua moglie Suzette lo facesse entrare.

Quando finalmente gli aveva aperto, lui era così "turbato e scosso" che non riusciva a parlare e aveva dovuto chiamare lei la polizia.

Alcuni mesi prima del processo, il 6 marzo 1992, la sergente scelta Sylvia Wallace aveva rilasciato al detective Middleton una dichiarazione che ribadì in aula. Secondo la scombinata testimonianza della donna, che nel frattempo si era congedata, il mattino di venerdì 31 gennaio 1992 lei e Mark Jones avevano chiacchierato davanti alle caserme al termine di un'importante ispezione che richiedeva all'intero battaglione di presentarsi in uniforme da campo. A una domanda riguardo ai suoi programmi per quel fine settimana, Jones le aveva risposto "che sarebbe andato a Savannah, che il giorno dopo si sarebbe sposato, e che a Savannah doveva sparare a un tizio". Lei gli aveva chiesto chi, e lui aveva risposto: "C'è un nero che devo far fuori".

Durante il controinterrogatorio, Wallace ammise che nel periodo in cui, a detta sua, Jones aveva pronunciato quelle parole razziste, lei era afflitta da non meglio precisati "problemi", e che tali problemi, sommati allo stress, l'avevano portata a distruggere tutti i suoi effetti personali militari, esclusa la divisa da campo, e a congedarsi dopo ventun anni di servizio. Quando la vide comparire al banco dei testimoni e inventarsi quella conversazione, Mark rimase sconvolto. La conosceva di vista. Militavano nello stesso battaglione, ma in compagnie diverse. Lei aveva il doppio dei suoi anni. I rapporti tra loro erano cordiali ma molto superficiali.

Il comandante di compagnia e il soldato che condivideva la stanza con Mark smentirono Wallace testimoniando che nel giorno in questione Mark era in licenza per prepararsi alle nozze, e che non c'era stata nessuna ispezione.

Lock giocò la carta del razzismo anche con il testimone successivo, appoggiandosi alle dichiarazioni della soldatessa scelta Heather Radford, ventunenne e madre single di un bambino di sei mesi. Prima di arrivare a Fort Stewart a settembre del 1991, lei e Kenny Gardiner erano stati distaccati in Arabia Saudita e in Germania. Erano semplici conoscenti, e nulla di più.

Fra le tante domande provocatorie, Lock le chiese di confermare una dichiarazione rilasciata ai suoi due investigatori un mese prima, secondo la quale Gardiner le avrebbe detto che "odiava i negri, punto, diceva sempre che odiava i negri perché volevano sempre farla da padroni su tutto, divertimento, musica, donne. Disse che gli sarebbe piaciuto vestirsi di nero e ucciderli". Radford negò di averlo mai detto.

Interrogata dalla difesa, la soldatessa dichiarò di aver parlato prima con i due investigatori e, subito dopo, con Lock, il quale aveva continuato a ribadire che Gardiner aveva pronunciato quelle frasi, che odiava i neri e voleva ucciderne qualcuno. Lock aveva fatto pressioni sulla soldatessa perché le confermasse. Lei aveva ribadito che non era così.

Per controreplicare, Lock chiamò a deporre i due investigatori, J.D. Smith e Glen Kessler, i quali testimoniarono che, secondo Radford, Gardiner *aveva* effettivamente fatto le dichiarazioni in questione. Smith, nel controinterrogatorio, ammise che non esistevano né una registrazione né un verbale firmato del loro primo colloquio con Radford.

Sprovvisto di un movente da affibbiare ai ragazzi e consapevole che tra loro e Stanley Jackson non c'era alcun legame, il sostituto procuratore Lock decise di aggiungere alle accuse di razzismo l'insinuazione che fossero dediti a passatempi pericolosi. Nel corso del procedimento era stato accertato che i tre erano appassionati del gioco di ruolo da tavolo Dungeons & Dragons: Lock cercò di convincere la giuria che l'ispirazione a compiere il misfatto fosse giunta anche da lì. Fece presente che un consulente della difesa aveva spiegato che lo scopo del gioco, in D&D, è far trionfare il bene sul male, e presuppose che forse gli imputati erano andati in quel quartiere di Savannah martoriato dalla droga con l'idea di "sbarazzarsi del male".

Nella discussione finale disse che i ragazzi "erano ossessionati dalla ricerca del brivido. Ciò che va portato alla luce in questa sede, perciò, non è il movente, ma la natura di queste persone e il loro modo malato, folle di andare a caccia di brividi". Infervorato, aggiunse: "È la copertura migliore... Una zona come quella è l'ideale, per chi volesse uccidere qualcuno per il gusto di farlo. Io per primo glielo consiglierei. Potrebbe benissimo passare per l'ennesimo regolamento di conti fra drogati o spacciatori, e nessuno si sognerebbe di cercare altrove". Trasformare gli imputati da nerd appassionati di giochi di ruolo da tavolo in assassini affamati di adrenalina era una manovra assurda, a conti fatti totalmente infondata.

Quando toccò a loro, gli avvocati difensori poterono contare su alibi di ferro e su un gran numero di prove documentali e testimoniali a dimostrare che la ricostruzione cronologica del delitto non stava in piedi, e che gli imputati non erano razzisti.

Un investigatore privato dichiarò che, rispettando i limiti di velocità e seguendo il tragitto degli imputati, per andare direttamente al Tops Lounge dal Golden Corral, dove si era tenuta la cena, aveva percorso settantasette chilometri in cinquantadue minuti. L'accusa non contestò né la distanza percorsa né il tempo impiegato.

Sei testimoni – quattro invitati alla cena e due cameriere – dichiararono che gli imputati erano partiti dal parcheggio del Golden Corral più o meno alle nove e mezza. Se fossero andati dritti all'incrocio fra la Trentatreesima e la East Broad per sparare a qualcuno non sarebbero arrivati prima delle dieci e un quarto, e avrebbero dovuto sbarazzarsi delle armi e delle munizioni prima di raggiungere il Tops Lounge, a sette minuti in auto dal luogo del delitto. Per giunta, soltanto dei killer provetti si sarebbero presentati nel locale con l'aria di "tre tizi qualunque che volevano divertirsi guardando un po' di tette", come li aveva definiti il buttafuori. Lock contestò le dichiarazioni dei testimoni e teorizzò che i soldati fossero partiti più verso le nove e un quarto, ma anche in tal caso non sarebbero mai arrivati sul luogo del delitto entro le dieci e cinque.

Quanto al fatto che i tre fossero giustizieri razzisti, la difesa poteva smentirlo con dovizia di argomenti.

Su richiesta del comandante della base, appena tre giorni dopo l'arresto un colonnello dell'esercito aveva steso un rapporto su Gardiner. Vi si diceva che Kenny era "un bravo soldato" e che "contro di lui non sono mai state intraprese azioni disciplinari. [...] Obbedisce agli ordini e non è mai arrivato in ritardo né risultato assente a un solo appello". In conclusione "non ci sono elementi che consentano di definire Gardiner razzista".

Il rapporto sottolineava inoltre che i suoi due compagni di stanza erano neri, e che secondo loro Kenny non aveva mai avuto comportamenti razzisti o viziati dal pregiudizio. Uno dei due, Sullie Kinnie, dichiarò alla giuria che con Kenny non c'erano mai stati problemi di razzismo, e che a Kenny non piaceva uscire; anzi, "la sua priorità numero uno era leggere".

Nei giorni successivi all'arresto, sia il comandante di compagnia di Kenny sia il detective Middleton avevano perquisito l'alloggio del ragazzo e la casa mobile che lui e Dino condividevano fuori dalla base. Non avevano trovato nulla che indicasse pregiudizi razziali, né altri elementi probatori: nessun testo che incitava all'odio, niente che avesse a che fare con il crimine o con la violenza, ma soltanto albi a fumetti e tascabili di fantascienza.

Gli accertamenti avrebbero dovuto nettamente assolvere anche Mark Jones da ogni accusa di razzismo. Veniva da una famiglia mista: il suo patrigno era un jazzista nero. Inoltre, il rapporto compilato dai militari dopo il suo arresto lo definiva "un individuo ingenuo, innocente [...], che mantiene un atteggiamento positivo e fa il suo dovere con efficienza". Come se non bastasse, "il soldato Jones non ha mai dato segni di pregiudizio razziale e non ha alcun problema particolare a lavorare con il sergente Davenport, afroamericano, che affianca con diligenza da due anni".

Il sergente Davenport definì "assurda" l'idea che Mark potesse compiere un omicidio. Durante l'udienza per la cauzione aveva dichiarato di essere stato a capo dello squadrone di Mark per due anni, anche in Arabia Saudita e in Iraq, e che Mark "non è un violento e non ha mai causato problemi a nessuno". Prima di tornare in Germania fece visita per tre volte a Mark nel carcere della contea.

Aaron McAbee, il compagno di stanza nero di Mark, testimoniò in aula che Mark l'aveva invitato al suo matrimonio, e che tra loro non c'erano mai stati problemi di natura razziale. La stanza di Mark e Aaron era un punto d'incontro molto frequentato da soldati di tutte le etnie – bianchi, neri e ispanici – che si ritrovavano a guardare la tivù insieme. Eric Bibbs, che era stato un superiore di Mark durante l'operazione Desert Storm, disse alla giuria che Mark non era "una persona cattiva né violenta" e che non giudicava le persone in base alla razza o al colore della pelle.

I verbali del processo non dicono molto riguardo alle opinioni di Dominic Lucci riguardo all'intolleranza razziale. Per qualche motivo, il sostituto procuratore decise di non accusare anche lui di razzismo. Il sergente di prima classe Marinaro era stato supervisore di Dino poco dopo il suo arrivo dalla Corea a Fort Stewart, nel 1991, e interrogato dalla polizia una settimana dopo l'arresto aveva dichiarato che secondo lui "Lucci non aveva pregiudizi".

La difesa fece poi notare che nelle perquisizioni dell'auto e degli alloggi degli imputati non era stata individuata neanche una prova contro di loro (la polizia e il pubblico ministero non riuscirono mai a spiegare quando o come i soldati si fossero sbarazzati delle armi e delle munizioni, né l'assenza dall'auto del benché minimo segno di coinvolgimento in una sparatoria con fucili d'assalto). Inoltre, tutti e tre avevano la fedina penale immacolata, non si drogavano, non conoscevano la vittima e non avevano avuto né il movente, né il modo, né l'opportunità di ucciderla.

Gli imputati non furono chiamati a deporre. Dal momento che i loro avvocati erano convinti di aver presentato una tesi difensiva solida, non c'era bisogno di rischiare che Lock li confondesse o li stuzzicasse al banco dei testimoni.

Poco prima che la giuria si ritirasse, una giurata bianca comunicò con preoccupazione al giudice che, durante le due settimane di processo, un'altra giurata, nera, aveva detto apertamente di conoscere il padre della vittima, e di essere convinta che gli imputati fossero colpevoli. Fu esonerata e rimpiazzata da un sostituto nero, che abitava a un paio di isolati dall'incrocio dov'era morto Jackson. Quest'ultimo ammise di aver "sentito i vicini parlare di com'era successo eccetera... giravano un sacco di versioni diverse". La difesa chiese di esonerare anche lui, ma il giudice Perry Brannen si oppose.

La discussione tra i giurati cominciò alle tre e mezza pomeridiane del 19 novembre 1992. Alle undici e cinquantuno di sera arrivò il verdetto. Tutti e tre gli imputati erano colpevoli di omicidio premeditato.

Non appena la giuria uscì dall'aula, il giudice Brannen, impaziente di chiudere il processo, diede inizio a una breve udienza per stabilire la pena. Non furono ascoltati testimoni e gli avvocati parlarono per non più di nove minuti. A mezzanotte e cinque del 20 novembre, neanche un quarto d'ora dopo il verdetto di colpevolezza, il giudice condannò i tre imputati all'ergastolo. In seguito ammise di aver chiesto in segreto l'intervento della Guardia Nazionale, nel caso fossero stati assolti. Nel corso del procedimento le autorità di Savannah avevano temuto che scoppiassero disordini razziali simili a quelli di Los Angeles ad aprile del 1992, quand'erano stati scagionati gli agenti di polizia coinvolti nel processo per il pestaggio di Rodney King.

Come chiunque, gli avvocati difensori furono scioccati dal verdetto e si dedicarono *pro bono* alla ricerca di elementi che consentissero di presentare ricorso. Sei membri della giuria denunciarono di aver subito pressioni durante la fase di deliberazione: il giurato Murphy Cooper, un avvocato nero, aveva infatti intimidito chiunque propendesse per l'assoluzione, accusandolo di pregiudizio razziale. Tanto bastava a inficiare la validità del verdetto.

Cooper aveva detto che, se la giuria non fosse stata unanime nel dichiarare colpevoli gli imputati, a Savannah sarebbero scoppiate sommosse come sette mesi prima a Los Angeles. Inoltre aveva aggiunto, dichiarando il falso, che chi avesse votato per l'assoluzione sarebbe stato identificato in aula e dunque doveva aspettarsi vendette razziali.

Nel 1994 la Corte suprema della Georgia annullò il ricorso in appello basato sulle testimonianze giurate dei sei, in quanto la legge dello Stato non consentiva a una giuria di contestare il proprio verdetto, se non in "circostanze straordinarie" non riferibili al caso dei tre soldati.

Gli imputati trascorsero diciassette anni in carcere. Nel 2009, dopo una fase pluriennale di studio dei voluminosi atti processuali, la Centurion avviò un'indagine sul campo a loro nome. Fino al 2012 compreso, i suoi rappresentanti interrogarono numerosi testimoni in cerca di prove inedite. Affidò i condannati a due nuovi difensori, Peter Camiel di Seattle, che aveva già assistito clienti della Centurion, e Steve Sparger di Savannah.

In cima alla lista dei testimoni c'era James White, il cui resoconto non era mai apparso affidabile. La polizia aveva appurato che la porta di casa sua, in East Broad Street, distava ventidue metri dal punto in cui si era fermata l'auto. L'omicidio era avvenuto in una notte buia, senza luna, e sotto una scarsa illuminazione stradale.

Questi fattori, sommati al poco tempo a disposizione di White per osservare la sparatoria – in uno stato di grave trauma, considerato che temeva per la sua stessa vita – indebolivano l'attendibilità della sua testimonianza.

La Centurion rintracciò White e sua moglie Suzette nella stanza di un motel Super 8 lungo la I-85 dalle parti di Newnan, in Georgia, una cinquantina di chilometri a sudovest dell'aeroporto di Atlanta. I due non avevano una dimora fissa e i loro effetti personali riempivano quell'unica camera disordinata. Nel corso di quell'anno i legali della Centurion li videro tre volte, li conobbero meglio e parlarono con loro della deposizione di White e delle circostanze in cui l'aveva resa. Infine, con vergogna e rimorso, marito e moglie ammisero che James aveva mentito. Da allora un grosso peso schiacciava la loro coscienza. A gennaio del 2011 firmarono perciò due deposizioni giurate che sconfessavano la testimonianza di White in aula (purtroppo, nel 2012 Suzette morì d'infarto all'età di cinquantuno anni).

Nel 2011 la Centurion contattò Heather Radford. Abitava nella Pennsylvania centrale, da otto anni lavorava come agente di sicurezza in un penitenziario statale, e aveva sposato un secondino. All'inizio fu riluttante, ma quando le spiegammo il nostro intento e le mostrammo le foto dei tre uomini, accettò di parlare con noi. Disse che da diciotto anni la sua deposizione la tormentava perché non era stata abbastanza vigorosa da smentire, agli occhi della giuria, gli investigatori della pubblica accusa. Definì la condanna ai tre soldati "una farsa".

Ricordava che i due investigatori l'avevano intimidita pesantemente; all'epoca, da giovane madre single di un bambino piccolo, era praticamente sola al mondo, vulnerabile e terrorizzata. Dopo la deposizione in aula, ci disse, "non ne potevo più. Non riuscivo a sopportare che forse la condanna di Kenneth fosse un po' anche colpa mia". Ne parlò con suo marito, firmò una deposizione giurata e accettò di comparire in aula, se glielo avessimo chiesto. La sua testimonianza del 2011 chiariva che Kenny non aveva mai fatto commenti razzisti in sua presenza.

In un colloquio con i legali della Centurion a casa sua in North Carolina, Sylvia Wallace ammise di aver raccontato quattro versioni diverse della chiacchierata tra lei e Jones, e confermò che il comandante di compagnia e il compagno di stanza di Mark, che l'avevano smentita, dicevano la verità. Tuttavia non spiegò il perché delle sue bugie. Per l'intera durata dell'incontro con noi, anche mentre si parlava d'altro, tirò fuori frasi come "Non posso rimangiarmi quello che ho detto", "Non posso correggere quello che ho dichiarato in tribunale" o "Non ho mentito e non posso rimangiarmi la parola". È difficile non credere che a parlare, ogni volta che si giustificava con tale insistenza e fuori contesto, fosse la sua coscienza sporca.

Finalmente, nel 2010, grazie a una richiesta di acquisizione di atti pubblici, la Centurion scoprì una prova decisiva negli archivi della polizia di Savannah. Sepolto in mezzo a seicento pagine di carte relative al caso c'era infatti un breve documento, il cosiddetto "verbale di Yamacraw".

Descriveva un fatto avvenuto all'una di notte di sabato 1° febbraio 1992, due ore *dopo* che la polizia aveva fermato i tre soldati, nel quartiere di case popolari di Yamacraw Village. Due bianchi rasati in stile militare, muniti di armi semiautomatiche e al volante di due veicoli – un pick-up Chevy nero e una Ford Thunderbird coupé argentata, modello 1989-91 – avevano "minacciato di sparare ai neri che bazzicavano gli angoli delle strade". Il verbale era stato nascosto ai difensori dei militari per diciotto anni.

A nome degli imputati, a maggio del 2012 gli avvocati Camiel e Sparger presentarono un ricorso fondato sull'"effettiva innocenza" dei soldati, che puntava il dito contro l'occultamento, da parte delle forze dell'ordine, di prove che potevano dimostrarla.

Nel luglio del 2013 l'iniziativa portò a un'udienza probatoria presieduta dalla giudice Sarah Wall, della Corte superiore della contea di Wheeler. L'udienza si tenne a McRae, una cittadina di cinquemilasettecento abitanti della Georgia centrale, poco distante dalla prigione in cui durante il procedimento alloggiarono i tre militari.

Dopo ventun anni fu la prima occasione in cui i genitori degli imputati si ritrovarono tutti insieme: in aula c'erano la madre e il padre di Kenny, la madre di Mark, il padre e lo zio di Dino. Tutti condividevano lo stesso dolore ma, ora, anche una speranza: riportare a casa i loro figli dopo tanti anni bui. Anche Dawn Burgett presenziò, per mostrare il suo sostegno a Mark e ai coimputati.

Chiamato a testimoniare, Harvey Middleton – il detective che all'epoca dei fatti era molto inesperto e aveva condotto le indagini, e che nel 2013 era agente di polizia a Miami Beach – dichiarò che "Mr White non è mai stato sicuro al cento per cento di riconoscere i colpevoli. Non ci ha mai detto di esserne sicuro al cento per cento".

Anche il sostituto procuratore Lock testimoniò che gli investigatori "dubitavano che [White] fosse in grado di identificarli". Ciò spiega perché la polizia avesse preferito non sottoporre White a un confronto, che lui stesso chiedeva, e non gli avesse mai nemmeno chiesto di identificare i tre colpevoli in fotografia.

Le deposizioni di Lock e Middleton evidenziarono un

margine di dubbio al quale in ventidue anni nessuno aveva mai accennato. Contraddicevano e smentivano la testimonianza di White, che in aula si era detto "certo" che a sparare fossero stati Jones e Gardiner.

L'incapacità di White di identificare i responsabili violava il principio stabilito dalla Corte suprema degli Stati Uniti nella causa "Brady contro Maryland", secondo il quale gli inquirenti hanno il dovere di fornire alla difesa tutte le prove a discarico dell'imputato prima del processo.

Perché White aveva mentito? Ecco cosa disse nella sua deposizione giurata e durante l'udienza probatoria del 2013:

> Ho mentito perché tutti volevano a ogni costo che dicessi che erano stati i ragazzi. Ero schiacciato dalla pressione. Per convincermi a identificarli, i poliziotti mi hanno detto che quei soldati, in preda a una furia distruttrice, se ne andavano in giro per la città a uccidere persone nere soltanto perché non gli piacevano i neri. Mi hanno detto che se non li identificavo sarebbero scoppiate delle sommosse in città. Mi hanno detto che erano di sicuro colpevoli, ma che senza la mia testimonianza non riuscivano a inchiodarli, e se non li identificavo li avrebbero liberati. Mi hanno detto che avevano bisogno del mio aiuto, che la comunità aveva bisogno del mio aiuto.
>
> Un sacco di neri telefonavano a me e a mia moglie per incoraggiarmi a "fare la cosa giusta". In particolare ricordo il reverendo Matthew Brown [un importante pastore nero di Savannah] che ci chiamò per dirmi che la polizia aveva beccato quelli giusti, e che era ora di reagire e di farsi avanti. Poi spiegò che se non facevamo condannare quei ragazzi in città ci sarebbero state sommosse e rivolte. E prima di riattaccare disse che presto mi avrebbe chiamato a parlare nella sua chiesa [non lo fece].
>
> Mia moglie Suzette mi implorava di non mentire, ma avevo paura che se non li identificavo sarebbe successo qualcosa di brutto a me e alla mia famiglia. Avevamo otto figli, abitavamo tutti al 1703 di East Broad Street. Prima di testimoniare in aula ho detto ai poliziotti e al pubblico ministero che non ero in grado di identificare nessuno e che non volevo deporre. Mi hanno risposto che se a processo non ripetevo quel-

lo che avevo dichiarato all'udienza preliminare mi incriminavano per falsa testimonianza e mi sbattevano in prigione.

A quel punto ho perso la testa. Avevo paura perché non volevo stare lontano dalla mia famiglia, da mia moglie e dai miei figli. Al che ci ho pensato e mi sono detto che ormai conveniva continuare a mentire. [...] Lo so, quando ho riconosciuto due di loro come gli assassini di Stanley Jackson mentivo. Ma l'ho fatto per paura, e me ne pento e me ne vergogno tanto... Perché da ministro del Vangelo so che il Libro dell'Esodo dice che non si può testimoniare il falso. Non uccidere, non rubare, non dire mai falsa testimonianza. Io invece l'ho detta. E ci sono stato malissimo, mi ha torturato per anni, almeno ventuno, e mi dispiace.

La seconda violazione del principio della sentenza Brady citata nel ricorso era l'occultamento del verbale di polizia di Yamacraw, che la stessa notte in cui Jackson era stato trucidato accertava la presenza nei quartieri popolari di Savannah di altre auto guidate da bianchi in cerca di persone nere a cui sparare per strada. La pubblica accusa sapeva inoltre che circa un'ora dopo la mezzanotte del 21 ottobre 1991, pochi mesi prima che Stanley Jackson fosse ucciso, due bianchi al volante di un piccolo pick-up rosso avevano sparato a due neri. Una delle due vittime era stata ferita mortalmente all'addome mentre scendeva dalla sua auto, davanti a casa. Alcuni minuti prima, quattro isolati più in là, un altro nero era stato colpito da un proiettile al braccio sinistro mentre scendeva dalla sua auto per rientrare a casa. Secondo i testimoni, i responsabili erano due bianchi sui venticinque-trent'anni, con i capelli corti. Non furono mai identificati.

Benché i loro nomi comparissero in bella mostra all'inizio del verbale di Yamacraw, il tenente Ragan e il sergente Stevens – l'altro ufficiale che si era occupato dell'indagine – sostenevano di non ricordare di averlo mai visto. Durante l'udienza probatoria, tuttavia, ammisero che il documento conteneva informazioni riguardo alle quali la polizia avrebbe dovuto indagare più a fondo.

Lock ammise poi che, la sera dell'omicidio, durante i suoi

colloqui con Ragan e i detective, la priorità era stata trovare il maggior numero di prove a carico degli imputati.

Ronald Holmes, nero, fu chiamato a deporre riguardo alla durata e alla lunghezza del tragitto che separavano il ristorante Golden Corral di Hinesville dal luogo del delitto e dal Tops Lounge, perché alla giudice fosse chiaro che la cronologia ipotizzata dall'accusa non stava in piedi. Holmes faceva il tassista a Hinesville da quattordici anni. Guidava da Hinesville a Savannah dalle quattro alle sei volte alla settimana. Dichiarò che la strada dal Golden Corral al luogo del delitto era lunga sessantacinque chilometri e che, imboccando tutte le scorciatoie possibili e guidando a una media di quindici chilometri oltre il limite di velocità autostradale, la si percorreva come minimo in quarantasei minuti. Se i tre fossero andati direttamente nella "contea del pericolo" di Savannah armati di fucili d'assalto e munizioni, con l'intento di uccidere gente a caso, avrebbero senz'altro evitato di superare i limiti e attirare l'attenzione della polizia stradale in un venerdì sera di traffico intenso.

Tre ex sergenti maggiori e un ex poliziotto di Hinesville con vent'anni di esperienza testimoniarono che Sylvia Wallace aveva raccontato a ciascuno di loro una versione diversa della sua conversazione con Jones, diversa anche da come l'aveva rievocata in aula.

La difesa chiamò a deporre in tutto ventidue testimoni e presentò come prove primarie la ritrattazione di James White, la deposizione del detective Middleton e l'occultamento del verbale di Yamacraw da parte della polizia di Savannah. I procuratori dello Stato si avvalsero di un solo testimone, il pubblico ministero David Lock. La Centurion pensava di aver presentato una tesi solida ed era convinta che l'udienza fosse andata estremamente bene.

Ci sbagliavamo.

I soldati accolsero con sconcerto il verdetto della giudice Wall, che ad agosto del 2014, un anno dopo l'udienza, negò loro un nuovo processo. Riguardo al verbale di Yamacraw decretò che "la procedura non consente alla corte di esprimersi nel merito della contestazione, poiché gli imputati non la sollevarono durante il procedimento, né la elencarono tra gli errori in sede di presentazione del ricorso".

Una decisione senza senso. Come avrebbe potuto la difesa utilizzare il verbale di Yamacraw durante il processo del 1992 o l'appello del 1993-94, se le fu reso noto soltanto nel 2010? La medesima obiezione valeva per i dubbi di White nell'identificare le vittime. Nessuno, escluse le forze dell'ordine, ne seppe nulla fino al 2013. Per loro stessa natura, le violazioni del principio della sentenza Brady si possono scoprire soltanto dopo l'incriminazione o la condanna.

La prima svolta legale giunse a novembre del 2014, quando la Corte suprema della Georgia rinviò con voto unanime dei nove giudici che la componevano la causa alla giudice Wall, raccomandandole di esprimersi sulla rilevanza dell'occultamento del verbale di Yamacraw e dell'incapacità di White di identificare con sicurezza gli imputati. Quindici mesi dopo, a marzo del 2016, Wall respinse di nuovo il ricorso. Stavolta decretò che la pubblica accusa non aveva occultato il verbale e non aveva motivo di mostrarlo alla difesa, in quanto nulla indicava che fosse legato all'omicidio di Jackson.

Riguardo a White, riconobbe che la sua testimonianza – che identificava nei ricorrenti gli assassini – era un elemento accusatorio rilevante e convenne che qualunque informazione ne avesse intaccato la credibilità sarebbe stata "un potenziale elemento a discolpa degli imputati". Eppure ne screditò la ritrattazione sorvolando sul fatto che, secondo Middleton, persino nel corso delle indagini il teste non aveva mai confermato con certezza che a sparare fossero stati i soldati. Omise quindi un fatto pertinente, che andava senza dubbio a favore degli imputati e intaccava eccome la credibilità della deposizione.

Naturalmente la difesa presentò ricorso contro la decisione di Wall e si rivolse di nuovo alla Corte suprema della Georgia. Stavolta, il 9 novembre 2017, i soldati ottennero ciò che chiedevano da quasi ventisei anni: giustizia e l'assoluzione. La corte, ancora una volta all'unanimità, annullò il parere della giudice Wall e sentenziò che "alla luce della totalità delle circostanze, l'esito del procedimento fu viziato dalla mancata presentazione del verbale di Yamacraw alla difesa".

Il verbale, infatti, "dimostrava che altre persone, di aspetto simile [ai ricorrenti], stavano minacciando aggressioni razziali analoghe a quella subita da Jackson" e che "se la giuria fosse stata informata che quella notte altre persone, non gli imputati, si trovavano nella stessa zona con l'intento di commettere atti di violenza a sfondo razziale, l'esito del processo avrebbe potuto essere molto diverso".

Le motivazioni della Corte suprema della Georgia evidenziavano altri elementi a discolpa degli imputati: fino alle nove e un quarto/nove e mezza di sera i tre avevano partecipato a una cena "a oltre cinquanta minuti di strada" dalla sparatoria delle dieci; la tesi dell'accusa "si reggeva in larga parte" sulla testimonianza di White, ma "gli investigatori non lo avevano mai messo a confronto con i sospettati, né dal vivo né in fotografia. L'arma del delitto non era mai stata rintracciata; a bordo dell'auto dell'imputato non erano state trovate armi da fuoco né bossoli di proiettile da arma automatica; i tecnici che avevano setacciato l'interno dell'auto in cerca di residui di polvere da sparo non ne avevano trovati".

Un chiaro segnale che la corte, basandosi sulle stesse prove sottoposte alla giudice Wall, nutriva grosse riserve riguardo alla colpevolezza dei soldati. Per quattro anni le decisioni di Wall avevano sfacciatamente impedito che fosse fatta giustizia.

Finalmente il giorno tanto atteso dai tre e dalle loro famiglie arrivò. Mercoledì 20 dicembre 2017 tutti si riunirono nella stessa aula giudiziaria di Savannah, nel frattempo ristrutturata, dove quasi ventisei anni prima un giudice aveva condannato i ragazzi, ora uomini, all'ergastolo.

I soggetti la cui condanna è stata invalidata da una corte superiore hanno il diritto di tornare in libertà fintanto che la procura decide se sottoporli o no a un nuovo processo. Sul piano legale non sono più condannati ma restano imputati. Come al momento dell'arresto, però, devono disporre dei mezzi sufficienti a pagare la cauzione stabilita dal giudice.

Fra i presenti che sedevano nervosamente fianco a fianco in tribunale c'erano la sessantacinquenne Deborah McGill, madre di Mark, la settantaseienne Betty, madre di Kenny, e il settantottenne Roger, padre di Dino, con suo zio Burt. Avevano fatto un sacco di strada per arrivare dal Texas e dall'Ohio. E speravano di poter riportare i figli a casa, se il giudice avesse fissato una cauzione ragionevole.

L'ingresso in aula dei tre imputati, in tuta bianca da galeotti, ammanettati l'uno all'altro, incatenati alla vita e alle caviglie, lasciò tutti senza fiato. Invecchiati da anni di ingiusta carcerazione, erano irriconoscibili. Si sedettero in silenzio al banco della difesa, vicino a Peter Camiel e Steve Sparger. Nell'attesa che il giudice prendesse posto non si sentiva volare una mosca.

Fu un sollievo e tutto sommato una sorpresa quando il pubblico ministero disse al giudice che "quanto all'entità della cauzione, lo Stato si rimette alla decisione della corte". Ciò significava che il procuratore distrettuale non intendeva sollevare obiezioni. Metà della strada era fatta.

Consapevole che le famiglie non si sarebbero potute permettere di pagare la cauzione, la Centurion aveva accantonato grazie a un benefattore newyorkese la somma di 100.000 dollari, 33.000 a imputato. Se necessario, sarebbe partito un bonifico immediato all'ufficio dello sceriffo della contea di Chatham.

Quando il giudice fissò l'importo della cauzione a 30.000 dollari per ciascun imputato, il benefattore si attivò all'istante e trasferì il denaro, con la garanzia che a processo concluso gli sarebbe stato restituito.

L'emozione cresceva di minuto in minuto, perché ormai tutti confidavamo di vedere i tre ex soldati rilasciati senza alcuna restrizione entro sera, e liberi di tornare a casa insieme ai loro cari ad attendere la decisione della procura riguardo a un eventuale nuovo processo. E andò proprio così. Alle tre e trentadue di quel pomeriggio uscirono insieme dalla prigione della contea di Chatham indossando magliette con la scritta NON SONO STATO IO, confezionate apposta dalla Centurion.

Nell'atrio, circondata da un mare di sostenitori che esultavano rumorosamente, la prima ad accoglierli fu Deborah, la madre di Mark, che abbracciò suo figlio così forte che non li si riusciva più a distinguere. Lo strinse lungamente a sé ed esclamò, perché tutti la sentissero: "A parte quand'è nato, è il più bel giorno della mia vita". Parto escluso, ci sentivamo come lei mentre a turno abbracciavamo i tre e scattavamo foto ricordo.

Lo sceriffo ci fece la gentilezza di concedere l'atrio della prigione per quella festa improvvisata. Poi ci trasferimmo a Savannah, nella splendida casa di John Watts Jr, l'ex avvocato difensore di Mark che aveva lavorato sodo al nostro fianco mentre cercavamo di far scarcerare il suo vecchio cliente. Con noi c'erano anche Bill Cox e John Watts Sr, che in tribunale avevano difeso Dino e Kenny. Tutti e tre i legali avevano deposto nel corso dell'udienza probatoria del 2013. All'epoca, Bill Cox mi aveva fatto venire le lacrime agli occhi dicendo alla giudice Wall: "La convinzione che questi ragazzi siano innocenti me la porterò nella tomba. Penso a loro anche quando mi lavo i denti. Non li dimenticherò mai".

L'indomani tutti tornarono a casa. Per la prima volta dal 1991, Mark, Kenny e Dino potevano festeggiare il Natale da uomini liberi, e in famiglia.

Non rimaneva altro che aspettare la decisione della procuratrice distrettuale: anche se ormai la tesi accusatoria era smontata, non era detto che pur di non perdere la faccia non fosse disposta a rifare il processo da capo. Ci vollero sette mesi, ma alla fine la procura comunicò che non intendeva processare i tre ex militari, che avrebbe chiesto al giudice di far cadere ogni accusa e, pertanto, di concludere il procedimento contro di loro. E così fu, il 18 luglio 2018.

Sulle loro teste, finalmente, non incombeva più nessuna spada di Damocle. Per la prima volta potevano tirare il fiato, confortati dalla certezza che quell'incubo interminabile era davvero finito. Potevano ricominciare da capo e rifarsi una vita nel mondo libero.

Sulla loro nuova vita, però, pesava l'ombra del tempo trascorso in carcere. Tutti e tre avevano scontato ventisei anni di pena da detenuti-modello, senza mai incorrere in misure disciplinari. Era un fatto straordinario, pressoché inaudito, specialmente in un lasso di tempo così lungo. Per fare soltanto un esempio, per diversi anni Dino lavorò addirittura come aiuto chef nella cucina del governatore Sonny Perdue, e in un'occasione si sedette persino a tavola con lui e la sua famiglia a festeggiare il Ringraziamento.

Che cosa ha sorretto per così tanti anni questi uomini davanti alla concreta prospettiva di non uscire mai più di prigione? Tutti e tre, interpellati in momenti diversi, hanno dato la stessa risposta: l'incrollabile appoggio e l'affetto dei loro genitori – forti della certezza granitica che fossero innocenti – dal giorno dell'arresto a quello della libertà. Mark aveva la sua devota madre, Deborah McGill; suo padre è morto nel 1995. Kenny aveva sua madre Betty e suo padre Carroll, morto nel 2015. Dominic aveva suo padre Roger e suo zio Burt; sua madre Gayle è morta nel 1995. Senza questo sostegno non sarebbero sopravvissuti, specialmente nei primi anni di detenzione.

Per amica hanno avuto anche la speranza, mai costante ma, come una candela tremula, determinata a non spegnersi. Finché l'indagine della Centurion non ha cominciato a decollare, Kenny era pressoché rassegnato. Poi la sua speranza ha preso vita, salvo indebolirsi all'epoca dei no della giudice Wall. La seconda decisione della Corte suprema della Georgia ha concesso alla sua speranza di libertà di sbocciare una volta per tutte.

Per diversi anni, dopo il verdetto iniziale, Dominic ha creduto che il sistema avrebbe capito di aver sbagliato e riconosciuto la loro innocenza. Era convinto che prima o poi un tribunale avrebbe accettato la verità e riparato all'errore. L'altra fonte di motivazione era il sogno di poter beneficiare insieme agli amici, una volta scoperta la verità, di un risarcimento multimilionario. C'è voluto del tempo prima che l'illusione svanisse e lasciasse il posto alla realtà.

E poi il Tribunale per la libertà vigilata aveva negato sempre le sue richieste, costringendolo a otto anni di attesa tra l'una e l'altra, e i magistrati avevano respinto i suoi ricorsi.

A un certo punto si è detto "okay, è finita", ma non ha mai davvero gettato la spugna. È stato il suo spirito guerriero a colpirci quando, nel 2003, ha scritto una seconda lettera alla Centurion in cui diceva: "Mi avete risposto di rifarmi vivo entro un paio d'anni. Sono passati e stavolta non accetto che rispondiate di no. Se McCloskey è in pensione, mandate qualcun altro ad aiutarci a uscire".

Le due bocciature della giudice Wall, però, lo avevano portato al limite. Dominic aveva deciso che, se anche la Corte suprema della Georgia avesse sentenziato contro di loro, si sarebbe suicidato soffocandosi con un sacchetto di plastica. Esaurita ogni possibilità, non voleva vivere per chissà quanti altri decenni senza speranza di libertà.

Mark ammette candidamente che di fronte ai ricorsi respinti e alla possibilità sempre più remota della libertà condizionale era venuto a patti con il suo destino di innocente costretto a vivere e morire in prigione. Entrato in quest'ordine di idee, ha fatto di tutto per trarre il meglio da una situazione negativa trovando "conforto" nella routine quotidiana del carcere, tra insegnamento, sport e giochi da tavolo. È così che ha scelto di tirare avanti.

La sua speranza si è riaccesa all'inizio dell'udienza probatoria del 2013. Non si aspettava che la giudice Wall sentenziasse a suo favore, ma dopo un'udienza così positiva non ha smesso di credere nella Corte suprema della Georgia, specialmente quando quest'ultima ha rinviato all'unanimità il caso a Wall, pretendendo un chiarimento.

Dal 2013 fino a dicembre del 2017, quando sono stati trasferiti a Savannah per l'udienza relativa alla cauzione, Mark, Kenny e Dominic hanno condiviso non soltanto la stessa prigione, ma anche lo stesso dormitorio, riservato agli ex militari. Questo li ha fatti sentire protetti e al sicuro, in grado di sostenersi a vicenda. Ha dato loro anche un po' di fiducia in più nel fatto che forse la ruota della giustizia cominciava a girare dalla loro parte. In quegli ultimi quattro anni si sono specializzati nella trascrizione dell'alfabeto inglese in Braille, la scrittura per ciechi e ipovedenti. Hanno continuato fino al trasferimento nella prigione della contea di Chatham.

Nonostante il sostegno reciproco e delle loro famiglie, ventisei anni di ingiusta carcerazione li hanno segnati. A quasi cinquant'anni, trovare un lavoro remunerativo è stata una vera sfida. Nessuno dei tre aveva esperienza né competenze spendibili. Come facevano a giustificare ventisei anni di disoccupazione?

Con un po' di fortuna e grazie al prezioso aiuto di un suo consulente di Cleveland, la Veterans Administration, il dipartimento statale che si occupa dei veterani di guerra, ha assunto Dino come centralinista a tempo pieno, con copertura sanitaria totale. Vive da solo nella casa in cui è cresciuto. Mark e Kenny convivono in un quadrilocale comprato poco tempo fa da Mark a Corpus Christi. Kenny gli paga l'affitto. Lavorano da Domino's Pizza come addetti alle consegne.

In carcere sono stati vittime dell'incapacità e della disattenzione del personale medico. Da quando è libero, Mark è stato per quasi due mesi in ospedale per una meningite batterica che, associata al Covid e a una doppia polmonite, ha rischiato di ucciderlo. È guarito per miracolo, ma ha perso l'udito da un orecchio. Kenny soffre di un'artrite sempre più grave alle anche, alle ginocchia, ai fianchi e alle spalle. Dino, a cui recentemente è stato diagnosticato il diabete, è stato da poco operato per un'ernia e alla cistifellea.

Tutti e tre soffrono di disturbo da stress post-traumatico e di incubi legati alla prigione. Kenny sogna che c'è tornato o che ci deve tornare, e poi non riesce più a uscirne. Dino sogna che qualcuno va a svegliarlo in cella. Per scatenargli un flashback bastano un odore o un tintinnio di chiavi. Mark sogna di essere in cella a sognare che è stato assolto, salvo scoprire, sempre nel sogno, che l'assoluzione non c'è mai stata. Pur riconoscendo che è un istinto del tutto irrazionale, Kenny e Dino non smettono mai di pensare che "lo Stato della Georgia si accanirà di nuovo su di loro". È un terrore che non riescono a scrollarsi di dosso.

Soffrono gravemente di depressione, ansia e stress, in particolare quando hanno a che fare con estranei in ambienti che non conoscono. Dino, che prima dell'arresto era un tipo socievole e festaiolo, non si sente più all'altezza di intrattenere una conversazione. Dice che il carcere gli ha "tolto la capacità di parlare con la gente". L'idea di non essere riuscito ad avere figli e a mettere su famiglia per colpa della prigione lo fa soffrire moltissimo.

Kenny, che è sempre stato un po' timido e solitario, lo è diventato ancora di più. A parte Mark, non ha amici. Parlare con qualcuno che non conosce lo stressa al punto tale che a volte "gli tremano le gambe". È convinto che passeranno ancora diversi anni prima che trovi il coraggio di invitare una donna a uscire. Quando non lavora passa le serate in casa, a guardare cartoni animati in tivù o a leggere libri di fantascienza e fantasy, abitudini che risalgono a prima dell'incarcerazione.

A tutt'oggi, il più grande rimpianto di Mark è aver perso Dawn Burgett, che considera "l'amore della sua vita". A entrambi rincresce di non essere riusciti ad avere figli né a mettere su famiglia insieme. Perderla, dice lui, "mi è costato carissimo, e nessuno mi potrà mai risarcire". Dawn gli ha lasciato un vuoto nel cuore, come Mark l'ha lasciato a lei. Sono rimasti amici e si sentono di tanto in tanto per telefono.

Convinto che fosse meglio per lei e per il suo futuro, dopo molti anni di prigione è stato Mark a troncare unilateralmente la loro relazione, in un modo che lui definisce, vergognandosene, "cattivo". Ha spezzato il cuore a Dawn, che ha impiegato diversi anni per riprendersi dagli attacchi di panico e dalla brutta depressione innescati da una separazione traumatica e irrisolta. In seguito si è sposata due volte, e il suo secondo matrimonio è felice.

Ci sono anche buone notizie, comunque. Nella primavera del 2023 il dipartimento dell'Esercito ha congedato con onore Mark e Kenny, e ciò ha consentito a entrambi di poter godere appieno dei diritti riservati ai veterani. Dominic era già stato congedato con onore avendo abbandonato l'esercito prima di essere condannato.

Anche sul piano economico le cose si sono sistemate. Dal 1° agosto 2022 lo Stato della Georgia ha cominciato a devolvere ai tre ex militari, come risarcimento per l'ingiusta incarcerazione, un milione di dollari a testa sotto forma di assegni mensili da 2612 dollari esentasse per vent'anni. Fanno 31.344 dollari all'anno a testa, al netto delle spese legali.

Oggi è impossibile guardare questi uomini e non chiedersi: "E se...". E se il buttafuori del Tops Lounge avesse lasciato entrare Mark anche se mancavano due mesi al suo ventunesimo compleanno? Se i tre soldati non avessero per puro caso accostato vicino alla centrale di polizia di Savannah mentre arrivavano a piedi James White e l'agente Deborah Evans? Chissà quanta sofferenza e quanto dolore si sarebbero potuti risparmiare, e quanto sarebbe stata felice la vita di Mark, Kenny e Dino.

Ignoto 1

John Grisham

Chester è la più antica città della Pennsylvania. Venne fondata nel 1682 quando William Penn sbarcò sulla sponda del fiume Delaware e ne rivendicò il territorio a nome della Corona inglese. Diede il proprio nome alla nuova colonia e fondò anche Philadelphia, la "Città dell'amore fraterno".

Nei primi anni del Novecento Chester era un'affaccendata cittadina industriale che produceva navi, tessuti, automobili e altri beni di consumo, ma a metà secolo aveva perso la maggior parte delle fabbriche e la sua popolazione si era dimezzata. Come molte città postindustriali della Rust Belt, ha dovuto combattere con la disoccupazione, l'inquinamento, la povertà, la corruzione e il crimine.

Oggi molti edifici del centro sono abbandonati e sprangati. Nel 2022 Chester ha dichiarato bancarotta.

La sera è pericoloso aggirarsi in quasi tutti i suoi quartieri. Una delle aree più complicate è la parte occidentale della città, e nel cuore di questa zona, all'angolo tra la Decima e Clover Lane, una donna nera di nome Henrietta Nickens viveva da sola in un piccolo trilocale al pianterreno di un vecchio palazzo. Aveva settant'anni, era single, aveva una figlia, un figlio e due nipotine che abitavano poco distante. Arrivava a fine mese grazie a un piccolo assegno della previdenza sociale, ma teneva sempre qualche dollaro da parte se qualcuno aveva bisogno di un pasto caldo o di fare la spesa. Ms Nickens era generosissima con amici e conoscenti ed era famosa anche perché dava da mangiare agli sconosciuti. Le sue condizioni di salute stavano peggiorando: soffriva di una grave forma di aterosclerosi coronarica e di enfisema polmonare.

Il pomeriggio del 9 ottobre 1997 Ms Nickens preparò la cena per la figlia Carlotta e la nipote Niena. Le raggiunse anche il compagno di Carlotta, Rufus McKinney. Cenarono verso le sei e mezza, poi si spostarono in soggiorno, dove giocarono a carte, guardarono la tivù e trascorsero un'ora a chiacchierare e scherzare. Una serata come tante altre. Verso le otto e mezza i tre ospiti se ne andarono e Henrietta chiuse a chiave la porta di casa. Come ogni sera, Carlotta chiamò la madre per darle la buonanotte subito prima delle undici. A quell'ora Henrietta aspettava sempre che su Channel 6 cominciasse "Action News", il suo notiziario preferito.

Quella telefonata fu la loro ultima conversazione.

A un certo punto di quella notte, un aggressore, tuttora noto solo come "Ignoto 1", si introdusse nell'appartamento di Henrietta e la aggredì, la stuprò e la percosse fino a ucciderla. La colpì diverse volte alla testa con un corpo contundente e, a causa delle sue condizioni di salute, tanto bastò a ucciderla.

L'indomani mattina, quando Henrietta non rispose al telefono, Carlotta cominciò a preoccuparsi. Verso le due del pomeriggio lei e Rufus entrarono insieme a Niena nell'appartamento e trovarono il corpo della donna nel piccolo corridoio che collegava il soggiorno, il bagno e la camera da letto. Non indossava la biancheria intima, che fu trovata sul pavimento accanto al letto. Il viso e le braccia erano sporchi di sangue. Sul corpo era srotolato un cavo del telefono e per terra di fianco al cadavere c'era una scopa. La parte inferiore della dentiera era parzialmente spostata dalla bocca. La camera da letto era sottosopra.

Sconvolta e inorridita, Carlotta chiamò la polizia.

La scena del crimine era un inferno. Il letto, le lenzuola e le pareti della camera da letto erano pieni di schizzi del sangue di Henrietta. Un asciugamano messo tra il letto e una parete ne era coperto. Gli oggetti erano sparsi ovunque. Accanto al letto c'era uno sgabello di plastica con una gamba rotta. Ignoto 1 era entrato dalla porta posteriore, aperta e distrutta. La polizia fotografò un'impronta parziale di piede sul pavimento della cucina. Il portafoglio di Henrietta fu trovato, apparentemente intatto. Il televisore era spento ed era stato spostato in corridoio.

Ignoto 1 doveva essere uno dei criminali meno sofisticati a piede libero per le strade di Chester. A un certo punto, durante l'aggressione, si era sfilato un giubbotto verde taglia XXXL e l'aveva usato per coprire il piccolo televisore. Una volta compiuto il delitto era scappato dall'appartamento, ma nella fretta aveva dimenticato il giubbotto. Gli investigatori, naturalmente, lo prelevarono per esaminarlo.

Il giorno dopo, l'11 ottobre, fu eseguita l'autopsia, che evidenziò numerosi tagli e ferite a occhi, guance, labbra e mento. C'erano lievi segni di contusione nella parte esterna della vagina, ed era presente del "liquido seminale nel retto", anche se l'ano non presentava traumi visibili. Il medico legale stabilì che, se fosse stata in condizioni di salute migliori, le ferite di Henrietta non sarebbero state letali.

Lo sperma prelevato dalla vittima fu spedito al laboratorio statale della Scientifica, dove finì in una lunga lista d'attesa. Trascorsero nove mesi prima che i risultati fossero inviati a Chester.

Non c'erano possibili spiegazioni logiche per la presenza di sperma nel retto. Henrietta era anziana, sola, malata e non aveva relazioni. Carlotta, che le parlava ogni giorno e conosceva ogni dettaglio della sua vita, fu categorica nel negare che sua madre avesse una relazione con qualcuno.

Niena all'epoca aveva diciotto anni e usciva con un ragazzo di diciannove di nome Sam Grasty. Sam viveva da quelle parti, conosceva la madre e la nonna della ragazza, ed era stato molte volte ospite a casa di Henrietta. Niena e Sam stavano vivendo un periodo di crisi perché lei era incinta e pensava che lui fosse il padre, mentre Sam non ne era così sicuro. Le cose erano peggiorate quando Sam aveva dichiarato di non essere il padre del bambino e di non volerlo riconoscere.

Il giorno in cui fu trovato il corpo di Henrietta, Niena disse alla polizia che "poteva essere stato" Sam.

Da quel momento, le indagini si concentrarono su Sam Grasty; a parte la bizzarra insinuazione di Niena che a uccidere sua nonna fosse stato lui, non esistevano prove attendibili né un movente. Perché mai un diciannovenne che aveva una relazione intima con una diciottenne a un tratto avrebbe dovuto decidere di aggredire, stuprare analmente e picchiare a morte la nonna settantenne di lei?

Non si è mai saputo che cosa ne pensasse la polizia. Nei rapporti, nei verbali e nelle deposizioni non viene mai indicato un movente, a parte una ritorsione contro Niena per la vicenda della paternità del bambino.

Tuttavia, Sam Grasty divenne il sospettato principale. Venticinque anni dopo, sta ancora scontando l'ergastolo per l'omicidio commesso da Ignoto 1.

Il responsabile delle indagini era un detective appena trasferito dalla Narcotici alla Omicidi e alle prese con il suo primo delitto. Conosceva il territorio, però, e disponeva del solito assortimento di spie e informatori.

In un posto come Chester non c'era carenza di piccoli criminali, teppisti, spacciatori e tossicodipendenti. Quasi tutti avevano avuto a che fare con la giustizia e sapevano come funzionava. I reati gravi come un omicidio, uno stupro o il traffico di droga coinvolgevano abbastanza persone da suscitare interesse e creare opportunità. Una donna di nome Lisa Foley fu una delle prime a farsi avanti, e disse alla polizia che aveva informazioni confidenziali. Non era facile credere alla sua storia, ma la polizia, nella fretta, non si fece troppi scrupoli. Lisa spiegò che mentre si trovava in un edificio abbandonato a fare sesso con una persona, forse per soldi, aveva sentito qualcosa di importante. Non diede mai una descrizione dell'atto sessuale, ma evidentemente non aveva richiesto molta concentrazione, perché Lisa, nel frattempo, era riuscita a origliare una conversazione fra estranei sul marciapiede all'esterno dell'edificio abbandonato.

Per quasi tutto il tempo aveva parlato il quindicenne Rick McElwee, uno dei pochi residenti bianchi del quartiere. Era tossicodipendente e fumava marijuana ogni giorno dall'età di tredici anni. Inoltre spacciava cocaina e la polizia lo teneva sotto osservazione. Secondo Lisa, McElwee stava parlando dell'omicidio di Henrietta. Con lui c'erano Sam Grasty, il quindicenne Derrick Chappell e Morton Johnson, di diciotto anni. Lisa dichiarò che stavano tutti rimproverando McElwee perché quando avevano aggredito e derubato Ms Nickens non era entrato nell'appartamento.

La polizia non mise mai a verbale questa conversazione con Lisa.

Gli investigatori si rivolsero ai colleghi della Narcotici e vennero a sapere che McElwee aveva venduto droga ad agenti sotto copertura, ma non era stato incriminato. I detective lo usarono come pretesto per arrestarlo e portarono il ragazzino alla stazione di polizia, dove cominciarono a interrogarlo sull'omicidio di Nickens. In seguito dissero di aver cominciato a fargli domande soltanto dopo l'arrivo della madre. Per due ore McElwee sostenne di essere innocente mentre i poliziotti minacciavano di accusarlo di omicidio. Alla fine lui e sua madre lasciarono la stazione di polizia terrorizzati.

Per il mese successivo gli agenti continuarono a mettere sotto pressione McElwee, finché non gli estorsero una confessione inventata in cui diceva di essere in qualche modo coinvolto nell'omicidio.

Rick McElwee divenne il testimone chiave. Secondo la sua versione, perlomeno quella iniziale, alle dieci di sera del 9 ottobre lui si trovava davanti a casa di Ms Nickens a fare da palo mentre Sam Grasty, Derrick Chappell e Morton Johnson forzavano la porta posteriore dell'appartamento. Il movente era una rapina, durata tra i cinque e i venti minuti. Il bottino, 30 dollari, se l'erano diviso senza dare niente a McElwee. Sam Grasty aveva picchiato l'anziana. All'aggressione sessuale, McElwee non fece cenno.

Dopo che la sua testimonianza fu messa a verbale, McElwee venne accusato di omicidio, furto con scasso, aggressione e violenza sessuale. Il perché di quest'ultima accusa non era chiaro – secondo la sua versione inventata, McElwee non era mai entrato nell'appartamento – e non fu mai reso noto. Ancora una volta i verbali della polizia su cui basarsi erano pressoché inesistenti.

In cambio della sua collaborazione, e per aver puntato il dito contro Grasty, Chappell e Johnson, Rick McElwee ottenne uno sconto di pena e una condanna da sei a dodici anni. Inoltre si dichiarò colpevole di detenzione e spaccio di stupefacenti; la pena da scontare per questo reato si sarebbe sovrapposta a quelle per omicidio e furto con scasso.

A prescindere dall'uso quotidiano di stupefacenti, Rick McElwee aveva un quoziente intellettivo di 69, considerato al limite della lieve disabilità mentale. Nel processo del 1998, durante la fase di irrogazione della pena, i suoi avvocati citarono la diagnosi di un certo dottor Rowkos, secondo il quale le abilità cognitive di McElwee rientravano nei limiti di una leggera forma di ritardo mentale, che ne condizionava in modo significativo la capacità di apprendere e di agire in autonomia. Il ragazzo era facilmente influenzabile dagli altri e aveva un forte bisogno di attenzione, approvazione e accettazione.

Le indagini della polizia, e successivamente i procedimenti giudiziari contro Grasty, Chappell e Johnson, si basarono quasi esclusivamente sulla testimonianza raffazzonata di Richard McElwee.

Il 13 novembre Carlotta Nickens informò la polizia che qualcuno aveva cercato di riscuotere l'assegno della previdenza sociale di sua madre in un negozio del quartiere. Le carte processuali non dicono se la polizia indagò su questo episodio.

Per settimane gli investigatori parlarono con i tre sospettati, che negarono con veemenza qualsiasi coinvolgimento nel delitto. Ciascuno aveva un alibi per la sera del 9 ottobre.

Nessuno aveva seri precedenti penali, anche se Niena aveva detto alla polizia che il suo fidanzato Sam Grasty era un piccolo spacciatore. I tre collaborarono pienamente con la polizia, si presentarono in commissariato ogni volta che erano convocati e fornirono campioni di sangue e capelli.

Il 2 dicembre 1997 gli agenti, muniti di regolare mandato, perquisirono le abitazioni dei tre sospettati. Cercavano scarpe che fossero compatibili con l'impronta trovata sul pavimento della cucina e una prova che il giubbotto verde lasciato da Ignoto 1 fosse di proprietà di Sam Grasty. Gli agenti speravano di trovare qualche fotografia in cui Sam lo indossava. Non appena individuato Grasty come sospettato principale si erano convinti che il giubbotto fosse suo, e avevano cominciato a mostrarne la foto a ogni possibile testimone definendolo "il giubbotto di Sam".

La polizia prelevò dalla casa di Grasty cinque paia di scarpe, da ginnastica e non, e altri oggetti. In casa di Morton Johnson prese un paio di scarpe da ginnastica Reebok. In quella di Chappell non fu trovato nulla.

Se la misteriosa impronta di scarpa combaciava con una scarpa di Grasty o di Johnson, la polizia non lo disse. A rigor di logica, se ci fosse stata una corrispondenza gli agenti sarebbero stati felicissimi di avere una prova aggiuntiva. Invece non ci fu, e le autorità non si presero il disturbo di informarne i sospettati o i loro avvocati.

Le ricerche non produssero fotografie né altre prove che avvalorassero il disperato tentativo della polizia di dimostrare che il giubbotto verde apparteneva a Grasty.

Il 9 luglio 1998, nove mesi dopo il delitto, la Scientifica della Pennsylvania riferì i risultati delle analisi del DNA ricavato dallo sperma trovato nel retto della vittima. Non apparteneva a *nessuno* dei tre sospettati – Grasty, Johnson e Chappell – né a McElwee, ma a Ignoto 1, un uomo che non è mai stato identificato.

A quel punto gli inquirenti avrebbero potuto benissimo sospendere le indagini e riesaminare il caso. La polizia di Chester stava dando la caccia alle persone sbagliate, questo era lampante. Prove biologiche inconfutabili ne avevano appena fatto cadere le tesi, rendendo di fatto impossibile l'incriminazione e in ultima sede la condanna dei sospettati. La falsa confessione di Richard McElwee era stata smascherata.

La polizia di Chester, però, aveva troppo da perdere, e difese il proprio mediocre operato con un incredibile cambiamento di rotta: "La vittima non è stata derubata, stuprata, picchiata e uccisa; è stata solo derubata, picchiata e uccisa. Non c'è stato stupro".

Niente stupro? Quindi sarebbe stato consensuale? Una vedova settantenne afflitta da enfisema polmonare e da una grave forma di aterosclerosi coronarica, senza un compagno noto né amici intimi di sesso maschile, avrebbe acconsentito a un rapporto sessuale anale non protetto prima o dopo aver cenato con la sua famiglia?

La teoria era peggio che assurda e del tutto priva di logica, ma permise alla polizia di continuare le indagini su Grasty, Johnson e Chappell. C'era bisogno di testimoni, e ne fu trovata una schiera. Il metodo preferito dagli agenti era concentrarsi su ragazzini che avevano già qualche problema, e dunque erano vulnerabili. Li intimidivano, li ingannavano e li minacciavano di accusarli di reati gravi, arrivavano persino a mostrare loro fotografie della scena del crimine: tutto nel tentativo di spaventarli e ottenere una falsa testimonianza contro Grasty, Chappell e Johnson.

All'epoca del delitto Will Morgan aveva dodici anni. Diciotto mesi dopo, quando ne aveva quattordici, mentre era detenuto in un carcere minorile per furto i poliziotti si presentarono senza preavviso e lo prelevarono.

Lo portarono in commissariato e lo interrogarono sull'omicidio. Gli vennero mostrate fotografie della scena del crimine, inclusa una in cui la vittima era distesa sul pavimento con il cavo del telefono addosso. I poliziotti accusarono Will di essersi trovato nell'appartamento al momento del delitto con Sam Grasty, Derrick Chappell e Morton Johnson. Come sempre, gli mostrarono una foto del giubbotto verde e lo definirono "il giubbotto di Sam". Will disse di non essere sicuro di averlo mai visto.

Gli agenti parlarono separatamente con sua madre e le dissero che il figlio aveva informazioni sull'omicidio e che avrebbe fatto meglio a collaborare, "altrimenti le cose potrebbero mettersi molto male".

Dell'omicidio, Will non sapeva niente. Aveva il terrore che, se non fosse riuscito ad accontentare i poliziotti, lo avrebbero incriminato; perciò disse quello che volevano loro. In un'altra deposizione, falsa come quella di McElwee, dichiarò di aver sentito Grasty parlare di qualcuno che stava per essere derubato e del fatto che lui, Grasty, non sarebbe finito tra i sospettati perché conosceva quella persona.

In seguito Will Morgan ritrattò e in una deposizione giurata ammise di aver mentito.

Boyd Burke, un altro minorenne, si trovava in stato di fermo per una sparatoria. Fu interrogato e minacciato dalla polizia, e a un tratto si ricordò di possedere alcune informazioni. Secondo la sua incredibile storia, si era imbattuto in Sam Grasty in coda alla cassa del supermercato. A Grasty era evidentemente parso il momento più adatto per confessare un omicidio, e aveva vuotato il sacco con Boyd. Quando però Boyd fu convocato per testimoniare al processo contro Grasty, negò tutto e disse di non ricordare di aver parlato con i detective o di aver firmato verbali. L'accusa tuttavia fu autorizzata a inserire la falsa dichiarazione tra le prove grazie alla testimonianza di un detective.

A Boyd fu mostrata una fotografia del "giubbotto di Sam", ma non lo riconobbe. Allora gli investigatori interrogarono un altro minorenne, Lanier Moore, di quindici anni.

Gli mostrarono il fascicolo e le fotografie e gli dissero che, secondo una persona che avevano interrogato, lui conosceva molti dettagli dell'omicidio. Un detective disse a Lanier che il caso sarebbe finito davanti al gran giurì, che lo avrebbero convocato come testimone e che se avesse mentito sarebbe stato accusato di spergiuro. Gli investigatori lo accusarono di non voler divulgare informazioni, e dissero che dopo l'arresto di Grasty, Chappell e Johnson lo avrebbero accusato di essere loro complice. Gli mostrarono una fotografia della vittima con il cavo del telefono e lo assillarono per fargli confessare che Sam Grasty e gli altri due gli avevano raccontato del delitto. Lanier non cedette e disse di non aver parlato con nessuno. Quando gli mostrarono una fotografia del "giubbotto di Sam" dichiarò di non riconoscerlo.

Trascorsero i mesi, poi un altro anno. Rick McElwee si trovava in carcere a scontare la sua condanna da sei a dodici anni. A settembre del 1999, quasi due anni dopo l'omicidio, Grasty, Chappell e Johnson vennero ufficialmente incriminati e arrestati. Ciascuno era accusato di omicidio di primo grado, premeditato e pianificato, secondo grado, commesso in concomitanza con un altro reato, e terzo grado, generico, e di furto con scasso, violazione di proprietà e associazione a delinquere.

Priva di alcuna prova fisica o biologica contro Grasty, Chappell e Johnson, l'accusa si trovava davanti a un compito difficile. Era infatti costretta a basarsi quasi interamente sulla testimonianza di Rick McElwee.

L'enorme domanda che attendeva gli inquirenti era ovvia: a chi apparteneva lo sperma? Chiaramente non era dei tre accusati dell'omicidio, che stavano per affrontare le rispettive giurie.

Per proteggere le sue indagini disoneste, il pubblico ministero non si fece nessuno scrupolo a diffamare la memoria di Henrietta Nickens, una signora altruista che faceva una vita solitaria e decorosa, si prendeva cura di amici e familiari e che era morta in modo orribile.

Per far quadrare la presenza delle tracce biologiche e convincere i giudici e i giurati che Ignoto 1 avesse avuto un contatto sessuale di qualche tipo con la vittima, ma che l'assassino non era lui, l'accusa si inventò – e li sostenne, in aula e per iscritto, in ogni grado di giudizio – i seguenti scenari:

PRIMO SCENARIO ASSURDO

Il 9 ottobre 1997 a un certo punto del pomeriggio, prima che la figlia, la nipote e Rufus McKinney andassero a cena da lei alle sei e mezza, Henrietta Nickens aveva avuto un rapporto sessuale anale, consensuale e non protetto, con Ignoto 1. Dopo che i suoi ospiti se n'erano andati si era messa a letto e successivamente era stata aggredita, derubata e percossa a morte da Grasty, Chappell e Johnson.

Questa ipotesi era impossibile. Considerato che la donna aveva preparato la cena e intrattenuto gli ospiti, lo sperma sarebbe dovuto colare dal retto, ma sulla biancheria intima trovata accanto al letto non ce n'erano tracce.

Alcuni anni dopo, durante un'udienza probatoria, Alan Keel, esperto di biologia forense, analisi genetiche e analisi della scena del crimine, testimoniò che lo sperma nel retto della vittima era stato depositato in concomitanza o in prossimità dell'ora della morte. La biancheria intima e la vestaglia non erano macchiate. Se la vittima avesse camminato e si fosse mossa dopo il rapporto sessuale, lo sperma sarebbe colato sulla biancheria o sui vestiti.

Keel disse: "Il fatto che nel retto fosse ancora presente una così ingente quantità di sperma quando è stato fatto il tampone e l'assenza di sperma colato dal retto [...] ritengo dimostrino che lo sperma è stato depositato nel retto in concomitanza o in prossimità dell'ora della morte. Dopo che lo sperma è stato depositato non c'è stata particolare attività".

Inoltre ricordiamo che Ms Nickens non aveva amicizie maschili e non "frequentava" nessuno da molti anni.

SECONDO SCENARIO ASSURDO

Carlotta testimoniò almeno quattro volte che sua madre seguiva il notiziario delle undici ogni sera, prima di andare a letto. Le telefonava sempre qualche minuto prima delle undici per darle la buonanotte, e lo fece anche il 9 ottobre. Tuttavia, nella versione di McElwee, mentre lui faceva il palo il gruppo era entrato a forza nell'appartamento alle dieci. A prescindere dall'orario sbagliato, secondo questa ricostruzione a un certo punto tra le otto e mezza – l'ora in cui i suoi ospiti se n'erano andati – e le dieci di sera la vittima aveva fatto entrare Ignoto 1 nel suo appartamento per consumare un rapporto sessuale anale. Rimasta sola, alle dieci era stata aggredita dal gruppo dei tre ragazzi.

Per gli stessi motivi esposti in precedenza, anche questo scenario era pressoché impossibile.

Shirletta Moore era un'amica intima di Henrietta e viveva poco distante da lei. Le due si vedevano spesso. Shirletta aiutava Henrietta nelle faccende burocratiche, la accompagnava dal medico e cucinava per lei. Quando la polizia le chiese se la vittima avesse qualche frequentazione maschile, lei rispose "assolutamente no". Era troppo anziana e troppo malata per qualsiasi attività anche solo lontanamente romantica. Se qualcuno avesse frequentato l'appartamento di Henrietta, Shirletta lo avrebbe saputo; le uniche persone che andavano a trovare la donna oltre ai familiari erano lei, Rufus McKinney e Sam Grasty.

TERZO SCENARIO ASSURDO

Dopo aver ammazzato di botte la vittima, improvvisamente i tre avevano temuto di essere identificati dalla polizia; erano quindi usciti dall'appartamento e aggirandosi per Chester in piena notte avevano trovato un preservativo usato da poco, lo avevano portato sulla scena del crimine e in qualche modo erano riusciti a inserirne il contenuto nel retto della vittima. Una mossa così scaltra avrebbe certamente depistato le indagini.

Qui ogni tentativo di analisi è vano.

Dov'è che si dovrebbe andare a Chester, ma anche in qualsiasi altro luogo, per trovare un preservativo appena usato e dal contenuto perfettamente intatto?

In questo scenario i racconti fasulli dell'accusa cozzano e si contraddicono a vicenda. Rick McElwee, il testimone chiave, sosteneva che il suo compito durante il crimine era stato di fare il palo e avvisare i complici con un fischio in caso di pericolo. McElwee testimoniò a tutti e quattro i processi, e fece un'enorme fatica ad attenersi ai dettagli falsi. Tuttavia, ogni volta ribadì che i tre sospettati erano entrati e usciti una sola volta dal retro dell'appartamento della vittima, dopo averne sfondato la porta a calci ed essersi trattenuti tra i cinque e i venti minuti.

In nessun momento dei processi o delle udienze McElwee accennò al fatto che i tre fossero entrati una seconda volta nell'abitazione.

QUARTO SCENARIO ASSURDO

Dopo aver picchiato Ms Nickens e aver trovato 30 dollari da rubare, i tre sospettati avevano lasciato l'appartamento, ma solo brevemente. Per strada si erano imbattuti in Ignoto 1, che a quanto pare era una specie di stupratore a noleggio, e lo avevano convinto a entrare in un appartamento che non aveva mai visto prima e a stuprare analmente Ms Nickens mentre era già morta o moribonda; tutto questo, naturalmente, mentre loro aspettavano e forse stavano a guardare.

C'è bisogno di dire che questa storia assurda fa acqua da tutte le parti?

Come si è già detto, il testimone chiave McElwee non dichiarò mai che i tre erano rientrati in casa dopo il delitto; né, tantomeno, accennò mai a un quarto uomo, lo sconosciuto, che tornò insieme a loro.

Com'era possibile che i tre, che avevano appena malmenato una donna e forse l'avevano uccisa, avessero convinto Ignoto 1 a seguirli e a commettere uno stupro mentre lo guardavano?

E vogliamo parlare del giubbotto verde? Nel mondo fantastico dell'accusa, Sam Grasty lo indossava nell'appartamento, se l'era sfilato, l'aveva steso sopra il televisore e poi dimenticato. A più riprese? Secondo queste bizzarre ricostruzioni, Sam usciva e rientrava dimenticandosi sempre il giubbotto nell'appartamento? Qualcuno degli altri imputati si era accorto del giubbotto smarrito?

QUINTO SCENARIO ASSURDO

Dopo aver pestato a morte la donna, i tre avevano abbandonato l'appartamento e non ci erano più tornati. Naturalmente avevano lasciato spalancata la porta posteriore, appena sfondata a calci. Ignoto 1, che passava di lì, era entrato nell'appartamento e aveva aggredito la vittima, morta o moribonda.

Non sto riportando i deliri di un romanziere squilibrato. Durante il processo a Sam Grasty, l'avvocato dell'accusa parlò così alla giuria:

> È frustrante: non sappiamo se quel giorno Ms Nickens abbia avuto qualche tipo di rapporto sessuale prima dell'arrivo di sua figlia per cena. Non sappiamo se quella sera è stata stuprata. Non sappiamo se qualcuno del vicinato, o uno dei ragazzi che sono entrati in casa [Grasty, Chappell, Johnson], abbia preso un preservativo usato per depistare le indagini. Non sappiamo da dove arrivi. Non possiamo essere certi che sia stata stuprata. Per questo, il fatto che il DNA dell'imputato [Grasty] non corrisponde allo sperma non lo scagiona in nessun modo dalle accuse di violazione di domicilio, furto e omicidio. Significa semplicemente che non ha stuprato Ms Nickens, ammesso che sia stata stuprata.

I tre imputati furono processati separatamente, a qualche mese di distanza l'uno dall'altro. Si cominciò a gennaio del 2000 con Derrick Chappell, al quale venne offerto un patteggiamento: in cambio di un'ammissione di colpevolezza e della collaborazione nei processi contro gli altri due imputati, avrebbe ricevuto una condanna a scontare da un minimo di sei a un massimo di dodici anni di prigione. Dal momento che era già dietro le sbarre, sarebbe stato libero nel giro di quattro anni. Derrick si dichiarò innocente, rifiutò di fare la spia ai danni degli altri, a loro volta innocenti, e disse no all'offerta. Fu condannato all'ergastolo senza possibilità di scarcerazione per omicidio di secondo grado, violazione di domicilio, furto con scasso e associazione per delinquere. Dopo di lui toccò a Sam Grasty, accusato di omicidio di primo grado, il cui processo si concluse senza un verdetto all'unanimità. L'accusa fece di tutto per processarlo di nuovo, e tre mesi dopo Grasty venne incriminato per omicidio di secondo grado. Fu condannato all'ergastolo senza la possibilità di scarcerazione.

A dicembre 2001, quando cominciò il processo a Morton Johnson, l'imputato aspettava in carcere da quindici mesi ed era al corrente delle condanne a Grasty e Chappell. Non aveva partecipato ai loro processi perché si era rifiutato di collaborare con gli avvocati dell'accusa. I tre imputati non cedettero mai e si rifiutarono sempre di fare la spia. Non c'era niente da rivelare. Non sapevano niente perché non avevano niente a che fare con il delitto.

L'accusa propose anche a Johnson il patteggiamento, ma lui, come Derrick, disse di no. Se avesse accettato e si fosse dichiarato colpevole avrebbe scontato ancora qualche anno in prigione e, come McElwee, oggi sarebbe in libertà da vent'anni.

Ma dal momento che Johnson era innocente si rifiutò di dichiarare il contrario e di collaborare, ed è tuttora detenuto senza la possibilità di scarcerazione.

I processi a Grasty e Chappell furono una questione tra bianchi: avevano la pelle bianca i giudici, gli avvocati dell'accusa e della difesa, gli agenti di polizia e i testimoni, così come la maggior parte dei giurati. Investiti della facoltà di deliberare sui fatti, questi ultimi scelsero di credere al testimone chiave dell'accusa, Rick McElwee, bianco.

Morton non si fidava del sistema e dubitava di salvarsi, ma quando seppe che il suo giudice era afroamericano sperò che le cose potessero cambiare. R.C. Wright era l'unico giudice nero su dodici. L'avvocato di Morton era Guy Smith, un penalista con una reputazione da tipo esperto e tosto. Nel discutere la strategia difensiva, lui e Morton avevano convenuto che un giudice nero era preferibile a una giuria di bianchi.

E c'era un'altra ragione. Morton era già comparso due volte davanti a Wright per reati di poco conto e si era dichiarato colpevole. Siccome il giudice gli aveva creduto allora, lui diede per scontato che gli avrebbe creduto anche adesso che si dichiarava innocente.

Lui e Guy Smith scelsero un processo senza giuria: a emettere il verdetto sarebbe stato soltanto il giudice.

Morton volle testimoniare in aula e dimostrò di avere un

alibi solido: la sera del 9 ottobre aveva lavorato fino alle otto e mezza, poi aveva preso l'autobus per tornare a casa, dove viveva con la madre e il compagno di lei. Non era più uscito. Sua madre confermò questa versione, completamente in conflitto con quello che Rick McElwee aveva già raccontato al giudice Wright. A un certo punto il giudice, chiaramente in difficoltà di fronte a deposizioni così contrastanti, chiese a Morton: "Secondo lei, per quale motivo [McElwee] la starebbe accusando o l'avrebbe coinvolta in questa faccenda?". Morton rispose che non ne aveva idea.

Perché? Forse perché McElwee non voleva essere incriminato per omicidio e aveva assecondato l'accusa in cambio di uno sconto di pena?

Non sapremo mai se il giudice Wright peccò di inesperienza, di ingenuità o di entrambe le cose. È probabile che dopo qualche anno di tribunale e di colloqui con testimoni bugiardi sia diventato molto più sospettoso riguardo ai loro moventi e alle loro dichiarazioni. Forse Wright cadde nella stessa trappola in cui potenzialmente possono cadere tutti i giurati: ritenere impossibile che una persona entri in un'aula giudiziaria, giuri sulla Bibbia di dire la verità e subito dopo cominci a inventarsi storie, spesso create a tavolino dagli inquirenti.

Qualunque sia stato il motivo, il giudice diede ragione all'accusa, credette alle bugie di McElwee e giudicò Morton colpevole di omicidio di secondo grado, condannandolo all'ergastolo senza possibilità di scarcerazione.

Le condanne si fondavano quasi esclusivamente sulla testimonianza di Rick McElwee. Nell'appartamento della vittima non c'erano impronte digitali né di scarpe che corrispondessero a quelle degli imputati. Nessun tipo di prova concreta a parte il giubbotto verde, teoricamente indossato e abbandonato da Sam Grasty. Lui, peraltro, negava che fosse suo, mentre Chappell e Johnson dichiaravano di non averlo mai visto prima.

McElwee cambiava testimonianza da un processo all'altro, ma in sostanza affermava di aver collaborato con gli altri tre sospettati a un piano per entrare nell'appartamento della vittima e derubarla. Perché dovessero derubare un'anziana malata e senza soldi non fu mai chiarito. Perché Sam Grasty dovesse derubare la nonna della sua ragazza non fu mai chiarito. Perché avrebbe dovuto rischiare di essere identificato da una donna che conosceva bene non fu mai chiarito.

Gran parte dei restanti dettagli delle sue deposizioni non furono mai approfonditi. Il ragazzo ammise di essere un grande consumatore di cannabis, che fumava ogni giorno dall'età di tredici anni. Il giorno del delitto aveva fumato soltanto un *blunt*, un sigaro svuotato e riempito di marijuana: questo è ciò che affermò durante il processo contro Derrick Chappell. Qualche mese dopo, durante il processo a Grasty, McElwee sostenne invece che il 9 ottobre aveva fumato tre *blunt*. Nella confessione resa alla polizia e in occasione di un'udienza preliminare dichiarò che la sera dell'omicidio era uscito di casa alle nove e si era incontrato con i tre sospettati. Grasty aveva proposto di fare una rapina. Chappell era andato a casa ed era tornato dopo circa un'ora. Mentre lo aspettavano, gli altri avevano ammazzato il tempo seduti su dei gradini. Poi Grasty aveva detto a McElwee di aspettarli all'angolo e avvisarli fischiando, se avesse visto la polizia. Gli altri si erano allontanati ed erano entrati nell'appartamento di Ms Nickens. Durante il processo, però, McElwee cambiò versione. Il gruppo si era incontrato alle nove di sera in un edificio abbandonato, poi si era diviso. Grasty e Johnson erano tornati a casa, McElwee anche. Chappell era rimasto nel quartiere, dove abitava. Un'ora dopo si erano ritrovati nell'edificio abbandonato e avevano raggiunto a piedi l'appartamento della vittima. All'udienza preliminare McElwee dichiarò di essere rimasto a fare da palo all'angolo tra la Decima e Booth Street, ma durante i processi cambiò versione e disse di essersi trovato all'angolo tra la Decima e Clover Street, un isolato più vicino all'appartamento della vittima.

Abraham Lincoln diceva che nessun uomo ha una memoria abbastanza buona da essere un bugiardo perfetto. E pochi bugiardi hanno sofferto di disabilità come quelle che affliggevano Rick McElwee. Penalizzato da abilità cognitive limitate e da una storia di tossicodipendenza, tra udienze e processi non riuscì mai a ricordare tutti i dettagli del suo racconto e ad attenervisi. Durante l'udienza preliminare dichiarò che dalla sua posizione scorgeva la porta sul retro dell'appartamento di Ms Nickens, sotto una piccola veranda. Aveva visto chiaramente i tre sospettati avanzare sulla veranda, dove Grasty aveva dato "uno o due calci" alla porta, varcare la soglia ed entrare in casa. Qualche minuto dopo li aveva visti uscire dalla stessa porta.

Tuttavia, durante il processo a Chappell, il primo dei tre, McElwee sostenne che dalla sua posizione scorgeva la veranda, ma che quando i tre sospettati l'avevano raggiunta erano scomparsi dalla sua visuale.

Nel primo processo a Grasty, McElwee aggiunse qualche calcio alla porta e dichiarò che l'imputato l'aveva sfondata con quattro o cinque colpi. Testimoniando contro Johnson tornò a dire che i calci erano "due o tre"; infine, nel secondo processo a Grasty si confuse e affermò di non aver mai visto l'imputato prendere a calci la porta. Quando gli chiesero conto della sua prima testimonianza, McElwee ammise che dalla sua posizione non era riuscito a vedere Grasty mentre sfondava la porta. In realtà, sulla veranda, non lo vedeva proprio.

In nessuna delle tante versioni degli eventi fu mai chiarito perché la presunta gang avesse proprio bisogno di qualcuno che facesse da palo.

Secondo McElwee i tre aggressori erano rimasti nell'appartamento di Nickens tra i cinque e i venti minuti. Li aveva visti uscire, o forse no. Li aveva raggiunti mentre camminavano lungo la Decima e teoricamente Grasty aveva detto "Abbiamo trovato solo 30 dollari". In seguito McElwee dichiarò che non c'erano state conversazioni sui soldi. In un primo momento, nella sua confessione disse di aver visto i 30 dollari e gli altri tre che se li dividevano. Nell'udienza preliminare testimoniò che non li aveva visti, idem nel secondo processo a Grasty. Ma nel processo a Johnson dichiarò di non aver visto soldi e di non sapere se gli altri tre se li fossero spartiti. Tuttavia, messo di fronte alla sua confessione iniziale, cambiò idea e ricordò di aver visto i 30 dollari e gli altri che se li spartivano. Quando gli fu chiesto perché avesse corretto la sua testimonianza, la risposta che fu messa agli atti fu: "Boh, avrò ricordato male. Colpa dell'erba".

Quando la polizia esaminò il giubbotto verde e ne svuotò le tasche, ci trovò: 1) una cannuccia rossa masticata a un'estremità; 2) una bustina di plastica trasparente con della polvere bianca che successivamente fu identificata come cocaina e 3) una bustina di carta con della polvere bianca che non era una sostanza illegale.

L'accusa non chiese di far analizzare il DNA presente sulla cannuccia masticata, né lo fecero gli avvocati della difesa.

Trascorsero anni prima che qualcuno ci pensasse.

Nel 2004 gli avvocati di Grasty vennero a sapere che il giubbotto era stato sottoposto al test del DNA *dopo* l'incriminazione e la condanna all'ergastolo del loro assistito. Chiesero ulteriori analisi. L'accusa si oppose. Il giudice non le autorizzò.

Nel 2021 altri avvocati che rappresentavano Johnson, Grasty e Chappell riuscirono a far riesaminare il DNA presente sul giubbotto verde e sul suo contenuto. Dalla cannuccia rossa masticata fu prelevato un campione sufficiente a stabilire che il profilo genetico era lo stesso dello sperma prelevato dalla vittima. In altre parole, la cannuccia era stata masticata da Ignoto 1. Del resto il giubbotto era suo.

Le nuove analisi rilevarono anche una macchia di sperma su una manica del giubbotto.

Solo Ignoto 1 sapeva come aveva fatto la manica del giubbotto a macchiarsi di sperma, ma anche quel DNA era suo.

Fu trovata una macchia di sperma anche sul lenzuolo del letto della vittima. Era mescolato al sangue di Nickens, e secondo un perito dimostrava che la vittima era stata picchiata e stuprata nel suo letto da Ignoto 1.

Il DNA di Samuel Grasty, Derrick Chappell e Morton Johnson non combaciava né con quello della cannuccia rossa né con le macchie di sperma.

Insomma, dal luogo del delitto erano stati raccolti almeno

quattro campioni di fluidi corporei: 1) un abbondante campione di sperma nel retto della vittima; 2) una macchia di sperma mescolato a sangue sul lenzuolo del letto; 3) una macchia di sperma sul giubbotto verde e 4) un campione di saliva sulla cannuccia rossa masticata trovata nella tasca del giubbotto.

Tutti i campioni provenivano da Ignoto 1, l'assassino di Henrietta Nickens.

Samuel Grasty, Derrick Chappell e Morton Johnson sono stati scagionati dal test del DNA, eppure si trovano da venticinque anni in prigione senza la minima prospettiva di godere della libertà condizionale.

Persino a fronte di prove inconfutabili, l'accusa ha fatto di tutto pur di evitare la verità. Si è sempre opposta a ulteriori analisi genetiche, eccezion fatta per quelle del 2021, e non ha mai accettato di concedere sconti di pena ai tre detenuti.

Secondo la legge della Pennsylvania, un condannato può ottenere la revisione del processo se emergono nuovi elementi probatori che soddisfano requisiti precisi. La contestazione di un verdetto non autorizza a tornare nel tribunale che l'ha emesso a riesaminare che cosa avrebbe potuto o dovuto fare la giuria. Quest'ultima si è già espressa per la colpevolezza valutando tutte le prove disponibili all'epoca. Un nuovo processo si ha invece se vengono presentate prove inedite: 1) che non potevano essere ottenute agendo con ragionevole diligenza nel corso del processo; 2) che non siano soltanto avvaloranti o aggiuntive; 3) che non si limitino a screditare i testimoni; 4) la cui natura potrebbe verosimilmente condurre, in caso di nuovo processo, a un esito diverso. Tutti e quattro i requisiti devono essere soddisfatti.

Il DNA ricavato dallo sperma nel retto della vittima è una prova vecchia. Durante i processi era nota e fu presa in considerazione dai giurati, che giudicarono i tre imputati colpevoli a prescindere da essa. Non può essere rivalutata.

I nuovi elementi probatori legati al DNA sono: 1) la macchia di sperma sul letto; 2) la macchia di sperma sul giubbotto; 3) la saliva sulla cannuccia rossa.

Oggi l'accusa riconosce che queste nuove prove sono state presentate tempestivamente e che all'epoca dei primi processi non sarebbero potute emergere. Il primo requisito è dunque soddisfatto.

Requisito 2: l'accusa sostiene che le nuove prove del DNA si limitano ad avvalorare quanto era già emerso in aula, cioè che lo sperma presente nel retto non apparteneva ai tre imputati. Ce lo aveva lasciato Ignoto 1. Di conseguenza, le nuove macchie e la saliva, tutte dello stesso uomo, non sono niente di inedito, perché in aula le giurie avevano praticamente scelto di ignorare la sua posizione. L'accusa sostiene dunque che i termini del requisito 2 non siano soddisfatti.

Gli avvocati della difesa sostengono che grazie ai sofisticati test genetici di oggi si può dimostrare ancora più chiaramente che, quando entrò nell'appartamento della vittima, la picchiò lasciandola in fin di vita o morta e uscì dimenticando il giubbotto verde – e con esso ulteriori tracce di DNA –, Ignoto 1 agì da solo. I nuovi elementi probatori non sono dunque puramente avvaloranti e aggiuntivi, e il requisito 2 è perciò soddisfatto.

Requisito 3: gli imputati sostengono che le nuove prove non si limitano a screditare i testimoni, e su questo l'accusa non ha nulla da obiettare.

Requisito 4: un ulteriore processo potrebbe portare a un esito diverso? Con i nuovi elementi probatori, gli imputati chiedono solo di avere un'altra possibilità. L'accusa continua a sostenere che ci sono state e ci sono tuttora prove sufficienti a dimostrare la loro colpevolezza. Non avrebbero dunque diritto a un nuovo processo. Giustizia è stata fatta.

A novembre 2023 l'accusa ha depositato una memoria di cinquanta pagine in cui sostiene ostinatamente che il DNA non ha alcuna importanza; che potrebbe non essersi trattato di uno stupro; che i legittimi dubbi su come lo sperma sia finito nel corpo della vittima non contano: gli imputati sono colpevoli.

Tra gli avvocati impegnati in questo tipo di cause si dice spesso che condannare un innocente è molto più facile che farlo uscire di prigione. Per condannare qualcuno è sufficiente arrestarlo, e il resto lo fanno l'inevitabile presunzione di colpevolezza e un processo in cui le autorità si affidano a testimoni disposti a dichiarare qualsiasi cosa pur di evitare il carcere. Per rimediare a un disastro del genere servono anni di lavoro *pro bono* da parte di avvocati devoti alla causa e centinaia di migliaia di dollari per finanziare esami, perizie, indagini. Serve anche una certa dose di fortuna.

Sam Grasty, Derrick Chappell e Morton Johnson non ne hanno avuta molta con la giustizia. I tribunali statali della contea di Delaware, in Pennsylvania, hanno emesso contro di loro tre condanne ingiuste, tutte confermate in appello. Le istanze di *habeas corpus* presentate a livello federale sono risultate altrettanto infruttuose.

Le cifre sono talmente note che ormai quasi tutti gli americani sono stufi di sentirle. Non passa giorno senza che un importante giornale o notiziario non ci ricordi quanto sia patetico il nostro affidarci al castigo per curare problemi che non riusciamo a risolvere altrimenti. Ci sono approssimativamente due milioni e trecentomila americani in prigione, un record. Non c'è nessun altro paese al mondo con un numero di cittadini in carcere così elevato e che abbia inflitto un incalcolabile danno sociale ed economico ai più vulnerabili: le persone povere e non bianche.

Le cause di questa carcerazione di massa sono note e oggetto di studi approfonditi.

Da quando abbiamo dichiarato "guerra alla droga", negli anni Settanta, il numero di detenuti è schizzato alle stelle, mentre il consumo di stupefacenti non è diminuito quasi per niente. L'intransigenza dei politici ha condotto all'approvazione di leggi molto dure, che inasprivano le pene per i reati minori e imponevano pesanti restrizioni alla libertà personale anche dopo la scarcerazione. Queste leggi e questa politica hanno fallito miseramente. Abbiamo perso la guerra contro la droga, e le vittime sono morte o in prigione.

Il peso maggiore della carcerazione di massa grava sulle spalle dei maschi neri poveri e poco istruiti. Rappresentano il 13 per cento della popolazione statunitense e il 35 per cento dei detenuti. In più dell'80 per cento dei casi sono stati arrestati per reati minori e non violenti.

La causa principale della carcerazione di massa è il razzismo. È un dato di fatto semplice eppure complesso: dai primi sospetti alle indagini, passando per l'arresto, la libertà su cauzione, l'incriminazione, la selezione della giuria, i neri vengono trattati con più severità rispetto ai bianchi.

Il caso di Chester è un esempio perfetto. Gli inquirenti erano bianchi. La maggioranza dei giudici e dei giurati era bianca. Sono state loro, le autorità, a voler credere alle bugie di un quindicenne bianco, con una disabilità cognitiva e un problema di tossicodipendenza, piuttosto che alle prove presentate da Sam Grasty, Derrick Chappell e Morton Johnson, tutti dotati di alibi solidi e privi di un movente.

Rick McElwee ripeté le bugie che la polizia gli aveva preconfezionato. Ha scontato sei anni di carcere ed è uscito quasi vent'anni fa.

Sam e Morton hanno detto la verità e sono in prigione da venticinque anni. Salvo un miracolo, moriranno in carcere. Al momento della condanna Derrick era minorenne, dunque avrà la possibilità di chiedere la condizionale nel 2027.

Ma i miracoli esistono. Un colpo di fortuna può arrivare quando meno te l'aspetti.

Il 28 marzo 2024 la giudice Mary Alice Brennan della Court of Common Pleas ha sorpreso i tre imputati, gli avvocati della difesa e dell'accusa con una decisione straordinaria. Ha annullato i verdetti di colpevolezza e ordinato di celebrare dei nuovi processi contro Sam, Derrick e Morton. A quel punto il procuratore distrettuale aveva trenta giorni per fare ricorso o accettare la sua decisione.

Jack Stollsteimer, il procuratore distrettuale, ha aspettato il trentesimo giorno e ha presentato ricorso contro la decisione di Brennan. In Pennsylvania, prima che la Corte d'appello si pronunci su casi come questo, passa almeno un anno.

I nastri fantasma

Jim McCloskey

James Buckley, di diciannove anni, morì assassinato domenica 2 gennaio 1983 mentre faceva il turno di notte alla stazione di servizio Vickers di Dellwood, un sobborgo di St Louis, nel Missouri. Buckley era diplomato, studiava al college statale della zona e viveva con sua madre Gloria. Dal giugno del 1982 lavorava come benzinaio e custode della Vickers tre notti alla settimana.

Il suo cadavere fu scoperto attorno alle due di notte, sdraiato a pancia in su dentro il ripostiglio della stazione di servizio. Gli avevano sparato da distanza ravvicinata sette colpi di fucile calibro .22 colpendolo al cuore e al petto, al braccio sinistro e all'addome. Sulla testa aveva un taglio talmente profondo che gli aveva inciso il cranio.

Non furono ritrovate armi, ma soltanto alcuni pezzi e la molla del fucile, oltre a bossoli di proiettile caduti vicino alla vittima. Mancavano anche il portafogli di Buckley e, dettaglio misterioso, la sbarra da un metro e venti con cui si chiudeva dall'interno la porta posteriore del ripostiglio. Non vennero rilevati segni d'effrazione.

Non c'erano impronte digitali né altri indizi concreti che chiarissero l'identità del colpevole. I locali della stazione di servizio erano in ordine. Nessuno aveva preso i soldi dalla cassa né dall'ufficio, dove una cassaforte custodiva 361 dollari; questo fece pensare che gli assassini fossero stati interrotti da un avventore. Sotto il banco del registratore di cassa e sull'auto di Buckley furono rinvenute diverse bustine di marijuana.

Dellwood è un piccolissimo centro, uno degli ottantotto che formano la contea di St Louis e sono dotati ciascuno della propria polizia locale. In tivù, alla radio e sui giornali non si parlò che dell'omicidio di Buckley. Da diciotto mesi St Louis era vittima di un'ondata di rapine violente alle stazioni di servizio. In undici furti erano morti sei benzinai e uno era rimasto ferito. Buckley fu la settima vittima.

Il dipartimento di polizia di Dellwood decise di affidare il caso Buckley alla Greater St Louis Major Case Squad (MCS), una task force composta da detective dell'intera contea che, su richiesta delle polizie locali, si occupava delle indagini e dei rilievi forensi. Per coincidenza, all'epoca dell'omicidio Buckley il comandante della MCS era il capitano Dan Chapman, che per quindici anni aveva militato proprio nel corpo di polizia di Dellwood. Gli furono assegnati venti investigatori a tempo pieno, il cui lavoro durò diverse settimane.

Nell'ora che aveva preceduto la morte di Buckley, alla stazione di servizio c'era stato un certo viavai di clienti e amici del ragazzo. Per primo arrivò Donald Brunner, il migliore amico di James e suo ex compagno di liceo. Brunner dichiarò alla polizia di essere andato alla Vickers verso mezzanotte e mezza e ripartito un'ora dopo. In quel lasso di tempo passò al distributore anche la loro ex compagna di scuola Kathy Brockham, che sperava di scroccare un po' d'erba gratis a Buckley. Lui le rispose che non ce n'era, e Brockham salutò i due amici dopo una decina di minuti. In seguito Kathy testimoniò che Brunner e Buckley le erano sembrati nervosi e, in sua presenza, imbarazzati. Buckley aveva l'aria "strafatta", Brunner invece era "lucido". Kathy sapeva inoltre che Buckley comprava da uno spacciatore, la cui identità le era sconosciuta, marijuana "all'ingrosso", pagandola all'incirca tra gli 800 e i 1000 dollari al chilo.

Alcuni minuti dopo arrivarono due clienti, un bianco e uno di origine orientale, entrambi sulla ventina. Buckley non li conosceva, ma offrì loro dell'erba da comprare. I due presero "mezza bustina" e ripartirono. Infine, Brunner e Buckley fumarono un paio di canne sull'auto di Buckley e verso l'una e mezza Brunner tornò a casa.

Fra l'una e mezza e le due meno venti si fermarono un paio di clienti in cerca di sigarette: prima Anthony Longo, e poco dopo Ken Main. Entrambi videro un nero che indossava un giaccone verde militare appoggiato al banco della cassa di fronte a Buckley, che era chiuso nel gabbiotto. Ne diedero due descrizioni leggermente diverse. Secondo Main aveva fra i trenta e i quarant'anni, secondo Longo attorno ai venticinque; entrambi dissero che era alto fra il metro e ottanta e il metro e novanta e che aveva un'acconciatura afro di media lunghezza. Longo aveva notato ai suoi piedi un paio di anfibi neri. Buckley offrì marijuana anche a Longo, che rifiutò trovandola una proposta strana e se ne andò con le sigarette. Main, invece, prima di uscire colse un altro dettaglio: Buckley era angosciatissimo. Con lo sguardo sembrava implorarlo di rimanere.

Pochi minuti dopo l'uscita di Main – tra le due meno venti e le due meno un quarto –, entrò a comprare le sigarette Jim Abernathy, un videografo. Successivamente disse che il distributore era deserto, e che questo l'aveva inquietato. La porta del ripostiglio era accostata, e lui si sentì osservato. Anziché chiedere se ci fosse qualcuno, andò via subito.

Poi arrivò la ventiquattrenne afroamericana Ellen Reasonover, madre single della piccola Charmelle, di due anni. Vivevano con Elizabeth, la nonna materna di Charmelle. La versione di Ellen dei fatti di quella notte non è mai cambiata.

Quella sera, verso mezzanotte, uscì dal suo appartamento a Dellwood per portare il bucato di famiglia alla lavanderia automatica. Era solita farlo a quell'ora perché sua figlia dormiva e per sua madre era più facile badare a lei. Per lavare e asciugare tutti i panni, circa otto carichi, avrebbe impiegato più di due ore. A un certo punto finì gli spiccioli e andò alla stazione di servizio dietro l'angolo a farsi cambiare qualche banconota e a comprare le sigarette. Raggiunse la Vickers poco dopo l'uscita di Abernathy.

Arrivando notò un nero seduto nel gabbiotto della cassa. Quando lui la vide avvicinarsi, sparì nel retro. Ellen bussò forte e a lungo sul pannello di vetro per attirare la sua attenzione, ma non ci riuscì. In seguito dichiarò che aveva tra i diciannove e i ventun anni e la carnagione chiara, ed era alto al massimo un metro e settanta. Indossava una camicia con le tasche a scacchi rossi e neri e un cappello con lo stesso motivo, che si tolse quando la vide.

Dopo un paio di minuti Ellen rinunciò ad aspettare e tornò alla sua auto. In quel momento si accorse di una macchina parcheggiata vicino alla stazione di servizio. Aveva almeno dieci anni, era di colore scuro – blu o nera – e aveva ruote particolari, fasciate di bianco, più una ruota di scorta argentata sul baule. Doveva essere una Cadillac o una Buick. Ellen vide due uomini, uno dei quali con un giaccone verde militare, uscire dalla porta sul retro e salire sull'auto. Sul sedile posteriore li aspettava una terza persona. Lei ripartì, e così fece l'altro veicolo, alle sue spalle. Ellen immaginò che fossero benzinai o custodi e che avessero finito il turno.

Andò a farsi cambiare i soldi in un vicino minimarket. Uscendo vide il nero con la carnagione chiara e la camicia a scacchi e un amico arrivare in auto, scendere e incamminarsi verso il negozio. Mentre passavano, notò che l'amico era arrabbiato con l'uomo con la camicia a scacchi. L'amico indossava un giaccone verde militare, anfibi e jeans. Aveva un'ombra di barba e baffi e un'acconciatura afro corta. Era sulla trentina, alto un metro e ottanta o poco più, e aveva gli occhi molto arrossati. Poco dopo Ellen tornò in lavanderia e udì le sirene della polizia che andavano verso la Vickers.

Il cadavere di Buckley fu scoperto poco dopo l'uscita di Ellen e dei due sconosciuti dalla stazione di servizio. Alcuni clienti erano entrati a cercare il benzinaio perché le pompe non funzionavano. L'avevano trovato. La polizia era intervenuta immediatamente.

L'indomani, al risveglio, Ellen sentì parlare dell'omicidio in tivù. Si allarmò scoprendo che la vittima, un bianco, era stata uccisa pressappoco mentre lei era al distributore. Si domandò se quelli che aveva visto fossero gli assassini.

Sua madre la sollecitò a contattare le autorità. Lei lo fece controvoglia, e all'una e quarantadue di notte del 3 gennaio telefonò alla polizia di Dellwood. Poco propensa a rivelare il suo vero nome, si spacciò per "Sheila Hill". Aveva paura che gli assassini, se davvero li aveva visti, la andassero a cercare. Non sospettava che la vera minaccia potesse giungere dalla polizia.

Quando l'agente che le rispose si rese conto che la sua testimonianza poteva essere importante chiese a Ellen di contattare il capitano Chapman, che coordinava le indagini, e di spiegarsi meglio con lui. Dopo averci riflettuto, lei telefonò a Chapman alle dieci di sera del 4 gennaio, sempre spacciandosi per Sheila Hill. Chapman registrò la conversazione a sua insaputa. Alla fine di quella che fu una lunga e dettagliata discussione, convinse la donna ad andare subito alla stazione di polizia a esaminare alcune foto. Chapman cercò di attirarla con una ricompensa da 3000 dollari, ma Ellen la rifiutò e gli disse di darli alla famiglia della vittima. Non lo faceva per soldi, voleva soltanto essere d'aiuto. Alle undici e mezza arrivò alla centrale, si presentò con il suo vero nome e raccontò che cos'aveva visto.

Il capitano Chapman le mostrò un album con duecentocinquanta foto segnaletiche di maschi neri. A lei parve di identificare in due di loro quelli che aveva visto la notte dell'omicidio. La sua descrizione del tizio arrabbiato al minimarket corrispondeva a quella dell'uomo che Longo e Main avevano visto parlare con Buckley, visibilmente nervoso, poco prima che venisse ucciso. Tutti e tre i testimoni parlavano di un uomo sul metro e ottanta abbondante, in giaccone verde militare e anfibi. Secondo Ellen e Main aveva una trentina d'anni, Longo gliene dava venticinque.

Ellen spiegò a Chapman perché avesse usato un nome falso. I due estranei le erano sembrati "minacciosi" e non voleva che il suo nome fosse reso pubblico.

La sera successiva, il 5 gennaio, Ellen e Ken Main furono messi a confronto con due gruppi di persone, ciascuno dei quali includeva uno dei due uomini teoricamente identificati da Ellen il giorno prima. Secondo Main uno somigliava al tizio con il giaccone militare, ma non lo identificò con certezza né nel primo né nel secondo gruppo. Secondo

Chapman, Ellen riconobbe l'uomo con la carnagione chiara e la camicia a scacchi ma non l'altro. Ellen sostiene invece che non identificò nessuno in nessun gruppo. Venne fuori che questi sospettati erano entrambi in prigione mentre Buckley veniva ucciso.

Ellen non si arrese e disse che il ragazzo con la carnagione chiara poteva essere una persona che lei aveva incrociato alcuni mesi prima a una festa; una sua amica, che usciva con lui, ne conosceva il nome. Ellen se lo fece dare e lo comunicò a Chapman. L'indomani, il 6 gennaio, Ellen lo identificò in fotografia, e confermò che era l'uomo che aveva visto seduto alla cassa. Si chiamava Willie Love e fu immediatamente fermato e interrogato.

Quel pomeriggio la polizia interrogò anche una dipendente del fast food Dairy Queen di Dellwood che in precedenza aveva segnalato due individui sospetti, neri, entrati e usciti dal suo negozio per tre volte nel giro di due ore il 31 dicembre, un giorno e mezzo prima dell'omicidio. La dipendente disse che uno aveva la carnagione chiara e indossava un impermeabile beige, l'altro era alto più di un metro e ottanta, aveva una trentina d'anni, indossava un giaccone verde militare. Le mostrarono una serie di dieci foto segnaletiche, la dipendente indicò Willie Love, e disse: "Questo somiglia al tizio con l'impermeabile beige". Le chiesero di datare e firmare la foto.

Il Dairy Queen si trovava a due passi dalla stazione di servizio Vickers. Era plausibile che i due uomini avvistati là fossero gli stessi che Ellen aveva visto alla Vickers e davanti al minimarket. La descrizione di quello in giaccone verde militare corrispondeva alla persona che Longo e Main avevano visto parlare con Buckley prima che gli sparassero. E il fatto che la dipendente del Dairy Queen avesse identificato Willie Love dava credito all'ipotesi di Ellen, secondo la quale si trattava del compare con la pelle chiara dell'uomo in verde militare.

Quella sera, però, Love fu sottoposto a un'analisi di stress vocale, un esame computerizzato che dovrebbe determinare se una persona sta mentendo misurandone il livello di stress attraverso la voce. Le forze dell'ordine della contea di St Louis se ne avvalgono saltuariamente, ma gli esperti di giustizia penale lo considerano molto inaffidabile e nessuna corte lo ammette come elemento probatorio. A ogni modo, sulla base dei risultati, l'esaminatore stabilì che Love non c'entrava nulla con la morte di Buckley. Lo stesso esaminatore sottopose Ellen al test un'ora dopo Love e stabilì che era una testimone affidabile.

Anche l'alibi di Love era credibile. Fu prosciolto e rimesso in libertà il mattino del 7 gennaio.

In precedenza Brunner, l'amico di Buckley, era stato sottoposto al test del poligrafo. Il risultato lo scagionò come autore dell'omicidio, ma il tecnico del poligrafo segnalò all'MCS che secondo lui Brunner ne conosceva il responsabile e il movente. Le sue risposte a due domande – "Sa chi ha sparato a Jim Buckley?" e "Sa perché Buckley è stato ucciso?" – denotavano che stava mentendo. In effetti Brunner ammise che lui e Buckley vendevano marijuana, e che avevano un "problema comune" relativo al loro giro di spaccio.

Altri quattro loro conoscenti confermarono alla polizia che Buckley e Brunner spacciavano in coppia. Il mattino dopo il delitto, Louis Montgomery, il cui numero di telefono era stato rinvenuto nella tasca di Buckley, dichiarò alla polizia che "di tanto in tanto Brunner e Buckley acquistavano grossi quantitativi di marijuana". Davanti all'MCS si era spalancata una pista, ma Chapman andò in un'altra direzione. Non diede credito all'idea che i due diciannovenni fossero coinvolti in un giro di spaccio ad alto livello, e i possibili legami di Buckley con altri spacciatori o trafficanti non furono mai approfonditi.

Il nuovo obiettivo di Chapman era Ellen. Il fatto che avesse identificato Willie Love (sebbene lo avesse riconosciuto anche la dipendente del Dairy Queen) lo insospettiva. Concluse quindi che Ellen non si era fatta avanti per il desiderio di aiutare, ma per distrarre la polizia dal suo stesso coinvolgimento nell'omicidio di Buckley.

Diversi fattori avevano condizionato l'immaginazione del poliziotto. Per prima cosa, Ellen gli aveva raccontato volontariamente che imboccando la strada in uscita dalla stazione di servizio aveva dato la precedenza a un'auto della polizia ed evitato di sorpassarla perché un faro posteriore della sua AMC Hornet del 1970 era bruciato. In base a questo, Chapman sospettò che Ellen avesse contattato la polizia per paura che, venuto a sapere dell'omicidio, l'agente che l'aveva incrociata davanti alla Vickers la identificasse. Un'ipotesi azzardata, basata sul presupposto che l'agente di pattuglia si fosse accorto dell'auto di Ellen e l'avesse osservata bene prima ancora di sapere che era stato commesso un reato.

Inoltre, durante la prima conversazione telefonica con Chapman, benché non fosse nel suo interesse Ellen gli aveva spiegato che lei stessa, nel 1978, aveva lavorato in una stazione di servizio Vickers per sette mesi. Il gestore della stazione, alle cui avance Ellen aveva resistito, l'aveva accusata di aver rubato 106 dollari. Lei aveva negato, e dopo un'indagine della procura della contea di St Louis era stata scagionata.

Chapman si fissò anche sul fatto che Steven e Mark, i due fratelli maggiori di Ellen, avevano precedenti penali. Nel 1979 Steven aveva sparato alla sua ragazza e alla sorella di lei, uccidendole, ma era stato dichiarato innocente perché incapace di intendere e di volere. Lo avevano ricoverato in un ospedale psichiatrico dove, nel 1983, continuava a risiedere. Nel 1981 Mark era stato incriminato per tentata rapina a un supermarket e condannato a sedici anni di carcere in quanto recidivo. Possiamo soltanto supporre che Chapman fosse convinto che, come i fratelli, Ellen fosse una "mela marcia" nonostante la fedina penale immacolata.

Infine Chapman venne a sapere che il 29 dicembre la polizia aveva arrestato Stanley White, un uomo con cui Ellen aveva avuto una breve e recente frequentazione, perché in stato di ubriachezza era andato a sfondarle i finestrini dell'auto. Da quel giorno Ellen aveva tagliato i ponti con lui e si rifiutava di vederlo. Secondo il verbale della polizia, il veicolo su cui si trovava White al momento dell'arresto – un veicolo che non era neanche suo, ma di un amico – somigliava all'auto vista da Ellen vicino al luogo dell'omicidio della Vickers. Era una Buick blu del 1974 con la ruota di scorta montata all'esterno.

White fu fermato e interrogato alle dieci e mezza di sera del 6 gennaio. L'MCS era convinta che se Ellen aveva ucciso Buckley, con lei doveva esserci stato un complice in grado di sottomettere la vittima. Con l'uomo in giaccone verde militare White aveva in comune l'altezza e il fisico slanciato. Inoltre, secondo la polizia, il suo alibi non era credibile.

Quella sera, subito dopo il suo ingresso alla centrale di Dellwood, White comparve insieme ad altri uomini davanti a Ken Main, uno dei testimoni della notte dell'omicidio. Secondo un verbale steso alla fine del confronto, Main affermò: "La corporatura del numero 4 [Stanley White] mi ricorda quella dell'uomo che ho visto, e anche il suo profilo, ma alla Vickers l'ho appena intravisto e non posso essere certo che sia lui". In seguito aggiunse di aver visto in faccia l'uomo "per meno di un secondo".

L'indomani la polizia fece interrogare Main da un ipnotista di professione. Il testimone ribadì di aver "appena intravisto" il volto dell'estraneo. A un certo punto della seduta sotto ipnosi definì "negro" la persona notata alla Vickers, rivelando un pregiudizio razziale.

I dubbi di Main riguardo all'identità dell'uomo svanirono quando chiese di mettere White nella stessa posizione – di profilo, appoggiato al banco – in cui lo aveva scorto alla Vickers. A quel punto, parlando da lucido con l'ipnotista e con un investigatore dell'MCS, Main affermò di essere "sicuro al novantanove per cento" che White fosse l'estraneo con il giubbotto militare verde. Un dettaglio interessante è che, a quanto sembra, la polizia premiò Main per l'aiuto nella risoluzione del caso della Vickers. Durante il processo a Ellen, infatti, Main confermò di essere appena stato assunto dal dipartimento dello Sceriffo della contea di St Louis. Poco dopo la conclusione delle udienze, l'avvocato di Ellen, sorpreso, lo incrociò in divisa da vicesceriffo in un'aula giudiziaria della contea. Chissà se il suo nuovo lavoro fu la ricompensa per aver reso un'importante testimonianza nel corso del processo contro Ellen.

Alle undici e un quarto di sera White non superò il test dello stress vocale e fu immediatamente arrestato per l'omicidio di Buckley, punibile con la pena di morte. Lo chiusero in una cella del carcere di Dellwood. Il mattino del 7 gennaio, però, Anthony Longo, l'avventore che era entrato alla Vickers pochi minuti dopo Main, non identificò né White né altri degli uomini che gli furono mostrati.

Ellen fu sottoposta a un secondo test di stress vocale del quale si occupò un investigatore diverso da quello che l'aveva scagionata soltanto la sera prima. Secondo il nuovo investigatore, Ellen non superò il test, e di colpo si trasformò da benintenzionata testimone a principale sospettata. Quando all'una di notte del 7 gennaio la arrestarono per omicidio punibile con la pena capitale, era incredula.

La trasferirono in una cella del carcere di Dellwood attigua a quella del suo ex Stanley White, l'uomo che in un attacco di rabbia alcolica le aveva distrutto i finestrini dell'auto. Trascorsero il resto della giornata, fino a sera, ognuno nella propria cella, chiedendosi che cosa diavolo stesse succedendo, arrabbiati e sbigottiti all'idea di essere i principali sospettati dell'omicidio Buckley.

Attorno alle nove di sera Ellen fu trasferita in un carcere più grande a Jennings, una città vicina, e assegnata a una cella occupata da Rose Carol Jolliff e Marquita Butler, entrambe nere. L'indomani, a sorpresa, White ed Ellen furono scarcerati. Chapman era convinto della loro colpevolezza ma si rendeva conto che l'identificazione di White era complicata; contro Ellen, invece, non aveva uno straccio di prova.

Una volta libera, Ellen si convinse che i poliziotti fossero finalmente tornati in sé; l'incubo si era concluso e lei poteva riprendere la sua vita. Fu proprio ciò che fece. Il 23 gennaio sposò Glen Baldwin, un soldato dell'Aeronautica innamorato di lei da quando, due anni prima, si erano conosciuti. Era un brav'uomo, ed Ellen, che all'inizio non ne ricambiava i sentimenti, si disse che un po' alla volta avrebbe imparato a volergli bene. Inoltre desiderava che sua figlia avesse una figura paterna su cui contare. Il padre di Charmelle, che Ellen adorava, era morto sette mesi prima, ucciso da un colpo d'arma da fuoco.

Purtroppo per Ellen, proprio nel giorno in cui poté tornare a casa, una delle sue compagne di cella a Jennings, la trentunenne Rose Carol Jolliff, intravide l'occasione per collaborare con le autorità e ottenere uno sconto di pena. Disse infatti a un secondino di avere informazioni legate all'omicidio della stazione di servizio Vickers.

Jolliff aveva precedenti, tra le altre cose, per possesso di eroina, furto, contraffazione di assegni e frode. Nel 1975 aveva scontato una pena di sei mesi in un carcere federale per aver falsificato un assegno del Tesoro degli Stati Uniti. Ad agosto del 1982 era stata condannata a novanta giorni di detenzione nel carcere della contea di St Louis per un assegno scoperto. Ai primi di gennaio del 1983, durante la breve convivenza con Ellen, aspettava di conoscere l'entità della pena da scontare dopo che a settembre del 1982 era stata condannata tre volte per aver utilizzato assegni scoperti. In quanto recidiva rischiava almeno cinque anni di galera. Fino a quel momento Jolliff aveva saputo destreggiarsi al meglio nel sistema, evitando la temuta carcerazione in un penitenziario federale, ed era decisa a continuare così. È addirittura possibile che la polizia avesse trasferito Ellen da Dellwood a Jennings per una sola notte con la speranza che Jolliff barattasse una testimonianza contro di lei.

Tre investigatori dell'MCS registrarono su nastro i loro colloqui con Jolliff. Con dichiarazioni frammentarie, la detenuta sostenne che Ellen le aveva raccontato di avere sparato al benzinaio della Vickers perché lei viveva da quelle parti e non voleva farsi riconoscere. Ellen le avrebbe anche detto che durante la rapina era insieme a due complici, Robert McIntosh e Stanley White; il primo era il suo protettore, il secondo il suo ragazzo. Secondo Jolliff, Ellen avrebbe detto che uno degli uomini doveva distrarre il benzinaio alla cassa perché non vedesse lei. Invece l'aveva vista, e le era toccato "sbarazzarsi di lui" sparandogli sette colpi di fucile. La detenuta aggiunse che, avendo lavorato anni prima in una stazione di servizio Vickers, Ellen sapeva com'era organizzata. Inoltre le avrebbe detto che non voleva coinvolgere McIntosh né White.

Nessuno chiese mai a Jolliff di firmare una deposizione scritta riguardo alla presunta confessione di Ellen. Secondo lei, a ogni modo, la polizia avrebbe dovuto parlare con Marquita Butler, l'altra sua compagna di cella a Jennings, dato che avevano ascoltato la confessione insieme.

Ellen aveva un ricordo ben diverso della conversazione con Jolliff. Era stata quest'ultima a chiamare in causa Robert McIntosh, chiedendole se lo conosceva. Ellen aveva risposto che erano stati compagni di scuola alle medie, e che da allora non si erano più visti. L'idea che fosse il suo protettore, oltre che assurda, era un capovolgimento della realtà: era Jolliff a prostituirsi per McIntosh. Jolliff aveva detto a Ellen di essere arrabbiata con lui perché non le aveva pagato la cauzione. Forse fu per questo che decise di coinvolgerlo nell'omicidio di James Buckley.

Armati del racconto di Jolliff, il capitano Chapman e Steven Goldman, pubblico ministero della contea di St Louis, interpellarono Marquita Butler. Goldman la fece convocare nel suo ufficio il 9 gennaio. Secondo un verbale, Butler "non [fu] in grado di corroborare le dichiarazioni rilasciate dalla Jolliff" e "[si rifiutò] di prestare collaborazione". Ma questo non dissuase Chapman. Dopo diversi tentativi di rintracciarla – nel frattempo era stata scarcerata –, riuscì a parlarle per telefono il 13 gennaio. Lei disse che era al verde e aveva bisogno di soldi. Per due volte lui alluse a una consistente ricompensa, chiarendo che se la donna avesse collaborato e contribuito a condannare Ellen avrebbe avuto "7000 dollari".

Alla fine Marquita cedette. Disse a Chapman che Ellen aveva confessato di aver preso parte alla rapina, e che a sparare al benzinaio era stato il suo ragazzo. Secondo Marquita, Ellen era rimasta per tutto il tempo in auto. I suoi complici non intendevano uccidere il ragazzo, ma erano stati costretti per non farsi riconoscere.

A un certo punto della conversazione, però, Marquita ebbe una crisi di coscienza e ritrattò. In una deposizione giurata che presentò alla Centurion dopo alcuni anni disse che i poliziotti le avevano citato i nomi di persone che non conosceva (Stanley White e Robert McIntosh) e davanti al suo rifiuto di collaborare si erano arrabbiati. Furono "cattivi e sgarbati [...] e mi fecero sentire piccola e insignificante". Marquita scelse di dire la verità, e per questo non ricevette nemmeno uno dei 7000 dollari della ricompensa.

Nel frattempo, convinta di essere fuori pericolo e tornata a casa da Charmelle e Glen, Ellen era impegnata a celebrare il suo matrimonio prima che il neo-marito tornasse alla base dell'Aeronautica di Eglin, nel Florida Panhandle. Lei e la figlia lo avrebbero raggiunto in seguito. La polizia di St Louis, però, non aveva affatto finito con lei. A un mese dalla sua scarcerazione e da quella di Stanley White, Ellen fu investita da una nuova serie di accuse. "Mi hanno portato via da casa e non ci sono più tornata" ricorda oggi.

L'8 febbraio 1983 la polizia irruppe nella sua abitazione e la arrestò per furto di contanti dalla cassa di una stazione di servizio Sunoco di Creve Coeur, una cittadina non incorporata della contea di St Louis. Ellen era sconcertata. Non sapeva nemmeno dove fosse, Creve Coeur, e non capiva il senso della nuova denuncia.

L'anello di congiunzione era, prevedibilmente, lo zelo investigativo del capitano Chapman. Venuto a sapere della rapina alla Sunoco, commessa da una donna e due uomini neri, corse a Creve Coeur, cittadina esclusa dalla sua giurisdizione, e mostrò in giro alcune serie di foto. Secondo i primi verbali della polizia di contea, il gestore della stazione di servizio Chuck Zeiter aveva dichiarato che la sospettata era giovane – tra i venticinque e i trent'anni –, piuttosto alta e robusta – oltre uno e settantacinque per settanta chili circa –, con la carnagione scura e i capelli castani ricci e corti. Quando arrivò Chapman con le foto, nonostante le differenze di aspetto tra Ellen – ventiquattro anni, poco più di sessanta chili di peso, carnagione chiara e capelli neri – e la donna che aveva visto, Zeiter identificò in lei la ladra. Poco dopo, su invito di Chapman, Zeiter partecipò a un confronto dal vivo e indicò che i colpevoli erano Ellen e Stanley White.

White fu immediatamente arrestato con l'accusa di aver

"rubato oltre 150 dollari". A un certo punto, però, Zeiter disse ai poliziotti di non essere così sicuro che c'entrasse anche lui. Due settimane dopo ritirò le accuse contro White, che tornò in libertà e non fu mai più coinvolto nella vicenda. A Ellen andò diversamente.

Il 9 febbraio fu trasferita in una cella di detenzione del tribunale di contea, in attesa che le fossero contestate le accuse relative al furto alla Sunoco. Ebbe la sfortuna di ritrovarsi come compagna Mary Lyner, un'altra criminale incallita che, come Rose Jolliff, era alla ricerca di un compromesso che le alleggerisse la pena e la tenesse lontana dal carcere.

Prima del suo arresto, avvenuto il 18 novembre 1982, Lyner era – parole del sergente Ronald Klein, l'uomo che l'aveva arrestata – la mente del più grosso giro di furti di carte di credito mai visto a St Louis. Quando Klein irruppe in casa sua per arrestarla la trovò, oltre che stordita e in crisi d'astinenza, in possesso di centinaia di carte di credito e libretti degli assegni rubati, e di un armadio pieno di borsette scippate. Durante l'indagine, basata anche su lunghi interrogatori a Lyner, il sergente Klein ricostruì una serie di acquisti fraudolenti per un totale di 350.000 dollari. Con le carte di credito rubate, Lyner e il suo compagno compravano televisori, telecamere, videoregistratori e altri oggetti di valore, che poi rivendevano al mercato nero per placare la dipendenza dall'eroina di cui erano schiavi. A un certo punto Klein smise di contare; calcolò che se avesse ricostruito tutti gli acquisti il totale avrebbe superato il milione di dollari. Nel suo rapporto definì Lyner "una criminale di prima categoria, afflitta da una grave tossicodipendenza che le costava 1000 dollari al giorno". L'ultima volta che il sergente sentì parlare di lei e del suo destino penale, la città di St Louis aveva affidato il processo agli organi della contea. Ci si aspettava una condanna a trent'anni di galera.

Dopo che Ellen uscì dalla cella, Lyner disse a un secondino che le aveva parlato dei suoi reati. Tanto bastò perché il pubblico ministero Steven Goldman le facesse visita in carcere. Fu in questa occasione che Lyner coinvolse Ellen sia nella rapina alla Sunoco sia nell'omicidio Buckley. Disse che appena era entrata in cella, Ellen le si era seduta accanto e aveva sbottato: "Quei figli di puttana mi hanno beccata dopo un confronto. Io gliel'avevo detto che dovevamo fargli saltare il cervello".

Sempre secondo Lyner, Ellen aveva aggiunto: "Abbiamo rapinato una stazione di servizio e ucciso un uomo. Hai presente la Vickers? Abito là dietro". A quel punto, Lyner e Goldman trovarono un accordo: se lei avesse collaborato con l'accusa, cioè con il pubblico ministero Goldman, e testimoniato contro Ellen durante i processi per i fatti della Sunoco e della Vickers, lui avrebbe raccomandato di ridurre la sua pena a un anno di detenzione nel carcere della contea.

Lyner rispettò l'impegno e Goldman fece altrettanto. A metà luglio del 1983, durante il processo per la rapina al distributore Sunoco, lei e Zeiter furono chiamati a testimoniare. Zeiter identificò Ellen come la donna che gli aveva rubato 423 dollari dalla cassa. Lyner ripeté alla giuria ciò che sosteneva di aver sentito dire a Ellen il 9 febbraio, la storia del confronto e della necessità di uccidere i testimoni che avevano inchiodato lei e il suo complice. Prima del processo Sunoco, Lyner era stata scarcerata in attesa di essere chiamata a giudizio per le accuse mosse dal sergente Klein in merito all'arresto del 1982 e a cinque imputazioni per contraffazione. Ellen fu dichiarata colpevole e condannata a sette anni. Prima di emettere la sentenza, il giudice le chiese se ci fosse un motivo per non procedere. Lei rispose: "Perché sono innocente".

La condanna per la rapina al distributore Sunoco diede a Goldman ciò di cui aveva bisogno. Per Ellen, ormai condannata, sarebbe stato difficilissimo vincere i pregiudizi dei giurati al processo Vickers, e lui aveva posto le basi per puntare al bersaglio grosso: la condanna, magari a morte, per omicidio.

Quattro mesi dopo, a fine novembre del 1983, cominciò il processo contro Ellen Reasonover per l'omicidio di James Buckley. Il pubblico ministero era consapevole che non c'erano prove concrete a carico di Ellen, che nessun testimone l'aveva vista alla Vickers quella notte, che nessuna confessione registrata o verbalizzata la incastrava. La sua tesi si reggeva unicamente sulle deposizioni di due criminali incallite che avevano tutto l'interesse a mentire.

La prima superteste dell'accusa fu Mary Lyner che, come durante il processo Sunoco, mentì riguardo alla presunta confessione di Ellen in carcere. Nel frattempo aveva trovato lavoro come segretaria in uno studio legale. Era una persona istruita, e al banco dei testimoni fu impeccabile. Tra l'altro, come tutti i giurati, era bianca. Durante il controinterrogatorio ammise che dal 1978 in poi era stata incriminata cinque volte per frode, furto e falso. Confermò inoltre che le cinque accuse di falso che ancora gravavano su di lei potevano costarle novant'anni di carcere. Nel caso non fosse già chiaro a tutti, la sua vita era nelle mani del pubblico ministero Goldman.

Agli avvocati difensori di Ellen, che puntavano sull'ambiguità della posizione di Lyner, purtroppo era però sfuggito un elemento potenzialmente cruciale, che avevano sempre avuto sotto gli occhi fra le pagine del "St Louis Post-Dispatch". Nel 1981, con il consenso e il contributo di Lyner, il quotidiano aveva infatti pubblicato un reportage sulla sua vita nascondendone l'identità e chiamandola "Anne".

Veniva da una ricca famiglia borghese; la madre e il padre, dirigente del prestigioso Chase Park Plaza Hotel di St Louis, l'avevano sempre viziata. Nel 1971 si era laureata con lode alla Webster University. Era diventata un'agente immobiliare di successo e si era stabilita nei sobborghi occidentali di St Louis con il marito e la figlia piccola. Nel 1975, a ventisette anni, divorziata e stufa di lavorare nel campo immobiliare, sfruttando la sua laurea nell'ambito dei servizi sociali aveva trovato un posto da counselor alla Archway House, una comunità di recupero per tossicodipendenti.

Là aveva perso la testa per un suo assistito, un ex eroinomane in libertà vigilata per furto. "Travolta" da lui, dopo poco tempo lo aveva portato a vivere con sé. Lui l'aveva convinta a provare l'eroina, con la scusa che così avrebbe capito la sensazione di euforia che dava e sfruttato l'esperienza per aiutare meglio i suoi assistiti. Senza neanche rendersene conto, Lyner ne era diventata schiava. A metà del 1977 i due erano entrambi disoccupati e si pagavano una dipendenza da 250 dollari al giorno con i risparmi di lei e la vendita dei suoi beni.

Più di una volta Lyner aveva cercato di spezzare l'incantesimo e di "ripulirsi", ma lui riappariva sempre e la convinceva a riprenderlo con sé. L'ultima era stata a ottobre del 1980. Lei aveva appena perso il lavoro dopo il trasloco della sua ditta a Dallas, e lui era in libertà dopo due anni di galera per rapina. Si erano dedicati da subito ai furti quotidiani di carte di credito e a frodi di vario tipo, come la contraffazione di assegni. Quei due anni sfrenati si erano conclusi quando a novembre del 1982 il sergente Klein l'aveva arrestata. Parlando con il "Post-Dispatch", lei stessa si era definita "una che sapeva parlare, che sapeva raccontare bugie credibili". Con le parole era riuscita a salvarsi da situazioni di ogni tipo. Per esempio, una volta era entrata in un negozio di lusso e aveva convinto un commesso di essere la moglie di August A. Busch III, all'epoca presidente della Anheuser-Busch Companies, membro dell'aristocrazia di St Louis. Se n'era uscita con un gioiello da 5000 dollari senza mai aver dovuto mostrare un documento.

Adesso, in cambio della falsa testimonianza che avrebbe inchiodato Ellen, Lyner stava per essere premiata con un solo anno di detenzione nel carcere della contea per tutti i crimini da lei commessi, come pattuito con Goldman. La giuria e i difensori di Ellen non sapevano niente delle centinaia di carte di credito e assegni rubati da Lyner, né che fosse a capo di uno dei più grossi giri criminali di St Louis.

Anche Rose Jolliff depose al processo contro Ellen. In precedenza Goldman aveva proposto al difensore di Jolliff di convincerla a collaborare al caso Reasonover, e in cambio lui "non l'avrebbe bruciata". E non lo fece. Il 1° dicembre Jolliff riportò alla giuria la presunta "confessione" di Ellen in cella, quella che indicava in Stanley White e Robert McIntosh i suoi complici. Non appena concluse la deposizione, Jolliff fu scortata in un'altra aula, dove si dichiarò colpevole di una triplice frode avvenuta a settembre del 1982 e ottenne sei mesi di libertà vigilata. Non si era mai vista infliggere una pena così leggera ai recidivi come Jolliff, che a quel punto era libera di tornare a casa sua a South Bend, in Indiana, senza la supervisione di nessuno. La difesa non seppe mai di questo patto meschino, e per l'ennesima volta, come la giuria, rimase all'oscuro di tutto. In aula Jolliff aveva dichiarato che il motivo della sua presenza non aveva niente a che vedere con la prospettiva di uno sconto di pena.

Nel corso del procedimento, Ken Main e Anthony Longo identificarono in persone diverse l'uomo in giaccone verde militare che avevano visto parlare con Buckley appoggiato al banco. Secondo Main si trattava di Stanley White; secondo Longo era Robert McIntosh, da lui riconosciuto alcuni mesi prima durante un confronto. Non fu presentata nessuna prova che McIntosh e White fossero amici. In effetti non si conoscevano neanche.

A dispetto delle discrepanze nell'identificazione dell'uomo che avevano visto, il pubblico ministero Goldman presentò Main e Longo alla giuria definendoli "ottimi testimoni". Aggiunse poi che Buckley era stato "sequestrato da Stanley White, il ragazzo [di Ellen], e da Robert McIntosh", e che "Stanley White e Robert McIntosh l'avevano distratto mentre era al gabbiotto; è innegabile che Rose Jolliff vi abbia detto la pura verità. La deposizione dei testimoni" commentò, in maniera fuorviante "doveva soltanto confermare i *nomi* delle due persone identificate [da Jolliff]". Ma com'è possibile che l'uomo con il giaccone militare potesse essere due persone diverse, se i testimoni erano stati "ottimi"?

Un'altra cosa che la giuria non sapeva era che né White né McIntosh erano mai stati accusati o processati per il coinvolgimento nell'omicidio o nella rapina a Buckley. Citarli fu un semplice espediente dell'accusa per rafforzare la propria tesi. Alcuni anni dopo, Chapman confessò alla Centurion che non credeva a nessuno dei testimoni che li avevano identificati.

Gli avvocati difensori di Ellen, assunti privatamente, la rappresentarono durante entrambi i processi. Erano poco preparati, e lo furono anche i pochi testimoni che presentarono. Svolsero scarse indagini, forse nessuna. Elizabeth, la madre di Ellen, testimoniò che la sera del 1° gennaio sua figlia era andata in lavanderia con tante borse di panni sporchi e che l'indomani i panni erano puliti. Ricordò che era stata lei a incoraggiare Ellen perché dicesse alla polizia che cos'aveva visto alla stazione di servizio Vickers. Dewey Williams, un amico di Elizabeth che la notte del 1° gennaio era stato suo ospite, spiegò alla giuria che lui ed Elizabeth erano arrivati a mezzanotte dopo essere stati a una festa, e che attorno a quell'ora lui aveva aiutato Ellen a caricare le borse dei panni sull'auto. Calcolò che Ellen doveva essere tornata a casa attorno alle due di notte.

I difensori, inspiegabilmente, non cercarono di interrogare altre compagne di cella di Ellen a parte Jolliff e Lyner, né convocarono Marsha Vogt, un'agente di polizia di Dellwood che aveva testimoniato durante un'udienza preprocessuale. In quella sede, e in un verbale, Vogt aveva spiegato che il 25 febbraio 1983 Goldman e Chapman l'avevano munita di microfono nascosto e infiltrata in incognito nella cella di detenzione di Ellen, con il proposito di scucirle dichiarazioni compromettenti. In quell'occasione Ellen le aveva raccontato di essere in carcere per un furto che non aveva commesso, e che in vita sua non era mai stata arrestata.

Venti minuti dopo l'arrivo di Vogt, Chapman aveva comunicato a Ellen che stava per incriminarla per omicidio e rischiava di essere condannata a morte. Chapman aveva fatto uscire Ellen dalla cella e l'aveva interrogata. Al rientro, piangendo, la donna aveva detto a Vogt che l'accusavano di "aver ucciso un tizio robusto e di avergli spaccato un fucile sulla testa", e le aveva raccontato la sua versione di ciò che aveva visto quella notte alla stazione di servizio Vickers e al minimarket, identica a come l'aveva raccontata a Chapman la prima volta. Come sempre, si dichiarava innocente. Vogt aveva registrato la conversazione parola per parola. In seguito la polizia dichiarò che il nastro era inutilizzabile per via di un malfunzionamento. Siccome i difensori di Ellen non chiamarono Vogt a testimoniare, la giuria non poté ascoltare la sua storia, così diversa da quelle di Jolliff e Lyner.

Il 2 dicembre 1983, dopo sei giorni di dibattimento, Ellen fu condannata per omicidio punibile con la pena di morte solo perché aveva fornito alla polizia informazioni che credeva utili alle indagini. Se non si fosse fatta viva, le forze dell'ordine non avrebbero nemmeno saputo della sua esistenza.

L'indomani la giuria ebbe il gravoso compito di stabilire la pena. Le opzioni possibili erano due: l'ergastolo senza possibilità di scarcerazione per cinquant'anni, o la morte in camera a gas. A processo, nel suo discorso conclusivo, Goldman si era fatto garante della credibilità di Lyner e Jolliff, dichiarando che la prima "non avrebbe mai potuto essersi inventata quelle frasi" e la seconda "non ha avuto assolutamente nulla in cambio della sua deposizione. Non ha motivo di mentire". Riguardo alla pena, il pubblico ministero chiese ai giurati, ripetutamente e con vigore, di scegliere la pena di morte.

Disse loro: "Ellen Reasonover ha ucciso Jim Buckley a colpi di fucile nel ripostiglio. [...] Dovete credere che è stata lei a sparare. [...] Gli si è avvicinata con un fucile carico. [...] A ucciderlo è stata lei. Le prove dimostrano che è l'assassina". La ciliegina sulla torta fu una supposizione tanto ridicola quanto errata: "A un certo punto della sua vita, Ellen Reasonover ha deciso che uccidere una persona è come bere un bicchier d'acqua". (Sei mesi dopo, Goldman non era più così convinto. Benché avesse implorato la giuria di condannarla a morte, spiegò al "Washington Post", che pubblicava in prima pagina un articolo sui dubbi attorno al caso: "Non mi sarei sentito [di chiedere la pena di morte] se non l'avessi considerata colpevole *o perlomeno coinvolta nell'omicidio, se proprio non era stata lei a sparare*".)

Prima del pubblico ministero aveva parlato Ellen, chiedendo pietà. "Sono innocente" aveva detto alla giuria. "Mi hanno incastrata. Sono in carcere da dieci mesi per niente. Separata dalla mia famiglia. Io volevo soltanto fare il mio dovere di cittadina. Ho una bambina e una madre, voglio tantissimo bene alla mia famiglia, mai e poi mai me ne andrei in giro a fare del male. Invece è successa questa cosa, a me e alla mia famiglia."

Dopo non più di tre ore di discussione la giuria annunciò di non aver raggiunto l'unanimità riguardo alla condanna a morte. Di conseguenza, il giudice condannò Ellen all'ergastolo senza possibilità di scarcerazione per cinquant'anni. La giurata Donna Ellis fu l'unica a dissentire dalla maggioranza.

E così salvò la vita a Ellen.

La Centurion cominciò a occuparsi di Ellen nel 1993, dopo che tutti i suoi ricorsi alle corti d'appello statali e federali erano stati respinti. In precedenza, per disperazione, Ellen aveva contattato anche la NAACP, la National Association for the Advancement of Colored People, una delle più rilevanti organizzazioni statunitensi per i diritti civili. George Hairston, un legale di primo piano della NAACP di New York che aveva seguito *pro bono* i suoi ricorsi in appello alla Corte suprema, chiese alla Centurion di coordinare quella che si annunciava un'indagine su vasta scala. La Centurion assoldò lo studio Wyrsch & Atwell di Kansas City, che mise in moto gli avvocati Cheryl Pilate e Charles Rogers. A questo team aggiungemmo il nostro Rick Sindel, di St Louis. Nel 1996, dopo che i nostri sforzi congiunti portarono alla luce prove inedite dell'innocenza di Ellen, della negligenza professionale del pubblico ministero e dell'inefficacia della difesa, gli avvocati presentarono alla Corte distrettuale degli Stati Uniti un'istanza di *habeas corpus*. La causa fu assegnata alla giudice Jean C. Hamilton del distretto federale di St Louis, che fissò per il 28 giugno 1999 l'inizio di un'udienza probatoria lunga quattro giorni.

Il nostro team riuscì a portare in aula Rose Winston e Carolyn Coats, che si erano trovate in cella con Ellen il giorno della sua presunta confessione a Mary Lyner. Entrambe testimoniarono che non c'era stata alcuna confessione. Anche Marquita Butler depose, e disse che il giorno in cui lei ed Ellen avevano condiviso una cella con Rose Jolliff a Jennings, Ellen non aveva pronunciato frasi compromettenti riguardo all'omicidio di Buckley.

Quando Zeiter aveva indicato in lei la responsabile del furto alla Sunoco, avevano partecipato al confronto anche le detenute Barbara Taylor ed Ellen Palmer. Taylor ricordava che Ellen aveva pianto ed era rimasta sconvolta, dopo aver saputo che un testimone l'aveva inchiodata. Come in ogni altra conversazione con le compagne di cella, si era dichiarata innocente. Palmer spiegò alla giudice Hamilton che Ellen non aveva mai pronunciato frasi compromettenti in sua presenza, né durante il confronto né nella prigione della contea. Tutte queste testimoni sarebbero state disponibili a deporre all'epoca del processo a Ellen, ma la difesa non aveva mai parlato con nessuna di loro.

La vera svolta per Ellen fu la scoperta, nei dossier della pubblica accusa, di due registrazioni la cui esistenza non era mai stata rivelata alla difesa. Entrambi smascheravano la "confessione" ricevuta da Jolliff in cella svelando che era una bugia e capovolgendo le tesi accusatorie. È importante sottolineare che prima del processo, nella fase di presentazione delle prove, gli avvocati di Ellen avevano chiesto di ottenere eventuali registrazioni delle conversazioni a cui aveva partecipato. Non avevano mai ricevuto i due nastri.

Il primo era la registrazione segreta di una conversazione tra Ellen e Stanley White in carcere, il 7 gennaio, dopo che entrambi erano stati interrogati singolarmente in quanto sospettati dell'omicidio di Buckley. L'avvocato George Hairston era venuto a sapere di questa registrazione alla fine degli anni Ottanta, quando il testimone Ken Main aveva detto a un suo investigatore che la polizia gliel'aveva fatta ascoltare durante un interrogatorio. L'accusa si era rifiutata di consegnarglielo sostenendo, nella risposta negativa al suo ricorso in appello, che non costituiva una prova in quanto White ed Ellen non parlavano di nulla che fosse direttamente legato all'assassinio, e perché non conteneva informazioni che avessero valore probatorio o a discarico dei due.

Nel 1996, dopo ripetute richieste, la procura fornì i nastri al team legale che seguiva l'*habeas corpus* di Ellen. I due, durante la conversazione, non sanno che qualcuno li sta spiando; sono agitati e infuriati con la polizia, che li ha falsamente accusati di un crimine efferato, messi una contro l'altro, minacciati di giustiziarli nella camera a gas. Ripetono per più di venti volte di essere innocenti. Per esempio, a un certo punto White esclama: "Agli sbirri ho detto che se sbattono in camera a gas me ci sbattono un innocente... Se una cosa non l'ho fatta, io mica mi metto a raccontarti che l'ho fatta". Ellen risponde: "Gliel'ho detto anch'io. Non potete certo mettermi dentro per omicidio... Non ho fatto un cazzo con Stan alla Vickers e non ne so niente".

Entrambi dimostrano di non conoscere il luogo del delitto. Interrogato riguardo alla sbarra di ferro mancante nel ripostiglio, Stanley non sapeva di cosa stessero parlando gli agenti. Una sconcertata Ellen gli domanda: "Quale sbarra?". Ellen poi spiega a White che secondo gli agenti lui intendeva "vuotare il sacco" e incriminare lei, prima che fosse Ellen a "vuotarlo". E White commenta: "Io non ne ho di sacchi da vuotare".

Ellen racconta a White le sue brutte sensazioni mentre gli agenti le mostravano le foto della vittima. "Poi mi hanno fatto vedere la foto del ragazzino bianco... Che pena mi ha fatto lì sdraiato. Ho detto: 'Quello che l'ha ucciso è un senza cuore... un senza cuore'. Quelle foto mi hanno mandata proprio fuori di testa." (Considerato che Buckley era alto due metri e pesava circa novanta chili, il fatto che Ellen lo definisca un "ragazzino" è un'ulteriore dimostrazione che non lo aveva mai visto da vivo.)

Ellen spiega a Stanley di aver detto agli agenti che "l'ultima volta che ti ho visto è quando sei venuto a spaccarmi quei cazzo di finestrini. Questi stronzi sono fuori di testa. Ma secondo te ci mettiamo a rapinare e ammazzare un ragazzo bianco, a ucciderlo... Io lo so che tu non c'entri niente". Stanley risponde: "Se sapessi qualcosa glielo direi, a questi stronzi. Non so un cazzo e non sto mentendo". Ellen concorda: "Se c'entravo qualcosa con questa storia ti sputtanavo subito, a te e a tutti quelli che c'entrano". La conversazione continua così per un'ora.

Durante l'udienza del 1999, l'avvocato Rick Sindel sottopose Goldman a un metodico ma spietato controinterrogatorio. All'epoca Goldman non lavorava più in procura; da undici anni era giudice della contea di St Louis.

All'inizio sostenne che un agente di polizia – del quale non ricordava il nome – gli aveva parlato di un nastro con la registrazione di un colloquio tra Ellen e White dietro le sbarre, nella quale i due si lamentavano di essere stati incarcerati. L'agente avrebbe però specificato a Goldman che il nastro non era ascoltabile perché vi era stato sovrainciso qualcos'altro. Poi Goldman fece marcia indietro e negò di aver mai saputo del nastro: "Non ero al corrente della sua esistenza". Per questo non aveva mai avvertito i difensori di Ellen. Sotto pressione, tuttavia, ammise che l'agente di polizia che gliene aveva parlato poteva essere stato il capitano Chapman. Da parte sua, Chapman testimoniò che il nastro White/Reasonover non aveva valore probatorio, perché non dimostrava la colpevolezza dei due. A quanto pare era convinto che le prove a discarico degli imputati non contassero.

Goldman disse di non avere mai ascoltato il nastro in precedenza, e ammise che in effetti aveva "rilevanza a discolpa dell'imputata". E anche che, considerata la sua importanza, non gli avrebbe consentito di imbastire un controinterrogatorio convincente a Ellen riguardo alle sue presunte dichiarazioni a Lyner e Jolliff. L'avvocato che aveva difeso Ellen nel processo disse alla giudice Hamilton che, se avesse avuto a disposizione il nastro, avrebbe chiamato la sua cliente a testimoniare per screditare le due detenute. In altre parole, se la registrazione White/Reasonover fosse stata disponibile all'epoca, la tesi del pubblico ministero sarebbe andata in fumo e con tutta probabilità Goldman avrebbe ritirato l'accusa.

E c'era un'altra registrazione, che non vide la luce fino all'udienza. Il 29 giugno, il secondo giorno del dibattimento del 1999, la giudice Hamilton ordinò alla procura di consegnare entro fine giornata tutti i suoi dossier, affinché il collegio difensivo di Ellen potesse esaminarne il contenuto. Rimanemmo sconcertati quando scoprimmo e ascoltammo la registrazione audio di una conversazione telefonica tra Jolliff ed Ellen, datata 12 gennaio 1983. A quanto sembrava, Jolliff aveva chiamato Ellen a casa su invito della polizia, in un subdolo tentativo di strapparle dichiarazioni compro-

I Quattro di Norfolk (da sinistra a destra): Eric Wilson, Derek Tice, Joe Dick e Dan Williams (per gentile concessione delle famiglie)

Clarence Brandley viene trasferito dal carcere di Conroe a quello della contea di Montgomery il 2 settembre 1980 (per gentile concessione dello "Houston Chronicle")

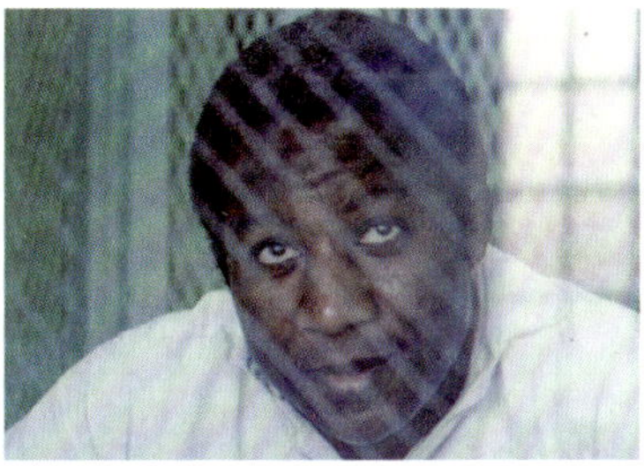

Clarence Brandley nella sala visite del braccio della morte, 1987 circa (per gentile concessione della Centurion)

A SINISTRA: Clarence Brandley fa il primo passo verso la libertà il 23 gennaio 1990, dopo un decennio passato nel braccio della morte (per gentile concessione della Centurion). A DESTRA: una fotografia di Clarence scattata poco dopo il suo proscioglimento nel 1990 (autore sconosciuto)

A SINISTRA: Kennedy Brewer dopo il proscioglimento al Martin Luther King, Jr. Memorial, a Washington, D.C. (per gentile concessione di Joe York). SOPRA: Levon Brooks dopo il proscioglimento, ancora con l'orecchino (per gentile concessione di Joe York)

Dominic Lucci

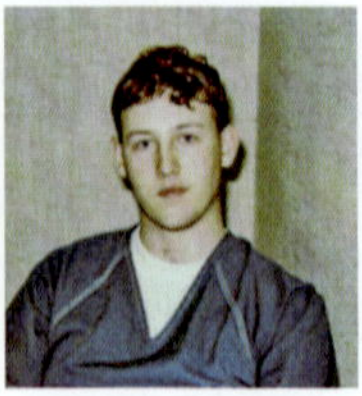

Mark Jones

Ken Gardiner

SOPRA: foto segnaletiche, 31 gennaio 1992. A FIANCO: i tre poco dopo l'annullamento delle accuse contro di loro il 18 luglio 2018 (per gentile concessione della Centurion)

La madre di Mark, Deborah McGill, abbraccia il figlio per la prima volta dopo ventisei anni al momento del suo rilascio, alle quindici e trentadue del 20 dicembre 2017 (per gentile concessione della Centurion)

Il 20 dicembre 2017 Kenneth Gardiner, Dominic Lucci e Mark Jones (da sinistra a destra) festeggiano la libertà subito dopo il rilascio dal carcere (per gentile concessione della Centurion)

Mark Jones, Dominic Lucci, Jim McCloskey e Kenneth Gardiner (da sinistra a destra) durante un ritrovo a Princeton, New Jersey, nel 2021 (per gentile concessione della Centurion)

Derrick Chappell in prigione (per gentile concessione dell'Innocence Project della Pennsylvania)

Morton Johnson con la sua avvocata dell'Innocence Project, Vanessa Potkin (per gentile concessione dell'Innocence Project)

Samuel Grasty (per gentile concessione dell'Innocence Project)

Glen Baldwin fa visita a sua moglie Ellen Reasonover in carcere nel luglio 1983 (fotografia di un'altra detenuta)

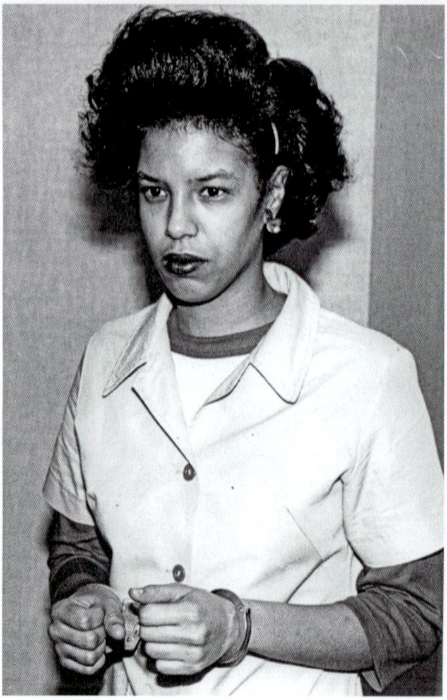

Ellen Reasonover, condannata per omicidio punibile con la pena di morte l'11 gennaio 1984, alcuni giorni prima della sentenza di ergastolo senza la possibilità di libertà condizionale per cinquant'anni (per gentile concessione della St Louis Mercantile Library della University of Missouri, St Louis)

Nel 1986, mentre si trova in carcere, Ellen Reasonover ottiene un attestato in ricerca documentale e scrittura in ambito giuridico

Ellen Reasonover festeggia la libertà nell'ufficio della Centurion a Princeton nell'autunno 1999 (per gentile concessione della Centurion)

Joe e Mickey Bryan di Clifton, Texas (per gentile concessione di Joe Bryan)

Il 1° maggio 2024 Joe Bryan visita la tomba di Mickey per la prima volta dopo trentacinque anni (per gentile concessione di Joe Bryan)

David Alexander e Harry Granger con il loro team di difensori al penitenziario statale di Angola, in Louisiana, 1998 circa (fotografia di un altro detenuto)

Harry e David a Princeton ai festeggiamenti per la pensione di Jim nel 2015 (per gentile concessione della Centurion)

David con la madre, Iris Alexander, nella sua casa di New Iberia, 2018 (per gentile concessione della Centurion)

Il ventunenne Kerry Max Cook il 4 luglio 1977, alcune settimane dopo l'omicidio di Linda Jo Edwards. La coinquilina di Linda vide l'assassino e lo descrisse dicendo che aveva "capelli grigi di media lunghezza che gli sfioravano le orecchie" (per gentile concessione di Rhonda Orms)

Il quarantunenne Kerry con Jim McCloskey e Paul Nugent il 13 novembre 1997 all'uscita dalla prigione dopo vent'anni nel braccio della morte in Texas (per gentile concessione della Centurion)

Kerry e Sandra il giorno del loro matrimonio, il 25 marzo 2000 (per gentile concessione della giudice Maryellen Hicks)

Con diversi anni di braccio della morte alle spalle, Kerry si gode la sua famiglia con Sandra e KJ, l'amatissimo figlio di tre anni, nel 2003 (per gentile concessione della famiglia)

Todd Willingham nel braccio della morte (Copyright © Ken Light/ Contact Press Images)

Le conseguenze dell'incendio di Corsicana, in Texas, nel dicembre del 1991 (per gentile concessione del Texas State Fire Marshal's Office)

Stacy e Todd Willingham e le loro tre figlie (per gentile concessione della famiglia di Todd Willingham)

mettenti. Ciò avveniva cinque giorni dopo che Jolliff aveva raccontato alla polizia della "confessione" nel carcere di Jennings, tra il 7 e l'8 gennaio.

Come nella registrazione White/Reasonover, in dieci minuti Ellen proclama la sua innocenza diverse volte, per la precisione cinque. Fa domande come "Perché mi vogliono inchiodare se non sono stata io?". Si lamenta che "io quello stronzo lo volevo aiutare sul serio" e che qualcuno ha cercato di convincere la sua amica a dichiarare "mi ha detto che è stata lei". Ripete a Jolliff quanto già aveva detto a Chapman, cioè che forse gli uomini da lei incrociati di fronte al minimarket erano gli stessi che aveva visto alla stazione di servizio Vickers. "Quando sono andata al minimarket i negri che ho visto entrare somigliavano al negro che ho visto andare nel retro mentre arrivavo al distributore."

Come scrisse l'avvocata Cheryl Pilate alla giudice Hamilton in una memoria del 6 luglio 1999, dopo l'udienza, "Va contro ogni logica credere che Ms Reasonover abbia fatto una confessione a Rose Jolliff il 7 gennaio 1983 dopo aver dichiarato la propria innocenza a Stanley White quella stessa sera, e che cinque giorni dopo abbia detto a Jolliff che l'accusa voleva inchiodarla come autrice di un delitto che non aveva commesso". A conti fatti, la pubblica accusa era in possesso di due nastri in cui Ellen si proclamava innocente, registrati prima e dopo la presunta "confessione" a Rose Jolliff, la cui unica testimone era Jolliff stessa. E oltre a dichiararsi innocente, nelle conversazioni registrate in segreto dalla polizia Ellen descriveva ciò che aveva fatto e visto la notte dell'omicidio in maniera coerente con ogni singolo colloquio avuto in precedenza con il capitano Chapman, con Stanley White, con Rose Jolliff e con Marsha Vogt. Non deviava mai dal suo primo, sincero resoconto dei fatti. E l'accusa aveva vergognosamente nascosto i nastri alla difesa.

Interrogato riguardo alla registrazione di Jolliff, Goldman sostenne di "non ricordare nulla al riguardo" e ribadì che "non era nemmeno al corrente della sua esistenza". E invece trovammo il nastro, etichettato ROSE/ELLEN, 12 GEN 83, COPIA, nel suo dossier. Goldman ammise che avrebbe dovuto presentarlo alla difesa. Mentre lo guardava sudare freddo alla sbarra, Ellen pensò: "Finalmente quest'uomo sta pagando per quello che mi ha fatto".

Il 2 agosto 1999, appena un mese dopo l'udienza probatoria, la giudice Hamilton depositò le settantacinque pagine di motivazioni con cui dichiarava inaccettabile la condanna inflitta a Ellen. Oltre a essere arrivata a tempo di record (in genere, in casi come questo i giudici si esprimono dopo quattro-sei mesi), la sua relazione era lunga il triplo della media, a riprova di quanto auspicasse di vedere Ellen scarcerata al più presto. Secondo le motivazioni della giudice, "il contenuto del nastro White/Reasonover smentisce la deposizione di Rose Jolliff" e "contiene un autentico e affidabile resoconto delle azioni della ricorrente e di Stanley White prima, durante e dopo l'omicidio di James Buckley". In conclusione, basandosi sul contenuto del solo nastro White/Reasonover nessun giurato imparziale avrebbe creduto alla testimonianza resa da Jolliff in aula.

Hamilton elencava inoltre ventuno obiezioni che l'avvocato difensore di Ellen avrebbe potuto rivolgere a Jolliff se fosse stato in possesso del nastro White/Reasonover. Secondo la giudice "ciascuna di queste obiezioni è favorevole alla ricorrente, e tende a dimostrare che il 7 gennaio 1983 la ricorrente non confessò nulla a Rose Jolliff". In conclusione, l'occultamento del nastro White/Reasonover "si è rivelato notevolmente dannoso per la ricorrente. Se la sua esistenza fosse stata resa nota, la corte conclude che avrebbe avuto un ruolo cruciale nel procedimento. Il contenuto del nastro avrebbe avuto un impatto devastante sulla credibilità di Jolliff come testimone". È interessante notare che Rose Jolliff fu chiamata a comparire all'udienza probatoria. Interrogata sotto giuramento, per non autoincriminarsi invocò il Quinto emendamento ventotto volte.

Il 3 agosto 1999, all'indomani della sentenza con cui Hamilton annullava la sua condanna, Ellen fu liberata e scagionata dopo sedici anni e mezzo di ingiusta incarcerazione. Ad aspettare con impazienza che uscisse c'erano suo marito Glen, sua madre Elizabeth, sua figlia Charmelle, ormai diciottenne, e le sue sorelle Hilda e Valerie. Anche il suo team legale, insieme a una folla di sostenitori e giornalisti, attendeva il grande momento. La giurata Donna Ellis, che nel 1983 le aveva salvato la vita, apparve sui media insieme a lei. Consapevoli del suo bisogno di pace e tranquillità, Donna e suo marito proposero a Ellen di stabilirsi da loro. Ellen rimase per sei mesi dagli Ellis prima di sentirsi in grado di tornare a vivere da sola con Charmelle. Donna ed Ellen rimasero buone amiche fino alla morte di Donna, nel 2014.

Dopo la scarcerazione, Ellen denunciò la municipalità di Dellwood per violazione dei diritti civili e ingiusta incarcerazione. La municipalità di Dellwood accettò un accordo stragiudiziale e concesse a Ellen un risarcimento da quattro milioni e mezzo di dollari al netto delle spese legali. Ellen festeggiò anche l'arrivo di due nipotini, Harlem e Jour'nee.

Per cinque anni, dopo il 2000, Ellen ha sofferto di fibromialgia, un disturbo cronico doloroso e debilitante che fortunatamente se n'è andato all'improvviso com'era venuto. Il 3 agosto 2024 ha festeggiato il venticinquesimo anniversario della sua libertà. Ha sessantasei anni e vive tranquilla e in condizioni di salute relativamente buone vicino alle sorelle. Lei e Glen hanno divorziato consensualmente molti anni fa, ma sono rimasti buoni amici fino alla morte di lui, nel 2020. La madre di Ellen è morta nel 2011. Ellen adora i suoi nipoti ed è sempre impaziente di vederli, nelle tante occasioni in cui vanno a trovarla.

Mary Lyner non è vissuta abbastanza a lungo da vedere assolta Ellen. Quasi dieci anni prima che la giudice Hamilton si occupasse del caso, Lyner si è suicidata gettandosi dal balcone dell'appartamento che condivideva con la madre e sua figlia, che si trovavano nella stanza accanto. In una deposizione giurata resa alla giudice Hamilton, la sua migliore amica Virginia Druhe, leale confidente della famiglia Lyner, ha descritto Mary come una persona "abilissima a imbrogliare, vissuta raccontando numerose e sfacciate bugie".

Dan Chapman, ex capo della polizia di Dellwood, è morto nel 2014.

Steven Goldman è andato in pensione nel 2016 dopo aver

ricoperto per ventotto anni il ruolo di giudice della contea di St Louis.

I due uomini incrociati da Ellen alla stazione di servizio Vickers e al minimarket non sono mai stati identificati. L'omicidio di James Buckley è rimasto un caso irrisolto.

L'assenza di un movente

John Grisham

Quando Joe Bryan e la sua futura moglie Mickey Blue si conobbero, lui faceva la seconda elementare e lei la prima. Ovviamente erano troppo giovani per concepire di avere una relazione romantica, ma a mano a mano che crescevano non si persero mai di vista. Abitavano in due cittadine del Texas, non lontane una dall'altra. A scuola Mickey era popolare, ma tranquilla e studiosa. Joe incontrava raramente persone nuove anche se adorava interagire con gli altri. Aveva frequentemente l'impressione di guardare Mickey molto più spesso di quanto lei guardasse lui. Durante l'adolescenza, Mickey uscì con il fratello gemello di Joe e lui con la cugina di lei. Ci furono altre storie, finché i due non si resero conto che stavano frequentando la persona sbagliata. Quando Joe le chiese finalmente di uscire, Mickey accettò subito e nel giro di poche settimane divennero inseparabili.

Entrambi volevano fare gli insegnanti e andarono in due college diversi con lo stesso obiettivo. Amavano i bambini ed erano convinti che l'istruzione fosse la chiave per una vita felice e ricca di successo. Quando si sposarono, nel 1969, Mickey faceva la maestra in una scuola elementare, Joe insegnava latino e inglese alle superiori e allenava la squadra di nuoto. Aveva un piccolo appartamento riservato ai docenti, dove trascorsero anni molto felici. Si dedicavano l'uno all'altra e ai giovani a cui insegnavano. Sognavano di mettere su famiglia, ma dopo tre anni di matrimonio ricevettero la triste notizia che Mickey non poteva avere figli. Ne furono distrutti, ma questo li unì ancora di più.

Nel 1975 tornarono a Clifton, in Texas, la cittadina natale di Mickey. I suoi genitori vivevano ancora lì e la famiglia Blue era rispettata e conosciuta.

Durante l'ultimo anno delle superiori Mickey era stata eletta Miss Clifton High, e quando tornò riallacciò subito le vecchie amicizie. Ottenne un lavoro come maestra in una quarta elementare e Joe divenne il preside della scuola superiore. Entrambi amavano vivere a Clifton ed erano attivi nella comunità, soprattutto nella Prima Chiesa battista e ovviamente negli istituti scolastici.

Joe era fuori quasi ogni sera per qualche attività legata alla scuola; non si perdeva una partita di football, in casa o in trasferta, e spesso Mickey lo accompagnava. Le loro giornate ruotavano attorno alle lezioni, agli studenti e alle attività scolastiche. Si separavano raramente e spesso li si vedeva fare lunghe passeggiate serali in giro per Clifton. A casa, Joe aiutava spesso Mickey a correggere i compiti e a preparare le lezioni.

Le dava una mano anche a addobbare le aule in cui insegnava.

Senza figli, erano legatissimi e determinati a tenere viva la fiamma del loro matrimonio. Negli anni avevano visto tante coppie di amici perdere l'affiatamento e sfaldarsi, distratte dai figli e dal lavoro. Frequentavano volentieri le case dei rispettivi genitori, ai quali erano molto vicini. Ogni anno Joe e Mickey ospitavano la famiglia di lei per la tradizionale cena del Ringraziamento, e a Natale andavano a trovare la famiglia di lui.

Mickey era sempre la prima insegnante ad arrivare alla scuola elementare di Clifton, spesso già alle sette in punto. Le piaceva godersi il silenzio del mattino presto prima che la giornata cominciasse davvero e che i corridoi si riempissero delle voci entusiaste dei piccoli alunni.

Martedì 15 ottobre 1985 Mickey non si presentò a scuola.

Susan Kleine, una maestra di quinta, passò davanti alla

sua aula, notò che la porta era ancora chiusa a chiave e pensò che Mickey fosse in sala fotocopie, nell'altra ala dell'edificio. Alle otto, però, di Mickey non c'era ancora traccia, e Susan capì che qualcosa non andava. Si diresse subito dal preside, Rex Daniels, e lo informò che Mickey era assente. Forse aveva chiamato per dire che non stava bene e Rex si era dimenticato di convocare un supplente.

Lui però disse che non l'aveva sentita. Il suo primo istinto fu di chiamare Joe, ma poi si ricordò che il suo amico era fuori città.

In effetti Joe si trovava a quasi duecento chilometri, a Austin, per il congresso annuale dell'Associazione dei presidi delle scuole secondarie del Texas. Aveva parlato con Mickey alle nove della sera prima, per telefono, dalla sua camera d'albergo. Come sempre, le aveva detto che la amava e che sarebbe rientrato il pomeriggio seguente.

Rex chiese alla sua segretaria di telefonare a casa Bryan; lei lo fece, ma non ebbe risposta. Rex le chiese allora di chiamare i genitori di Mickey, Otis e Vera Blue, che vivevano lì vicino. Loro risposero e dissero di non avere idea di dove fosse Mickey, anzi, davano per scontato che fosse a scuola. L'avevano vista il pomeriggio prima, quando si era fermata a salutarli. Uscirono subito per andare a controllare che stesse bene.

Lo fece anche Rex Daniels, che arrivò a casa Bryan per primo e notò che l'auto di Mickey era parcheggiata nel garage. Nel vialetto c'erano i giornali del mattino. Rex suonò il campanello, ma nessuno rispose. I Blue arrivarono con le chiavi ed entrarono tutti insieme. Vera entrò per prima e chiamò la figlia. Quando mise piede nella camera matrimoniale si mise a urlare, davanti a una scena orribile.

C'erano schizzi di sangue sul soffitto e su ogni parete. Mickey era distesa di traverso sul letto, in una pozza di sangue, chiaramente morta. Rex prese Vera e Otis, li portò in soggiorno e li fece sedere sul divano. Erano sconvolti, inconsolabili, ammutoliti. Rex tornò ad affacciarsi in camera da letto, ma non entrò. Per un istante guardò Mickey distesa sul letto disfatto; era nuda dalla vita in giù, con la camicia da notte rosa sollevata fino alle cosce.

Rex riuscì a ricomporsi, andò al telefono in cucina e chiamò la polizia.

Verso le dieci del mattino, mentre Joe partecipava a una sessione del congresso di Austin, Harold Massey, direttore esecutivo dell'associazione e suo amico di lunga data, gli chiese di uscire dalla sala. Nell'atrio lo informò che qualcuno aveva sparato e aveva ucciso sua moglie in casa loro. Joe crollò su una sedia e farfugliò: "Mickey Bryan di Clifton, Texas?". Altri tre colleghi che conoscevano bene Joe lo accompagnarono in camera e lo fecero stendere sul letto, dove lui cominciò a tremare.

Clifton distava almeno due ore d'auto da Austin, un dettaglio che successivamente divenne importante. Joe non era nelle condizioni di guidare. Due suoi amici arrivarono da Clifton verso mezzogiorno per accompagnarlo a casa, e quando Joe li vide crollò e scoppiò in lacrime. In seguito uno dei due ricordò: "Parlammo pochissimo. Joe era seduto dietro a testa bassa e pianse tutto il tempo".

Quando entrarono a Clifton, dal finestrino Joe guardò sfilare le strade, le case e i palazzi che conosceva bene, e pensò con terrore all'orribile momento in cui sarebbe arrivato nella casa che lui e la sua adorata Mickey avevano costruito dieci anni prima. Mentre si avvicinavano, la prima cosa che notò furono le auto della polizia parcheggiate ovunque. C'erano uomini delle forze dell'ordine in ogni angolo della casa; attorno agli alberi e ai pali della luce era appeso il nastro giallo brillante che delimitava la scena del crimine. Agenti di polizia locale e di Stato, vicesceriffi della contea e tecnici della Scientifica erano al lavoro con le indagini. I leggendari Texas Rangers si trovavano già sul posto, sempre pronti ad aiutare gli agenti locali alle prese con un omicidio.

I vicini osservavano con muta incredulità. La notizia del delitto si era sparsa in fretta, come succede sempre nelle piccole città. Joe riconobbe le facce tristi e spaventate dei suoi concittadini.

Ancora confuso e disorientato, cercò coraggiosamente di rispondere alla prima ondata di domande degli investigatori. Sì, in casa aveva una pistola, una .357 Magnum caricata con pallini da caccia per uccidere i serpenti a sonagli e i testa di rame che a volte si avvicinavano troppo. Aggiunse che lui e Mickey tenevano un migliaio di dollari in contanti in una scatola di metallo.

Dopo qualche altra domanda, Joe fu accompagnato a casa di Vera e Otis Blue, dove si stavano riunendo conoscenti e amici sconvolti e addolorati. Quando Joe vide Susan Kleine le chiese a più riprese: "Come farò senza Mickey?".

Quella sera andò a casa di sua madre, nella cittadina di Elm Mott, a una sessantina di chilometri, vicino a Waco. Stravolto, sconcertato ed emotivamente distrutto, rimase sveglio a letto a chiedersi: "Chi mai poteva voler fare del male a Mickey? E perché?".

Sul luogo del delitto, gli investigatori lavorarono freneticamente fino a notte fonda.

Cominciarono a emergere alcuni dettagli: Mickey era stata colpita quattro volte da spari a distanza ravvicinata; la .357 Magnum di Joe era sparita; nelle ferite di Mickey e in tutta la stanza erano stati trovati pallini di piombo, e ciò indicava che probabilmente l'arma del delitto era la pistola; non c'erano testimoni; i vicini non avevano visto né sentito nulla; non erano state trovate impronte digitali sospette, né impronte di scarpe o stivali; i tamponi vaginali non avevano rilevato tracce di sperma; la casa non presentava segni di effrazione; sul pavimento della cucina era stato trovato un mozzicone di sigaretta, ma né Mickey né Joe fumavano.

Quando gli investigatori si resero conto che la fede nuziale di Mickey, il suo orologio e l'anello di diamanti erano spariti insieme alla pistola di Joe, dedussero che la donna fosse stata vittima di una rapina finita in omicidio. Ma non c'erano molte prove a sostegno di questa teoria, né, a dire il vero, di qualunque altra.

Gli indizi disponibili erano pochi. Il corpo di Mickey fu spostato dal materasso, intriso di sangue come il tappeto. La quantità di sangue sparso nella stanza convinse la polizia che c'era bisogno di un esperto.

Robert Thorman era un detective del dipartimento di polizia della vicina contea di Bell, e quattro mesi prima aveva ricevuto l'attestato che lo dichiarava esperto in "analisi di tracce ematiche". L'omicidio Bryan fu il primo incarico retribuito di questa sua seconda occupazione. Nella rete di conoscenze di agenti e sceriffi si era già sparsa la voce che Thorman aveva superato gli esami e ottenuto l'attestato, e sapeva vedere nelle macchie di sangue cose invisibili agli altri investigatori.

Gli esperti nell'analisi di tracce ematiche erano convinti, almeno nel 1985, che una scena molto insanguinata fosse ricca di indizi sulla dinamica e sul responsabile del delitto. Analizzando attentamente le gocce, gli schizzi, gli spruzzi, le scie e le sbavature del sangue della vittima, un esperto navigato poteva scovare prove decisive.

Thorman aveva ottenuto l'attestato dopo aver seguito, al costo di 400 dollari, un corso intensivo di quaranta ore durato una settimana e organizzato da una società privata specializzata nell'addestramento di "esperti" in ogni genere di disciplina forense. Le lezioni si erano tenute nella sala da ballo di un albergo di Beaumont e, guarda caso, ogni "studente" del corso aveva ottenuto voti alti, aveva l'attestato ed era pronto a testimoniare.

Quando Thorman arrivò a casa Bryan, il martedì sera, mise immediatamente in pratica quello che aveva imparato nella sala da ballo dell'albergo. Studiò le macchioline di sangue sulle pareti. Scattò fotografie. Fissò cordicelle qua e là, prese misure e passò due ore nella camera da letto.

Il suo esame approfondito non produsse risultati significativi, ma lui non si diede per vinto e garantì che sarebbe tornato.

Tra i riscontri che Thorman *non fece*, uno era destinato a diventare molto importante. Com'è solito fare chi ha una casa grande, Joe e Mickey tenevano a portata di mano un assortimento di torce elettriche – piccole, grandi, vecchie e nuove – che non trovavano mai quando servivano davvero.

Sul luogo del delitto non fu rinvenuta nessuna torcia. Nessuno degli investigatori e dei periti, compreso Thorman, che per ore setacciarono da cima a fondo la camera di Joe e Mickey riportò di averne viste.

Una delle torce dei Bryan, tuttavia, finì per diventare una prova cruciale, e a renderla tale furono proprio gli investigatori.

Quando Joe cedeva alla fatica si addormentava, ma veniva svegliato dall'ennesimo incubo. "Non può essere vero" continuava a ripetersi. Dopo una notte di sonno intermittente, il mattino di mercoledì si alzò e si preparò a un'altra terribile giornata.

Il suo primo compito fu andare all'agenzia di pompe funebri per discutere della sepoltura di sua moglie. Mentre si trovava là lo informarono che Joe Wilie voleva parlargli. Joe fu accompagnato alla stazione di polizia ed entrò, senza un avvocato. Chiamarlo era un'idea che non lo aveva nemmeno sfiorato.

Wilie era un ex agente della polizia di Stato promosso nei Texas Rangers, la leggendaria ed esclusiva unità che combatte il crimine nello Stato del Texas. Come ogni ranger, Wilie ostentava una sicurezza che alcuni consideravano sfacciataggine, e la convinzione di poter risolvere qualsiasi omicidio. Cominciò lo scambio facendo a Joe qualche domanda di routine sulla sua vita con Mickey. Affaticato ed emotivamente distrutto, Joe fu subito colpito dalla totale mancanza di empatia di Wilie. Il ranger, che lo sbirciava da sotto l'immancabile cappello bianco da cowboy, fu brusco, presuntuoso, diretto. Uno spettatore non avrebbe potuto immaginare che si stesse rivolgendo a un uomo la cui moglie era appena stata brutalmente assassinata.

Joe chiese come stavano andando le indagini. Dannazione, aveva bisogno di sapere chi aveva ucciso sua moglie. Ma Wilie fu reticente e non gli diede quasi nessun dettaglio. Lo informò che avevano trovato la scatola di metallo dei contanti vuota. No, Joe non aveva idea di chi potesse desiderare di uccidere Mickey. Non riusciva ancora a credere che qualcuno la volesse morta.

Per quanto sgradevole, il colloquio non fu condotto in modo aggressivo. Le accuse sarebbero arrivate più avanti.

All'insaputa di Joe, e senza il suo consenso, gli investigatori avevano prelevato da casa dei Bryan tutte le carte e i documenti di valore: estratti conto, polizze assicurative, libretti degli assegni, fatture, testamenti, praticamente tutto. Gli estratti conto bancari rivelarono una vita frugale, come c'era da aspettarsi. Joe e Mickey risparmiavano e possedevano circa 35.000 dollari su vari conti correnti. Per la loro casa stavano pagando un mutuo da circa 36.000 dollari, coperto da una polizza di assicurazione sulla vita: in caso di morte di uno dei coniugi, il mutuo sarebbe stato saldato. La coppia aveva sottoscritto assicurazioni temporanee sulla vita di ciascuno dei due per circa 150.000 dollari, una cifra non altissima. La liquidazione prevista dal sistema pensionistico per gli insegnanti del Texas ammontava a 26.000 dollari, pagabili al sopravvissuto.

Joe non ricevette neanche un centesimo.

L'omicidio di una persona conosciuta è una notizia scioccante a prescindere dal luogo in cui succede, ma in un posto come Clifton, i cui tremila abitanti si conoscevano praticamente tutti, la morte di Mickey fu impossibile da elaborare. Una ragazza del posto proveniente da una buona famiglia, un'insegnante ammirata e amata e la moglie di un preside molto conosciuto: se non era al sicuro lei, chi lo era? L'omicidio di Mickey Bryan fu scioccante.

Oltretutto, a Clifton si respirava già un clima di paura perché a giugno, quattro mesi prima, era stata uccisa brutalmente un'altra donna, la diciassettenne Judy Whitley, il cui corpo nudo era stato trovato in un boschetto a meno di due chilometri da casa dei Bryan. La ragazza era stata legata, imbavagliata, stuprata e uccisa per soffocamento. Anche in quell'occasione le indagini erano state affidate al ranger Wilie.

I due delitti erano collegati? La notizia della morte di Mickey, in una comunità sicura e pacifica dove i reati gravi erano sempre stati pochissimi, scosse una popolazione già tesa. E mise ulteriore pressione a Joe Wilie e alla sua squadra di investigatori. La verità era che non avevano indizi concreti. Lavoravano senza sosta e battevano ogni pista, ma brancolavano nel buio.

Poi entrò in scena Charlie Blue, il fratello maggiore di Mickey. Viveva in Florida, dove era vicepresidente di una ditta che vendeva prodotti chimici per l'agricoltura. Quel martedì, dopo aver saputo della morte della sorella, aveva preso un volo per il Texas e raggiunto Clifton in auto.

Secondo Joe, Mickey e Charlie non erano mai stati legati. Lui era un dirigente aziendale aggressivo, prepotente e abituato a comandare, tutto il contrario della pacata e dimessa Mickey. In quanto cognati, Joe e Charlie riuscivano ad andare d'accordo ma mantenevano le distanze. Charlie viveva a milleseicento chilometri di distanza e si vedevano di rado.

Charlie si installò a casa dei genitori Vera e Otis e si prese cura di loro mentre la famiglia cercava di elaborare il lutto. Chiese in prestito a Joe la sua auto, una Mercury, mentre era in città, e Joe gliela lasciò volentieri. Non era ancora nelle condizioni di guidare e per spostarsi dipendeva dall'aiuto dei familiari. Venerdì, il giorno dopo il funerale, esasperato dalla mancanza di progressi degli investigatori, Charlie decise di intervenire. Per la sua società lavorava come detective privato un ex agente dell'FBI in pensione di nome Bud Saunders. Charlie lo chiamò e gli chiese di venire a Clifton, dicendogli che nella morte di Mickey c'era qualcosa che non lo convinceva. Del coinvolgimento di Saunders non informò né Joe Bryan né Joe Wilie.

L'investigatore privato arrivò a Clifton il sabato pomeriggio e si incontrò con Charlie in un fast food. Salirono sulla Mercury di Joe Bryan e fecero un lungo giro per parlare del caso. Da qualche parte in campagna si fermarono per fare pipì sul ciglio della strada, e Saunders si infangò gli stivali. In cerca di uno straccio, Charlie aprì il bagagliaio dell'auto. All'interno, dentro una scatola di cartone, c'era una torcia con la lente puntata verso l'alto. Sulla lente c'erano delle minuscole macchioline. Charlie la prese e la esaminò. Lui, dirigente d'azienda, non era certamente esperto di tracce ematiche o scene del crimine, ma in qualche modo ipotizzò che le macchioline fossero schizzi di sangue. Passò la torcia a

Saunders, che concordò subito. Tornarono in auto a Clifton e chiamarono i Rangers da una cabina telefonica.

Quella sera Joe Wilie emise un mandato di perquisizione per la Mercury di Joe Bryan. La torcia fu prelevata e inviata al laboratorio statale della Scientifica per essere analizzata. L'auto era immacolata, priva di macchie di sangue all'esterno o all'interno. Joe era un maniaco della pulizia.

Wilie restituì la Mercury a Charlie, che la guidò fino a casa dei Bryan e la lasciò nel vialetto verso le quattro del mattino di domenica. Poi lui e Saunders lasciarono la città; Charlie prese un volo da Austin a Tampa.

Joe Bryan non sapeva niente di tutto questo. Quando prese l'auto la domenica pomeriggio non la vedeva da quattro giorni, durante i quali Wilie e la sua squadra l'avevano perquisita da cima a fondo.

Per il ranger la svolta giunse quando la Scientifica riferì che le macchioline sulla lente della torcia erano di sangue umano di tipo 0, lo stesso di Mickey ma non di Joe. Nel 1985 il test del DNA non esisteva. Wilie cominciò a sospettare qualcosa, anche se metà della popolazione mondiale ha un gruppo sanguigno di tipo 0. Quando un chimico della Scientifica scoprì sulla lente della torcia alcune minuscole particelle di plastica e ipotizzò che avessero le stesse caratteristiche dell'involucro dei pallini di piombo trovati sulla scena del crimine, Wilie si convinse che la torcia fosse stata usata nell'omicidio.

Il ranger aveva trovato il suo uomo.

Il 23 ottobre, otto giorni dopo il delitto, mentre Joe Bryan guardava la televisione in soggiorno insieme a sua madre nella casa di lei a Elm Mott, Wilie si presentò inaspettatamente alla porta. Insieme a lui c'erano Ron Brennand, capo della polizia di Clifton, e Denny Proffitt, sceriffo della contea di Bosque. Joe fu sollevato e contento di vederli; sperava che avessero qualche buona notizia sull'indagine.

Wilie invece annunciò: "Lei è in arresto per l'omicidio di sua moglie".

Joe rimase ammutolito, ma a un certo punto riuscì a chiedere: "In base a quali prove?".

Il ranger non rispose. Joe fu ammanettato, fatto salire sul

sedile posteriore di un'autopattuglia e condotto nella vicina Waco, dove fu arrestato. Poi lo portarono alla prigione della contea di Bosque a Meridian, dove lo fecero spogliare e lo fotografarono. La polizia cercava graffi o lividi che indicassero un estremo e disperato tentativo di difendersi da parte di Mickey.

Non fu trovato niente del genere.

La notizia dell'arresto di Joe fu accolta da tutti con scetticismo. Di fatto, nessuno tra coloro che lo conoscevano riusciva a credere anche solo per un momento che avesse ucciso Mickey, la donna che amava e adorava e a cui era assolutamente devoto. I loro colleghi a scuola erano increduli e furiosi. Le proteste da parte degli alunni, vecchi e nuovi, furono veementi. Joe era famoso per la pazienza e la freddezza che riusciva a mantenere in ogni situazione. Non aveva né il temperamento né un movente per fare del male a qualcuno, tantomeno a sua moglie.

Non è chiaro se in seguito all'arresto, il ranger Wilie e la sua squadra furono toccati dalla reazione collettiva. Avevano svolto indagini frettolose, non disponevano di testimoni né di indizi credibili, stavano ignorando un alibi di ferro e adesso si pavoneggiavano con la stampa. Ancora una volta l'eroico ranger era entrato in città con il suo cavallo bianco e aveva salvato la gente arrestando un assassino spietato.

Fedeli alla strategia del "prima incrimina, poi indaga", Wilie e i suoi si affannarono a dimostrare l'elemento del crimine che richiedeva più attenzione: il movente. Non c'erano né una prova né un pettegolezzo riguardo ai problemi matrimoniali tra Joe e Mickey, perché non ne avevano. Erano inseparabili, andavano d'accordo con i parenti, avevano pochi soldi per cui litigare, adoravano stare insieme e preferivano passare il tempo da soli piuttosto che con gli amici.

Per mettere in dubbio il legame della coppia, gli investigatori stabilirono arbitrariamente che Joe era omosessuale. E secondo la loro logica, se aveva tendenze omosessuali, doveva avere anche tendenze omicide.

La macchina della diffamazione era ormai in moto. Secondo una delle più bizzarre teorie della polizia, Mickey aveva scoperto in qualche modo la doppia, sordida vita di Joe e aveva intenzione di affrontarlo, chiedere il divorzio eccetera. Non c'era uno straccio di prova a suggerire niente del genere, ma non aveva importanza. Il caso era del tutto privo di un movente, perciò era tassativo che i poliziotti ne creassero uno a tavolino.

Ad alimentare la campagna di diffamazione contribuì un oggetto che Joe Wilie aveva trovato nel bagagliaio della Mercury di Joe Bryan quando stava cercando la torcia. Si trattava di un calendario con fotografie a colori di ballerini seminudi. Joe e Mickey lo avevano comprato insieme come regalo per prendere in giro un amico, poi se n'erano dimenticati e lo avevano lasciato nel bagagliaio.

Che altre prove servivano?

Dopo l'arresto e il rilascio di Joe su cauzione, gli investigatori si sparpagliarono per la comunità in cerca di prove che fosse gay, e non esitarono a diffondere qualunque tipo di pettegolezzo lascivo.

Quando Joe Wilie interrogò Susan Kleine, amica intima e collega di Mickey, la prima domanda che le fece la lasciò attonita: "Pensa che Joe sia effeminato?". Senza darle il tempo di rispondere, Wilie la incalzò: "Gira voce che sia gay".

Susan era molto amica sia di Joe sia di Mickey e fu categorica nell'affermare che Joe non avrebbe mai fatto del male alla moglie. Li conosceva bene, conosceva le loro famiglie e i loro amici e non aveva mai sentito nessuno dire che Joe fosse gay. Non finché non lo aveva insinuato Wilie.

Respinse le insinuazioni con fermezza e disse che no, secondo lei Joe non era effeminato, e certamente neanche gay. E no, non aveva mai sentito quel pettegolezzo. Di fronte alle insistenti domande di Wilie sulla sessualità di Joe, Susan cominciò a innervosirsi. Sapeva la verità, e sapeva quanto potessero essere devastanti i pettegolezzi per uno come Joe. Alla fine avvertì Wilie che stava esagerando e che avrebbe dovuto essere più cauto con la reputazione delle altre persone.

Il ranger e la sua squadra furono tutto fuorché cauti. In

decine di interrogatori ad amici e conoscenti tornarono a più riprese sulla presunta omosessualità di Joe, sebbene nessuno dei testimoni avesse mai sospettato niente del genere. Gli agenti furono particolarmente fantasiosi e chiesero di eventuali pettegolezzi su una relazione di Joe con uno studente e su presunti viaggi di Joe a New Orleans per dissoluti weekend in locali gay. Le voci, create a tavolino e fomentate dai poliziotti, furono ribadite, fatte circolare, arricchite di dettagli e infine vissero di vita propria.

Gli appunti degli investigatori contenevano annotazioni come "Tendenze omo?", "Gay?", "Frocio?".

Per passare al setaccio la vita privata di Joe in ogni aspetto, gli investigatori ottennero anche i suoi tabulati telefonici. A quel punto sarebbe bastato un briciolo di buonsenso per ammettere che avevano seguito la pista sbagliata. Wilie e i suoi, invece, erano di un altro avviso. Nel mese precedente all'omicidio Joe aveva telefonato a Mickey, a sua madre, al fratello maggiore, a un cugino, a un negozio che vendeva integratori alimentari, a uno di lenti a contatto e infine a un ospedale. Nemmeno una delle telefonate era lontanamente sospetta.

A guidare le indagini dei detective non era il buonsenso. Ormai l'arresto era stato fatto, avevano il loro uomo e l'unico obiettivo era inchiodarlo a tutti i costi.

Joe Bryan era eterosessuale, felicemente sposato e non aveva mai tradito la moglie. Per tutta la durata del loro matrimonio, Joe e Mickey avevano vissuto una serena, intima relazione di coppia. Come nella maggior parte dei matrimoni, i primi anni erano stati più passionali, soprattutto quando i due cercavano di avere un bambino. La notizia che Mickey non poteva averne li aveva profondamente addolorati, ma non avevano neanche trent'anni e di certo erano troppo giovani per rinunciare a una vita sessuale.

Quando il pettegolezzo sulla sua presunta omosessualità arrivò a Joe, che si trovava a casa di sua madre a Elm Mott, lui lo visse come l'ennesimo colpo basso ai danni di un innocente. "Cos'altro possono ancora fare?" si chiese.

Gli abitanti di Clifton erano persone rispettose della legge che avevano grande fiducia nell'autorità della polizia, dei pubblici ministeri, dei giudici. Un pettegolezzo sgradevole diffuso da un normale cittadino poteva arrivare lontano o avere vita breve, ma se a dargli credito era un poliziotto, per non parlare di un Texas Ranger, allora pesava molto di più. Non ci volle molto prima che le voci, del tutto infondate, fossero ripetute e cominciassero a circolare. Come accade sempre in questi casi, più le chiacchiere sono sensazionali, più in fretta viaggiano.

Mentre la campagna di diffamazione si intensificava, Joe si tenne lontano da Clifton.

La scuola gli impose un congedo retribuito, e per la prima volta in molti anni la sua vita non ruotò attorno agli studenti e agli impegni didattici. Joe sentiva la mancanza dei ragazzi e dei suoi amici, molti dei quali si stavano lentamente allontanando.

Sopra ogni cosa, però, sentiva la mancanza della sua amata moglie e migliore amica.

Una volta alla settimana tornava a casa a Clifton per tagliare l'erba. Stava cominciando a sentirsi un intruso nella sua stessa città. I vicini erano ancora cordiali, altre persone si tenevano a distanza. Spesso si fermava al cimitero, dove piangeva seduto accanto alla tomba di Mickey. Perderla era stato un colpo durissimo e doloroso. Essere accusato di averla uccisa rendeva il dolore insopportabile.

Joe era cristiano, e la fede lo aveva sempre sostenuto e guidato. Pregava più che mai e leggeva la Bibbia in cerca di aiuto. Continuò a frequentare le funzioni in chiesa perché l'affetto degli altri fedeli gli dava forza. Quel legame però fu lacerato il giorno in cui il pastore lo chiamò, e dopo qualche chiacchiera cordiale arrivò al vero scopo della telefonata. Numerosi membri della Prima Chiesa battista avevano dichiarato che la sua presenza li metteva a disagio. Gli spiaceva tenersi alla larga sino alla fine del processo? Fu un altro schiaffo per Joe, che sprofondò ancora di più nel suo mondo oscuro.

Poco tempo dopo il sovrintendente scolastico andò a trovarlo a casa e gli chiese di dimettersi.

A peggiorare le cose giunse anche il ritorno a Clifton di Charlie Blue, che si intromise nei procedimenti intentando un'azione legale per proteggere il patrimonio di Mickey e impedire a Joe di spendere i risparmi di famiglia per pagare le parcelle degli avvocati. Il giudice accontentò Charlie, e Joe dovette chiedere i soldi ai suoi fratelli. Otis e Vera, i genitori di Mickey, tagliarono completamente i ponti con lui.

Sei mesi dopo l'omicidio iniziò il processo nel tribunale di Meridian, un centro persino più piccolo di Clifton ma capoluogo della contea di Bosque. Gli avvocati di Joe avevano preso la decisione cruciale di non chiedere un cambiamento di sede. Ritenevano che il loro cliente fosse noto e rispettato nella sua comunità, e meritasse di difendersi dalle accuse e di essere giudicato da suoi pari. La decisione si rivelò saggia quando, alla domanda se conoscessero o avessero mai sentito nominare Joe Bryan, la maggior parte dei potenziali giurati alzò la mano.

Per gli amici e i familiari di Joe, vederlo seduto al banco della difesa tra i suoi due avvocati fu una scena sconvolgente. A tratti appariva addolorato e confuso, in altri momenti quasi bellicoso e combattivo perché tutti sapevano che il processo era un bluff e che lui era innocente, e non desiderava altro che sistemare le cose e finirla il prima possibile. Dal giorno del suo arresto in poi non aveva mai, neanche per un istante, pensato davvero che potessero condannarlo per l'omicidio di Mickey. Di tanto in tanto temeva che potesse succedere, considerato che i processi sono imprevedibili, però conosceva la verità ed era certo che sarebbe venuta a galla e lo avrebbero assolto. Non toccava a lui essere in quell'aula, maledizione, ma a qualcun altro.

Il pubblico ministero era Andy McMullen, il procuratore distrettuale eletto, che non aveva molta esperienza in fatto di omicidi. Le prove che gli avevano fornito Joe Wilie e i suoi erano così deboli, circostanziali e lacunose che un verdetto di colpevolezza sembrava improbabile. McMullen però non aveva intenzione di mettersi contro un Texas Ranger che affermava di aver risolto un omicidio di grande rilievo.

Che il suo fosse un compito ingrato fu chiaro sin dal colpo di martelletto che aprì il processo. Il giudice non aveva prove dirette ma puramente circostanziali, nel migliore dei casi. Non c'erano testimoni; nessuno aveva visto né sentito nulla di strano la notte in cui Mickey era stata uccisa. Per condannare Joe, la pubblica accusa avrebbe dovuto convincere i giurati a credere a una teoria assurda: 1) la sera del 14 ottobre, verso le nove e un quarto, Joe e Mickey avevano parlato al telefono e si erano dati la buonanotte; 2) Joe era uscito di soppiatto dalla sua stanza d'albergo a Austin, a quasi duecento chilometri di distanza, e dopo un paio d'ore era tornato a casa, a Clifton; 3) Joe aveva guidato senza problemi nonostante un forte temporale e benché soffrisse di erosione corneale, un disturbo che di sera, al buio, gli indeboliva la vista; 4) Joe era arrivato a casa verso mezzanotte, aveva parcheggiato nel vialetto, era entrato con le sue chiavi dalla porta di servizio in cucina; 5) in casa, al buio, mentre Mickey dormiva, Joe aveva preso la .357 Magnum, l'aveva caricata con i pallini di piombo, aveva trovato la torcia, si era insinuato in camera da letto e aveva sparato quattro volte a sua moglie; 6) mentre sparava reggeva la torcia, e in qualche modo il sangue di tipo 0 appartenente a Mickey era schizzato o gocciolato su di lui, sulle pareti, sul soffitto e sulla torcia stessa; 7) Joe si era lavato, aveva indossato vestiti e scarpe puliti, aveva gettato via quelli insanguinati e se n'era andato; 8) mentre fuggiva aveva preso la pistola, che non era mai stata trovata, e la torcia, e aveva messo quest'ultima nel bagagliaio dell'auto, evidentemente ignaro che uno schizzo di sangue fosse finito anche lì sopra; 9) Joe aveva anche "rubato" la fede nuziale che aveva dato a sua moglie, oltre al suo orologio e all'anello di diamanti; 10) dopo aver ucciso la moglie, Joe era tornato in auto a Austin nelle prime ore del mattino del 15 ottobre, era entrato in camera senza farsi vedere da nessuno, aveva dormito qualche ora, e alle otto e mezza si era presentato a colazione con i colleghi come se niente fosse.

In effetti, a volerci credere a tutti i costi, questa ricostruzione poteva anche risultare valida. Per esempio: Joe aveva scelto il 14 ottobre, il giorno della sua trasferta, per crearsi un alibi ben documentato; era così determinato a uccidere che aveva sopportato le quattro ore di viaggio in auto nonostante i suoi problemi di vista; sapeva che dopo la mezzanotte di un martedì quasi tutti sarebbero stati chiusi in casa, perciò non c'era bisogno di nascondere l'auto; era entrato senza problemi in casa sua perché aveva le chiavi; forse aveva caricato in precedenza la pistola e la teneva pronta; invece di accendere le luci in camera da letto e dare a Mickey l'opportunità di svegliarsi e di opporre resistenza, l'aveva attaccata al buio in modo che non potesse difendersi e non sapesse chi l'aveva uccisa; era consapevole che si sarebbe sporcato di sangue, quindi aveva portato con sé un cambio di vestiti e di scarpe per la fuga. E così via.

Ogni dettaglio si poteva contestare. Tuttavia, in un processo penale bisogna arrivare a una condanna al di là di ogni ragionevole dubbio, e non ci si può basare su quello che *potrebbe essere* accaduto; sono richieste prove concrete, e nel processo "Stato contro Bryan" lo Stato non aveva quasi nulla da offrire.

Continuava a mancare anche il movente. L'accusa non era in grado di produrre la minima prova del fatto che il matrimonio di Joe e Mickey fosse in crisi. Era vero il contrario. Dopo mesi passati a interrogare parenti e amici, gli investigatori non avevano scovato il minimo indizio di conflitto o insoddisfazione.

Nemmeno la teoria dell'omosessualità reggeva. A prescindere dalle malignità, dai pettegolezzi e dalle domande tendenziose fatte circolare dagli investigatori, non c'era nessuna prova che Joe avesse tradito la moglie con altri uomini o donne. Avevano cercato di calunniarlo, ma l'aula era piena di suoi amici e sostenitori, a dimostrazione che era una persona stimata e benvoluta. Una quarantina di amici erano pronti a testimoniare a suo favore.

L'esposizione introduttiva di McMullen alla giuria fu talmente priva di convinzione e di efficacia da somigliare a una resa, un'ammissione che la tesi accusatoria non stava in piedi. In genere, quando i pubblici ministeri non hanno prove schiaccianti ne fanno una questione di superiorità morale, si infervorano, citano perfino le Sacre Scritture e Shakespeare, pur di distogliere l'attenzione della giuria dalla fragilità delle accuse. McMullen no. Non presentò alcun impianto accusatorio. Divagò, disse qualche banalità e ringraziò la giuria per il suo impegno.

I fuochi d'artificio arrivarono da un altro pubblico ministero, Garry Lewellen. Veniva da fuori e a coinvolgerlo nel processo era stato Charlie Blue, in virtù della stessa insoddisfazione che all'epoca delle indagini lo aveva portato a ingaggiare un investigatore privato. Secondo la legge del Texas la famiglia della vittima era libera di affiancare un suo rappresentante al procuratore distrettuale, a patto che quest'ultimo mantenesse il controllo del caso.

Lewellen era più aggressivo e grintoso di McMullen, e sbraitò abbastanza da guadagnarsi l'attenzione della giuria. Lo slancio dell'accusa, però, si esaurì presto. Alla giuria furono mostrate fotografie esplicite della scena del crimine e grafici del letto e della casa, che non provavano quasi niente. Due capelli trovati in una scatola di cartone dentro il bagagliaio della Mercury di Joe non erano suoi, né di Mickey. Alcune impronte in camera da letto erano di Joe, ma del resto era la sua stanza. Altre furono trovate sulla sua torcia. Lui non aveva mai negato che fosse sua. Un'impronta non identificata del palmo di una mano in camera da letto non apparteneva a Joe e non si poté collegare a Mickey perché fu fatta confusione nelle analisi comparative. Una chimica della Scientifica testimoniò di aver esaminato delle fotografie della torcia al microscopio, vedendovi un frammento che *poteva* appartenere alla plastica dei bossoli trovati sulla scena del crimine.

Sottolineiamo che la torcia non era presente in aula. Non è chiaro dove si trovasse all'epoca, ma gli atti processuali dicono chiaramente che l'accusa non la mostrò alla giuria. Tutte le analisi della lente furono svolte esaminando le *fotografie* della torcia, non la torcia stessa.

I primi giorni del processo si trascinarono senza nessuna prova schiacciante contro Joe.

Il reperto più importante di tutti era anche quello che più poteva screditare la tesi dell'accusa: il mozzicone di sigaretta trovato sul pavimento della cucina. Dal momento che né Joe né Mickey fumavano, era legittimo pensare che l'assassino avesse fumato tranquillamente una sigaretta dopo aver commesso il delitto, o forse prima.

Il mozzicone era comunque un grosso problema per l'accusa. Qualcuno l'aveva lasciato lì, e quel qualcuno era l'assassino.

Ma Joe Wilie non si fece scoraggiare. Aveva una nuova teoria. Spiegò paziente ai giurati di aver calpestato il mozzicone di sigaretta mentre era fuori dalla casa e di averlo inavvertitamente portato in cucina, dove gli si era staccato dalla suola dello stivale da cowboy. Come facesse il ranger a sapere di averlo calpestato non fu mai chiarito. Come facesse a sapere di averlo depositato in seguito sul pavimento della cucina non fu mai spiegato. Il problema, a ogni modo, era risolto. E Wilie aveva perfino un testimone. Kenneth Fields, un agente di polizia di Clifton, dichiarò di aver effettivamente visto il mozzicone di sigaretta cadere dallo stivale di Wilie sul pavimento della cucina. Naturalmente Fields non ne aveva parlato con nessuno fino a quel momento, né aveva incluso il dettaglio nel suo rapporto. Neanche nelle venticinque pagine del rapporto steso da Wilie dopo il primo sopralluogo ci sono riferimenti al mozzicone di sigaretta.

Il quarto giorno di processo, lo Stato chiamò al banco dei testimoni Charlie Blue.

Lui e il suo pubblico ministero personale Lewellen si esibirono in un botta e risposta ben congegnato che dipingeva Blue nei panni del fratello maggiore allarmato e desideroso che fosse resa giustizia a sua sorella. Raccontò alla giuria di quando lui e Saunders, il suo investigatore privato, si erano visti e avevano girovagato per la contea con la Mercury di Joe finché non si erano fermati sul ciglio della strada per fare pipì. Quando avevano aperto il bagagliaio Blue aveva visto la torcia, notato le macchioline rosse sulla lente ed esclamato: "Questo sembra sangue". Com'era prevedibile, Saunders aveva concordato.

Ancora una volta i giurati non ebbero la possibilità di vedere la torcia. Al suo posto ricevettero fotografie a colori che mostravano vagamente alcune macchioline distinguibili a malapena.

La tesi dell'accusa arrancava senza colpi di scena né prove concrete della colpevolezza dell'imputato. La testimonianza più determinante fu quella del ranger Wilie, quando fu controinterrogato dagli avvocati di Joe riguardo alla mancanza di un movente. Gli chiesero: "Lei non ha trovato nessun motivo per cui quest'uomo avrebbe potuto desiderare di uccidere questa donna, è corretto?".

Wilie rispose: "Per lui da morta vale 300.000 dollari, se vogliamo ipotizzare un movente".

Oltre che provocatorie e altamente tendenziose, erano affermazioni false. La polizza sulla vita stipulata da Mickey valeva approssimativamente 150.000 dollari. Alla morte di sua moglie, Joe aveva circa 35.000 dollari in banca e una casa modesta con un mutuo da pagare. Testimoniare sotto giuramento che il movente di Joe, l'unico possibile, fosse economico, era deplorevole. Citare l'assicurazione sulla vita avrebbe dovuto essere sufficiente per chiedere l'annullamento del processo.

Gli avvocati di Joe balzarono in piedi e fecero subito obiezione. Il pubblico ministero sbraitò di rimando. Quando le acque si placarono, il giudice accolse comunque la testimonianza.

Dopo quattro giorni, l'accusa non aveva presentato altro che prove inconsistenti prevalentemente ambigue oltre che circostanziali. Il corso del processo cambiò di colpo il quinto giorno, quando sul banco dei testimoni salì Robert Thorman. Fresco di diploma in analisi delle tracce ematiche, il perito consolidò con basi scientifiche un impianto accusatorio traballante.

Come quasi tutti i consulenti tecnici, Thorman attaccò con il resoconto spavaldo delle sue credenziali e qualifiche: la lunga carriera nelle forze dell'ordine e perfino nella polizia militare e la formazione come esperto di tracce ematiche. La giuria non poteva sapere che era privo di una vera preparazione scientifica, e che la qualifica di perito gliel'aveva data solo alcuni mesi prima un corso di quaranta ore in un albergo di Beaumont.

Preparò il terreno alle sue conclusioni descrivendo la scena del crimine come l'aveva trovata la sera del 15 ottobre. La giuria aveva già visto molte di quelle foto raccapriccianti e non aveva bisogno di vederne altre. Thorman disse che c'era "una grande quantità" di schizzi e "una grande quantità" di sangue doveva essere rimasta anche addosso all'assassino, chiunque fosse.

La prova cruciale era la torcia, e Thorman ci arrivò presto. Dal momento che non era disponibile, e nessuno sapeva spiegare dove si trovasse quel maledetto oggetto, Thorman si basò su fotografie che la giuria aveva già visto. Non rivelavano tracce riconoscibili di sangue; piuttosto, mostravano una serie di minuscole macchioline che a un primo sguardo non significavano nulla. Per un esperto abile come Thorman, però, contenevano un'enorme quantità di prove. Erano state causate da una specie di contraccolpo, di schizzo all'indietro o "di ritorno", secondo la definizione di Thorman, e secondo lui dimostravano che il sangue della vittima aveva invertito la direzione rispetto all'angolazione delle ferite e viaggiato all'indietro ad alta velocità. Dal momento che parte del sangue era finito sulla torcia, era ragionevole pensare che questa si trovasse sulla scena del crimine.

Thorman aggiunse che l'assenza di schizzi sull'impugnatura della torcia indicava che al momento della sparatoria qualcuno la stava tenendo in mano.

Questo dettaglio combaciava perfettamente con la ricostruzione dell'accusa, secondo cui Joe era penetrato nella sua stessa casa, non aveva acceso le luci per timore di svegliare la persona che stava per uccidere, era entrato in camera da letto con la torcia in una mano e aveva sparato con la pistola che teneva nell'altra.

Usando alcuni dei termini scientifici che aveva appena imparato e sfoderando un po' dell'immancabile gergo tecnico, Thorman si disse certo che la torcia fosse un elemento cruciale dell'omicidio. Dopo la sparatoria, Joe l'aveva nascosta nel bagagliaio della sua auto, dimenticandosi però di pulirla. Il gruppo sanguigno di Mickey era 0 positivo (come quello di miliardi di altre persone), perciò era chiaro, almeno per Thorman e gli investigatori, che Joe aveva ucciso sua moglie.

Nel controinterrogatorio l'avvocato di Joe chiese a Thorman com'era possibile che, nonostante la "grande quantità" di sangue che doveva essere schizzata sull'assassino, l'auto di Joe, la Mercury, fosse immacolata quando era stata esaminata dagli investigatori. Non c'era nessuna traccia di sangue. E com'era possibile che l'assassino fosse riuscito ad allontanarsi dalla scena del crimine senza lasciare impronte né tracce del sangue di Mickey? Sulla scena i tecnici non avevano trovato sagome di dita insanguinate, né di stivali o di scarpe.

Thorman allora cominciò a improvvisare. Ipotizzò che Joe si fosse lavato e avesse cambiato scarpe e vestiti, e anche che avesse trovato il tempo di pulire da cima a fondo la sua auto.

Le presunte competenze di Thorman riguardavano l'analisi delle tracce ematiche, i cui parametri erano stabiliti dalla scena del crimine. Aveva tanto di diploma. Ma in nome di quale autorità poteva spingersi a descrivere il comportamento dell'assassino una volta abbandonato il luogo del delitto? Come poteva stabilire che si fosse lavato, avesse cambiato scarpe e vestiti e pulito la sua auto per sbarazzarsi delle macchie di sangue?

Erano tutte congetture. Thorman si stava spingendo ben al di là del suo settore di competenza. Quella parte della sua testimonianza era tendenziosa e inammissibile e avrebbe dovuto essere espunta dagli atti con l'ammonimento alla giuria a non prenderla in considerazione. Il giudice, invece, la accolse nonostante le vigorose obiezioni della difesa.

Robert Thorman salvò la tesi dell'accusa dandole basi scientifiche. Prima della sua deposizione, il pubblico ministero aveva annaspato tra un'accozzaglia di dicerie, speculazioni, mezze verità e insinuazioni. All'ultimo minuto, però, un perito certificato aveva collocato sulla scena del crimine la torcia rinvenuta nel bagagliaio dell'auto di Joe e l'aveva resa un elemento cruciale dell'omicidio di Mickey.

Thorman aveva cambiato drasticamente la situazione.

Per cinque giorni, seduto al tavolo della difesa, Joe aveva assistito sconsolato al tentativo dell'accusa di raffazzonare una teoria poco convincente che, alla fine, non aveva provato la sua colpevolezza. E come poteva? Quante volte avrebbe voluto alzarsi e gridare: "Sono innocente! Non sono stato io! Avete preso l'uomo sbagliato! L'assassino è ancora libero!".

Non aveva ucciso Mickey ed era fiducioso che un processo lo avrebbe dimostrato. Ma dopo cinque giorni di accuse da parte di autorità rispettate, perfino da un Texas Ranger, aveva paura. A fargliela erano le facce e le reazioni dei giurati, che in un primo momento erano sembrati scettici, però dopo ore passate ad ascoltare le accuse contro di lui cominciavano a lanciargli occhiate sospettose. La testimonianza del consulente legale Thorman sembrava aver attirato la loro attenzione.

Joe cominciava a capire come funziona la presunzione di colpevolezza: dopo un omicidio come quello di Mickey, la comunità sconvolta vuole giustizia immediata. L'assassino va catturato, incarcerato, punito al più presto. All'arresto del primo indiziato, l'opinione pubblica tira un sospiro di sollievo e si affretta a giudicarlo: deve essere per forza il colpevole, o perlomeno un complice, altrimenti non sarebbe stato fermato. Stabilita la presunzione di colpevolezza, il sospettato viene trascinato in aula, dove affronta il potere dello Stato: la polizia e i magistrati, le uniche autorità di cui la pubblica opinione è condizionata a fidarsi. I giurati, persone normali selezionate nella comunità, ripongono molta più fiducia nella testimonianza delle autorità che in qualsiasi affermazione dell'imputato, che naturalmente sta combattendo per la propria vita e farà o dirà qualsiasi cosa per salvarsi il collo.

Joe si rese conto che per molti era già colpevole. Il processo non era equo. Accusa e difesa non si affrontavano ad armi pari.

Insistette per essere chiamato a testimoniare. Non aveva fatto niente di male e di certo non aveva precedenti penali di cui preoccuparsi durante il controinterrogatorio. Era inattaccabile e i suoi avvocati accettarono che si lasciasse interrogare. Joe cominciò col negare tutto quello che la giuria aveva appena sentito. Mentre qualcuno uccideva sua moglie lui si trovava in una stanza d'albergo a quasi duecento chilometri da casa. Non l'aveva uccisa lui, non ne aveva motivo, non aveva un movente. Insinuare il contrario era ignobile. La torcia era sua, però non l'aveva messa lui nel bagagliaio dell'auto, né riusciva a ricordare come ci fosse finita.

Di tanto in tanto si sentiva crollare, soprattutto quando parlava di Mickey, ma si contenne e superò l'interrogatorio.

Durante il controinterrogatorio, Robert Lewellen attaccò con una serie infinita di accuse che lo dipingevano come un bugiardo. Joe non mollò e insistette nel sostenere che quella notte non aveva mai lasciato la camera d'albergo. Spesso diceva: "Non lo so. Non lo so. Non ci ho mai capito niente di questa storia". Mentre Lewellen lo incalzava, Joe scoppiò a piangere e continuò a ripetere: "Non ho ucciso Mickey e non so chi sia stato".

Lewellen ebbe l'ultima parola, e l'ultima cosa che la giuria sentì fu il suo riassunto enfatico e furioso che terminava così: "Quella sera Mickey non è andata a dormire con la porta di casa aperta. L'ha chiusa, un uomo è entrato con la chiave e, dopo il finimondo scoppiato in quella camera da letto, si è lavato e cambiato d'abito, ha pulito il bagno, ha gettato i vestiti in un sacco, è uscito dalla porta principale. Poi è tornato all'hotel Hyatt e vi è rientrato fischiettando".

La giuria deliberò per appena quattro ore e giudicò Joe colpevole di omicidio. Fu condannato a novantanove anni di reclusione. Una settimana dopo lo caricarono su un'autopattuglia e lo trasferirono nella prigione di Huntsville, a duecentocinquanta chilometri da Clifton, sede dell'affollata stanza della morte dello Stato. La prigione aveva alte mura di mattoni rossi e torrette di guardia che le davano l'aspetto di una fortezza medievale. La prima volta che Joe la vide ne fu davvero sconvolto, ma ormai era quasi inebetito di fronte all'ennesimo colpo alla verità e alla sua libertà. E, stranamente, non aveva paura. Sapeva che Dio lo avrebbe protetto.

Ad aprile del 1986 Joe Bryan, quarantaseienne, entrò nel sistema penitenziario del Texas, dove sarebbe rimasto per i successivi trentaquattro anni.

La prigione è un posto orribile anche per chi se la merita. Per un innocente è un incubo inconcepibile e senza fine. Per Joe fu la fine di tutto, l'ultima fermata, il luogo da cui non sarebbe mai uscito. Derubato della persona che amava, accusato da poliziotti falsi e avventati, condannato ingiustamente da un sistema corrotto e rinchiuso in un posto infernale in cui era destinato a morire, Joe sprofondò immediatamente in uno stato di oscura e cronica depressione. I primi tempi a Huntsville era intontito e chiuso in se stesso. Si sentiva uno zombie, si adattava meccanicamente alla routine quotidiana cercando di autoconvincersi che l'incubo sarebbe finito. La solitudine era dolorosissima. Fu aggredito due volte, ma seppe difendersi e da quel momento lo lasciarono in pace.

La sua cella misurava un metro e mezzo per tre metri scarsi, uno spazio minuscolo per chiunque, ma Joe aveva un compagno, che occupava la branda inferiore per la legge dell'anzianità. Evitare il contatto fisico richiedeva destrezza e pazienza. Quando uno dei due doveva usare il gabinetto, l'altro faceva in modo di scomparire.

Nel giro di poco tempo Joe si rese conto che era trascorsa una settimana, poi un'altra. Poi un mese. Cominciava lentamente a integrarsi nel sistema e a fare tutti i giorni ciò che gli veniva ordinato. Praticamente ogni aspetto della sua vita era regolamentato: svegliarsi, mangiare, fare la doccia due volte alla settimana, lavorare, fare ginnastica, ricevere le visite dei parenti e degli avvocati. Nel poco tempo libero suonava il piano nella piccola cappella del carcere, aiutava i detenuti che dovevano diplomarsi e gli agenti che seguivano lezioni universitarie e leggeva almeno due libri alla settimana.

I suoi avvocati conoscevano bene la pessima reputazione delle corti d'appello del Texas, ma si dicevano ottimisti riguardo alle possibilità di ricorrere. Joe ripercorse il proprio caso studiandolo da cima a fondo, leggendo e analizzando ogni dettaglio: le memorie depositate dai suoi avvocati, i verbali delle sedute, le mozioni, le decisioni del giudice.

Si incontrava con gli avvocati ogni volta che riuscivano ad andare a Huntsville. Nei loro ricorsi, i legali non smisero mai di sostenere con forza che le prove dell'accusa non erano sufficienti, che l'intervento di Thorman mancava di coerenza scientifica e che non esisteva un motivo ragionevole per accusare Joe, il marito della vittima.

Ad attirare l'attenzione della Corte d'appello fu la testimonianza da sbruffone di Joe Wilie.

Quando aveva detto alla giuria che per Joe la morte di Mickey valeva 300.000 dollari, il ranger si sbagliava di grosso. Il vero ammontare della sua polizza sulla vita corrispondeva circa alla metà, ma a prescindere dalla cifra il punto era che Wilie aveva reso una testimonianza tendenziosa.

Due anni dopo il processo, la sentenza di condanna di Joe venne ribaltata. Lui ne fu entusiasta e – per un momento – pensò che quell'ingiustizia potesse finire. Lo Stato, tuttavia, si affrettò a incriminarlo di nuovo e programmò un secondo processo.

Fu una replica del primo, con gli stessi pubblici ministeri e testimoni.

Robert Thorman si dichiarò ancora più sicuro delle sue conclusioni e si avventurò nuovamente in ambiti ben lontani dal suo settore di "competenza". L'unica differenza significativa fu la mancanza di sostegno da parte degli amici di Joe. In pochi si offrirono volontari per testimoniare a suo favore; gli altri l'avevano abbandonato.

A giugno del 1988 Joe fu giudicato colpevole di omicidio e nuovamente condannato a novantanove anni di reclusione.

Negli anni Ottanta e Novanta l'analisi delle tracce ematiche divenne più popolare, ma anche più controversa. Gli avvocati della difesa la attaccavano implacabili tacciandola di essere una scienza fasulla. Altri esperti, veri scienziati, la studiarono e vi trovarono una serie di lacune. Molti casi famosi misero seriamente in discussione la sua attendibilità.

Forse l'abuso più clamoroso fu il caso di David Camm, un agente di polizia dell'Indiana che passò tredici anni in prigione per un orribile crimine con cui non aveva niente a che fare. Una sera di marzo del 2000 Camm uscì a giocare a basket con i suoi amici, e quando la partita si concluse tornò a casa in auto. In garage si trovò di fronte a una scena indescrivibile: sua moglie e i suoi due figli erano morti in seguito a una sparatoria. Nonostante l'assenza di un movente e le numerose testimonianze che gli fornivano un alibi collocandolo alla partita di basket, le autorità ritennero che Camm fosse l'assassino. Sulla sua maglietta furono trovate otto tracce ematiche, e due consulenti testimoniarono che si trattava di "schizzi da impatto ad alta velocità". In altre parole, la maglietta era presente al momento degli omicidi. Gli avvocati di Camm convocarono altri periti che si dissero in profondo disaccordo con questa tesi, sostenendo che le otto tracce ematiche erano "macchie da trasferimento", ovvero causate dal frenetico tentativo di Camm di prestare soccorso. L'imputato fu giudicato colpevole, fece ricorso in appello e ottenne un ribaltamento della sentenza, fu riprocessato e giudicato di nuovo colpevole, presentò un altro ricorso, vinse di nuovo, fu di nuovo incriminato. Alla fine del terzo processo, tredici anni dopo l'arresto, fu finalmente prosciolto e liberato.

L'omicida era uno scassinatore con precedenti penali il cui DNA corrispondeva a quello trovato sulla scena del crimine.

Seguirono altre famose ingiuste condanne, e l'analisi delle tracce ematiche divenne sempre più controversa, proprio come altri metodi di indagini scientifica quali l'analisi di peli e capelli, delle impronte, degli incendi dolosi e dei segni di morsicatura. Le corti degli Stati Uniti erano sommerse di testimonianze prive di basi scientifiche presentate da periti non qualificati e pagati profumatamente dai pubblici ministeri. Col tempo molte delle condanne ingiuste cominciarono a sgretolarsi sotto i colpi degli avvocati difensori e degli innocentisti, e grazie alla diffusione di tecniche di analisi del DNA sempre più precise.

Nel 2009 la National Academy of Sciences pubblicò un dettagliato rapporto che ebbe ripercussioni pesantissime nell'ambito della giustizia penale. In risposta a una marea di proteste da parte di avvocati difensori, giuristi e medici legali, e considerato il crescente e clamoroso numero di uomini e donne scagionati grazie al DNA, la National Academy of Sciences si mise al lavoro e fece un controllo approfondito di queste discipline. I risultati furono sconcertanti.

Gran parte di quelle che passavano per perizie scientifiche erano in realtà supposizioni avventate, prive di riscontri oggettivi. Riguardo all'analisi delle macchie di sangue, il rapporto segnalava diverse gravi pecche e concludeva che "Il grado di incertezza associato all'analisi delle tracce ematiche è elevatissimo".

Walter Reaves e Jessica Freud, gli avvocati che avevano seguito il ricorso di Joe alla Corte d'appello, depositarono un'istanza di *habeas corpus* alla Corte federale. Perché fosse accolta, dovevano presentare nuove prove della sua innocenza. I legali convinsero la corte ad autorizzare l'esame del DNA presente sul mozzicone di sigaretta e sulla lente della torcia. Il tentativo andò a vuoto, perché in entrambi i casi non fu possibile ottenere un profilo genetico attendibile. Uno dei test tuttavia svelò un dettaglio sorprendente: non c'erano prove che il materiale sulla torcia fosse davvero sangue!

Nel 2017, durante un'udienza per stabilire se sottoporre o meno Joe a un nuovo processo, i suoi avvocati sbalordirono l'aula presentando una deposizione giurata di Robert Thorman, che nel frattempo era andato in pensione. L'uomo dichiarava: "Le mie conclusioni erano sbagliate. Alcune tecniche e metodologie usate non erano corrette". Tuttavia, concludeva, "non ho mai mentito, né nel condurre la mia perizia né testimoniando in aula, perché stavo facendo quello che reputavo giusto in base alla mia formazione di allora".

Durante la stessa udienza, un tecnico della Scientifica del Texas testimoniò di aver analizzato sei minuscole macchie sulle lenti della torcia. Cinque non rivelavano presenza di sangue. La sesta sì, ma non si poté determinare che tipo di sangue fosse. Dall'impugnatura della torcia furono prelevati campioni di DNA che escludevano sia Joe sia Mickey.

Walter Reaves e Jessica Freud avevano demolito la tesi accusatoria contro Joe.

Eppure la sua richiesta di un nuovo processo fu respinta.

E lo furono anche le richieste di poter godere della libertà condizionale. Nonostante il suo comportamento irreprensibile in prigione – mai una disobbedienza, mai un ammonimento, nient'altro che voti alti dai secondini, dai supervisori e dagli altri detenuti –, a Joe fu negata la condizionale per sette volte.

A marzo del 2021 Joe sviluppò uno scompenso cardiaco congestizio e le sue condizioni di salute cominciarono a peggiorare. Inoltre la pandemia di Covid aveva messo a dura prova la gestione delle prigioni. La Commissione per la libertà condizionale, per motivi mai chiariti, ribaltò la propria decisione e liberò Joe, che fu accolto dalla sua famiglia e andò a vivere dal fratello maggiore a Houston.

Chi uccise Mickey Bryan? Le indagini furono così raffazzonate che la verità non si saprà mai. Una settimana dopo il delitto, quando gli inquirenti decisero che Joe era gay, e dunque capace di uccidere sua moglie, e dunque disposto a farlo per metterla a tacere, oltre che per ereditare i soldi della sua polizza sulla vita, lo arrestarono. A quel punto, ciecamente determinati ad andare in quella direzione, smisero di colpo di cercare altri sospettati. Avevano il loro uomo.

Invece di seguire piste diverse, si affannarono a fare luce sulla presunta e sordida vita segreta di Joe. Non trovarono nulla. Il vero assassino rimase libero.

Forse, se si fossero disturbati a guardare meglio, lo avrebbero individuato tra le loro stesse fila. C'erano prove concrete contro l'agente Dennis Dunlap, una mela marcia della polizia di Clifton.

Quattro mesi prima dell'omicidio di Mickey era stata stuprata e uccisa la diciassettenne Judy Whitley. Il suo cadavere, nudo e legato, fu rinvenuto a poco più di un chilometro da casa dei Bryan. Joe Wilie si era occupato anche di quell'indagine, mai conclusa. La pressione per il primo delitto doveva averlo spinto ad agire in fretta per "risolvere" il secondo.

Dennis Dunlap non era mai durato troppo come agente nei vari dipartimenti di polizia di provincia che lo avevano arruolato. A suo carico aveva alcune denunce per violenza contro le donne ed era noto per molestarle e importunarle mentre era in servizio. Non era un investigatore della Omicidi e non partecipò alle indagini sul caso Whitley, ma sorprese i suoi colleghi dimostrando di conoscerne moltissimi dettagli, perfino il modo in cui la vittima era stata soffocata. Per qualche tempo fu tra i sospettati, ma quando rassegnò le dimissioni e lasciò improvvisamente la città, gli investigatori persero interesse per lui. I reperti legati all'indagine furono archiviati in un deposito della polizia e scomparvero anche quelli. Si sapeva che ogni tanto Dunlap tornava a Clifton.

Joe Bryan sospetta da sempre che furono proprio gli agenti della polizia di Clifton a dire a Dunlap di lasciare la città, per non creare imbarazzi al dipartimento. Dopo che se ne fu andato non fu più indagato.

Nel 1996 Dunlap lavorava come custode in una scuola della cittadina di Rosenberg, in Texas. La sua compagna chiamò il 911 e quando la polizia arrivò, lo trovò impiccato in garage. Non aveva lasciato un biglietto, ma poco prima di morire aveva confessato alla fidanzata di aver ucciso Judy Whitley. Inoltre si era vantato con l'ex moglie, non con la compagna, di aver avuto una relazione con Mickey e di essere stato con lei la notte in cui fu uccisa.

Quando gli agenti frugarono tra gli effetti personali di Dunlap trovarono lettere e ritagli di giornale che lo collegavano agli omicidi di Clifton. Il nuovo capo della polizia riprese il caso Whitley e interrogò gli ex colleghi di Dunlap, che ricordarono quanto fosse informato sugli aspetti più brutali dello stupro e dell'omicidio. A giugno del 1999, quattordici anni dopo il delitto, la polizia di Clifton dichiarò il caso risolto. I giornali locali titolarono: ERA DUNLAP IL VERO ASSASSINO DI JUDY WHITLEY.

Né a Mickey Bryan né a suo marito è stata resa giustizia, però. La polizia non ha mai riaperto il caso perché la condanna di Joe è ancora valida.

È il 1° maggio 2024. Joe vive con suo fratello a Houston ed è sempre in libertà condizionale. Per andare a Clifton e nella contea di Bosque deve ottenere un'approvazione scritta dal suo ufficiale di sorveglianza. È libero di spostarsi ovunque nello Stato tranne che nella contea di Bosque. Oggi l'hanno autorizzato, Joe ha tutta la documentazione in auto.

Non visitava la tomba di Mickey da trentacinque anni. La lapide si trova in un vecchio cimitero in una zona isolata della contea, vicino ai terreni che la famiglia Blue ha posseduto per decenni. Il cimitero è abbandonato a se stesso e trascurato, e mentre Joe avanza tra le erbacce e le vecchie lapidi borbotta tra sé: "Mickey non ne sarebbe contenta".

Poi trova la tomba, si avvicina, si ferma e a mano a mano che i ricordi gli tornano alla mente comincia a piangere. La sensazione di perdita è soverchiante: ha perso il suo grande amore e la sua migliore amica, tutti quegli anni in prigione, un lavoro che adorava, gli amici.

La fede, invece, si ostina a non perderla. Prega e legge le Sacre Scritture ogni giorno, come in prigione. Da bravo insegnante, coordina gruppi di studio della Bibbia, come in prigione. Se glielo chiedono suona perfino il piano per il coro, come in prigione. È sopravvissuto all'inferno grazie alla forza che trova nella sua fede. Dio lo ha protetto, come si aspettava da Lui.

E Joe ha ormai perdonato i responsabili della sua persecuzione. Non dimenticherà mai persone come Joe Wilie, Ron Brennand e Robert Thorman, ma li ha perdonati.

Fissa il nome di Mickey sulla lapide, si asciuga gli occhi e scuote la testa, facendosi le stesse domande con cui convive da quasi quarant'anni: "A chi è venuto in mente di fare del male proprio a Mickey? E perché?".

Attraverso lo specchio

Jim McCloskey

La cittadina di New Iberia sorge in un bayou della Louisiana meridionale, circondata da campi di canne da zucchero e non lontana dal Golfo del Messico. Venne fondata nel Diciottesimo secolo da immigrati francesi (i cosiddetti *cajun*) costretti dagli inglesi ad abbandonare la Nuova Scozia. Oggi la cittadina conta circa trentamila abitanti, divisi più o meno equamente tra neri e bianchi, ed è il capoluogo della contea di Iberia. New Iberia ha dato i natali al famoso scrittore James Lee Burke e al protagonista dei suoi romanzi, il detective Dave Robicheaux, un investigatore dello sceriffo della contea. La città si fregia di trovarsi vicino a Avery Island, da cui proviene la salsa Tabasco.

Il 30 marzo 1976, nei sobborghi rurali di New Iberia, poco prima delle tre del pomeriggio Louis Gladu fu rapinato e ucciso mentre come ogni giorno lavorava all'Hasty Mart, il piccolo minimarket di cui era proprietario e gestore. Fu trovato in una pozza di sangue da Katherine Eldridge, una cliente entrata a comprare delle bibite insieme ai due figlioletti, un bimbo di cinque anni e un neonato. Anche se era sull'orlo di una crisi isterica, la donna riuscì a chiamare lo sceriffo dal telefono a gettoni del negozio.

Ben presto l'emporio fu invaso da agenti di polizia e tecnici della Scientifica, dodici in tutto, incluso Gerald Wattigny, da vent'anni sceriffo della contea di Iberia. A condurre le indagini era il capitano Horace Comeaux, investigatore capo dell'ufficio dello sceriffo. Si trattava di un caso clamoroso, di un omicidio insensato e gratuito, che scosse la piccola comunità. Gladu, un bianco di sessantadue anni, era crollato a terra dopo aver ricevuto un colpo alla testa che gli aveva causato una lacerazione profonda cinque centimetri. Poi, mentre era disteso sulla schiena, gli avevano sparato altre due volte, una al cuore e una nel naso, da distanza ravvicinata, con un revolver Clerke calibro .32. Era morto sul colpo.

Dal cassetto del registratore di cassa, rimasto aperto, erano stati rubati 200 dollari. Per la fretta, l'assassino o gli assassini non avevano notato i 1100 dollari nel portafoglio di Gladu e altri 695 in varie buste di carta. Alcuni pacchetti di sigarette caduti dal bancone vicino al registratore di cassa erano sparpagliati a terra. Gli occhiali di Gladu erano finiti a un paio di metri dal corpo. A una settantina di metri dall'Hasty Mart, in un vialetto di ghiaia, furono ritrovate tracce fresche di pneumatici. La polizia ne fece dei calchi.

Katherine Eldridge disse ai poliziotti che mentre andava all'emporio aveva incrociato un'auto azzurra che dal vialetto di ghiaia stava imboccando Sugar Mill Road, la statale su cui si trovava lei. Quando Eldridge aveva accostato per parcheggiare davanti al negozio, l'auto azzurra l'aveva sorpassata a grande velocità. La diciannovenne Ellen Abney, incinta, abitava in una roulotte lungo la stradina di ghiaia. Poco prima delle tre del pomeriggio, svegliata dai latrati del suo cane, aveva visto un'auto, forse una quattro porte blu, con a bordo quattro neri, invertire la marcia in fondo al vialetto, un vicolo cieco, e passare davanti a casa sua.

Il capitano Comeaux segnalò a tutte le unità del suo ufficio di tenere d'occhio un vecchio modello di auto azzurra a quattro porte con a bordo quattro maschi neri.

Seguirono sei giorni di indagini infruttuose. Mentre lo sceriffo Wattigny faceva pressioni a Comeaux perché arrestasse qualcuno al più presto, il vicesceriffo Eddie Moore, l'unico agente nero dell'unità, andò in soccorso del capitano. Moore si faceva chiamare "Shaft", come il raffinato e brillante detective nero protagonista dell'omonima serie di film. Per onorare quell'immagine, portava sempre addosso tre pistole: una sotto l'ascella, una alla cintura e una alla caviglia. Desideroso di fare colpo sul capo, il 5 aprile si presentò in ufficio con Mary Arceneaux, una delinquente nera che sosteneva di avere informazioni sul delitto dell'Hasty Mart.

Mary aveva trentacinque anni e una lunga serie di precedenti penali. Nel 1973 si era dichiarata dodici volte colpevole di aver emesso assegni fasulli. L'avevano condannata a quattro mesi con sospensione della pena e a due anni di libertà vigilata. A maggio del 1974 era stata accusata altre nove volte di contraffazione e sette volte di aver emesso assegni scoperti. Si era dichiarata colpevole di uno solo dei reati di contraffazione e di tutte e sette le accuse che riguardavano gli assegni scoperti. Il giudice l'aveva condannata a diciotto mesi per contraffazione e ad altri quarantadue mesi per la faccenda degli assegni. Aveva però dichiarato sospesa quest'ultima condanna, purché Mary rispettasse un periodo di due anni di libertà vigilata dopo aver scontato i diciotto mesi in carcere. Nelle sue motivazioni, il giudice osservò che "la sua frequentissima propensione [...] a ottenere soldi in modo illecito" era "il risultato dei suoi legami con spacciatori di droga".

Scarcerata nel 1975, Mary aveva cominciato il periodo di due anni di libertà vigilata. A gennaio del 1976 aveva cercato di sottrarsi ai controlli, ma era stata rintracciata grazie a un contatto del vicesceriffo Moore, alias "Shaft". Dal punto di vista legale, si trovava in una posizione vulnerabile: in teoria sarebbe dovuta tornare in prigione per scontare la condanna a quarantadue mesi precedentemente sospesa dal giudice. Il 5 aprile 1976, quando incontrò il capitano Comeaux, intuì che se lo avesse aiutato a risolvere il delitto all'Hasty Mart lui avrebbe potuto far cadere le accuse contro di lei ed evitarle la prigione.

Comeaux la interrogò sull'omicidio benché Mary ne avesse già parlato con Moore e con il vice Jim Desormeaux, che glielo aveva descritto in dettaglio. Durante l'interrogatorio con Comeaux, Mary dichiarò che il 29 marzo, la sera prima della rapina all'Hasty Mart, un certo Harold, un tizio che frequentava da quattordici mesi, era passato a prenderla a casa sua a St Martinville, una quindicina di chilometri a nord di New Iberia. Con lui c'erano due uomini che Mary non conosceva. Uno le fu presentato come Vinny, dell'altro non le dissero il nome. Harold li stava portando a New Iberia; durante il tragitto, i tre avevano parlato di "rapinare un negozio, uccidere quell'uomo e uccidere cinque persone". Mary disse che l'auto era una Chevrolet a quattro porte, "non proprio vecchia" e di un blu "non troppo scuro". Dopo un po' Harold l'aveva riaccompagnata a St Martinville.

Il giorno dopo era tornato a prenderla con gli stessi due uomini. Quando le chiesero a che ora, Mary rispose "verso fine giornata". Comeaux mostrò di non gradire la risposta (sarebbe stato dopo il delitto), e la informò che dovevano essere "circa le dodici". Mary concordò subito che era stato "attorno all'ora di pranzo". Dopo aver girovagato un po', disse, Harold aveva imboccato una stradina di ghiaia e parcheggiato là, a una settantina di metri dal minimarket che si trovava sull'altro lato della statale. Nonostante fosse gravemente obesa e facesse fatica a muoversi, Mary avrebbe voluto entrare con gli uomini, che però le avevano intimato di restare in macchina.

Vinny e Harold erano tornati all'auto "coperti di sangue"; il terzo uomo era misteriosamente scomparso. Vinny aveva rimproverato Harold per non avergli lasciato sparare anche lui alla vittima. Benché fosse impossibile non vedere il negozio dall'auto, Mary affermò di non aver notato la fuga del terzo uomo.

Dopodiché insinuò che lei e gli altri fossero andati in auto a Cypress Island, nella proprietà di suo nonno, defunto, a seppellire la pistola e la camicia insanguinata di Harold.

Durante l'interrogatorio, a Mary furono mostrate una serie di foto segnaletiche; in quella di un certo David Alexander identificò l'uomo che lei chiamava Harold. Poco tempo dopo Comeaux scoprì che Alexander non si era mai fatto chiamare Harold da nessuno. Di solito veniva soprannominato "Bro" o "Cool Bro". Benché avesse dichiarato di frequentarlo da oltre un anno, Mary Arceneaux non aveva idea di dove vivesse Alexander, né fu in grado di nominare qualche conoscenza comune.

A un certo punto dell'interrogatorio identificò nell'immagine numero 3 di una serie di fotografie il terzo uomo entrato nel negozio insieme a Harold e Vinny. Si chiamava Sammy Derouen. Qualche minuto dopo, quando Comeaux volle sapere qualcosa in più di Derouen, Mary cambiò versione e disse di essere sempre rimasta a St Martinville e di non essere uscita con i tre; era stato un quarto uomo ad aver partecipato alla rapina per poi sparire.

Poi disse a Comeaux che poteva accompagnarlo a Cypress Island, dove Alexander aveva seppellito le prove. Armati di torce e vanghe, Comeaux e quattro agenti raggiunsero l'isola, a nord, e scavarono nel punto indicato da Mary. Non trovarono nulla.

Comeaux fece ritorno da Cypress Island verso le undici di sera, ma la sua nottata era soltanto all'inizio. Per errore, in commissariato era stato portato Herbert Derouen e non suo fratello Sammy, identificato da Mary come la terza persona presente sull'auto. Accortisi dello scambio, gli agenti andarono a prendere anche Sammy e lo mostrarono a Mary. Adesso lei era convinta che l'uomo nell'auto fosse in realtà Herbert Derouen.

Benché a un certo punto secondo le varie versioni di Mary Herbert Derouen fosse rimasto a St Martinville, quella notte Comeaux lo interrogò comunque per quattro ore in presenza dei vice Moore e Steve Woodring, oltre che di Mary, dall'altra parte di un vetro a specchio. Per molte ore Derouen insistette nel dichiararsi innocente e nel dire che non sapeva niente del delitto all'Hasty Mart. Comeaux continuò a ribadire ciò che aveva raccontato Mary, nel tentativo di indurre Derouen a ripeterlo in una confessione. Frustrato dai continui dinieghi di Derouen, il capitano Comeaux lo schiaffeggiò con forza, ma Derouen si rifiutò di confessare. A un certo punto l'interrogatorio passò nelle mani del vicesceriffo Desormeaux, che rimase da solo con Derouen nel suo ufficio. A oggi nessuno sa come ci riuscì, ma alle quattro e mezza ottenne da Herbert Derouen una confessione, che quello stesso mattino alle otto e quarantacinque mise a verbale. Derouen, incensurato, aveva vent'anni e viveva con sua nonna da quando ne aveva dodici. Era analfabeta – aveva frequentato un solo anno di scuola elementare e il suo QI era 61 – e non sapeva leggere l'ora. Lavorava part-time come garzone per un falegname, amico di famiglia.

La polizia si sforzò di far coincidere la versione di Derouen con quella di Mary, ma le differenze erano numerose. Derouen sosteneva che nel delitto fosse stata coinvolta una seconda auto, per la precisione un riconoscibilissimo taxi. Secondo Mary, Derouen era rimasto a St Martinville; lui invece dichiarò di essere andato all'Hasty Mart insieme a un certo Ronnie Miller, tassista, e a un terzo uomo che lui non conosceva; lo definì "il ragazzo coi brufoli", perché aveva segni sul viso e sul collo. Derouen disse che Miller aveva seguito l'auto guidata da David Alexander fino all'Hasty Mart. Poi aveva parcheggiato di fronte all'emporio mentre Alexander imboccava il vialetto dall'altra parte della strada. Con Alexander c'erano altre due persone, "la grassona" (Mary) e un tizio che lui non aveva mai visto. Non fece riferimento al terzo uomo collocato da Mary sull'auto di Alexander.

Derouen disse che Alexander era entrato nell'emporio con tre compagni: Ronnie Miller, il ragazzo coi brufoli e uno che lui non conosceva. Derouen era rimasto fuori, vicino alla porta d'ingresso. Attraverso la vetrina aveva visto Alexander estrarre una pistola e uccidere il proprietario dell'Hasty Mart. Preso dal panico, Derouen era corso via, ma il ragazzo coi brufoli lo aveva raggiunto, aveva tirato fuori un coltello e lo aveva costretto a salire sul taxi di Miller. Poi quest'ultimo lo aveva portato a casa.

Benché la versione di Mary non menzionasse altre auto, alle quattro e quaranta di mattina del 6 aprile il vicesceriffo Woodring arrestò Ronald Miller, presunto conducente della seconda vettura. Sconcertato dalle accuse di omicidio e rapina a mano armata, Miller insistette nel dichiararsi innocente. Non firmò nessuna deposizione. Era un tassista trentunenne della Williams Cab Company di New Iberia, incensurato e laureato. Possedeva una berlina Plymouth bianca del 1969 che da tre anni conduceva a tempo pieno come autista indipendente. In linea con una direttiva cittadina sui "veicoli a noleggio", sopra le portiere del conducente e del passeggero aveva applicato la grossa scritta WILLIAMS TAXI CO., con tanto di numero di telefono e di licenza. Difficile immaginare che per compiere una rapina a mano armata e un omicidio un criminale scegliesse un veicolo del genere, parcheggiandolo addirittura davanti alla scena del crimine in pieno giorno.

Alle due e ventitré di quella notte i vicesceriffi Moore e Woodring bussarono alla porta del ventiseienne David Alexander. Nel 1967 Alexander era stato uno dei primi due neri a diplomarsi alla New Iberia's Catholic High. Guidava una Buick blu scuro e dopo il diploma aveva cominciato a fare il tassista a tempo pieno per la ditta dei suoi genitori, l'Alexander Cab Company, concorrente della Williams. Nel 1972 si era dichiarato colpevole di possesso di marijuana e nel 1974 di aggressione aggravata, perché aveva brandito una pistola calibro .22 contro un ubriaco che in seguito a una lite in un locale aveva minacciato lui e il fratello minore mentre erano sulla loro auto. Per quel reato aveva trascorso molti mesi in carcere, inserito in un programma di lavori socialmente utili; aveva anche accettato di buon grado il divieto di possedere un'arma. L'arresto però gli era costato la foto segnaletica che lo rese vulnerabile alle accuse di Mary. Quando alle tre di notte gli contestarono i reati di rapina a mano armata e omicidio, Alexander ribadì di non avere niente a che fare con il delitto all'Hasty Mart.

All'alba del 6 aprile, dodici ore dopo che Comeaux aveva interrogato Mary, tre persone erano state arrestate e accusate di rapina a mano armata e dell'omicidio di Louis Gladu. Uno era David Alexander, presunto conducente dell'auto azzurra, e gli altri due Herbert Derouen e Ronald Miller, che in teoria si trovavano sul taxi. Tre sospettati erano ancora a piede libero e non identificati: Vinny e il terzo uomo sull'auto di Alexander, e il ragazzo coi brufoli sul taxi.

Nonostante fosse stato sveglio tutta la notte, Comeaux non aveva ancora finito. Alle sette meno un quarto del mattino portò di nuovo Mary a Cypress Island, a cercare alla luce del giorno la pistola e la camicia insanguinata. Gli agenti scavarono invano in molti altri punti indicati dalla donna. Alla fine Mary ammise di aver mentito. In un estremo tentativo di salvarsi la faccia disse a Comeaux che il suo ragazzo, Raymond Sam, aveva la pistola usata per uccidere Gladu. Tuttavia, quando Sam la affrontò di fronte ai poliziotti, Mary crollò e ammise di essersi inventata anche il suo coinvolgimento.

Le sue bugie e i suoi racconti lacunosi risultavano sempre meno convincenti, soprattutto per il vicesceriffo Steve Woodring, ma il capitano Comeaux era deciso a chiudere il caso. Nonostante le perplessità non diede tregua a Mary, che alla fine, grazie a un incontro casuale, riuscì a identificare il terzo uomo sull'auto di Alexander. Mentre rientravano da Cypress Island, Woodring, Moore e Mary passarono davanti a un gruppo di neri che stavano conversando; guardandoli, Mary parve riconoscerne uno in particolare. Ma quando un altro uomo si allontanò dal gruppo, Mary indicò lui come uno dei rapinatori dell'Hasty Mart. Si chiamava John Nelson Collins. Mary lo identificò come il terzo uomo che era insieme a lei, Alexander e Vinny sull'auto in fuga.

Collins fu immediatamente arrestato e portato nella prigione della contea, dove Comeaux gli lesse i suoi diritti alle dieci e quarantacinque del 6 aprile. Collins aveva venticinque anni, era sposato con tre figli e incensurato. Faceva il camionista ma poteva lavorare solo saltuariamente a causa di un problema cardiaco congenito. Il padre, morto un anno prima, era stato per vent'anni un agente della contea di Iberia sotto il comando dello sceriffo Wattigny.

Quello stesso giorno Mary identificò in Dan Tharpe un altro partecipante alla rapina; doveva trattarsi di "Vinny", dal momento che aveva già indicato Collins come il terzo uomo sull'auto di Alexander. La sua testimonianza era avvalorata dal fatto che la madre di Tharpe possedeva una Chevy azzurra a quattro porte. Tharpe fu dunque accusato dei reati commessi all'Hasty Mart e trascorse qualche ora in prigione prima di essere rilasciato, quando la polizia verificò il suo alibi. Su ordine degli agenti, Mary ci riprovò. Diede un'altra occhiata alle foto segnaletiche e identificò in Harry Granger il complice di Alexander che lei aveva chiamato "Vinny". Woodring e Moore prelevarono Granger il mattino seguente. Fu arrestato per omicidio e rapina a mano armata alle tre e diciassette del pomeriggio del 7 aprile.

Nell'interrogatorio del 5 aprile, quando le avevano chiesto quanto fosse alto Vinny, Mary Arceneaux aveva risposto "non altissimo, ma abbastanza alto". Granger misurava uno e sessantacinque – quindi non era certo alto – e pesava una cinquantina di chili. Il suo soprannome era "Joe Willie". Nessuno lo aveva mai chiamato "Vinny". Aveva ventidue anni, la licenza media e faceva qualche lavoretto saltuario mentre la famiglia continuava a mantenerlo. Nel 1973 si era dichiarato colpevole di un piccolo furto e aveva ottenuto la sospensione della pena. Aveva rubato una ventiquattrore dal sedile posteriore di un'auto; scoperto che si trattava della valigetta di un medico, l'aveva restituita. Non aveva ulteriori precedenti.

Il giorno seguente, l'8 aprile, Woodring e Moore portarono in commissariato un'altra persona da interrogare, Rene Jackson. Come fosse diventato un sospettato non si è mai saputo. Derouen lo identificò senza esitazioni come "il ragazzo coi brufoli", il terzo passeggero del taxi di Miller. Jackson fu arrestato e accusato di omicidio e rapina a mano armata alle dodici e venticinque di quel giorno. Come Derouen, non aveva precedenti penali e non sapeva né leggere né scrivere. Riuscì appena a firmare i documenti con una X. Fino al momento dell'arresto, all'età di ventitré anni, aveva vissuto con un padre vedovo che si prendeva cura di lui; analfabeta e impossibilitato a lavorare per via della disabilità mentale, Jackson si allontanava raramente dal suo quartiere, e soltanto per andare a pesca. L'unico mezzo che aveva a disposizione era una bicicletta. Aveva il volto segnato da un'acne diffusa (forse è il motivo per cui Derouen lo aveva definito "il ragazzo coi brufoli").

Secondo un rapporto steso da O'Neill "Sonny" Tyler,

detective del procuratore distrettuale, Jackson fu consegnato a Comeaux e alla fine "confessò". Nel rapporto di Tyler la confessione dell'analfabeta all'investigatore capo è stranamente precisa, coerente e ricca di dettagli sui reati commessi all'Hasty Mart; cita per nome tutti i responsabili indicandone il rispettivo ruolo nell'omicidio di Gladu. Inoltre, coincide alla perfezione con la versione di Derouen.

Nel rapporto di Tyler, tuttavia, spicca anche un confronto dal tenore altamente drammatico tra il padre di Jackson (che si era precipitato in prigione quando suo figlio era stato arrestato) e Comeaux, che lo aveva informato della confessione di Rene. Il padre aveva chiesto di vederlo immediatamente. Sotto gli occhi di Comeaux, il ragazzo, singhiozzando disperato, aveva detto al padre: "Non sono stato io. Non sono stato io. Stanno cercando di incastrarmi". Al momento dell'arresto di Jackson, gli agenti avevano dovuto trattenere suo padre e suo fratello, che avevano scatenato un putiferio. L'uomo disse a Comeaux: "Andrò nella tomba sapendo che Rene non ha fatto niente".

A quel punto il caso era passato nelle mani del pubblico ministero Dracos Burke, cugino dello scrittore James Lee Burke e magistrato di punta della procura distrettuale che includeva la contea di Iberia e altre due. Il 10 maggio 1976 il gran giurì incriminò per omicidio di primo grado e rapina a mano armata ai danni di Louis Gladu sei uomini, tutti neri: David Alexander, Harry Granger e John Collins, il conducente e i presunti passeggeri dell'auto blu scuro di Alexander; Ronald Miller, Herbert Derouen e Rene Jackson, che presumibilmente avevano viaggiato sul taxi bianco di Miller. Anche Mary fu incriminata, ma a lei e a Derouen fu concessa l'immunità in cambio delle testimonianze contro gli altri. Mary fu scarcerata, Derouen rimase in prigione perché le autorità, consapevoli della sua disabilità cognitiva, avevano bisogno di averlo a portata di mano per prepararlo al gran giurì e al processo.

Gli investigatori dello sceriffo si erano affidati senza problemi alle storie insensate di Mary e Derouen, ma non era scontato che un uomo dell'intelligenza e dell'esperienza di Burke facesse lo stesso. Immaginate sette persone a bordo di due auto, una parcheggiata a una settantina di metri dall'Hasty Market e l'altra, un taxi bianco con il nome della compagnia, il numero di telefono e di licenza stampati su entrambe le portiere, di fronte al negozio. I tre del taxi bianco – il trentunenne proprietario della vettura e i suoi due giovani passeggeri, entrambi con disabilità – aspettano che i tre occupanti dell'altra auto percorrano a piedi l'equivalente di tre quarti di un campo da football per raggiungerli. Dopodiché i sei, senza nessun ruolo prestabilito, entrano nel negozio per rapinarlo. Immaginate che queste sei persone, che per la maggior parte sono incensurate e non si conoscono tra loro, entrino senza coprirsi il volto in un piccolo emporio, in pieno giorno, per compiere una rapina a mano armata. Perché i due presunti capi, Alexander e Granger, avrebbero dovuto portare con sé come complici altre cinque persone, due delle quali con disabilità mentali?

Dracos Burke sapeva che i suoi testimoni chiave avevano raccontato due versioni diverse. Mary aveva accennato soltanto a un'auto, dicendo che i tre passeggeri avevano rapinato il negozio. Dalla macchina parcheggiata di Alexander aveva avuto una visuale chiara e completa, eppure non aveva notato il taxi bianco e i suoi occupanti, né Jackson che teoricamente stava inseguendo Derouen: i due erano del tutto assenti dalla sua versione. Viceversa, Derouen parlava di due auto e di sei uomini. Burke sapeva anche che né lo sceriffo né gli investigatori del procuratore distrettuale disponevano di prove o di testimonianze che confutassero la determinazione con cui gli imputati dichiaravano di non conoscersi né di aver mai avuto a che fare gli uni con gli altri. Infine, Burke sapeva che la polizia non poteva smentire Alexander quando insisteva nel dire di non sapere nemmeno chi fosse Mary, e tantomeno di esserci uscito per quattordici mesi; per giunta, gli investigatori non erano riusciti a trovare nessuno che chiamasse Alexander "Harold" o Granger "Vinny". Eppure, inspiegabilmente, Burke portò avanti la farsa e processò l'intero gruppo.

Quello che accadde in seguito, però, fu ancora più stupefacente. Il 1° luglio uno dei veri assassini dell'Hasty Mart, il diciassettenne Jerry Paul Francis, confessò volontariamente di aver commesso il delitto insieme al ventiquattrenne Preston Demouchet. Era stato uno dei tanti reati di una serie e pressoché identici che i due avevano compiuto insieme.

A metà pomeriggio del 10 maggio (mentre sei sospettati venivano incriminati) Demouchet e Francis, armati, avevano rapinato un negozio di ferramenta a Rayne, una sessantina di chilometri a nordovest di New Iberia. Durante la rapina il settantaquattrenne Curtis Johnson, che lavorava da solo nel negozio, era stato colpito a morte da uno sparo. Il 24 maggio, verso le tre del pomeriggio, i due avevano rapinato un minimarket nella vicina Jeanerette, meno di venti chilometri a sudest di New Iberia. Mentre Demouchet puntava la sua calibro .32 contro la testa di una delle due commesse distese a terra, un'auto di passaggio aveva accostato, spingendo i rapinatori a scappare con i soldi del registratore di cassa e, probabilmente, salvando la vita alle due donne.

La rapina che aveva messo fine al loro delirio criminale era stata quella del 26 maggio, quando verso mezzogiorno i due avevano fatto irruzione in una banca nella cittadina di Parks, circa venticinque chilometri a nord di New Iberia. Demouchet aveva sparato in testa all'unica cassiera presente, la quarantottenne Beverly Chauffe. La donna rimase in coma per sedici mesi prima di soccombere alle ferite. Entrambi i rapinatori erano stati ripresi dalla telecamera della banca mentre uscivano dall'edificio. Prima che Debouchet le sparasse, la cassiera lo aveva supplicato: "Ti prego, non farmi del male. Sono solo soldi".

Dopo aver preso 10.000 dollari in contanti dalla banca di Parks, i due desperados avevano gettato le pistole in un canale di scolo a New Iberia ed erano scappati a casa della sorella di Demouchet a Houston. L'FBI li aveva arrestati due giorni dopo sulla base delle informazioni fornite dalla madre di Francis, che lo aveva riconosciuto nel filmato delle telecamere di sicurezza della banca, trasmesso in televisione. I federali li avevano consegnati alle autorità di competenza della Louisiana il 23 giugno. Consapevole che la polizia lo aveva in pugno, Francis aveva deciso volontariamente di rilasciare una dettagliata confessione e portato gli agenti al canale in cui erano state gettate le pistole.

Dopo una ricerca di due giorni che incluse il drenaggio del canale, entrambe le pistole furono trovate da Comeaux e inviate alla Scientifica per le analisi del caso. Una era un revolver Clerke calibro .32, che l'esame balistico stabilì essere l'arma usata per uccidere Gladu.

Demouchet era un criminale incallito. Nel 1969, a diciotto anni, dopo aver scontato un anno di prigione per aggressione aggravata, fu condannato a sei anni da scontare nel carcere statale di Angola per numerose imputazioni per rapina e un'altra aggressione aggravata. Nel 1972, qualche mese dopo la scarcerazione in libertà vigilata, fu arrestato per tentato omicidio, ma apparentemente non venne mai incriminato. Avendo violato alcune norme della libertà condizionale, Demouchet tornò comunque ad Angola per scontare ciò che restava della condanna a sei anni. Ad agosto del 1974, qualche mese dopo aver riottenuto la libertà vigilata, sparò a una donna in un locale affollato e la uccise. Il 13 dicembre 1974, in occasione di un accordo di patteggiamento amichevole raggiunto con il procuratore Dracos Burke, il capo d'imputazione per l'ultimo delitto fu derubricato a omicidio colposo, con una condanna a tre anni da scontare nel carcere della contea di Iberia e non nella prigione di Angola. Nel leggere la condanna, il giudice gli disse: "Penso che lo Stato si sia mostrato molto clemente con lei, permettendole di scontare la pena qui invece che ad Angola". Come si scoprì poi, Demouchet scontò soltanto metà della pena. All'inizio del 1976, poco prima dell'omicidio di Gladu, era di nuovo in giro per le strade di New Iberia.

Il 30 giugno, una settimana dopo aver confessato la rapina a Parks, il suo complice Francis decise di alleggerirsi ulteriormente la coscienza. Dal momento che era analfabeta dettò a un altro detenuto una lettera da spedire allo sceriffo Wattigny; Francis vi elencava cinque crimini di cui voleva parlare con lo sceriffo, perché sapeva che la sua vita era "sputtanata". Benché non avesse accennato nello specifico all'Hasty Mart, uno dei delitti che descriveva era una rapina a mano armata con omicidio avvenuta il 30 marzo alle due e cinquantacinque del pomeriggio, a New Iberia. Questa parte della lettera attirò l'attenzione dello sceriffo. Il giorno seguente, il 1° luglio, Wattigny, il capitano Comeaux e il procuratore distrettuale Sonny Tyler condussero un interrogatorio nel corso del quale Francis rivelò molti dettagli incredibilmente precisi, che potevano essere noti soltanto alla polizia e all'assassino, sui crimini compiuti all'Hasty Mart. A differenza di Mary, non ebbe bisogno di essere instradato dagli inquirenti, perché conosceva la verità. Francis disse che la rapina era avvenuta tra le due e mezza e le tre del pomeriggio. Lui e Demouchet erano entrati dalla porta d'ingresso. Mentre Francis era dietro al bancone a raccogliere i soldi, Demouchet aveva prima colpito il negoziante alla nuca, poi gli aveva sparato due volte nel punto in cui era caduto, lontano dalla cassa, nel "corridoio". Francis aveva scavalcato il bancone e fatto cadere alcuni pacchetti di sigarette. Il vecchio portava gli occhiali. Avevano preso 200 dollari in contanti e un sacchetto di monete, e lasciato aperto il cassetto del registratore di cassa. Aggiunse che forse un testimone li aveva visti fuggire in auto: una donna, da una delle case mobili affacciate sulla strada.

Francis disse anche che lui e Demouchet erano insieme quando quest'ultimo aveva sparato alla donna nella banca di Parks e all'uomo nella ferramenta di Rayne. Spiegò che Demouchet aveva usato la stessa pistola per sparare a entrambi e al "vecchio" di New Iberia.

Prima di confessare, disse alla polizia: "Avete ingabbiato quei sei ragazzi per niente. Non sono stati loro... Non ha senso. Siamo stati io, Preston Demouchet e "Shine" [Malcolm Roy, conducente dell'auto]... Shine guidava la macchina di suo fratello". Per dare forza alle sue affermazioni, durante l'interrogatorio ripeté: "Non ha senso far soffrire quei poveracci per qualcosa che non hanno fatto". Intuendo che gli inquirenti non credevano o non volevano credere al suo racconto sui veri responsabili del delitto all'Hasty Mart, chiese loro per due volte se avrebbero "giurato sulla vostra vita che non ero in quel negozio?". Poi aggiunse: "Io c'ero!". Francis era sincero. Era pentito e determinato a fare chiarezza.

Sapendo che Demouchet non avrebbe mai confessato, Francis sollecitò la polizia a parlare con Malcolm Roy. Pensava che, con le spalle al muro, anche lui avrebbe ammesso tutto. Il dipartimento dello Sceriffo aspettò cinque giorni prima di prelevare il diciottenne per interrogarlo. Il 6 luglio per Roy fu un giorno tormentato, durante il quale rilasciò diverse dichiarazioni. Come previsto da Francis, nel primo interrogatorio con Comeaux confessò prontamente il suo coinvolgimento nella rapina all'Hasty Mart. Raccontò di aver preso in prestito la macchina di suo fratello e, su istruzioni di Demouchet, di aver accompagnato lui e Francis all'Hasty Mart. Alle tre meno un quarto Demouchet gli aveva detto di aspettare in auto con il motore acceso mentre loro due entravano a "prendere qualcosa da bere". Poi erano usciti di corsa dal negozio, Demouchet con le mani imbrattate di sangue e una pistola in mano, dicendo che aveva "ucciso lo stronzo"; Francis stringeva un sacchetto di monete. Roy era andato a New Iberia, li aveva lasciati alle case popolari ed era rientrato a casa di sua madre per restituire la macchina al fratello.

Il racconto confermava alcuni importanti elementi della confessione resa da Francis una settimana prima. A sparare era stato Demouchet; Francis era uscito dall'emporio con un sacchetto di monete; il delitto era avvenuto alle tre meno un quarto. Né Francis né Roy sapevano che un testimone oculare aveva descritto l'auto in fuga: era azzurra, il colore della Pontiac LeMans a due porte del 1973 di proprietà del fratello di Roy.

Poi avvenne l'impensabile. La polizia respinse la confessione degli assassini. Gli agenti dissero a Roy che non gli credevano. Lo sceriffo Wattigny lo minacciò persino di incarcerarlo per falsa testimonianza. Sollecitato a ritrattare, Roy si inventò una versione che spiegasse la sua confessione allo sceriffo. Disse che voleva andare in prigione per sfuggire al proprio matrimonio. Wattigny e i suoi vice decisero di non credergli neanche questa volta. Convocarono in centrale anche sua moglie e stettero a guardare – senz'altro divertiti – mentre lei si mangiava vivo il giovane marito. Alla fine, sconfitto e abbattuto, Roy rilasciò una terza dichiarazione, stavolta con l'aiuto degli agenti. Raccontò che Iran Alexander (il padre di David) gli aveva offerto 45.000 dollari per assumersi la colpa al posto di suo figlio; che Iran gli aveva consegnato due fogli su cui aveva scritto una versione che lui doveva memorizzare e poi bruciare. Alle quattro meno un quarto del pomeriggio, dopo che Roy ebbe firmato la ritrattazione (e la falsa accusa di corruzione) fu libero di tornarsene a casa senza nessuna accusa a suo carico.

Timorosi di quello che avrebbero potuto scoprire, gli investigatori non approfondirono le accuse di corruzione di Roy né interrogarono il proprietario dell'auto, suo fratello Joseph, per verificare se il giorno del delitto Gladu gliel'avesse prestata. Non mostrarono mai l'auto di Roy alle testimoni oculari Abney ed Eldridge, né dal vivo né in fotografia. Inoltre trascurarono di confrontare le impronte degli pneumatici dell'auto con quelle trovate in fondo al vialetto di ghiaia.

Due giorni dopo, l'8 luglio, anche Francis ritrattò la sua confessione dicendo a Comeaux e Wattigny, con parole stranamente simili a quelle di Roy, che Theresa Collins – la madre di John Collins – gli aveva offerto 4500 dollari per dichiarare che suo figlio era innocente e che i colpevoli erano Francis e gli altri. Disse che la donna era andata a fargli visita in prigione e gli aveva consegnato la sua offerta con un biglietto scritto a macchina che lui si era fatto leggere dal suo compagno di cella. Francis aggiunse di aver buttato il messaggio nel gabinetto e tirato l'acqua e di non essere mai più stato contattato da Mrs Collins né da nessun altro. La proposta lo aveva comunque spinto a ritrattare la confessione. Né Theresa Collins, né Iran Alexander furono mai accusati di tentata corruzione.

Adesso l'accusa aveva tutto quello che serviva per sbarazzarsi delle confessioni di Francis e Roy riguardo all'Hasty Mart. Il 14 luglio il procuratore distrettuale Burke scrisse una lettera agli avvocati dei due informandoli delle false confessioni e dei tentativi di corruzione di Iran Alexander e Theresa Collins. Nella lettera Burke affermava, mentendo, che la confessione del 1° luglio rilasciata da Jerry Paul Francis era "piena di incongruenze ed errori fattuali [...] e la falsità del suo resoconto era stata stabilita immediatamente".

Adesso l'impresa più ardua per Dracos Burke e per gli investigatori dello sceriffo era trovare il modo di mettere la Clerke calibro .32 nelle mani di Alexander, per dimostrare che a sparare a Gladu era stato lui. Si inventarono quindi la storia di un "passaggio di pistola". Era cominciata il 29 giugno con un interrogatorio a Demouchet nell'ufficio di Burke, dov'erano presenti anche Comeaux e Moore. Secondo gli appunti di Burke, l'interrogatorio aveva l'obiettivo di stabilire come avesse fatto Alexander a usare la Clerke calibro .32 nel delitto all'Hasty Mart, se apparteneva a Demouchet. Una conversazione di un'ora risolse il problema. Demouchet disse che aveva prestato la pistola ad Alexander il 25 marzo per "fare un colpo"; e che Alexander gliel'aveva restituita il 2 aprile. Questa versione del passaggio di pistola divenne ufficiale quando Comeaux mise a verbale una dichiarazione di Demouchet del 10 luglio. Demouchet disse di aver "noleggiato" la pistola ad Alexander il 23 marzo in cambio di 20 dollari, e che quest'ultimo gli aveva promesso di restituirgliela la settimana successiva. Disse anche di averla caricata con cinque proiettili calibro .32, su insistenza di Alexander. In quella sede specificò che Alexander gliel'aveva restituita il 1° aprile.

Per far apparire tutto in regola, il 4 agosto, in una riunione a porte chiuse, Burke aggiornò il giudice Robert Johnson e gli avvocati della difesa sulla dichiarazione rilasciata da Demouchet il 10 luglio, aggiungendo che la stessa Clerke calibro .32 era stata usata da Demouchet e da Francis in alcuni altri reati, incluse "una rapina in banca a Parks e una in una ferramenta di Rayne". Poi inviò a tutti le trascrizioni delle dichiarazioni rese da Francis e Malcolm Roy l'8 luglio e il 6 luglio, in cui entrambi ritrattavano le confessioni riguardo al delitto dell'Hasty Mart e raccontavano dei tentativi di corruzione. L'insabbiamento era completo.

David Alexander e Harry Granger furono processati insieme dal 13 al 17 settembre 1976. (John Collins e Ronnie Miller in seguito, perché l'avvocato di Collins aveva avuto problemi di salute.) L'incriminazione per omicidio di primo grado implicava la possibilità di una condanna a morte, ma a luglio, mentre gli imputati erano in attesa del processo, la Corte suprema degli Stati Uniti aveva dichiarato incostituzionale la pena di morte in Louisiana. Non potendo mirare al bersaglio più grosso, il procuratore distrettuale decise di processare gli imputati soltanto per rapina a mano armata, perché in tal caso, per stabilirne la colpevolezza, poteva bastare il voto di dieci giurati su dodici. Nelle settimane che precedettero il processo, Burke offrì a Granger l'immunità totale se avesse testimoniato contro Alexander. Granger rifiutò, e tramite i suoi avvocati rispose a Burke che non aveva idea di chi avesse commesso il delitto e che non avrebbe mentito accusando Alexander né nessun altro.

La famiglia di quest'ultimo riuscì a raccogliere soltanto 8000 dollari per un avvocato. Fu comunque abbastanza per pagare l'ottimo studio legale di Camille Gravel, con sede ad Alexandria, che affidò la difesa di Alexander al giovane e promettente avvocato Mike Small. Harry Granger era indigente e poté permettersi soltanto un avvocato d'ufficio, l'inesperto Jerry Theriot, che si dimostrò incapace e non all'altezza della situazione, e che spiegò alla giuria che avrebbe fatto riferimento a Small perché "la difesa di Mr Alexander sarà quella di Mr Granger". Da quel momento rimase quasi sempre in silenzio e approfittò raramente dei controinterrogatori. Durante il processo la difesa fu ostacolata dal rifiuto di Burke di mettere a disposizione le dichiarazioni preprocessuali dei suoi testimoni, sostenendo che all'epoca la legge della Louisiana gli imponeva solo di fornirle in caso fossero "a discarico" degli imputati. La sua risposta alle richieste di Small di avere accesso a quelle informazioni incluse l'assurda frase: "Lo Stato non è in possesso di prove che scagionino gli imputati".

Durante il processo, Katherine Eldridge testimoniò di

non aver incrociato altre auto mentre da casa sua andava all'Hasty Mart, in conflitto con ciò che aveva detto ad altri prima e dopo il processo, ovvero che un'auto azzurra era sbucata alle sue spalle dal vialetto di ghiaia e l'aveva sorpassata a tutta velocità mentre parcheggiava. Lo aveva affermato anche nella sua dichiarazione giurata iniziale e al gran giurì. Adesso, però, influenzata dal capitano Comeaux che aveva tutto l'interesse a far diventare la macchina blu e non azzurra, negava. Inoltre, dopo che la Scientifica di Acadiana scoprì che le tracce degli pneumatici di Alexander non corrispondevano a quelle nel vialetto di ghiaia, gli inquirenti non lo comunicarono alla difesa. Tale informazione, insieme alla dichiarazione originale di Eldridge, avrebbe potuto confutare l'identificazione dell'auto di Alexander fatta da Ellen Abney e Mary Arceneaux, che la indicarono come quella usata dagli assassini.

L'accusa si affidava alle testimonianze di Mary Arceneaux e Herbert Derouen; entrambi ribadirono con diversi ritocchi quanto avevano dichiarato prima del processo. La parte fondamentale dei molti cambiamenti nella versione di Mary riguardava Cypress Island. Adesso, in aula, testimoniò che dopo la rapina lei e i suoi complici c'erano andati per far passare il tempo, senza accennare alla sua versione precedente, in cui aveva parlato della pistola e della camicia insanguinata seppellite laggiù. Ora non aveva più idea di cosa avesse fatto Alexander della pistola. L'ultima volta che l'aveva vista si trovava sotto il suo sedile, avvolta nella camicia insanguinata. Secondo Mary, dopo Cypress Island erano tornati a St Martinville verso fine giornata, per poi andare al Candle Light Lounge a parlare un po'.

Mary testimoniò inoltre di non essere mai stata incriminata per nessun reato salvo l'accusa di contraffazione del 1974, quando in realtà dai trent'anni in poi aveva già almeno una ventina di capi d'imputazione a suo carico. Senza contare quelli del decennio precedente. Burke tacque e sorvolò su quella sfilza di menzogne. Nelle udienze d'appello dopo la condanna, Burke affermò, scorrettamente, che "la testimonianza [di Mary] durante il processo era coerente con le dichiarazioni da lei inizialmente rilasciate alle forze dell'ordine".

La deposizione di Derouen aggiunse dettagli significativi a quanto detto agli agenti dello sceriffo. Tra i principali ci fu il racconto di una specie di prova generale dei sette partecipanti, che la sera prima del delitto erano andati in auto all'Hasty Mart. Derouen descrisse inoltre per la prima volta la scena di Alexander che correva fuori dall'emporio dopo aver sparato alla vittima e diceva a Miller di farsi trovare a St Martinville, al Candle Light Lounge. Secondo Derouen, quando si erano incontrati a St Martinville Alexander indossava ancora la camicia insanguinata e aveva nascosto la pistola sotto il sedile del conducente.

Il controinterrogatorio di Small mise in ridicolo l'assurda versione degli eventi di Derouen; nel confronto con l'accusa, il testimone aveva detto che quel giorno era uscito per andare al lavoro alle due e dieci. Small gli chiese di guardare l'orologio appeso alla parete dell'aula e di dire che ore fossero. Derouen non fu in grado di farlo. Nel controinterrogatorio, ammise inoltre che nessuno dei sei che erano entrati nell'emporio aveva un ruolo preciso; disse che era solo andato a farsi un giro con loro; che non conosceva nessuno degli altri; che non si era mai chiesto perché sei uomini in due auto dovessero rapinare un negozio in pieno giorno; che non lo disturbava la prospettiva di fare qualcosa di "brutto" insieme a persone che non conosceva, e che la sera prima del colpo non si erano dati appuntamento al Candle Light Lounge dopo la rapina. Era successo e basta, quando David Alexander era scappato dal negozio, dopo aver sparato all'uomo.

Burke era intenzionato a chiudere il caso con le testimonianze di Preston Demouchet e Jerry Paul Francis, ma Demouchet si era preparato a fregarlo. Sostenne di non aver mai prestato la Clerke calibro .32 ad Alexander. Disse che la pistola non era nemmeno sua. Inoltre rinnegò la dichiarazione che aveva rilasciato alla polizia il 10 luglio sul cosiddetto "passaggio di pistola". Era stato Comeaux a inventarsi tutto, disse, e lui aveva confermato soltanto per toglierselo di torno, perché lo assillava. Demouchet concluse la sua testimonianza dichiarando: "Non ho mai dato nessun tipo di pistola a David Alexander. Mai".

Quando il pubblico ministero Burke gli fece alcune domande di fronte alla giuria e l'avvocato Small lo controinterrogò, Jerry Paul Francis si appellò al Quinto emendamento per un totale di ventitré volte, rivendicando ripetutamente il suo diritto a non autoincriminarsi. Entrambe le parti cercarono di usarlo a proprio favore con domande che assecondavano la loro versione dei fatti. Burke gli chiese se avesse detto a Comeaux che gli era stato promesso denaro perché rivendicasse il delitto all'Hasty Mart. Small gli domandò se ricordasse di aver fornito a Comeaux un resoconto dettagliato riguardo al delitto, e confermato di averlo commesso insieme a Demouchet e a Malcolm Roy. In entrambi i casi Francis si appellò al Quinto emendamento. All'accusa poteva bastare.

La difesa cercò di confermare l'alibi di Alexander per il pomeriggio del 30 marzo attraverso la testimonianza di una certa Gail Guidry, la quale dichiarò che il pomeriggio di quel giorno Alexander era passato a prenderla in taxi alle due e mezza per portarla al lavoro. Nel controinterrogatorio, Guidry riconobbe che la difesa l'aveva aiutata a ricordare che si trattava proprio del 30 marzo. La madre di Alexander, che si occupava della parte amministrativa dell'agenzia, era disposta a fornire gli elenchi delle corse effettuate da Alexander quel giorno, ma Small non la chiamò a testimoniare perché aveva notato che la pagina relativa al 30 marzo era stampata in modo perfetto, a differenza di quelle degli altri giorni. Granger invece non fu in grado di presentare un alibi perché i suoi testimoni potevano confermare la sua presenza soltanto per il 31 marzo e non per il 30.

Il testimone chiave per la difesa era Malcolm Roy, che una settimana prima del processo, durante un'udienza preliminare, aveva nuovamente confessato il delitto all'Hasty Mart. Infuriate per quella sfrontatezza, le autorità lo avevano arrestato e accusato di aver dichiarato il falso alla polizia. Durante il processo Small lesse il verbale della confessione rilasciata da Roy il 6 luglio e la ritrattazione di quello stesso giorno. Il ragazzo ripeté coraggiosamente che la confessione era vera e la ritrattazione falsa. Ammise che l'avvocato difensore Small lo aveva avvertito che con quella testimonianza rischiava l'incriminazione per rapina a mano armata e omicidio, e adesso per spergiuro, e che nessuno gli aveva mai promesso alcun tipo di vantaggio in cambio di quella testimonianza. Dopodiché ripeté la storia di come aveva commesso il crimine dell'Hasty Mart insieme a Demouchet e a Francis. Nel controinterrogatorio, Burke lo avvertì che stava rinunciando al suo diritto a non autoincriminarsi. Impassibile, Roy disse alla giuria che stava confessando perché dal 30 marzo non riusciva più a dormire e aveva il delitto sulla coscienza. Dichiarò che non sapeva che Demouchet avrebbe rapinato il negozio, tantomeno che avrebbe ucciso qualcuno.

Morris Lee, il capo di Derouen alla falegnameria, informò la giuria di essere sicuro che il suo sottoposto aveva lavorato con lui dall'una alle tre e mezza di pomeriggio del 30 marzo, e che lui stesso lo accompagnava sempre in auto per andare e tornare dal lavoro perché Derouen non aveva mezzi di trasporto. Aveva mostrato il registro con le ore di lavoro svolte da Derouen al vicesceriffo Jim Desormeaux. Nel controinterrogatorio di Small, Desormeaux disse che conosceva Lee da parecchio tempo e non aveva motivi per dubitare di lui, e precisò: "Penso che stesse dicendo la verità". Alexander testimoniò e si dichiarò innocente. Granger accettò suo malgrado di non testimoniare, considerato il suo stato emotivo durante tutto il processo.

Purtroppo, quando venne il momento della discussione finale, Small non fu all'altezza del suo compito. Danneggiò gli imputati lodando in modo ingiustificato le forze dell'ordine locali, inclusi gli investigatori dello sceriffo e Burke, definendoli persone che non avrebbero mentito né spinto un testimone a mentire. Una così inspiegabile difesa della loro correttezza non aveva senso, se non come tentativo di ingraziarsi le forze dell'ordine della contea di Iberia. Arrivò persino a mettere in dubbio l'innocenza degli imputati: "Se sono stati loro, meritano di finire in prigione". Al contempo, riuscì giustamente a ridicolizzare la scelta dell'accusa di appoggiarsi alle versioni palesemente false date da Mary e Derouen, e sbeffeggiò il pubblico ministero per aver snobbato le prove chiare e convincenti che indicavano come colpevoli Demouchet e Francis. L'arringa finale di Theriot fu brevissima: il verbale è lungo appena due pagine. In sostanza si limitò a chiedere alla giuria di prendere in considerazione il principio di ragionevole dubbio, che il giudice avrebbe spiegato loro contestualmente alla lettura dei capi d'accusa. Praticamente privo di un avvocato difensore, Harry Granger era spacciato.

Alle otto di sera del secondo giorno di udienze il caso passò nelle mani della giuria. Gli atti non chiariscono quanto impiegarono per deliberare, ma quello stesso giorno, il 17 settembre, i giurati emisero un verdetto di colpevolezza per entrambi gli imputati con una votazione di 10 contro 2. Quando il verdetto fu annunciato, Granger si infuriò a tal punto che diede un pugno a Steve Woodring, che si trovava accanto a lui, e poi perse i sensi. Il 16 ottobre ad Alexander e Granger, uno di fianco all'altro di fronte al giudice, fu chiesto se avessero qualcosa da dichiarare; Alexander rispose: "Non ho rapinato nessuno. Non ho ucciso nessuno. Qui lo sapete tutti. Dio mi è testimone". Granger si limitò a dire: "Concordo con lui". Dopodiché il giudice condannò ciascuno dei due a novantanove anni di lavori forzati per il reato di rapina a mano armata. Il passo successivo sarebbe stata la famigerata prigione statale di Angola.

Non sapendo che farsene di Rene Jackson, il terzo uomo a bordo del taxi di Miller secondo la versione di Derouen, Burke decise di lasciar cadere le accuse contro di lui. Il 30 novembre affidò Jackson al Central Louisiana State Hospital per farne valutare la situazione clinica. Il team medico gli diagnosticò una grave disabilità mentale, sottolineando che Jackson non sapeva dire la propria età, non sapeva contare né conosceva l'alfabeto. Il referto affermava che il ragazzo aveva trascorso gli ultimi nove mesi in carcere per crimini che ripeteva di non aver commesso. Non fu considerato pericoloso e il 7 dicembre, una settimana dopo il ricovero, lo rimandarono a casa completamente libero. Era lo stesso uomo che secondo la prima deposizione di Derouen alla polizia gli era corso dietro fuori dal negozio dopo la rapina, costringendolo a tornare sull'auto di Miller sotto la minaccia di un coltello. Il 6 dicembre, il giorno prima del rilascio di Jackson, il suo affezionato padre, l'uomo che "si sarebbe portato nella tomba" la convinzione che il ragazzo era innocente, morì per un attacco di asma.

John Collins e Ronald Miller erano terrorizzati all'idea di passare novantanove anni nel carcere di Angola. Il loro processo era fissato per il 24 gennaio 1977. Le probabilità di un'assoluzione erano poche, dal momento che gli stessi testimoni usati per condannare Alexander e Granger avrebbero accusato anche loro. Ma Dracos Burke lanciò un'inaspettata ancora di salvezza. Se si fossero dichiarati complici del delitto, avrebbe fatto cadere le accuse di rapina a mano armata e di omicidio, permettendo loro di scontare la condanna nella prigione distrettuale invece che ad Angola. Se il giudice li avesse condannati al massimo della pena, vale a dire cinque anni, sarebbero usciti in due o tre anni. Burke cercò di rabbonirli anche parlando di possibili libere uscite. La prospettiva di finire ad Angola era intollerabile per entrambi, perciò, incoraggiati da parenti e amici, i due ingoiarono a malincuore il boccone amaro e ammisero il proprio coinvolgimento nell'orribile crimine con cui in realtà non avevano niente a che fare. Collins era sposato con tre figli, e Miller, celibe, doveva pensare alla madre. Alcuni giorni prima del processo il giudice li condannò a cinque anni. Ne scontarono due e uscirono in libertà vigilata.

Paradossalmente i due mentirono e si autoincriminarono per evitare un possibile ergastolo ad Angola, ma in precedenza si erano rifiutati di farlo per incriminare Alexander e Granger in cambio dell'immunità proposta da Burke.

Per un cavillo del diritto penale della Louisiana, benché in entrambe le circostanze le vittime fossero state uccise da un'arma da fuoco, Preston Demouchet e Jerry Paul Francis furono processati e condannati per rapina a mano armata alla banca e alla ferramenta, ma non per omicidio. Per ciascuno, la pena da scontare fu di novantanove anni di carcere, dove si trovano tuttora.

Il 1° luglio 1980 arrivò un nuovo sceriffo. Errol Romero, ex insegnante e giovane promessa della politica locale, mise fine ai ventiquattro lunghi anni di regno dello sceriffo Wattigny dopo elezioni combattutissime. La prima cosa che fece fu licenziare i vicesceriffi Comeaux, Moore e Desormeaux, che riteneva incapaci e corrotti. Sospettando che Alexander e Granger fossero stati condannati ingiustamente, riaprì anche i loro casi, inaugurando un'indagine destinata a durare molti anni.

Una delle persone che Romero interrogò fu Steve Woodring, ex vicesceriffo di Iberia. A metà degli anni Ottanta Woodring era un esperto investigatore della divisione Rapine a mano armata di Baton Rouge. In una deposizione giurata resa allo sceriffo Romero, Woodring elencò i motivi per cui era convinto che i sei uomini fossero innocenti. Tra le altre cose, c'era una scena a cui aveva assistito di persona. Il pubblico ministero Burke "voleva a tutti i costi che Miller e Collins accettassero la sua offerta di immunità e insistette moltissimo [perché deponessero contro Alexander e Granger]". Burke sapeva che sul banco dei testimoni i due sarebbero stati molto più credibili del disabile Herbert Derouen o della criminale incallita Mary Arceneaux. Il detective Woodring vide di persona Comeaux e Desormeaux fare a entrambi quell'offerta "numerose volte" a nome di Burke. Woodring rimase molto colpito dal rifiuto di Miller e di Collins di accettare, pur sapendo che rischiavano novantanove anni di prigione. Anni dopo Collins disse che aveva rifiutato l'immunità perché "sapevo che se avessi mentito a sfavore di quegli uomini non sarei mai stato libero... non qui dentro" e si batté una mano sul cuore.

Woodring aveva avuto dubbi sulla sincerità di Mary sin dall'inizio. In seguito disse che persino Horace Comeaux aveva cominciato a dubitarne, soprattutto dopo le menzogne sulla pistola sepolta a Cypress Island. In un documento che al processo non era stato rivelato, l'investigatore del procuratore distrettuale Sonny Tyler aveva scritto di suo pugno che Mary era una "bugiarda patologica".

Woodring si imbatté di nuovo in Mary nel 1985. La sua unità stava investigando su una serie di rapine a mano armata alle stazioni di servizio Texaco di Baton Rouge. Arrestata nuovamente per contraffazione, Mary disse a Woodring e ai suoi colleghi che in cambio di soldi e della rinuncia alle accuse, avrebbe rivelato il nome del rapinatore delle stazioni di servizio. Fece un nome e disse che lo aveva visto contare i soldi del bottino. Il vero rapinatore fu arrestato molte settimane dopo. Com'era prevedibile, non era l'uomo indicato da Mary. Steve rimase allibito e pensò: "Ci sta riprovando".

Quando la affrontò, accennando alla sua testimonianza nel caso Hasty Mart, Woodring le disse che sospettava che il vice Eddie Moore l'avesse incoraggiata a mentire. Lei ignorò la domanda, lamentandosi invece che Moore aveva trattenuto del denaro dalla somma che doveva girarle per conto dell'ufficio dello sceriffo, in cambio della collaborazione al caso Hasty Mart. Secondo Woodring era stata pagata centinaia di dollari al mese, oltre al rimborso dell'affitto, da aprile fino a settembre, mese del processo.

Lo sceriffo Romero parlò anche con Katherine Eldridge, testimone oculare del caso Hasty Mart. La donna gli disse che l'auto azzurra da lei notata vicino alla scena del crimine era più piccola della Buick blu scuro di David Alexander, che aveva visto da vicino al deposito della polizia. Il vicesceriffo Comeaux aveva cercato di convincerla che l'auto che aveva visto era quella di Alexander, ma lei non era d'accordo. Le sapeva riconoscere: aveva lavorato in un'officina. Dopo che aveva sostenuto davanti al gran giurì che l'auto dei ladri era azzurra, Comeaux e Burke l'avevano rimproverata, dicendole: "Non farci più uno scherzo del genere".

Dopo innumerevoli interrogatori e un'estesa ricerca e revisione di atti risalenti a molti anni prima, Romero presentò al pubblico ministero Burke deposizioni giurate che accusavano Comeaux, Moore e Desormeaux di "aver intimidito testimoni, pagato testimoni e percosso un testimone [Herbert

Derouen] al solo scopo di costringerli a fornire una dichiarazione falsa" contro Alexander e Granger.

Burke si rifiutò di incriminare gli ex agenti, sostenendo di non avere "prove a sufficienza". Questo botta e risposta causò un putiferio. Nel 1985 i tre ex vicesceriffi denunciarono Romero per diffamazione. Ci vollero quattro anni di presentazioni di prove e molte deposizioni prima che la causa si concludesse, nel 1989, con un accordo stragiudiziale. La causa civile rallentò l'indagine di Romero, ma l'esibizione delle prove legate al caso Hasty Mart impose a Burke di produrre diversi documenti a discarico di Alexander e Granger che aveva tenuto nascosti nel suo ufficio sin dal processo, in un dossier con scritto NON SPOSTARE DA QUESTO UFFICIO. Burke non aveva autorizzato neanche Romero a consultarli durante il suo primo tentativo di riaprire l'indagine.

Nel 1987, nell'ambito della causa civile intentata contro Romero, Herbert Derouen fu sottoposto a una valutazione psicologica. Durante i colloqui con gli psicologi non smise mai di dichiararsi innocente, spiegò che aveva mentito e fatto condannare uomini innocenti per paura di finire in prigione. Sostenne di non essersi trovato sulla scena del delitto e di non sapere chi ne fosse il responsabile, raccontò che quel giorno era andato a lavorare da Morris Lee, e che aveva trascorso nove mesi in prigione senza motivo. Gli psicologi stabilirono che le facoltà intellettive di Derouen erano al livello di quelle di un bambino delle elementari, e che non sarebbe stato difficile convincerlo a dire qualunque cosa, a prescindere dai fatti. Durante il procedimento civile, Derouen testimoniò di non essere mai stato all'Hasty Mart finché non ce lo aveva portato Comeaux; all'epoca dei fatti aveva mentito perché la polizia lo aveva minacciato di sbatterlo in prigione se non avesse "detto la verità".

La Centurion si dedicò al caso nel 1996. Nel frattempo i ricorsi in appello di Alexander e Granger erano stati respinti, e così le istanze presentate per chiedere uno sconto di pena. Oltre a far partire un'approfondita ed estesa indagine basata su una marea di interrogatori e ricerche negli archivi di tribunali e studi legali, contattammo "60 Minutes" per parlare di questo grossolano e palese errore giudiziario. A dicembre del 1998 il programma trasmise un servizio intitolato *Chi ha ucciso Louis Gladu?*. L'inviato che se ne occupava era Ed Bradley. Steve Woodring, che militava ancora nella polizia di Baton Rouge, gli disse: "Sono assolutamente innocenti. Ne sono sicurissimo... Chiunque esamini questo caso arriva alla stessa conclusione, tranne l'ufficio dello sceriffo e quello del procuratore nella contea di Iberia". Bernie Boudreaux, il procuratore distrettuale in carica ormai da vari mandati, ribadì a "60 Minutes" la sua ferma convinzione che in carcere ci fossero i veri colpevoli. Durante la trasmissione, Bradley spiegò ai telespettatori che uno dei motivi della certezza di Boudreaux era il suo convincimento che la testimonianza di Arceneaux e Derouen fosse "avvalorata, coerente e credibile".

Quando Bradley chiese ad Arceneaux se fosse stata pagata in cambio della sua testimonianza, lei rispose: "Certo che sì. Posso solo dire che fu corruzione". Bernie Boudreaux tuttavia disse che "non le fu dato niente". Woodring testimoniò che la donna "aveva ricevuto soldi dal dipartimento dello Sceriffo. Venne pagata". Malcolm Roy confessò a Bradley che "quei ragazzi furono incastrati. Deliberatamente. Nessuno di loro c'era, quel giorno. Quando li arrestarono rimasi senza parole, perché non erano stati loro". John Collins e Ronald Miller, che si erano dichiarati colpevoli di reati minori per evitare la prigione, furono interrogati l'uno di fianco all'altro. Collins riassunse bene il caso limitandosi ad affermare: "Tutti quelli che hanno detto la verità sono dentro. Tutti quelli che hanno mentito sono liberi".

Durante le nostre indagini, la Centurion raggiunse Geraline Mitchell, la proprietaria del Candle Light Lounge, che smentì la testimonianza di Mary e Derouen, secondo cui la sera del delitto si erano riuniti tutti al locale. In una deposizione giurata, Mitchell affermò di conoscere molto bene Mary Arceneaux. Ricordò di aver detto agli investigatori dello sceriffo che il 30 marzo la donna non poteva trovarsi nel suo locale perché aveva un conto aperto che si rifiutava di pagare e, perciò, le era stato vietato l'ingresso. Inoltre, Geraline aveva chiuso il Candle Light poco dopo l'apertura, verso le sei del pomeriggio, su consiglio di suo marito che le aveva detto della sparatoria all'Hasty Mart.

Nel 1997 Jerry Paul Francis spiegò alla Centurion perché avesse ritrattato la confessione inventandosi la storia della corruzione: durante l'interrogatorio, lo sceriffo Wattigny gli aveva detto: "Ti stai scavando la fossa per qualcosa che non hai fatto. Vogliamo solo impedirti di metterti in guai seri e farti altri anni dentro". Disse che Comeaux "insinuò che avessi ricevuto soldi in cambio della confessione. Perciò gli diedi quello che volevano".

Tormentato dalla falsa testimonianza contro Granger e Alexander, Herbert Derouen confessò alla Centurion: "Ci penso di continuo. In tutti questi anni il pensiero di quei ragazzi mi ha tormentato. Li ho sempre in mente".

Joseph Roy, fratello di Malcolm, confermò in una deposizione giurata di avergli prestato la sua Pontiac LeMans azzurra del 1973 il pomeriggio del 30 marzo 1976. Ricordava di aver notato una grossa quantità di monete nel posacenere, del valore di almeno 8 o 9 dollari, la prima volta che aveva guidato l'auto dopo che quel pomeriggio Malcolm gliel'aveva restituita. Malcolm gli aveva confessato di essere stato coinvolto nel delitto dell'Hasty Mart.

La Centurion ebbe la fortuna di poter usufruire dei servizi dell'avvocata Peggy Woodward di New Orleans, che lavorò instancabilmente fianco a fianco con il nostro investigatore Paul Henderson e scrisse una relazione di centosettantanove pagine che, basandosi su centotrentatré reperti, considerava legittima la presentazione di un nuovo ricorso in appello. Il documento esponeva nei dettagli la storia del vergognoso errore giudiziario che aveva portato all'ingiusta condanna di David Alexander e Harry Granger. L'istanza fu presentata a settembre 1999 presso la 16ª Corte distrettuale di New Iberia, la stessa che aveva emesso la condanna. Lo Stato rispose con una mozione di sessantasette pagine che sorvolava palesemente sulle tesi fattuali contenute nel ricorso e si basava perlopiù su argomentazioni procedurali. L'istanza rimase per due anni in un cassetto del giudice William Hunter.

Il 18 settembre 2001, una settimana dopo gli attacchi dell'Undici settembre, il giudice respinse l'istanza d'appello, con motivazioni che copiavano parola per parola la mozione presentata dallo Stato; cambiava soltanto la firma, non più del procuratore distrettuale ma di Hunter. La stessa istanza fu respinta due anni dopo dalla Corte suprema della Louisiana, senza motivazioni ufficiali. Le corti federali seguirono l'esempio di quelle statali e respinsero ogni altro ricorso. Alexander e Granger avevano dunque esaurito le risorse giudiziarie.

L'unica possibilità rimasta era la Commissione per la libertà condizionale della Louisiana. Il sovraffollamento nella prigione di Angola aveva ispirato una legge che consentiva il diritto alla libertà condizionale a qualsiasi detenuto di almeno quarantacinque anni che ne avesse già scontati venti. Sia Alexander sia Granger, che ne avevano già scontati quasi trenta, avrebbero potuto avvalersene; i due però sapevano che la commissione non si mostrava benevola con i detenuti che si dichiaravano innocenti. Avrebbero dovuto esprimere rimorso per i crimini commessi, piuttosto che dire "Non sono stato io". Tuttavia i due sentivano di avere prove solidissime della propria innocenza, e tentarono il tutto per tutto.

Alle udienze del 2005 e del 2006 il detective Woodring e l'ex sceriffo Romero si presentarono davanti alla commissione e ribadirono con interventi accorati e convincenti l'innocenza dei due detenuti. La figlia di Gladu, Ann Gladu Begnaud, scrisse alla commissione una lettera in cui dava un esplicito appoggio alla richiesta di scarcerazione, dichiarando: "Sono convinta che alcune prove alterate abbiano condannato due innocenti per l'omicidio di mio padre". Aggiunse inoltre di aver dubitato della loro colpevolezza sin dall'inizio del processo, e di aver manifestato i suoi dubbi sia allo sceriffo sia al procuratore distrettuale.

Le famiglie di Alexander e Granger, che durante i trent'anni di detenzione avevano sempre espresso il loro affetto e sostegno, promisero che se la commissione avesse concesso ai due di tornare a casa non avrebbero smesso di essere presenti. Infine la Centurion fornì alla commissione il decisivo servizio trasmesso da "60 Minutes".

Quando le udienze terminarono, dopo una brevissima riunione, la commissione annunciò di voler concedere la libertà condizionale. In seguito la Centurion venne a sapere che a convincere i tre membri del comitato che Alexander e Granger erano innocenti e non sarebbero mai dovuti finire in prigione era stata soprattutto l'inchiesta della trasmissione televisiva.

Accolto dalla madre Iris fuori dal carcere, Alexander tornò a casa il 23 dicembre 2006. Suo padre, l'ottantaduenne Iran, morì di cancro ai polmoni due settimane dopo. Per Granger la libertà arrivò il 19 gennaio 2007, quando sua sorella Eva lo andò a prendere e lo portò dalla madre, che lo aspettava nella casa in cui era cresciuto. Sua madre morì nel 2010, ma Granger vive ancora in quella casa e lavora nelle cucine di un impianto petrolifero nel Golfo del Messico. Alexander riprese a fare il tassista per la ditta di famiglia. Oggi ha anche un ruolo dirigenziale. I due saranno per tutta la vita in libertà condizionale con supervisione minima, tenuti a pagare allo Stato 64 dollari al mese per questioni amministrative e a chiedere l'autorizzazione se intendono uscire dai confini della Louisiana.

Granger ha settant'anni e Alexander settantaquattro. Entrambi sono in condizioni di salute relativamente buone e considerano con una certa serenità la loro ingiusta carcerazione trentennale. Granger sostiene che, benché gli anni migliori della sua vita gli siano stati portati via, non può recuperarli e quindi è andato avanti; fondamentalmente, si gode una vita tranquilla e pacifica. Alexander si sente fortunato. La sua vita è nelle sue mani, è autosufficiente e indipendente. Si domanda se quello che gli è capitato non fosse il "destino"; e comunque "tutto è nelle mani di Dio". Con un pizzico di soddisfazione, nota che è sopravvissuto a tutti quelli che hanno contribuito a metterlo in prigione, persino a Dracos Burke, morto a centodue anni nel 2022. A parte questo, dice con uno scintillio negli occhi, la sua vita di oggi è molto meglio dei vent'anni passati ad Angola a raccogliere cotone per quattro centesimi all'ora.

Nel corso degli anni gli osservatori del caso si sono spesso domandati perché le autorità di New Iberia avessero insistito ad accusare e perseguire David Alexander e Harry Granger se i veri assassini erano emersi prima del processo e avevano fornito confessioni conformi alle circostanze del crimine. Possono esserci state svariate ragioni. Una è che sarebbe stato imbarazzante, persino umiliante, ammettere di aver ingiustamente incriminato sei persone in seguito allo sforzo congiunto dell'intera comunità delle forze dell'ordine, inclusi lo sceriffo in carica e il pubblico ministero più rispettato del distretto. Un altro motivo potrebbe essere stato il timore che, in caso di incriminazione del vero assassino Demouchet, venisse alla luce l'atteggiamento permissivo dimostrato nei suoi confronti nonostante i precedenti per violenza. Demouchet era un informatore dell'ufficio dello sceriffo di Iberia, e in quanto tale era stato trattato con indulgenza nonostante i suoi molti reati. Considerato quanto si era mostrato pericoloso, il giorno in cui Louis Gladu fu ucciso non avrebbe dovuto essere a piede libero. Una rivelazione del genere avrebbe potuto avere conseguenze devastanti per la carriera dei funzionari eletti di New Iberia.

Per certi versi la storia dell'arresto e del processo dei sei uomini di New Iberia ha un che di *Alice nel Paese delle Meraviglie*. Per David Alexander e Harry Granger, ai quali è costata trent'anni di vita, l'esperienza fu come guardare attraverso lo specchio: ciò che stava accadendo non poteva essere reale, eppure lo era. Nella sua intervista a "60 Minutes", John Collins aveva davvero colto perfettamente il punto, parlando del modo in cui la giustizia fu completamente rovesciata: "Tutti quelli che hanno detto la verità sono dentro. Tutti quelli che hanno mentito sono liberi".

"Oh, quant'è intricata la tela che tessiamo quando per la prima volta a ingannar ci esercitiamo"*

Jim McCloskey

Tyler, la "capitale americana delle rose", è il capoluogo della contea di Smith, circa centosessanta chilometri a est di Dallas, al centro della Bible Belt, nel Texas orientale. Nel 1977 contava quasi cinquanta chiese battiste e una popolazione complessiva di sessantacinquemila abitanti. Vi è nato Patrick Mahomes, il quarterback dei Kansas City Chiefs vincitore di tre Super Bowl, e vi ha sede la University of Texas di Tyler, che negli anni Settanta si chiamava Texas Eastern University (TEU). La tranquilla cittadina e la sua altrettanto tranquilla università non erano pronte alla sconvolgente notizia che si diffuse il mattino di venerdì 10 giugno 1977.

A mezzanotte e mezza Paula Rudolph era rientrata a casa nel suo appartamento nel grande complesso residenziale dell'Embarcadero, dopo aver trascorso un paio d'ore con un'amica che si trovava in città per lavoro. Varcata la soglia della porta d'ingresso, dall'anticamera buia vide nella stanza degli ospiti completamente illuminata, a meno di tre metri da lei, un uomo che senza dire una parola andò subito a chiudere la porta della camera. Non era un estraneo, o perlomeno così pensò Paula in quel momento. Era Jim

* La citazione nel titolo è tratta dal poema *Marmion: A Tale of Flodden Field* di Sir Walter Scott, pubblicato nel 1808. Flodden è il colle dell'Inghilterra nordorientale che nel 1513 fu teatro di una celebre battaglia tra scozzesi e inglesi, vinta da questi ultimi.

Mayfield, il suo capo alla biblioteca dell'università. Doveva essere venuto a trovare la sua amica, Linda Jo Edwards, con la quale aveva una relazione clandestina. Imbarazzata, Paula mormorò: "Tranquillo, sono io, stavo andando a dormire". Poi attraversò in fretta il soggiorno e andò a tapparsi in camera da letto. Parecchi minuti dopo sentì la porta del patio aprirsi e richiudersi.

La bibliotecaria trentaseienne si accese una sigaretta per calmare la rabbia. Mayfield le aveva garantito che la sua lunga relazione con Linda era finita. E invece veniva a trovarla di nascosto, a quanto pareva. Il primo pensiero di Paula fu: "Quel bastardo non la lascia in pace"; le dispiacque per Linda, che aveva solo ventidue anni ed era chiaramente troppo giovane per comprendere e gestire lo stress di un rapporto con un uomo sposato che aveva il doppio dei suoi anni. Le due donne avevano parlato spesso di quella relazione irrisolta e problematica, che Paula definiva "sgradevole". Sembrava che Mayfield volesse tanto chiuderla quanto continuarla.

Tre settimane prima, il 19 maggio, Linda aveva tentato il suicidio dopo che lui l'aveva lasciata per tornare dalla moglie Elfreide, con cui era sposato da ventitré anni. Linda aveva inghiottito una decina di pasticche di sonnifero a base di benzodiazepine. Mayfield l'aveva trovata priva di coscienza il mattino successivo, quand'era tornato per recuperare i suoi vestiti. L'aveva caricata in auto e portata subito in ospedale, dove Linda era rimasta ricoverata per sei giorni. Quando era stata dimessa, Mayfield aveva convinto Paula a ospitare la ragazza finché non si fosse ripresa, giurandole che la loro relazione era finita e che non avrebbe mai messo piede in casa sua.

Quando era venuta alla luce la causa del tentato suicidio, il rettore dell'università James Stewart aveva rimosso Mayfield dal ruolo di direttore della biblioteca e sollevato Linda dall'incarico di segretaria nel dipartimento di Studi umanistici. Il licenziamento di Mayfield era avvenuto lunedì 6 giugno, tre giorni prima dell'omicidio di Linda.

Paula lesse per qualche minuto a letto, puntò la sveglia e

si addormentò. Si svegliò il mattino dopo alle sette e dieci. Chiamò Linda, ma non ottenne risposta e andò ad aprire la porta della sua camera. Quello che vide l'avrebbe perseguitata per il resto della sua vita. Linda era distesa sul letto a braccia e gambe divaricate, praticamente nuda e in un bagno di sangue. Paula si coprì la bocca con una mano, indietreggiò e in qualche modo riuscì a fare due telefonate, prima alla polizia e poi a Olene Harned, sua amica fidata e veterana dello staff della biblioteca, che arrivò poco dopo la polizia.

La scena era raccapricciante. Linda era stata orribilmente mutilata, con una ferocia particolare riservata alla zona dei genitali. L'assassino aveva usato tre armi diverse, tutte rimediate nell'appartamento. Con una statuetta pesante un paio di chili tolta dalla credenza del soggiorno l'aveva colpita almeno dieci volte in faccia, alla bocca e alla testa, facendole perdere i sensi. Dopodiché aveva usato un paio di forbici da cucito prese da un tavolo lì vicino per pugnalarla almeno nove volte al collo, recidendole l'arteria carotidea e la giugulare. Infine aveva usato un coltello da verdura lungo 25 centimetri e largo 7 per sfigurare Linda nei modi più feroci. Alle estremità della bocca le aveva praticato lunghi tagli che le arrivavano fino alle guance, le aveva inciso tre volte il seno destro e conficcato la lama in profondità in un punto del torace, piantandola tre volte fino a trapassarle il busto e arrivare quasi alla schiena. In preda a una brutale frenesia le aveva affondato molte volte le forbici da cucito nei genitali, mutilando completamente la cavità vaginale. Le aveva strappato e tagliato vari centimetri di capelli, apparentemente come trofeo.

I jeans di Linda erano per terra accanto al letto, vicino alla sua caviglia sinistra, senza macchie di sangue, a indicare che lei o l'assassino li avevano sfilati prima dell'aggressione. La camicetta e il reggiseno erano stati tagliati con il coltello e sollevati sopra i seni. Anche le mutandine erano state tagliate e sfilate, e giacevano per terra vicino al piede destro. Linda indossava ancora il gambaletto di nylon sinistro, il destro mancava. La statuetta e le forbici erano sul pavimento. Il coltello da verdura – parte di un costoso set che Paula teneva in un cassetto della cucina – sul momento non fu trovato, nonostante un'approfondita ricerca della polizia. Lo rinvenne il padre di Paula cinque giorni dopo, mentre puliva l'appartamento, nascosto sotto una pila di vestiti nel guardaroba della stanza di Linda.

Sul copriletto e sul cuscino furono rinvenute microscopiche tracce di sangue, appena visibili a occhio nudo. Nella stanza erano presenti pochissime tracce ematiche. Il bagno adiacente al grande armadio della camera era pulito, asciutto e intonso. L'assassino doveva essersi coperto di sangue, ma non ce n'era traccia salvo per una goccia sul terrario di vetro vicino alla porta del patio, caduta probabilmente mentre l'uomo usciva dalla camera e attraversava il soggiorno per andarsene dal retro. Non c'erano segni che la porta d'ingresso fosse stata scassinata, né di colluttazione nella stanzetta da tre metri per tre metri e mezzo. Non c'erano oggetti fuori posto o mancanti. Il ferro da stiro era acceso, appoggiato dritto sull'asse. Il televisore era acceso. Il letto a una piazza, posto su quattro rialzi, era rifatto e senza grinze. L'agghiacciante scena del delitto era intonsa. Né i periti della Scientifica né i tecnici dell'FBI riuscivano a spiegarsi come fosse riuscito l'assassino nell'impresa da ninja di ripulire tutto.

Una cosa però era lampante: Linda Jo Edwards, una ragazza forte e atletica di un metro e ottanta per quasi settanta chili, non presentava ferite da difesa e aveva le unghie intatte, perciò era probabile che fosse stata vittima di un'aggressione a sorpresa da parte di qualcuno di cui si fidava.

Quel mattino, interrogata dalla polizia, Paula descrisse in dettaglio l'uomo che aveva visto la notte precedente. Aveva "capelli grigi di media lunghezza che gli sfioravano le orecchie. [...] Il corpo era quello di un uomo bianco abbronzato, e indossava un paio di pantaloncini bianchi. [...] Aveva il fisico snello e slanciato... La mia prima impressione fu che si trattasse del mio capo, Jim Mayfield. [...]". Nelle successive deposizioni lo descrisse in modo più dettagliato, dicendo che era alto quattro o cinque centimetri più di lei, che sfiorava il metro e sessantotto; era snello e agile, e ben proporzionato, con le spalle larghe e un'evidente abbronzatura.

Questa dettagliata descrizione calzava a pennello a Mayfield. L'uomo aveva i capelli grigi, che gli sfioravano appena le orecchie. In una deposizione di febbraio del 1978 Mayfield convenne che i suoi capelli erano "abbastanza lunghi da coprire l'estremità superiore delle orecchie, ma non di più". Durante le udienze processuali Paula testimoniò due volte che Mayfield era alto fra il metro e settanta e il metro e settantatré. I suoi colleghi dell'università confermarono che indossava spesso pantaloncini da tennis bianchi, era snello e abbronzato. L'uomo aveva la mania della forma fisica e giocava quasi ogni giorno a tennis o a squash.

Nonostante la giovane età (ventisei anni) e la mancanza di esperienza (era il suo primo caso di omicidio da quando lavorava come investigatore al dipartimento di polizia di Tyler), l'indagine fu assegnata al sergente Eddie Clark, che conosceva Linda da sempre. Erano cresciuti a Bullard, una minuscola cittadina con cinquecento abitanti attraversata dalla ferrovia, una trentina di chilometri a sud di Tyler. Entrambi avevano frequentato la Bullard High School: lui ci si era diplomato nel 1970 con ottimi voti e grandi prospettive; lei quattro anni dopo insieme a Susan, sorella minore di Eddie. Assicurare alla giustizia il feroce assassino di Linda era una questione personale. Clark sentiva di doverlo non soltanto ai cittadini di Tyler, ma anche alla famiglia e agli amici di Linda e alla gente di Bullard.

Linda era stata la stella della squadra di basket della Bullard High, e prima di conoscere Mayfield pesava novanta chili. Era una bella ragazza, socievole, dinamica e apprezzata. Poco dopo il diploma aveva sposato un ragazzo del posto, Bobby Lester. Pur essendo cresciuta in una piccola cittadina rurale, Linda aveva le mani bucate e spendeva migliaia di dollari in vestiti e gioielli. Le piacevano le cose raffinate, che Bobby non poteva permettersi. Lui le voleva sinceramente bene e per arrivare a fine mese faceva i doppi turni alla fabbrica di pneumatici di Tyler. A novembre del 1975 Linda aveva cominciato a lavorare alla biblioteca di Mayfield come addetta ai periodici. Non ci era voluto molto prima che il quarantaduenne Mayfield, incallito dongiovanni, notasse la bellezza e la potenziale sensualità della ventenne Linda. La loro relazione, cominciata il mese successivo con un bacio sotto il vischio durante la festa di Natale organizzata a casa Mayfield, era durata fino alla notte della morte di Linda. Durante la loro frequentazione lui l'aveva plasmata fisicamente a suo piacimento. Dopo una dieta che includeva pasticche, un regime alimentare ristretto ed esercizio fisico, Linda aveva perso circa venticinque chili, e lui l'aveva spinta a mettere le lenti a contatto e a cambiare taglio di capelli. Sotto il suo controllo manipolatorio, Linda prese le fattezze statuarie che rispondevano ai gusti di Mayfield e di cui lei andava orgogliosa.

Conscio che la polizia poteva sospettare di lui, Mayfield contattò Eddie Clark e si fece interrogare il pomeriggio stesso del 10 giugno. Minimizzò la sua relazione clandestina con Linda, che, dichiarò, era cominciata quando lei era andata da lui per parlargli dei suoi problemi matrimoniali. Linda si era separata dal marito a giugno del 1976 e aveva accettato volentieri l'invito di Mayfield di andare a vivere a Tyler nella casa che lui condivideva con la moglie Elfreide e i tre figli adottivi, la diciottenne Bonnie, il diciassettenne Charley e la sedicenne Louella.

Mayfield disse al sergente Clark che Linda aveva smesso di vivere con loro a gennaio del 1977, quando la famiglia si era trasferita in una nuova casa sul lago Palestine, meno di trenta chilometri a sud di Tyler. Elfreide non voleva più Linda in casa. La ragazza si era quindi trasferita dalla nonna a Bullard, a poca distanza dal lago. Nel frattempo Bonnie si era sposata e Charley si era arruolato nell'esercito; l'unica figlia rimasta a vivere con i genitori era Louella. Mayfield disse al sergente Clark che la relazione era durata altri cinque mesi ed era culminata nella breve e torrida settimana di metà maggio in cui lui aveva lasciato moglie e figlia per trasferirsi nell'appartamento dell'Embarcadero, non lontano dall'alloggio di Paula Rudolph, che aveva preso in affitto per sé e per Linda. Sei giorni dopo, Mayfield aveva cambiato idea ed era tornato dalla famiglia; per la disperazione, Linda aveva tentato il suicidio.

Il sergente Clark conosceva già la vicenda perché era stato lui a indagare sul tentato suicidio. Dalle sue amiche di Bullard aveva saputo che, mentre era sposata con Bobby, Linda aveva avuto altre relazioni extraconiugali. Un mese prima di morire era uscita con un vecchio compagno di liceo, e aveva chiesto alla sua migliore amica di coprirla nel caso in cui Mayfield l'avesse cercata. Quella stessa amica aveva detto a Eddie che Mayfield era superpossessivo. Alcuni anni dopo, la donna dichiarò che "se avesse saputo che Linda si vedeva con qualcun altro sarebbe morto". Da altre fonti Eddie seppe che, mentre Linda viveva con la famiglia Mayfield a Tyler, lei e Jim intrattenevano la loro relazione clandestina sotto gli occhi di Elfreide e della figlia adolescente. Linda aveva passato molto tempo anche nella casa al lago dei Mayfield, dove spesso i vicini l'avevano vista prendere il sole in bikini sul molo. Eddie scoprì poi che Linda telefonava abitualmente a Mayfield di notte e lo invitava a casa propria, suscitando grande risentimento in Elfreide. I due amanti non riuscivano a stare separati, lui per la grande attrazione sessuale che nutriva per Linda, lei perché era follemente innamorata.

Mayfield concluse il suo racconto spiegando che durante il giorno che aveva preceduto la morte della ragazza, lui e Linda erano stati insieme in diverse occasioni. A fine mattinata lei era andata alla TEU per parlargli. La visita si era prolungata fino all'una e mezza quando, dopo aver pranzato con Mayfield in un fast food, Linda era andata a un colloquio di lavoro in una banca della zona. Era tornata nell'ufficio di Mayfield alle quattro e gli aveva detto di aver ottenuto il posto. Poi, ciascuno con la propria auto, alle cinque e mezza erano andati in cerca di un appartamento per lei, e alle sei si erano divisi. Mayfield trascurò di dire che quel pomeriggio avevano anche giocato a tennis al campo dell'Embarcadero. Secondo la sua testimonianza, aveva visto per l'ultima volta Linda quel giorno verso le otto e mezza, quando lei si era presentata senza preavviso a casa sua sul lago Palestine. Avevano parlato per qualche minuto nel vialetto e lei gli aveva detto di aver conosciuto un altro uomo

– un certo Steve – ai campi da tennis del posto; dopodiché gli aveva chiesto di ripararle la macchina il sabato successivo. Mayfield dichiarò a Eddie che quella sera era rimasto a casa con sua moglie e la figlia Louella.

L'uomo acconsentì a tornare al commissariato il lunedì seguente, il 13 giugno, per sottoporsi alla prova del poligrafo. Quel lunedì però assunse anche Buck Files, l'avvocato penalista più famoso di Tyler, che annullò immediatamente il test in programma. Files notificò al sergente Clark che non avrebbe più dovuto parlare con il suo cliente o con la moglie senza il suo permesso, escludendo di fatto i Mayfield dall'indagine della polizia.

Il pomeriggio del 10 giugno, il sergente Clark parlò con altre persone che si erano presentate a fornire dichiarazioni spontanee: il professore di storia Andrew Szarka e la logopedista Judy Freeman, entrambi accompagnati dai coniugi. Erano vicini di casa dei Mayfield al lago Palestine, oltre che ex colleghi di Jim alla TEU. Entrambe le coppie conoscevano bene Linda e sospettavano che l'ex direttore della biblioteca c'entrasse con la sua morte. Gli Szarka dissero che la sera precedente Linda era passata a casa loro subito dopo aver parlato con Mayfield e ci era rimasta mezz'ora, fino alle nove. Aveva raccontato che Mayfield era sconvolto per la sua decisione di frequentare altri uomini senza troncare la loro relazione. Judy Freeman, che aveva dieci anni più di Linda, era stata una sua confidente. Disse al sergente Clark che Mayfield era geloso e possessivo in modo patologico, e che non voleva assolutamente che Linda vedesse altri uomini.

La polizia non ci mise molto a risalire ai movimenti di Linda la sera del delitto. In auto aveva percorso in circa ventidue minuti i ventisette chilometri che separavano l'Embarcadero da casa Mayfield, dove si era fermata, precedendo Jim, verso le sette e mezza. Mentre lo aspettava, Linda aveva passeggiato fino a un campo da tennis dove si era imbattuta nel venticinquenne Steve Nations. Sempre intraprendente, si era presentata e gli aveva dato il suo numero di telefono, aggiungendo di chiamarla se avesse voluto giocare a tennis. Poi era andata dai Freeman, che però non erano in casa. Dopo essere stata da Mayfield e dagli Szarka era tornata a casa alle nove e mezza; Paula aveva informato Linda che si sarebbe fatta la doccia e preparata per incontrare un'amica al Rodeway Inn. Prevedeva di uscire entro un'ora. Linda aveva lasciato l'appartamento alle dieci ed era passata ai campi da tennis dell'Embarcadero per vedere chi c'era. Aveva incontrato Orlando e Alma Padron, che vivevano nel complesso residenziale, e i due l'avevano invitata a casa loro a bere qualcosa. Aveva accettato con riluttanza, continuando a dire che doveva tornare a casa prima che la sua coinquilina uscisse.

Alcuni anni dopo, Alma Padron disse che quella sera Linda appariva nervosa e agitata. Le tremavano le gambe e guardava di continuo l'ora. Mentre sedeva sul bordo del divano aveva l'aria turbata. Al campo da tennis, prima di andare a casa dei Padron, si era confidata con Alma, pur conoscendola appena. Le aveva parlato del divorzio, del suo tentativo di suicidio per i problemi con un uomo sposato e della sua gelosia. Parlò anche del nuovo lavoro che aveva ottenuto quel giorno alla banca, e di quanto volesse cominciare una nuova vita. Alma aveva avuto la sensazione che desiderasse chiudere con il passato, ma che allo stesso tempo fosse "emotivamente lacerata". Linda era uscita da casa Padron alle dieci e venticinque ed era tornata nell'appartamento di Paula in tempo per salutarla, alle dieci e mezza.

Due ore dopo, a mezzanotte e mezza, Paula era rientrata e aveva visto l'assassino nella stanza di Linda.

Per un bizzarro capriccio del destino emerse che due settimane prima dell'omicidio di Linda, durante la settimana del 23-27 maggio, la sedicenne Louella Mayfield si era finta un'agente di polizia indossando l'uniforme degli scout e aveva visitato vari complessi residenziali di Tyler, incluso quello dell'Embarcadero. Aveva detto agli amministratori del condominio che stava investigando su un omicidio che coinvolgeva Jim Mayfield e Linda Jo Edwards. Il giorno dopo, Louella era stata avvertita dalla polizia che quel comportamento costituiva un grave reato. Poi, circa una settimana prima dell'omicidio, Louella aveva fatto irruzione alla TEU e aveva affrontato Linda alla sua postazione di lavoro, davanti a tutti, minacciandola di ucciderla se non avesse smesso di vedere suo padre. Quindi era entrata nell'ufficio di Jim e gli aveva gridato di smetterla di frequentare Linda.

Le azioni di Louella erano state messe a verbale dal sergente Hayden, che concludeva il suo rapporto scrivendo: "Conosco Louella di persona e so che è mentalmente ed emotivamente instabile; è iperattiva ed è una bugiarda patologica".

Anni dopo Louella spiegò al "Dallas Morning News" di aver agito in quel modo perché sua madre "stava passando un periodo di grande sofferenza [...] e stavamo male". Questo era certamente vero. Elfreide era distrutta dal comportamento da donnaiolo del marito e dalla sua decisione di lasciare lei e Louella per Linda. Dopo aver saputo del tentativo di suicidio della ragazza aveva chiesto alla sua migliore amica, Wanda Joyce, "Quando finirà?".

Jim Mayfield era il fidanzatino di Elfreide, l'amore della sua vita, già ai tempi del liceo a Coffeyville, in Kansas. Elfreide non aveva certo intenzione di perderlo per una donna che aveva la metà dei suoi anni. Il 19 maggio, il suo quarantaduesimo compleanno, pochi giorni dopo che lui se n'era andato, aveva chiamato il marito implorandolo di tornare a casa. La richiesta aveva mandato Mayfield in fibrillazione. Diviso tra la giovane amante e la donna della sua giovinezza, aveva cominciato a comportarsi in modo imprevedibile. Quello stesso giorno aveva inviato a Elfreide i documenti per il divorzio, poi era subito tornato a casa da lei. Quel gesto repentino aveva spezzato il cuore a Linda. Era stata la notte in cui, depressa e in preda a una crisi da abbandono, aveva inghiottito le pillole nel tentativo di suicidarsi.

Martedì 14 giugno il sergente Clark interrogò Louella riguardo alle sue minacce a Linda. L'adolescente aveva ammesso di averle fatte e di essersi finta un'agente di polizia. Disse che rivoleva indietro suo padre; la sua assenza stava distruggendo la madre. Specificò che la notte dell'omicidio, lei, suo padre e sua madre erano a casa insieme. Sulla base di questo interrogatorio, Clark eliminò Louella dalla lista dei sospettati. A ogni modo, l'indomani l'avvocato

Files chiamò il sergente e gli vietò di interrogare di nuovo Louella in sua assenza.

Inizialmente, Clark incluse tra i possibili sospettati Mayfield e sua moglie. Se Linda aveva detto a Mayfield che voleva troncare la relazione, lui poteva averla uccisa in un impeto di rabbia, accanendosi sui suoi genitali; in quel modo nessun altro avrebbe potuto averla. Anche Elfreide poteva avere concentrato la propria ferocia sugli organi sessuali di Linda, in modo che la vittima non potesse più distruggere il suo matrimonio. Alla fine, tuttavia, né il sergente né la polizia di Tyler riuscirono a convincersi che il direttore della biblioteca dell'università o un membro della sua famiglia fossero capaci di commettere un'atrocità del genere. Il profilo psicologico dei Mayfield, semplicemente, non corrispondeva a quello di un assassino così spietato. Tantomeno al profilo tracciato dallo psicologo Jerry Landrum, al quale Clark si era già rivolto in passato e che per puro caso viveva proprio nel complesso dell'Embarcadero. Dopo aver visionato le fotografie della scena del crimine ed essere stato aggiornato dal sergente la settimana del 13 giugno, Landrum stabilì che il colpevole poteva avere tra i diciotto e i trent'anni, era omosessuale, impotente, introverso, tossicodipendente ed epilettico. Il sergente Clark ritenne dunque che fosse una perdita di tempo interrogare i colleghi di Mayfield o di Linda all'università, o persone collegate alla vita professionale e privata di Mayfield passata e presente. Concentrò invece la sua attenzione sugli appartamenti dell'Embarcadero, convinto di scovare il sadico assassino di Linda in una delle 265 unità abitative del complesso. In questo modo permise a Mayfield di farla franca.

Alle nove del mattino del 10 giugno il sergente di polizia Doug Collard, responsabile dell'identificazione delle impronte digitali, esaminò l'appartamento di Paula. Fu incuriosito dalla nitidezza di alcune tracce che dalla porta del patio gli erano "saltate agli occhi" non appena l'aveva spolverata. Più tardi disse a Clark: "Quando troverai l'uomo che ha lasciato le impronte sulla porta del patio avrai il tuo assassino". Per i due mesi successivi, Clark passò intere giornate a bussare alla porta di ogni appartamento, mettendosi in contatto con quasi tutti i residenti. Prese le impronte digitali a tutti gli uomini che vivevano all'Embarcadero, sottopose molti di loro al poligrafo e indagò su chiunque avesse precedenti penali. Era come ossessionato.

Il 2 agosto fece centro. Si imbatté in James Taylor, che già aveva sottoposto a un interrogatorio e al rilievo delle impronte digitali. Taylor lavorava in proprio come camionista e faceva frequenti consegne fuori città per conto di una piccola ditta di impianti petroliferi. Quel giorno, per la prima volta, Taylor disse a Clark che quando Edwards era stata uccisa lui era lontano da casa, ma vi ospitava temporaneamente un altro uomo, Kerry Max Cook. Quand'era tornato, nel weekend, il camionista era venuto a sapere che all'indomani del delitto Kerry aveva lasciato Tyler per andare dai genitori a Jacksonville, una cinquantina di chilometri a sud. Taylor spiegò al sergente che a Jacksonville Cook aveva avuto problemi con la legge. Aggiunse che l'uomo era poi tornato nel suo appartamento lunedì 13 giugno; verso fine giornata Taylor l'aveva accompagnato a Houston, da dov'era ripartito per un'altra consegna.

Prima di farsi ospitare da Taylor, Cook aveva lavorato come barista all'Old Plantation, un locale gay di Dallas. Il camionista l'aveva conosciuto là e l'aveva presentato al suo amico Robert Hoehn, un parrucchiere di Tyler. Sia Taylor sia Hoehn erano omosessuali ed erano attratti da Cook. Il fatto che Cook lavorasse in un locale gay e che si fosse temporaneamente trasferito a casa di Taylor convinse la polizia che fosse omosessuale.

L'indomani il sergente Collard ottenne dai colleghi di Jacksonville le impronte digitali di Cook e le confrontò con quelle sulla porta del patio di Paula. Emozionato, disse a Clark che le impronte combaciavano. Eddie e i colleghi credettero di aver finalmente trovato il loro uomo, una convinzione che si rafforzò quando seppero che il ventunenne Cook aveva precedenti penali. Nessun reato violento, ma all'inizio degli anni Settanta, quando aveva l'abitudine di scappare di casa e portare in giro gli amici su auto rubate, il giovane teppista era stato in un carcere texano per rei incensurati a scontare le sue bravate. Il 5 aprile 1974, giorno del suo diciottesimo compleanno, lo avevano rimesso in libertà ed era tornato a casa dei genitori a Jacksonville. Lì aveva avuto altri problemi con la legge, per aver sfondato a calci la vetrina di un negozio nel quale era stato ingiustamente accusato di furto. Il gesto gli era costato una condanna per atti vandalici, da scontare in libertà vigilata per tre anni. Nella primavera del 1977 Cook era finalmente e totalmente libero.

Tra uno e l'altro degli arresti subiti da ragazzino, Kerry Max Cook era stato sottoposto a una valutazione psicologica preprocessuale all'ospedale di Stato di Rusk. Dell'esame si era occupato nientemeno che il dottor Landrum, lo psicologo che quattro anni dopo avrebbe fornito al sergente Eddie Clark il profilo dell'assassino di Linda. Nella sua relazione, il dottor Landrum lo definiva "il tipico minore ribelle" e "un giovane immaturo e dipendente che di notte piange perché vuole la mamma". Dopo aver stabilito che Kerry non era psicotico né soffriva di altre patologie mentali, Landrum non vedeva alcun motivo per internarlo, e dunque ne aveva ordinato il rilascio.

Il 3 agosto il sergente Clark raccolse le deposizioni di due persone che avevano interagito con Cook nei giorni precedenti il delitto: Randy Dykes, il nipote diciassettenne di Taylor, e Robert Hoehn, amico di entrambi. I due testimoni raccontarono una storia che attirò l'attenzione del sergente Clark. A un certo punto del suo soggiorno, Kerry aveva visto una ragazza che si svestiva nella camera da letto di un altro appartamento. La ragazza era Linda Jo Edwards. Hoehn disse di averlo saputo dallo stesso Kerry alle undici della sera del delitto, mentre uscivano da casa di Taylor per andare alla piscina dell'Embarcadero. Dykes disse invece di aver sentito quella storia qualche giorno prima, sempre durante una passeggiata fino alla piscina. Dykes riportò un ulteriore dettaglio: il 7 giugno, tre giorni prima dell'omicidio, il collo di Cook "era coperto di succhiotti". Dykes aveva chiesto a Kerry come se li fosse fatti, e lui aveva risposto di aver incontrato la ragazza vista alla finestra – Linda Jo Edwards –

in piscina, e che i due erano andati nell'appartamento di lei e avevano pomiciato.

I racconti di Hoehn e Dykes convinsero Eddie Clark che Kerry fosse un guardone, ma non soltanto: in base al profilo tracciato dal dottor Landrum, identificò nel ragazzo l'assassino di Linda. A ben vedere, c'erano prove che Linda fosse un po' esibizionista, come sostennero poi due abitanti dell'Embarcadero che testimoniarono di averla notata nuda davanti alla finestra, come se volesse farsi ammirare. Eppure, convinte di aver trovato il loro uomo, le forze dell'ordine agirono alla velocità della luce. Il 3 agosto il procuratore distrettuale della contea di Smith, A.D. Clark (che non era parente di Eddie Clark), emise un mandato di arresto per Kerry Max Cook per l'omicidio punibile con la pena capitale di Linda Jo Edwards. Tuttavia fu solo alle cinque e mezza del pomeriggio di venerdì 5 agosto che lo sceriffo della contea di Cherokee, Danny Stallings di Jacksonville, che conosceva la famiglia Cook, venne a sapere dai genitori dove si trovava Kerry. Il ragazzo lavorava come barista all'Holiday Club di Port Arthur, in Texas. Il sergente Clark e lo sceriffo Stallings presero un aereo privato da Tyler a Port Arthur alle otto di quella sera.

Con l'assistenza della polizia locale, alle dieci e cinquanta il sergente Clark arrestò Kerry al club. Dopodiché gli agenti perquisirono – "saccheggiarono", avrebbe detto in seguito Kerry – il suo appartamento. Era quasi mezzanotte e Amber Norris, la ragazza con cui Kerry conviveva da alcune settimane, rimase seduta sul letto in vestaglia, terrorizzata. Non furono trovati elementi probatori.

Nel carcere di Port Arthur, il sergente Clark, Stallings e gli uomini della Buoncostume locale interrogarono Kerry per ore e ore, cercando di estorcergli una confessione. Gli gridarono in faccia accuse e insulti e gli dissero, mentendo, che i suoi capelli e il suo sperma erano stati trovati sul corpo di Linda. Uno degli agenti locali gli infilò la testa nella tazza del gabinetto e tirò più volte lo sciacquone, intimandogli di confessare. Non servì a nulla. Alla fine, prima dell'alba, lo imbarcarono su un volo diretto a Tyler. Ma l'incubo non era finito. Gli agenti della polizia di Tyler lo spogliarono e lo chiusero in una cella senza finestre con un condizionatore acceso che gli pompava addosso aria gelata.

Dopo un paio di giorni arrivarono Earnest ed Evelyn Cook, i genitori di Kerry. Nonostante la sua indole ribelle, Kerry voleva bene a entrambi e rispettava moltissimo suo padre, che era stato un sergente di carriera dell'esercito e aveva gestito il parco automezzi di diverse basi militari in Europa. Kerry e il fratello maggiore Doyle Wayne, che lui idolatrava, avevano trascorso l'infanzia spostandosi con la famiglia da una città all'altra della Germania. Nel 1972 il padre era andato in pensione dopo ventuno anni di servizio e si era trasferito a Jacksonville, dove lui e la moglie Evelyn erano cresciuti e si erano conosciuti e sposati.

Durante la visita, Earnest Cook chiese al figlio se conoscesse la ragazza uccisa. Kerry cominciò a raccontargli di com'erano finiti nell'appartamento di lei dopo l'incontro in piscina, ma Earnest lo interruppe intimandogli di "non dire a nessuno che sei stato in quell'appartamento o che la conoscevi. Se lo fai ti accuseranno del delitto. Promettimi che starai zitto". Per i successivi quattordici anni Kerry obbedì e negò di aver mai conosciuto Linda Jo Edwards. Quella bugia, insieme a quelle inventate dai suoi accusatori, stava per trasformarsi in una trappola.

Il 1° settembre il sergente Clark andò a Port Arthur a interrogare amici e conoscenti di Kerry. Passò un po' di tempo con Amber Norris, la sua ragazza, che gli disse di averlo conosciuto il 1° luglio in un locale gay di Houston mentre era ospite di amiche. Dopo il weekend del Quattro luglio era tornata a Port Arthur e Kerry l'aveva seguita. Il 7 luglio il ragazzo aveva trovato lavoro come barista all'Holiday Club, e i due avevano deciso di cercare un appartamento in cui convivere. Amber lo aveva accompagnato a Jacksonville a metà luglio, e aveva conosciuto sua madre, suo padre e suo fratello. Raccontò poi all'indiscreto sergente Clark che la loro vita sessuale era normalissima e includeva sesso orale, ma non anale. Sia lei sia Kerry avevano molti amici omosessuali, ma non sapeva dire se lui fosse bisessuale o meno. Con lei non aveva mai sofferto di impotenza. Di tanto in tanto fumavano marijuana, e in quelle occasioni lui diventava "sciocco", mai aggressivo o violento.

Il gran giurì si riunì per discutere delle accuse contro Kerry da agosto a ottobre del 1977. Cyrus Kugler, il direttore dell'Holiday Club, testimoniò il 19 settembre. Non ebbe da dire altro che cose positive riguardo al suo dipendente.

Spiegò che la clientela dell'Holiday Club era etero e di classe media, non gay. Dipinse Kerry come "un tipo alla buona, che nel locale ha fatto amicizia con parecchia gente". Piaceva a tutti, uomini e donne. C'erano "tantissime" ragazze che volevano uscire con lui. Era sempre "gentile, educato, di buone maniere"; era inoltre un barista eccellente e preparato, che non aveva avuto bisogno di fare pratica. Per adattarsi meglio ai clienti del locale, Kerry si era tagliato i capelli e non si vestiva in modo stravagante.

Quello stesso giorno, il 19 settembre, davanti al gran giurì si presentò anche lo psicologo Jerry Landrum, che ampliò la descrizione del profilo dell'assassino. Disse che il colpevole era quasi certamente bisessuale e con problemi di impotenza che lo riempivano di rabbia e ostilità nei confronti delle donne. Landrum riteneva che l'aggressore fosse un maschio "sessualmente inadeguato" afflitto da una "ostilità patologica verso la figura materna". Nel corso di un'analisi contraddittoria e incomprensibile, dichiarò dapprima che l'assassino, omosessuale, fosse motivato a mutilare gli organi sessuali della vittima perché lui non li possedeva. Subito dopo confuse i giurati asserendo che si trattava di un'aggressione di natura sessuale perpetrata da un bisessuale.

Tre testimoni – Robert Hoehn e i due nipoti di Taylor, Randy e Rodney Dykes – dichiararono di aver saputo da Kerry Max Cook del suo incontro con Linda alla piscina dell'Embarcadero, dopo il quale erano stati nel suo appartamento a pomiciare (e lui si era procurato i segni sul collo). Hoehn testimoniò che Kerry gli aveva parlato del suo incontro con Linda lunedì 6 giugno durante una cena a casa sua. Randy riferì che Kerry gli aveva raccontato la stessa cosa la mattina di martedì 7 giugno, quando lui gli aveva chiesto da dove arrivavano i segni che aveva sul collo. Hoehn disse anche che lui e Kerry avevano trascorso insieme la sera dell'omicidio, il 9 giugno. Alla televisione via cavo trasmettevano il film vietato ai minori *I giorni impuri dello straniero*, ma Hoehn disse che Kerry "non ci prestava attenzione". Aggiunse che quella sera l'amico non appariva arrabbiato, frustrato o sconvolto. Tutti e tre gli uomini furono interrogati dal procuratore distrettuale A.D. Clark, affiancato dal sergente Eddie Clark.

Nel timore che le testimonianze rese al gran giurì danneggiassero la sua tesi accusatoria contro Kerry, in quanto spiegavano la presenza delle impronte sulla porta del patio di Linda senza coinvolgerlo nel delitto, il procuratore distrettuale Clark decise illegalmente di nasconderle agli avvocati del ragazzo. Sarebbero venute alla luce soltanto quattordici anni dopo.

A giugno del 1978, dieci mesi dopo l'arresto di Kerry, ebbe inizio il processo. I suoi avvocati erano Larue Dixon e John Ament. Dixon era l'ex procuratore distrettuale della contea di Cherokee che cinque anni prima aveva incriminato e mandato Kerry in prigione; Ament l'aveva rappresentato per alcuni dei capi d'imputazione. In quanto colleghi di Jacksonville, accettarono il caso per un anticipo di 500 dollari, tutto ciò che poteva permettersi la famiglia Cook. Non disponendo di altri fondi, non poterono ingaggiare periti o investigatori che contribuissero alla difesa di Kerry. Il pubblico ministero era il trentacinquenne Michael Thompson, un mastino prepotente che per ottenere una condanna avrebbe fatto qualsiasi cosa.

L'atroce omicidio di Linda Jo Edwards era una vicenda senza precedenti nella storia del Texas orientale. Thompson e il suo capo, il procuratore distrettuale A.D. Clark, erano determinati non soltanto a ottenere una condanna per Kerry Max Cook, ma anche a spedirlo nel braccio della morte. Clark, procuratore distrettuale nominato dal governatore dopo le dimissioni del suo predecessore, si preparava alle elezioni alla fine dell'anno. In vista del processo sapeva di dover trovare altre prove, e parecchie, per ottenere una condanna. Ne andava della sua carriera politica.

La prima difficoltà erano le impronte sulla porta del patio, che appartenevano indiscutibilmente a Kerry. In che modo ci erano finite, e quando? Era stato invitato come ospite da Linda o si era introdotto in casa sua per ucciderla? La soluzione di Clark fu convincere Doug Collard a testimoniare che le impronte risalivano a sei-dodici ore prima che fossero scoperte, dettaglio che avrebbe collocato Kerry nell'appartamento di Linda all'ora della sua morte. Basandosi sulla conclusione estorta a Collard e nascondendo il resoconto alternativo della presenza di Kerry in casa della vittima fornito da tre testimoni al gran giurì, Clark era pronto a presentare l'aggressione a Linda come il crimine commesso da un estraneo squilibrato che non l'aveva mai vista prima. Sapeva benissimo, tuttavia, che Kerry e Linda si conoscevano.

A questo punto il procuratore aveva bisogno che Paula Rudolph identificasse Kerry come l'uomo che aveva visto nella camera da letto. Il ragazzo non somigliava affatto alla persona che Paula aveva descritto alla polizia e al gran giurì. C'erano persino le prove. Il mattino successivo all'omicidio, Randy Dykes aveva accompagnato Kerry a rinnovare la patente. Il dipartimento di Pubblica sicurezza di Tyler gli aveva scattato una nuova fotografia per il procedimento di rinnovo: l'immagine mostrava Kerry con folti capelli castano scuro che gli coprivano entrambe le orecchie e gli scendevano fino alle guance. Ben diversi dai capelli "grigi di media lunghezza che sfioravano le orecchie". Sulla fotografia era indicata anche l'altezza di Kerry, un metro e ottanta, molto più del metro e settanta abbondante descritto da Paula. Purtroppo per Kerry, la foto si perse nella posta e fu ritrovata dopo diversi anni.

A Paula comunque non fu mai chiesto di prendere parte a un confronto, né le furono mostrate delle fotografie perché identificasse qualcuno. Durante due udienze preliminari non le fu mai domandato di confermare che Kerry – seduto al tavolo della difesa, dall'altra parte dell'aula – era l'uomo che aveva visto. La scena si ripeté davanti al gran giurì il 19 settembre. La domanda fatidica le fu invece rivolta in occasione dell'udienza per stabilire la cauzione di Kerry. La sua risposta fu evasiva: "Non posso dichiarare sotto giuramento chi fosse quell'uomo". Gli inquirenti Clark e Thompson sapevano di avere bisogno di tempo per convincere Paula che il principale sospettato dell'omicidio di Linda era, di fatto, l'assassino, e per farle confermare che la persona vista da lei non poteva essere Jim Mayfield, perché Jim Mayfield non poteva aver commesso un atto così barbarico.

Ci volle quasi un anno perché Paula cambiasse idea, più o meno. Al processo non era più sicura di aver visto i capelli dell'uomo. Nell'assurdo tentativo di razionalizzare un cambiamento così significativo, disse che stava guardando una stanza completamente illuminata, contro la quale vide soltanto "una figura riflessa". (I periti concordano nel dire che trovarsi al buio e guardare una stanza bene illuminata a poca distanza fornisce il contesto visivo ideale per osservazioni precise.) Paula disse di non aver visto i tratti del volto dell'uomo, ma soltanto "ombre e superfici piane su una silhouette, una sagoma". Alla domanda se l'imputato era l'uomo che aveva visto, Paula rispose: "Sì, corrisponde". Dunque, alla fine, la sua identificazione si fondò sulla "sagoma di un corpo" alla quale, secondo lei, corrispondeva Kerry.

Ormai alleata del pubblico ministero, Paula ritrattò quello che inizialmente aveva detto alla polizia. Adesso era sicura che l'uomo che aveva visto non fosse Jim Mayfield, ma continuava a essere convinta che indossasse dei pantaloncini bianchi. Il dettaglio fu utile a Kerry Max Cook quando Robert Hoehn testimoniò per l'accusa. La testimonianza successiva, invece, lo mise sotto una pessima luce agli occhi della giuria.

Come davanti al gran giurì, Hoehn e i fratelli Dykes descrissero Kerry come un guardone. Randy disse che Kerry gli aveva raccontato di essere passato davanti alla finestra della ragazza e di essersi fermato a spiarla dalla strada mentre si svestiva. Aggiunse poi che Kerry gli aveva detto che Linda era molto formosa e si stava toccando. Il mattino dopo il delitto, Randy aveva accompagnato Kerry a fare domanda per un lavoro a Tyler, dopodiché l'aveva portato a Jacksonville, nel posto dove lavorava suo fratello. Al contrario di quanto dichiarato durante il primo processo, in un'udienza del 1994 Randy testimoniò che il mattino successivo alla morte di Linda aveva portato Kerry al dipartimento di Pubblica sicurezza per rinnovare la patente: una destinazione poco verosimile per un uomo che dodici ore prima, in teoria, aveva mutilato una donna.

In aula Hoehn raccontò di nuovo che la notte dell'omicidio, lui e Kerry avevano guardato un film vietato ai minori, *I giorni impuri dello straniero*, su un canale della televisione via cavo. Contraddicendo la testimonianza resa al gran giurì – nella quale aveva dichiarato molte volte che Kerry "non ci prestava attenzione" –, Hoehn disgustò la giuria conservatrice descrivendo con dovizia di dettagli osceni i rapporti sessuali orali e anali che lui e l'imputato avevano teoricamente consumato durante la visione, compreso quando Kerry si era masturbato e aveva eiaculato sul pavimento mentre Hoehn guardava. Il testimone aggiunse che in una delle scene del film un ragazzino spiava la madre che si masturbava in camera da letto. Disse che Kerry "si toccava" mentre nel film i bambini si preparavano a mutilare un gatto e che aveva afferrato un coltello da macellaio dicendo "diamoci un taglio". Non c'era niente di vero, ma il pubblico ministero ci andò a nozze e dipinse Kerry come un assassino omosessuale pervertito ed esaltato, così eccitato dal film e dal ricordo di aver visto Linda nuda dalla finestra della camera da letto da decidere di infiltrarsi nel suo appartamento dalla porta del patio per coglierla di sorpresa e farle quello che i ragazzini del film facevano al gatto. Se Ament e Dixon fossero stati al corrente della testimonianza di Hoehn davanti al gran giurì avrebbero demolito le tesi assurde dell'accusa.

Una parte della testimonianza di Hoehn, tuttavia, fu effettivamente utile a Kerry: il parrucchiere disse ai giurati che Kerry aveva folti capelli castano scuro che gli arrivavano alle spalle e la sera del delitto indossava i pantaloncini da pugile rossi e blu (non bianchi, quindi) che portava sempre. Ma ormai la giuria era talmente disgustata che probabilmente non gli credette.

Hoehn aggiunse che verso mezzanotte lui e Kerry erano usciti in auto a comprare le sigarette. Quand'erano tornati, Hoehn aveva lasciato Kerry davanti all'ingresso dell'Embarcadero. Era sicuro che fosse mezzanotte e mezza, al massimo mezzanotte e trentacinque. Dopo aver comprato le sigarette, Kerry aveva proposto di continuare il giro in macchina, ma Hoehn aveva detto di no. Quando Hoehn l'aveva lasciato al complesso, Kerry l'aveva invitato a tornare ancora un po' a casa sua; lui aveva rifiutato perché il mattino seguente doveva alzarsi presto per andare al lavoro.

Perciò, se Kerry era l'assassino, doveva essersi trasformato in un mostro in un batter d'occhio. Lasciato solo da Hoehn e colto da un improvviso impulso, doveva essere tornato in fretta e furia nell'appartamento di Taylor, poi si era cambiato i pantaloncini indossandone un paio bianchi, era entrato nell'appartamento di Paula passando dal retro, aveva aggredito e mutilato Linda e ripulito meticolosamente ogni angolo della stanza. Infine se n'era andato senza quasi lasciare una traccia di sangue.

Non era un caso che Hoehn avesse testimoniato il falso contro Kerry. Per qualche inspiegabile ragione, gli inquirenti erano convinti che lui e Kerry fossero stati complici nell'omicidio di Linda. La polizia l'aveva interrogato in modo così intensivo e aggressivo da spingerlo ad assumere un avvocato pur di farli smettere. Il pubblico ministero Thompson ci provò comunque. Quando fu selezionato l'ultimo giurato, chiese una breve sospensione e un colloquio a porte chiuse con Kerry e i suoi avvocati. In quella sede il pubblico ministero offrì all'imputato una condanna a venticinque anni, invece della pena di morte, se avesse indicato Hoehn come suo complice nell'omicidio. Ribadendo la propria innocenza, Kerry rifiutò e andò a processo.

Il fatto che le autorità volessero a tutti i costi incastrare

Robert Hoehn non aveva nessuna base concreta: non somigliava neanche lontanamente all'uomo descritto da Paula. Aveva i capelli biondi, radi sulla sommità della testa, era sovrappeso e nient'affatto atletico, con una pancia prominente. Era alto circa un metro e ottanta e pesava un'ottantina di chili. Era pallido e chiarissimo, senza un'ombra di abbronzatura. Quando Kerry rifiutò di patteggiare, a Hoehn venne offerta l'immunità in cambio di una testimonianza a carico dell'imputato. Così, oltre all'accusa di omicidio, il parrucchiere evitò di essere perseguito per il reato di sodomia tra persone dello stesso sesso rimasta in vigore nel Texas fino al 2003, quando la Corte suprema degli Stati Uniti giudicò la norma incostituzionale.

Dopo la testimonianza di Hoehn, l'accusa si avvalse di quella di una spia, Edward Scott Jackson (alias "Shyster", ovvero "imbroglione"), detenuto dal novembre 1976 per omicidio di primo grado e in attesa di processo. Shyster dichiarò che, mentre si trovavano insieme nel carcere della contea di Smith, Kerry gli aveva confessato di aver ucciso Linda. Accennò a una serie di dettagli cruenti che teoricamente aveva appreso da Kerry. Per esempio, il ragazzo gli aveva confidato di aver asportato e portato via un pezzo della vagina e ciocche di capelli di Linda. Jackson ricordò che Kerry provava un odio particolare per le donne brune (Linda aveva lunghi capelli castano scuro), e invece gli piacevano le bionde e le rosse. Riferì che mentre sfogliavano insieme alcune riviste con foto di donne nude, Kerry insultava le ragazze brune, con commenti del tipo "Questa stronza si merita un po' di calci in culo per aver posato così".

Shyster garantì alla giuria di non aver stretto accordi segreti con l'accusa in cambio della sua testimonianza; Thompson lo confermò durante l'arringa finale: "Chiederò alla giuria la testa di [Shyster] Jackson proprio come sto facendo per questo assassino, e l'avrò. Non scendo a compromessi con gli assassini". Le cose però non andarono così. Il 15 agosto 1978, dopo quasi un mese dall'arrivo di Kerry nel braccio della morte, Shyster tornò in tribunale. Si dichiarò colpevole di omicidio colposo, venne condannato alla pena già scontata e uscì di prigione. Aveva trascorso 625 giorni nel carcere della contea di Smith con l'accusa di omicidio, invece dell'ergastolo in una prigione statale del Texas.

L'ultimo testimone per l'accusa fu il dottor V.V. Gonzalez, il patologo che aveva esaminato il corpo sulla scena del delitto e, nella tarda mattinata di quello stesso giorno, eseguito l'autopsia in obitorio. Gonzalez non aveva né la formazione né i titoli per testimoniare come medico legale, carica che peraltro, nel 1977, nell'organigramma della contea di Smith non esisteva. Quando a distanza di alcuni anni il dottor Lloyd White, stimato patologo forense del Texas, revisionò il lavoro di Gonzalez nel caso di Linda, definì "quasi incomprensibili" il referto dell'autopsia e la testimonianza resa in tribunale. A suo parere, Gonzalez era "incapace di descrivere qualsiasi tipo di ferita o lesione in coerenza con gli standard delle procedure di medicina forense".

In particolare, Gonzalez giunse a una conclusione altamente incriminante, e molto sospetta. Pur non avendolo segnalato nel referto dell'autopsia, si disse convinto che un pezzo del canale vaginale fosse stato "asportato" e risultasse dunque "mancante". Riusciva a dedurlo benché l'assassino avesse trafitto la vagina e l'area vaginale così tante volte che i genitali e il retto erano stati completamente dilaniati e la cavità pelvica sventrata. Conclusa la deposizione di Gonzalez, l'accusa si dichiarò soddisfatta.

La difesa convocò soltanto tre testimoni, detenuti nella prigione della contea di Smith. Tutti dissero che Shyster Jackson aveva raccontato loro di aver stretto un accordo sottobanco con il procuratore distrettuale, disposto – in cambio di una testimonianza – a incriminarlo per omicidio colposo anziché di primo grado e a fargli ottenere uno sconto di pena. Era andata esattamente così.

Temendo che Thompson facesse a pezzi Kerry, i suoi avvocati lo convinsero a non testimoniare.

Nell'arringa finale, Thompson sfruttò il referto sull'"asportazione della vagina" per dire alla giuria che il "pervertito" aveva preso il gambaletto mancante di Linda, ci aveva "infilato le parti del corpo asportate" ed era uscito dall'appartamento con la calza in mano. Con un'ultima oltraggiosa affermazione, aggiunse: "Non mi sorprenderebbe se le avesse mangiate". Thompson definì Kerry un "giovane psicopatico sessuale"; implorò la giuria di "porre fine all'esistenza di una mente così contorta, corrotta e perversa" e di "fare qualcosa prima che questo pervertito prenda di mira un'altra donna della nostra contea".

Thompson informò la giuria che il 10 giugno, all'indomani dell'omicidio, dopo che Randy Dykes lo aveva accompagnato a Jacksonville "[Kerry] ha continuato a scappare e non è più tornato a Tyler... È fuggito come un coniglio dalla città di Tyler e non è più tornato". Il pubblico ministero sapeva di mentire. Sebbene James Taylor non avesse testimoniato in aula, il 3 ottobre 1977 aveva dichiarato davanti al gran giurì che Kerry era tornato a Tyler lunedì 13 giugno nel pomeriggio, tre giorni dopo il delitto, dopo un weekend trascorso con la famiglia a Jacksonville. Kerry lasciò di nuovo Tyler soltanto quando Taylor lo cacciò da casa sua dopo aver sentito dire che era stato a letto con un suo amico. Era un pettegolezzo ingiustificato, ma la gelosia lo aveva spinto a chiedere a Kerry di andarsene. L'aveva accompagnato a Houston quello stesso giorno, mentre faceva una consegna. Quella settimana Kerry gli aveva poi telefonato due volte, chiedendogli di poter tornare. Taylor aveva detto di no e non si erano più sentiti.

Come nel caso delle testimonianze di Hoehn e dei fratelli Dykes, anche la deposizione di Taylor fu tenuta nascosta alla difesa per quattordici anni.

Durante la loro esposizione finale, gli avvocati Ament e Dixon cercarono di far leva sul fatto che l'aspetto fisico di Kerry differiva in modo significativo dalla descrizione dell'assassino fatta da Paula. Spiegarono che Kerry non poteva aver commesso il delitto, dal momento che Paula aveva visto l'assassino nella camera da letto a mezzanotte e mezza e a quella stessa ora Hoehn aveva lasciato Kerry davanti all'Embarcadero. Schernirono la "confessione" ascoltata da Shyster Jackson in prigione, definendolo un "ruffiano" a cui non bisognava dare credito. Dixon predisse, a ragione, che nel giro di un paio di mesi avrebbero letto sui giornali che Shyster era stato liberato. Purtroppo però gli avvocati di Kerry non riuscirono a eludere la testimonianza di Collard, secondo la quale le impronte digitali sulla porta risalivano a sei-dodici ore prima di quand'erano state rilevate. Dal momento che Kerry negava di aver toccato la porta del patio qualche giorno prima del delitto, quando lui e Linda erano andati a pomiciare, la testimonianza di Collard lo collocava nell'appartamento al momento dell'omicidio.

La giuria raggiunse un verdetto alle dieci di sera del 28 giugno 1978, dopo aver deliberato per tutto il pomeriggio e la sera precedente. Kerry fu dichiarato colpevole di omicidio punibile con la pena capitale. L'udienza per l'irrogazione della pena cominciò il giorno dopo.

Fu chiamato a deporre il dottor Jerry Landrum, che non lavorava più all'ospedale di Rusk ma esercitava privatamente. Ribadì la valutazione fatta su Kerry molti anni prima e garantì alla giuria che, pur non avendo con sé i suoi appunti, ricordava di avergli diagnosticato una "personalità antisociale". Benché non avesse più esaminato Kerry da allora, aggiunse che lo avrebbe inserito nella "categoria dei casi di psicopatia grave" e che "senza dubbio" continuava a rappresentare una minaccia per la società, un caso incurabile anche se fosse stato internato. Poiché la difesa non visionò mai la valutazione fatta da Landrum a settembre 1973, non poteva sapere che lo psicologo contraddiceva le sue stesse conclusioni, secondo le quali Kerry non era psicopatico "né soffriva di altre patologie mentali", e dunque non vedeva "alcun motivo" per internarlo.

In seguito si scoprì che il dottor Landrum dichiarava regolarmente il falso sul proprio curriculum e ricorreva a pratiche assai discutibili. Sotto giuramento testimoniava spesso di possedere un dottorato in psicologia, quando di fatto era specializzato in gestione delle risorse umane. Nel 1982 la Corte d'appello del Texas definì "ridicola" e "priva di ogni credibilità" la diagnosi di Landrum riguardo alla futura pericolosità di un detenuto del braccio della morte. In quel caso lo psicologo aveva espresso la sua opinione professionale dopo aver osservato in silenzio il detenuto per trenta minuti, durante i quali l'uomo era rimasto seduto di fronte a Landrum rifiutandosi di parlare.

L'altro testimone chiave contro Kerry nella fase di irrogazione della pena fu il dottor Grigson, psichiatra forense. Anche lui, dopo averlo esaminato, dichiarò che l'imputato aveva una personalità antisociale ed era una persona priva di coscienza e di rispetto per la vita altrui. Infine si spinse a specificare che Kerry si collocava "in fondo alla scala, all'ultimo livello, tra i sociopatici", e che "il suo caso non potrebbe essere più grave di così. [...] Mi ritengo sicuro al cento per cento che rappresenti e continuerà a rappresentare una minaccia, ovunque si trovi". Poi venne fuori che Grigson era un testimone a gettone e che aveva già deposto per l'accusa in centosessantasette processi per reati capitali, quasi tutti conclusisi con la condanna a morte. Non a caso, "Dottor Morte" era diventato il suo nomignolo tra i giornalisti. Finalmente nel 1995 fu smascherato ed espulso per condotta immorale dall'American Psychiatric Association. Caduto in disgrazia professionale, morì nel 2004 a settantadue anni.

La giuria, ovviamente, non poteva sapere nulla di tutto questo, e la famiglia di Kerry non aveva i soldi per ingaggiare un perito che confutasse le testimonianze di Landrum e Grigson. Il 29 giugno 1978, dopo poche ore, la fase processuale dell'irrogazione della pena si concluse: la giuria votò all'unanimità per la condanna a morte. Il giudice emise immediatamente la sentenza, infliggendo a Kerry la "pena capitale tramite iniezione letale". Poi Kerry Max Cook fu scortato dai vicesceriffi fuori dall'aula, dove l'aspettava un'orda di giornalisti e telecamere. Quando qualcuno gli gridò "Ci dica perché l'ha fatto", lui replicò: "Sono innocente. Mi hanno incastrato. Ma un giorno dimostrerò che non sono stato io. Anche se ci dovessi mettere dieci anni, o vent'anni, dimostrerò che non sono stato io".

Il 18 luglio 1978 a Kerry fu concesso un ultimo, straziante abbraccio con i genitori e il fratello nel carcere della contea di Smith. Quando un vicesceriffo gli disse che era il momento di andare, Kerry fu ammanettato e scortato in auto fino alla famigerata unità del braccio della morte appena fuori Huntsville, in Texas, tre ore a sud di Tyler. Gli venne assegnato il numero 600, a significare che era la seicentesima persona a essere condannata a morte dallo Stato. La sua nuova casa si trovava in un'ala che includeva cinquanta celle. La sua aveva tre pareti di cemento lunghe un metro e ottanta, con un lavandino, un gabinetto e una parete frontale di sbarre di metallo che si apriva elettronicamente. La routine quotidiana consisteva nella colazione alle tre e mezza di notte, il pranzo alle nove e quarantacinque di mattina e la cena alle tre e mezza del pomeriggio. Ogni pasto era servito su un vassoio di metallo spinto sotto la porta da un detenuto fidato (ovvero che si era guadagnato dei privilegi per buona condotta). Le luci si spegnevano alle dieci di sera.

Il caso di Kerry era stato molto seguito dalla stampa, perciò la sua reputazione di "teppistello omosessuale" lo precedette. Veniva costantemente deriso dai vicini di cella, che lo chiamavano "frocio leccafighe" e gli gridavano contro minacciandolo di farne la loro "puttana". Un incubo. Un detenuto solidale lo avvertì che quando – non se – fosse stato aggredito sessualmente avrebbe dovuto opporsi come se ne andasse della sua vita, il che non era distante dalla realtà. Altrimenti nessuno lo avrebbe più rispettato e sarebbe diventato la vittima di tutti.

Poi accadde. Kerry aveva trovato il coraggio di andare con altri detenuti nella stanzetta con le sbarre che faceva da sala di ricreazione. Prima che potesse reagire, James Demouchette, un nero gigantesco, gli puntò un coltello alla gola e gli ordinò di spogliarsi mentre gli altri guardavano.

Kerry obbedì e si preparò all'inevitabile. Quando ebbe finito, Demouchette gli incise sulle natiche le parole "Bella figa" e il suo nuovo soprannome, "Cindy". Da quel momento, Kerry fu un agnello tra i lupi.

Travolto dall'umiliazione, si tagliò i polsi con la lama di un rasoio. Fu la prima volta in cui cercò di uccidersi, ma non l'ultima. Quando si riprese fu trasferito nel blocco più vicino alla postazione dei secondini, ma le aggressioni sessuali continuarono. Forse se Kerry si fosse ribellato avrebbe potuto fermarle, ma temeva di uccidere il suo stupratore e confermare così ai pubblici ministeri che era un assassino. In quel caso, non sarebbe mai più sfuggito all'esecuzione. Decise invece di cercare una via d'uscita approfittando dei manuali di legge della biblioteca carceraria e dedicandosi allo studio del diritto penale del Texas.

Nel frattempo la sua condanna aveva attirato l'attenzione della stampa. Il primo articolo critico sul suo caso apparve su un giornale locale di Longview, in Texas, ad aprile 1979. Lo firmava Bob Howie e si intitolava *L'uomo nel braccio della morte è il vero colpevole?*. L'avvocato Harry Heard ne rimase colpito e si offrì di occuparsi *pro bono* del ricorso in appello di Kerry.

Qualche mese dopo, a giugno del 1979, i giornalisti del "Dallas Morning News" Donnis Baggett e Howard Swindle pubblicarono una notizia esplosiva. Nel settembre precedente Shyster Jackson, la spia che aveva mentito riguardo a Kerry sul banco dei testimoni, aveva ritrattato tutto durante un'intervista con i due giornalisti e in presenza di un Texas Ranger di nome Stuart Dowell. Jackson ammetteva di essersi inventato non soltanto la storia della presunta "confessione" di Kerry, ma di averlo fatto con l'aiuto del procuratore distrettuale A.D. Clark in cambio di un accordo. Invece dell'ergastolo che rischiava per il suo imminente processo per omicidio, Jackson aveva ottenuto la libertà sotto forma di una condanna a ventuno mesi di reclusione nel carcere della contea, pena che aveva già scontato. Il detenuto aveva colto l'occasione al volo, e mentito alla giuria.

Shyster Jackson era dispiaciuto di aver mandato un innocente nel braccio della morte, ma temeva di essere denunciato per spergiuro e si rifiutò di rilasciare una deposizione giurata al ranger Dowell. Tornato a casa nel Missouri, nel 1982 commise un altro omicidio per cui fu processato e condannato definitivamente all'ergastolo.

Il 13 febbraio 1980 l'avvocato Heard presentò e argomentò il ricorso di Kerry di fronte alla Corte d'appello del Texas (CCA), il massimo organo giudiziario dello Stato. Sottolineò che l'ammissione di Jackson era indicativa di quanto fossero infondate le accuse dello Stato contro Kerry Max Cook. Il ricorso di Heard elencava diciannove diversi errori commessi durante il processo, che a suo parere rendevano la condanna inattendibile e incostituzionale. Kerry era cautamente ottimista che la CCA deliberasse in suo favore, ma gli anni passarono senza alcun esito, e intanto il 7 dicembre 1982 il Texas giustiziò il primo condannato dal 1964. Trascorsero altri anni, e la Corte d'appello continuava a non pronunciarsi sul caso di Kerry. Il suo unico amico nel braccio della morte, Kenneth Brock, fu giustiziato il 19 giugno 1986, sebbene il pubblico ministero che lo aveva fatto condannare e il padre della vittima avessero chiesto al governatore Mark White di sospendere l'esecuzione. Cook ne fu distrutto. Si sentiva solo e abbandonato.

Poi arrivò la vera botta. Il 9 dicembre 1987 la CCA respinse il ricorso: prima di pronunciarsi aveva aspettato quasi otto anni, un tempo record per un appello diretto nella storia americana. Con una maggioranza di 8 a 1 la corte confermava la validità della condanna: riteneva che la confessione ricevuta da Jackson, l'identificazione di Paula Rudolph e le impronte di Cook sulla porta del patio fossero prove più che sufficienti a condannare l'imputato. Concordava con una delle argomentazioni dell'avvocato Heard, vale a dire che la testimonianza resa dal dottor Grigson in fase di irrogazione della pena era inammissibile perché lo psichiatra aveva esaminato Kerry per valutare la sua futura pericolosità senza notificarlo agli avvocati della difesa né ottenere il loro permesso a farlo. Tuttavia, sempre secondo la corte, l'ammissione della testimonianza del dottor Grigson era un errore innocuo, perché il dottor Landrum aveva dato un'opinione simile e giudicato Kerry irredimibile.

L'unico a votare diversamente fu il giudice Sam Houston Clinton. All'inizio delle sue motivazioni, lunghe ventidue pagine, dichiarava che il caso mostrava "aspetti problematici" e che "una critica razionale di tutti i fatti induce a domandarsi seriamente se un organo giudicante possa davvero determinare la colpevolezza oltre ogni ragionevole dubbio". In particolare, Clinton era turbato dall'identificazione fatta da Paula Rudolph. Dedicava tredici pagine ad analizzare la sua testimonianza e a criticarne l'attendibilità. Era anche perplesso dal dettaglio che un'impronta digitale non identificata trovata sulle forbici mostrasse un motivo a spirale che le impronte digitali di Kerry non avevano; inoltre, fatta eccezione per l'impronta sulla porta del patio, nell'appartamento non c'erano altre tracce di Kerry. Erano invece state trovate altre cinque impronte digitali non identificate: nessuna apparteneva a Kerry. Clinton non credeva alla testimonianza di Jackson, che considerava la pecca "più incriminante" del caso, né dava molto credito all'esplicita testimonianza di Robert Hoehn riguardo ai rapporti sessuali consumati con Kerry, teoricamente, la sera dell'omicidio.

A pochi giorni dalla decisione della CCA, Kerry ricevette un'altra notizia tremenda: il suo adorato fratello, il trentatreenne Doyle Wayne, era morto, ucciso per un tragico errore. Stava passando una serata tranquilla in un locale di Longview con un amico. Verso l'ora di chiusura, l'amico aveva strappato gli occhiali da sole dalla faccia di un altro cliente. Pensando che Doyle Wayne fosse il colpevole, l'uomo gli aveva premuto una rivoltella Magnum calibro .44 sul collo e aveva sparato, uccidendolo. (L'assassino fu arrestato e si dichiarò colpevole di omicidio volontario; subì una condanna a sedici anni di reclusione.) La perdita di entrambi i figli fu quasi impossibile da sopportare per i coniugi Cook.

Tre giorni dopo aver saputo della morte di suo fratello, Kerry fu nuovamente stuprato. Consumato dalla disperazione, cercò per la seconda volta di suicidarsi. Si tagliò le vene con un rasoio, questa volta mutilandosi i polsi, le gambe e il pene. Sopravvisse per miracolo e nei due anni successivi fu seguito in regime di ricovero dal team psichiatrico del penitenziario. Un'attenzione inedita nel braccio della morte. Finalmente qualcuno mostrava un po' di gentilezza e compassione a Kerry Max Cook.

Nel 1988 il vento cominciò a girare a suo favore. A febbraio di quell'anno Kerry riuscì ad assumere l'avvocato Scott Howe, che rappresentava condannati a morte per conto del neonato Capital Punishment Project. La priorità più urgente era tenere in vita Cook. Joe Tunnell, il giudice della contea di Smith appena assegnato al caso, aveva fissato la data dell'esecuzione all'8 luglio 1988. Howe presentò ricorso contro la decisione alla Corte suprema degli Stati Uniti e chiese una sospensione. Il 28 giugno 1988, dieci giorni prima che Kerry fosse giustiziato, la corte accolse il ricorso e rinviò il caso alla CCA, la quale lo rivalutò e, il 17 gennaio 1990, confermò ancora una volta la condanna e la pena. Poi, però, il 13 giugno accadde qualcosa di stupefacente. La Corte d'appello del Texas cambiò idea. Con un ripensamento quasi senza precedenti, che fece scalpore nell'ambiente, accolse la richiesta di riesame di Scott Howe e ridiede vita alle speranze di Kerry di avere un nuovo processo.

Poco dopo la riapertura del caso da parte della CCA, Scott Howe ottenne due deposizioni giurate di importanza cruciale. Una la rese George Bonebrake, ex direttore della Sezione impronte digitali dell'FBI e, prima della pensione, specialista di fama nazionale con quarant'anni di esperienza nel campo. Aveva esaminato la perizia del sergente Collard, nel frattempo promosso a tenente, e molte delle sue conclusioni lo lasciavano sconcertato. In particolare non si spiegava come fosse riuscito a stabilire la finestra temporale in cui erano state lasciate le impronte sulla porta del patio. Giudicò l'esito dell'indagine "completamente inaffidabile", in quanto era "impossibile determinare se l'impronta fosse stata lasciata sulla porta due ore o due settimane prima del suo rinvenimento". Aggiunse che "è pacifico, secondo gli esperti in materia, che non si possa in nessun caso stabilire con ragionevole precisione il lasso di tempo in cui è stata impressa un'impronta".

Howe ottenne anche la deposizione giurata del dottor Gary Mears, che dal 1973 al 1985 aveva diretto il dipartimento di Psicologia alla University of Texas di Tyler. Mears raccontò che, un paio di giorni dopo l'omicidio di Linda Jo, Jim Mayfield era andato da lui a chiedergli come si faceva a "superare" l'esame del poligrafo. Mayfield sapeva che nel suo studio Mears aveva una macchina della verità e che studiava la scienza dei test del poligrafo. Nella stessa conversazione, Mears aveva chiesto a Mayfield informazioni riguardo a un libro che poco tempo prima aveva trovato per caso nella biblioteca universitaria. Si intitolava *The Sexual Criminal*, era stato pubblicato nel 1949 e conteneva foto d'archivio della polizia che ritraevano donne assassinate e vittime di mutilazioni agli organi sessuali: mutilazioni che presentavano una raggelante somiglianza con quelle inferte a Linda. Dopo il ritrovamento, Mears aveva scoperto che a ordinare il libro per la biblioteca era stato Mayfield. Quest'ultimo, colto dall'imbarazzo, aveva bofonchiato di avere "diversi altri libri del genere". Quel pomeriggio, Mears aveva riferito la conversazione a un ufficiale della polizia di Tyler, che non lo prese troppo sul serio e non verificò mai le sue dichiarazioni. Per di più, quando l'indomani Mears incrociò per caso Mayfield, quest'ultimo lo lasciò senza parole raccontandogli che la polizia aveva comunicato al suo avvocato le informazioni ottenute da lui ventiquattr'ore prima. Sembrava che la polizia stesse collaborando con Mayfield, invece di considerarlo un sospettato.

All'incirca nello stesso periodo si stava dedicando al caso di Kerry anche David Hanners, giornalista investigativo del "Dallas Morning News" e vincitore del premio Pulitzer. Non lasciò nulla d'intentato. Il primo dei diversi articoli che scrisse, pubblicato in prima pagina il 28 febbraio 1988, si intitolava *Vittima di un processo ingiusto* e analizzava in dettaglio ogni aspetto del caso; vi comparivano le dichiarazioni di quasi tutte le persone coinvolte, comprese le forze dell'ordine della contea di Smith, gli avvocati difensori, i testimoni per l'accusa. Randy Dykes dichiarò al reporter che il pubblico ministero gli aveva suggerito che cosa dire e non dire. In una deposizione giurata del 1991 avrebbe poi confermato che Thompson gli aveva fatto imparare la sua versione a forza di strigliate: "Ero un ragazzino, riuscì decisamente a intimidirmi. Scelsi di dirgli quello che voleva sentirsi dire, pur di levarmi di torno il più in fretta possibile". Suo fratello minore Rodney Dykes, che nel frattempo stava scontando dieci anni di prigione per droga e furto con scasso, disse a Hanners che "gli avevano fatto dire quello che volevano loro".

Robert Hoehn era morto di AIDS a Dallas il 12 settembre 1987, ma un suo amico intimo riportò a Hanners alcune conversazioni avute con lui poco prima della sua scomparsa. In punto di morte Hoehn gli aveva rivelato che il caso Cook lo tormentava, che si sentiva "in colpa per il suo ruolo nella condanna di Kerry", e che nel braccio della morte c'era "l'uomo sbagliato". Glielo giurò: "Cook non è colpevole e non lo è mai stato".

Sul "Dallas Morning News" del 9 ottobre 1988 comparve un altro reportage incentrato sull'errata datazione delle impronte digitali sopra la porta del patio, ulteriore prova che l'accusa aveva imbrogliato. Il titolo era *Testimone chiave del caso Cook smonta le accuse*. L'articolo fece parecchio scalpore e nel 1989 determinò l'apertura di un'inchiesta della International Association for Identification. In una replica lunga tredici pagine e datata 22 maggio 1989, il tenente Collard ammise di aver presentato la sua perizia senza la minima certezza "che l'ipotesi di datazione delle impronte avesse basi concrete o scientifiche", e che "nessun altro specialista di tracce latenti l'avrebbe confermata". A suo tempo l'aveva segnalato anche al procuratore Clark, ma lui l'aveva esortato a esporre comunque la sua "opinione". Collard aveva obiettato più volte, incontrando però la "piena e ostinata resistenza" di Clark. Quando infine Collard si era arreso, il procuratore ne aveva sfruttato l'inoppugnabile perizia come un "proiettile magico": prima per stabilire la probabile motivazione, poi per ottenere l'incriminazione dal gran giurì, successivamente per fissare l'importo della cauzione di Kerry e infine per farlo condannare. Davanti alla falsa dichiarazione di Collard, secondo il quale l'impronta sulla porta era stata depositata tra le sei e le dodici ore prima dei rilievi, Kerry era sempre stato spacciato.

A febbraio del 1990, dopo aver saputo del nostro ruolo nell'assoluzione e nella scarcerazione di Clarence Lee Brandley dal braccio della morte del Texas (*Colpevole fino a prova contraria*), Kerry prese l'iniziativa di contattare la Centurion e ci inviò una lettera, lunga sessantuno pagine e scritta a matita. Hanners aiutò Kerry inoltrandoci tutti i suoi articoli e le sbobinature delle sue interviste. Dopo diversi lunghi colloqui telefonici con Hanners e un attento esame degli atti processuali, a novembre ebbi due confronti approfonditi con Kerry. Mi convinsi che era innocente e decisi che la Centurion l'avrebbe aiutato.

Credendo nella possibile colpevolezza di Mayfield, la Centurion dedicò quasi tutto il 1991 a fare quello che non aveva fatto la polizia di Tyler, cioè interrogare un'infinità di persone che lo conoscevano: vicini, parenti, colleghi, membri del corpo docente, bibliotecari ed ex assistenti e collaboratori. Ci spingemmo fino agli anni di Coffeyville, la cittadina del Kansas dov'era cresciuto e aveva cominciato a lavorare. Scoprimmo che all'inizio della sua carriera un esaurimento nervoso l'aveva portato a chiudersi in casa per un paio d'anni. In quel periodo buio era stata Elfreide a sostenere la famiglia.

Chi aveva conosciuto Mayfield concordava sul fatto che la sua rabbia fosse esplosiva. Un ex collega lo paragonò a un "condensatore elettrico", che accumulava la carica e a un certo punto la scatenava come un fulmine. Un altro lo definì "un vulcano". Un altro ancora ricordò che, quando perdeva il controllo, Mayfield "tremava di rabbia feroce". Tutti spiegarono che prima esplodeva e poi irradiava una calma inquietante. La maggior parte delle persone con cui parlammo non giudicava infondata l'ipotesi che Linda fosse incappata nell'ira di Mayfield. Tutte le donne che avevano lavorato per lui alla TEU o alla Midwestern University, dove dal 1969 al 1973 era stato direttore della biblioteca, lo ritenevano capace di un omicidio come quello. Poco prima che abbandonasse la Midwestern, nove sue collaboratrici avevano firmato una lettera con cui si chiedeva al rettore di licenziare immediatamente Mayfield a causa dei suoi "frequenti accessi di rabbia" e di un atteggiamento prevaricatore. Quando Linda era stata uccisa, le bibliotecarie della TEU avevano sospettato che c'entrasse Mayfield.

Persino il figlio adottivo Charley era convinto che Mayfield avrebbe dovuto essere incluso tra i sospettati dell'omicidio di Linda. Disse alla polizia che la sua "indole violenta" poteva benissimo averlo portato a compiere un gesto tanto efferato. Aggiunse che Elfreide avrebbe "difeso suo marito" benché maltrattasse lei, Charley e le altre due figlie.

Chi conosceva le dinamiche di coppia dei Mayfield sapeva che l'unico scopo nella vita di Elfreide era soddisfare ogni capriccio e bisogno domestico del marito. Era una casalinga devota e poliedrica, che gli cuciva persino gli abiti su misura. Secondo la sua migliore amica Wanda Joyce, "Elfreide lo amava così tanto che con lui sarebbe andata a vivere anche in una grotta". Lo confermarono pure le sue sorelle. Da parte sua, Mayfield esercitava sulla moglie un dominio assoluto. In casa, comandava con il pugno di ferro. Quello che voleva, lo otteneva. Secondo le bibliotecarie della TEU, "la comandava come un caporale", e lei era il suo "zerbino". Elfreide subiva in silenzio gli insulti e i continui tradimenti.

Secondo Wanda Joyce, Mayfield era "crollato, era impazzito e aveva ucciso [Linda]". Elfreide non lo ammise mai, ma la settimana successiva alla morte di Linda andò a trovare Wanda, e con aria tesa e turbata le spiegò: "Credono che sia stato Jim, però tutti abbiamo fatto il test del poligrafo e l'abbiamo superato". Aggiunse che "lo stress è insopportabile. È un incubo". Ma Elfreide gli rimase sempre accanto, nella buona e nella cattiva sorte, fino al 12 luglio 2019, il giorno in cui Mayfield morì, dopo che lei gli aveva praticamente salvato la vita confermando il suo alibi.

Olene Harned, assistente di Mayfield e direttrice della biblioteca dopo di lui, aiutò a chiarire il suo stato d'animo nei giorni precedenti all'uccisione di Linda. Disse che Mayfield amava il suo lavoro e la sua vita all'università e sul lago Palestine. Dopo aver traslocato ogni tre-quattro anni in un ventennio di carriera, gli sembrava di aver finalmente trovato il suo posto e l'incarico rispettato e prestigioso che meritava. A quarantaquattro anni sperava di rimanere preside di facoltà e direttore della biblioteca alla TEU fino alla pensione.

Secondo Olene, il licenziamento l'aveva sconvolto. Accusava Linda di avergli "rovinato la carriera". Disse a Olene che lui ed Elfreide avevano deciso di trasferirsi a Houston, dove vivevano dei parenti di lei, a rimettere assieme i cocci della loro vita. Mayfield temeva che Linda lo seguisse a Houston: "Se lo fa, non mi sbarazzerò mai di lei".

Olene sapeva però che la realtà era più complessa. Mayfield era altrettanto ossessionato da Linda e non riusciva a starle lontano. Era sfinito dalle conseguenze della loro storia e avrebbe voluto troncarla, ma non trovava la forza.

Sia Olene sia il resto delle bibliotecarie avevano ben chiaro che l'attrazione sessuale di Mayfield per Linda aveva fatto a pezzi lui e la sua famiglia, e distrutto la sua vita privata. La sua segretaria Sophia Lenderman ricordò che "era risaputo che Jim volesse sbarazzarsi di lei, che fosse stanco della relazione. Parlava di mollarla, ma non ci riusciva perché sessualmente ne era schiavo".

Il mattino dell'uccisione di Linda, Mayfield arrivò al lavoro alle sette, con un'ora di anticipo. Ad aspettarlo c'era la bibliotecaria Ann White, da poco informata per telefono che qualcuno aveva "picchiato brutalmente" Linda. Mayfield insistette per farsi accompagnare in auto all'Embarcadero. Mentre dall'abitacolo della vettura osservavano il viavai della polizia davanti al complesso residenziale, anziché esprimere apprensione per Linda, Mayfield esclamò con rabbia che "l'aveva rovinato, gli era costata il posto e gli aveva causato un sacco di problemi". Nel tardo pomeriggio di quel venerdì, dopo l'interrogatorio con la polizia, Mayfield andò a trovare Chad Edwards, un suo amico e professore di musica all'università che abitava sul lago Palestine. La visita durò alcune ore, nel corso delle quali "andò nel panico, non smetteva di piangere" e aspettò fino a sera che la polizia venisse ad arrestarlo. A un passo da un altro esaurimento nervoso, tornò a casa dalla sempre comprensiva Elfreide.

Il lunedì dopo l'omicidio, Mayfield entrò in ufficio e disse a Olene che non aveva superato un test del poligrafo commissionato privatamente dal suo legale, e che era intenzionato a ripeterlo. Tremava e piangeva, "le lacrime gli colavano fino al mento". Olene si rese conto che "moriva dalla paura di lasciarci la pelle. Non era dolore per Linda". Mayfield le disse: "Ho il terrore che mi coinvolgano nell'omicidio".

Oltre a interpellare i familiari, i colleghi e i conoscenti di Mayfield, la Centurion parlò con persone vicine a Linda. A quanto pare, dopo il suo tentato suicidio e fino a poco prima di morire aveva detto a diversi colleghi che "c'erano problemi con Mayfield" e giurò che "se lo sarebbe ripreso, a qualsiasi costo". Mercoledì 8 giugno, il penultimo giorno di Linda al mondo, era anche il quarantaquattresimo compleanno di Jim Mayfield. Quel mattino Linda passò nel suo ufficio a regalargli dei campanellini che, triste ironia, avrebbero dovuto portargli fortuna e scacciare gli spiriti maligni. Sophia Lenderman ricordava lo sguardo adorante, ai limiti della devozione, con cui Linda si rivolse a Mayfield. Trascorsero la pausa pranzo da soli a casa di Paula. Linda lo sommerse di regali: un completo da tennis, un profumo, calze, un quadro dipinto da lei e altro. Secondo una delle prime deposizioni di Mayfield, "pomiciarono" soltanto.

Quella sera tra le sette e le nove Linda andò a un corso di pittura e in seguito rimase per un'ora a chiacchierare con l'insegnante, la quarantenne Gloria Coughenour. In due anni e mezzo di frequentazioni erano diventate amiche e confidenti. Gloria sapeva della storia di Linda con Mayfield e dei problemi che aveva causato a tutte le persone coinvolte. Quella sera, Linda sembrava entusiasta perché suo cognato le aveva trovato un lavoro a Baytown, una quarantina di chilometri a est di Houston, dove abitavano lui e Carolyn, la sorella di Linda. A Gloria non parve che Mayfield rientrasse nei piani di Linda: la vide pronta a ricominciare da zero dopo aver comunicato a Mayfield la decisione di trasferirsi a Houston e di rompere con lui. Coughenour non sapeva che l'indomani, il 9 giugno, Linda aveva un colloquio di lavoro presso una banca di Tyler. Nessuno, tranne forse Mayfield, conosceva le vere intenzioni della ragazza.

Ad aprile 1990 morì di cancro Earnest, il padre di Kerry Max Cook, che sprofondò nella depressione. Dopo un anno e mezzo, però, ecco una buona notizia. Il 18 settembre 1991 la CCA ribaltò la sentenza che lo condannava e ordinò un nuovo procedimento. La corte aveva infatti stabilito che la deposizione del dottor Grigson, che durante l'udienza per l'irrogazione della pena aveva convinto la giuria della futura pericolosità dell'imputato, era stata a tutti gli effetti sia inammissibile sia lesiva nei suoi confronti. Un tecnicismo, sì, ma anche un'opportunità per tornare libero dopo quattordici anni di carcerazione pericolosa e brutale.

Scott Howe aveva compiuto la sua missione. Sapeva inoltre che era il momento di farsi da parte. La sua specialità come avvocato erano i ricorsi in appello, ma per il secondo processo Kerry aveva bisogno di un legale che ci sapesse fare in aula. Lui e Scott mi chiesero di aiutarli a sceglierlo. Consigliai Paul Nugent di Houston. Insieme a lui e al suo socio Mike DeGeurin avevamo fatto uscire dal braccio della morte Clarence Brandley. Nugent fu felice di seguire il caso e accettò di rappresentare Kerry *pro bono*.

Nei primi anni Novanta A.D. Clark aveva lasciato ormai da tempo la procura distrettuale della contea di Smith. Il suo erede era Jack Skeen, i due erano cugini primi da parte di madre. A condurre il procedimento contro Kerry Max Cook sarebbero stati Skeen e David Dobbs, il suo pubblico ministero numero uno. Nell'autunno 1991, prima di arruolare Nugent, durante la fase di presentazione delle prove Dobbs e io ci eravamo scambiati alcuni documenti. Fra i reperti più importanti che ricevetti c'erano le deposizioni di Hoehn, Taylor e dei fratelli Dykes al gran giurì, fino a quel momento omesse dagli atti, e le ottantaquattro pagine del verbale sulle indagini della polizia. Io consegnai una memoria di ventidue pagine in cui spiegavo perché la Centurion ritenesse Mayfield colpevole. Cercai invano di convincere il pubblico ministero che Kerry era innocente e Mayfield l'autore dell'omicidio. Dobbs credeva che Mayfield amasse Linda; lo colpiva il fatto che piangesse ogni volta che parlava di lei. Con mio grande orrore, rivelò a Mayfield l'identità delle mie fonti e ciò che avevano detto di lui.

Una sera Dobbs e io andammo a vedere il luogo del delitto – l'ex appartamento di Paula, disabitato – e ricostruimmo il momento in cui la testimone entrava e vedeva l'assassino di Linda. Ricreammo le condizioni di illuminazione di allora e a turno ci mettemmo nella posizione di Paula e del killer. Entrambi constatammo che la visuale e la luce consentivano di fare osservazioni precise. Per questo, durante la simulazione, Dobbs mi sbalordì dicendo che secondo lui Paula non aveva visto Kerry ma, piuttosto, Hoehn, e che Kerry era nascosto nell'armadio dove fu rinvenuto il coltello. Io, sorpreso e incredulo, ribattei che Paula aveva descritto Mayfield in ogni dettaglio, e che Hoehn non somigliava per niente all'uomo che aveva visto quella sera.

Nel preparare il processo, Paul Nugent poté accedere ai fascicoli di Dobbs e scoprì la nota del 1989 con cui Collard spiegava alla International Association for Identification perché avesse specificato, a torto, la finestra temporale in cui era stata lasciata l'impronta sulla porta del patio. Alla deposizione di Hoehn al gran giurì sembravano mancare quattro pagine, e Dobbs assicurò a Paul che le avrebbe cercate.

Il 4 marzo 1992 Kerry fu trasferito dal braccio della morte alla prigione della contea di Smith in attesa di essere chiamato in giudizio. Al suo arrivo, Dobbs lo andò a trovare senza autorizzazione e all'insaputa di Paul Nugent. Cercò di interrogarlo riguardo alle impronte digitali sulla scena del crimine, una violazione sfacciata e disonesta del divieto di parlare con un imputato in assenza del suo legale. In seguito il giudice Tunnell riprese Dobbs per questo abuso.

Paul cercò di scongiurare un nuovo procedimento appellandosi al divieto della "doppia incriminazione", cioè di processare una persona più di una volta per lo stesso reato. Lo Stato, a suo avviso, non aveva il diritto di processare Kerry per un delitto riguardo al quale l'accusa aveva tenuto nascoste alla difesa e alla corte prove cruciali a discarico dell'imputato e istigato diversi testimoni a rendere dichiarazioni false. Se il giudice avesse accolto le tesi di Nugent, il secondo processo non si sarebbe tenuto, e Kerry sarebbe stato liberato.

Per giungere a una decisione e stabilire se la regola della

doppia incriminazione fosse applicabile, nell'autunno del 1992 il giudice Tunnell tenne una serie di udienze incentrate sugli atti di negligenza contestati agli inquirenti.

Furono chiamati a testimoniare in molti, compresi A.D. Clark, Collard, Dobbs e Eddie Clark. Dal carcere statale del Missouri arrivò persino Shyster Jackson, che ritrattò da cima a fondo le deposizioni messe agli atti. Ammise di aver "mentito per salvarsi" e dichiarò che il procuratore distrettuale Clark lo aveva istruito a dovere passandogli informazioni e mostrandogli fotografie. La sua testimonianza durante il processo era stata una farsa. Parlando con lui in carcere, Cook si era sempre dichiarato innocente.

Al termine delle udienze il giudice Tunnell lasciò allibita la difesa annunciando che per il momento il processo si doveva tenere, e che lui si sarebbe espresso sulla doppia incriminazione soltanto a procedimento concluso. Una decisione insensata, in conflitto con lo scopo delle udienze stesse, cioè determinare se un processo dovesse esserci o no.

Giustificandolo con la massiccia presenza dei media a Tyler, Tunnell approvò il trasferimento della sede processuale a Georgetown, capoluogo della contea texana di Williamson, una cittadina conservatrice, all'epoca, e distante una quarantina di chilometri da Austin e più di trecento da Tyler.

Alla vigilia del processo, il giudice prese una serie di decisioni che favorivano l'accusa e azzoppavano i difensori di Kerry Max Cook. La più nociva fu l'esclusione dalle prove delle deposizioni al gran giurì di Robert Hoehn, James Taylor e dei fratelli Dykes, le stesse che A.D. Clark aveva tenuto nascoste al primo team difensivo di Kerry. Ciò avrebbe impedito alla giuria di ascoltare una spiegazione alternativa alla presenza delle impronte di Kerry sulla porta del patio: che nel pomeriggio di lunedì 6 giugno Kerry era stato a casa di Linda a pomiciare, e i segni sul suo collo lo dimostravano. Senza la "testimonianza dei succhiotti", Nugent sapeva di non poter sostenere che Kerry avesse lasciato impronte sulla porta diversi giorni prima dell'omicidio. Protestò vivamente contro la decisione del giudice, sottolineando che secondo le norme del Texas riguardo agli elementi probatori sarebbe stata sua facoltà interrogare i testimoni in questione rifacendosi alle loro precedenti dichiarazioni, in modo da completare le loro conversazioni con Kerry anziché limitarle alla parte in cui quest'ultimo diceva loro di aver spiato Linda nuda. Per tutta risposta, il giudice sfidò Nugent a far testimoniare Kerry, se proprio voleva che la giuria conoscesse la storia dei segni sul collo e della pomiciata. Naturalmente, se fosse giunta dal solo Kerry senza le conferme dei suoi amici, sarebbe risultata una dichiarazione quantomeno sospetta. Insomma, le decisioni del giudice Tunnell consentirono a Dobbs e Skeen di sostenere la stessa ingannevole tesi sfruttata da A.D. Clark nel primo processo: che si trattava di un crimine "tra sconosciuti" commesso da un maniaco pervertito.

Il giudice impedì a Nugent anche di parlare alla giuria della negligenza degli inquirenti che aveva viziato il primo processo. Nugent ebbe il divieto di citare la falsa confessione di Shyster Jackson e chiarire che la datazione delle impronte sulla porta del patio effettuata da Collard non aveva basi scientifiche. La nuova giuria non avrebbe visto nemmeno l'ombra dei misfatti della vecchia procura distrettuale. Tunnell pose inoltre limiti molto stretti a ciò che i testimoni della difesa potevano dire riguardo alle prove che coinvolgevano Jim Mayfield nell'omicidio. Per esempio, il giudice vietò al dottor Mears di spiegare che, un paio di giorni dopo l'omicidio, Mayfield gli aveva chiesto come si ingannava il poligrafo, e che aveva ammesso di aver ordinato il libro *The Sexual Criminal*, nel quale apparivano sevizie e mutilazioni genitali spaventosamente simili a quelle subite da Linda. Questa serie di decisioni preliminari fece pendere da subito la bilancia a favore dell'accusa, così come gli spergiuri favoriti dal pubblico ministero avevano viziato il primo processo.

Il secondo procedimento si aprì alla fine di novembre del 1992, quattordici anni dopo il primo. La tesi dell'accusa era una versione più dettagliata e per certi aspetti ampliata di quella originale. Adesso Paula era sicura di avere visto l'imputato e non Mayfield. Mentre seguivo l'interrogatorio di

Dobbs a Paula ripensai a quando, un anno prima, sulla scena del delitto, lui mi aveva detto che secondo lui la donna aveva visto *Hoehn*, non Kerry. E adesso eccolo lì a farle dire l'esatto contrario, cioè che aveva visto Kerry, non Hoehn.

Siccome Robert Hoehn era morto, nel controinterrogatorio Nugent non ebbe la possibilità di smontare la sua testimonianza riguardo alla sera dell'omicidio e, magari, di portarlo ad ammettere che nel 1978 aveva affermato il falso su pressione del bellicoso Michael Thompson. Il giudice Tunnell autorizzò gli avvocati a leggere alla giuria gran parte della deposizione di Hoehn del 1978, compresi i passaggi più salaci. Fu persino proiettato il film.

Avendo ormai ammesso che datare scientificamente un'impronta digitale era impossibile, Collard si levò dagli impicci descrivendola, saggiamente, come un'"impronta fresca". Dobbs chiamò a deporre Danny Carter, supervisore della divisione Impronte latenti del dipartimento di Pubblica sicurezza del Texas, il quale confermò che l'impronta sulla porta del patio apparteneva a Kerry. Tunnell decise di chiedergli, lontano dalla giuria, se fosse corretto definire "fresca" un'impronta. Carter rispose con un secco no: giudicarla tale equivaleva a datarla, e datare le impronte era impossibile. Anche se la giuria ne rimase all'oscuro, un tale slancio di sincerità da parte di un testimone dell'accusa era inaspettato. Quando toccò a lui deporre per la difesa, l'esperto di impronte digitali George Bonebrake chiarì questo dettaglio ai giurati.

Adesso che l'accusa non poteva basarsi sulla falsa testimonianza di Shyster Jackson, tirò fuori un nuovo testimone della "confessione": Robert Wickham, ex vicesceriffo riservista. Il 26 settembre 1991, una settimana dopo che la CCA aveva disposto un nuovo processo, Wickham si era fatto vivo con il pubblico ministero e, per la prima volta, gli aveva spiegato che durante il processo del 1978, in ascensore, Kerry Max Cook aveva confessato anche a lui di avere commesso l'omicidio. Lo ribadì alla giuria del 1992: mentre accompagnava Kerry in tribunale, il ragazzo aveva esclamato: "L'ho ammazzata io e non me ne frega un cazzo della fine che faccio". Wickham disse di aver taciuto per tredici anni nella convinzione che la sua testimonianza non fosse ammissibile: nessun altro aveva udito la frase di Kerry.

Nella versione di Wickham c'era un errore madornale. Disse che in ascensore Kerry era ammanettato e indossava la divisa da carcerato, quando le norme della contea di Smith indicavano chiaramente che, per non instillare pregiudizi nella giuria, i detenuti dovevano comparire in aula in borghese. Inoltre, Wickham si era fatto avanti per palese egoismo. Gestiva un ristorante frequentatissimo dalle forze dell'ordine. I suoi dipendenti lo definivano "un aspirante sbirro". La sua carica, "vicesceriffo riservista", lo qualificava come semplice volontario tenuto a prestare venti ore di servizio mensili gratis. Aveva deciso di deporre soltanto per farsi bello agli occhi dei poliziotti di Tyler che bazzicavano il suo ristorante.

Per difendere la frottola secondo cui Kerry e Linda non si conoscevano, Dobbs convinse il giudice a includere tra i testimoni il giornalista David Hanners. David sapeva benissimo che Kerry era stato incastrato ma dovette dire la verità, cioè che il ragazzo sosteneva di non aver mai conosciuto Linda né di essere mai entrato in casa sua. Le impronte sulla porta le aveva lasciate spiandola dall'esterno. La testimonianza di Hanners indebolì la posizione di Kerry e fu un esempio lampante di come le bugie dell'imputato gli si ritorsero contro. Soltanto nell'estate del 1992, mentre Paul Nugent e io lo preparavamo al processo, Kerry aveva confessato che lui e Linda si erano conosciuti in piscina ed erano andati a pomiciare in casa di lei. Ci aveva descritto il giuramento fatto a suo padre e si era scusato sentitamente. Purtroppo, considerato che il giudice non aveva ammesso tra le prove le dichiarazioni di Hoehn e dei fratelli Dykes riguardo ai "succhiotti", Nugent non poteva dire la verità alla giuria. Le menzogne sopravvivevano da sé, ormai.

Dobbs interrogò Mayfield, Elfreide e Louella. La deposizione di Mayfield andò avanti per ore. Dobbs gli fece raccontare la sua storia con Linda dall'inizio alla fine. Mayfield garantì alla giuria che la relazione sessuale tra loro si era conclusa il 19 maggio, quando lui era tornato dalla moglie. Da quel giorno era diventata simile a un rapporto tra padre e figlia; lui stesso aveva incoraggiato Linda ad andare avanti con la sua vita e a uscire con altri uomini. Ovviamente, Mayfield negò di averla uccisa. Nel controinterrogatorio negò anche di aver detto a Ann White che Linda gli aveva rovinato la carriera, e sostenne che non ricordava di aver parlato a Olene Harned del timore che la ragazza lo seguisse a Houston. Se anche l'avesse fatto, spiegò, non sarebbe stato un problema. Ammise che lui e Linda si vedevano di sera a casa di Paula, quando Paula non c'era. Negò di essere appassionato di tennis. Dichiarò che i rapporti tra Elfreide e Linda erano amichevoli.

Le irreprensibili Elfreide e Louella confermarono l'alibi di Mayfield. Dissero che nella notte tra il 9 e il 10 giugno non era mai uscito di casa. Elfreide negò di aver detto al marito che Linda non doveva più vivere con loro al lago Palestine. Non ricordava di essere mai stata ostile alla ragazza e dichiarò, inverosimilmente, che nemmeno Jim provava rancore per lei, benché la loro storia gli fosse costata la carriera. Linda era andata a stare da loro perché avevano bisogno di una domestica. A metà maggio 1977, quando suo marito era tornato a casa dopo aver vissuto con Linda, non avevano discusso dell'accaduto, perché "era finita" e "avevo smesso di pensarci". Non ricordava di aver chiesto "Quando finirà?" a Wanda Joyce dopo il tentato suicidio di Linda. Louella, invece, confermò di aver minacciato Linda di morte se la storia con suo padre fosse continuata.

In difesa di Kerry, Paul Nugent si concentrò sulla tesi che il principale sospettato fosse Jim Mayfield. Purtroppo, a causa delle decisioni preliminari del giudice, i testimoni poterono dare versioni soltanto frammentarie di ciò che sapevano. Per la difesa deposero nove persone, tra docenti e collaboratori dell'università. Dopo l'omicidio, Olene Harned, succeduta a Mayfield come direttrice della biblioteca, aveva ospitato per alcuni giorni Paula. In quel frangente Paula le aveva ripetuto diverse volte che l'uomo che si era ritrovata in casa era Mayfield. Olene dichiarò inoltre che all'università Mayfield indossava spesso calzoncini da tennis bianchi, e che lui temeva che Linda lo seguisse a Houston.

La bibliotecaria Ann White testimoniò che il mattino dopo l'omicidio Mayfield aveva accusato con rabbia Linda di avergli rovinato la carriera. Il professor Andrew Szarka ribadì alla giuria quanto aveva detto agli agenti il pomeriggio di venerdì 10 giugno: che la sera precedente, poche ore prima di essere uccisa, Linda era andata a trovarlo a casa. Si era detta turbata dalla reazione negativa di Mayfield alla prospettiva che lei uscisse con altri uomini. Al professor Gary Mears fu permesso di testimoniare soltanto che Mayfield giocava spesso a tennis e corrispondeva alla descrizione resa da Paula.

Doris Carpenter, che gestiva l'Embarcadero, ricordò che diversi giorni dopo l'omicidio Paula era andata da lei in ufficio e, alla domanda se l'incontro con lo sconosciuto l'avesse spaventata, aveva risposto: "No, perché era Mayfield".

Nell'arringa conclusiva, Dobbs sottolineò il collegamento tra il gambaletto mancante di Linda e la scena del film in cui il ragazzino sgattaiola nella stanza della madre dopo averla vista masturbarsi. Ricordò alla giuria che, guardando il film, Kerry si era molto eccitato, aveva cominciato a masturbarsi e aveva eiaculato sul tappeto. Riguardo alla presenza delle impronte digitali di Kerry sulla porta del patio, nel corso della discussione finale il procuratore Skeen sottolineò più volte alla giuria che la difesa non aveva saputo dare spiegazioni alternative al fatto che Kerry le avesse lasciate la notte in cui aveva ucciso Linda. Naturalmente, Skeen sapeva benissimo che una spiegazione alternativa c'era, e che il giudice l'aveva semplicemente esclusa dalle prove.

Mentre la giuria deliberava accaddero due fatti incredibili. Per prima cosa, i giurati scrissero al giudice un messaggio che diceva: "Abbiamo trovato il gambaletto di nylon nei jeans di Linda Jo Edwards". Da bravi indagatori dei fatti, avevano deciso di togliere i jeans dalla busta di plastica in cui erano sigillati da quindici anni. Mentre li stendevano, la "calza mancante" era uscita dalla gamba destra e, udite udite, non conteneva parti di genitali! Per qualche motivo, né i poliziotti di Tyler né lo staff della procura distrettuale avevano mai pensato di cercare indizi nelle gambe e nelle tasche dei jeans.

Il 16 dicembre, mentre la discussione tra i giurati arrivava al terzo giorno, accadde il secondo fatto incredibile. Paul Nugent vide che Dobbs stava leggendo il verbale originale della deposizione di Hoehn davanti al gran giurì e, siccome non si fidava di lui, glielo strappò di mano. Vide con estrema sorpresa che il fascicolo conteneva le quattro pagine mancanti che Dobbs aveva ripetutamente affermato di non avere. Nugent le lesse e rimase a bocca aperta. Alla domanda se la sera dell'omicidio Kerry avesse visto il film, Hoehn aveva risposto: "No, no, il film andava ma lui non ci prestava attenzione". Intanto, Dobbs aveva appena finito di spiegare alla giuria che il film aveva eccitato Kerry al punto tale da indurlo ad aggredire e macellare Linda. Nugent mostrò subito al giudice Tunnell le pagine mancanti, a palese discarico dell'imputato. Tunnell respinse la richiesta di mostrarle anche alla giuria. L'ennesima decisione che truccava le carte a sfavore di Kerry.

Dopo cinque giorni i giurati avvisarono Tunnell che non riuscivano a uscire dall'impasse. Tunnell dichiarò che il processo andava ripetuto, negò a Kerry la possibilità di uscire su cauzione e lo rispedì nel carcere della contea di Smith in attesa di essere chiamato per la terza volta in giudizio. In seguito la Centurion parlò con sette giurati e scoprì che la discussione si era chiusa con un pareggio, sei contro sei. Chi aveva votato per la colpevolezza si basava sulle impronte digitali sulla porta e sulla presunzione che Kerry e Linda non si conoscessero. Quelli che lo consideravano innocente sospettavano di Mayfield ed erano convinti che fosse stato un delitto passionale, commesso per rabbia da una persona che conosceva intimamente Linda e ne era ossessionata. Mayfield aveva tutti i requisiti. Giudicavano "bugiardi" Mayfield, sua moglie e sua figlia. Furono colpiti dalla disponibilità dei colleghi di università di Mayfield, che conoscevano lui ma non Kerry, a testimoniare a suo sfavore benché ogni volta dovessero affrontare un viaggio di oltre trecento chilometri all'andata e al ritorno.

Paul Nugent aveva pareggiato contro Dobbs e Skeen nonostante le decisioni restrittive e limitanti del giudice Tunnell e gli imbrogli della pubblica accusa. A gennaio del 1993 Tunnell si decise a emettere un verdetto riguardo alla doppia incriminazione. Sancì che la datazione delle impronte effettuata da Collard su forti pressioni di A.D. Clark era stata effettuata con il preciso scopo di sviare la corte e la giuria. Redarguì l'accusa per non aver rivelato alla difesa che Shyster Jackson era stato convinto a rendere falsa testimonianza. Definì l'incontro di Dobbs con Kerry Max Cook in prigione "una seria violazione del protocollo e dei suoi obblighi di magistrato". Eppure, nemmeno a fronte di tutto questo autorizzò la scarcerazione di Kerry. Permise invece alla procura distrettuale di fissare l'ennesimo processo.

Nel giugno 1993 il giudice Tunnell andò in pensione. Il terzo processo a Kerry cominciò il 31 gennaio 1994, presieduto dal giudice Robert D. Jones. Dopo aver perso le elezioni nella contea di Travis (il cui capoluogo è Austin) diversi anni prima, Jones era diventato un giudice speciale "ambulante", che riceveva da un amministratore regionale compiti di supplenza nei tribunali a corto di magistrati. La stampa aveva soprannominato il programma: "Prendi la toga e parti". Il giudice Jones accolse dalla prima all'ultima le vecchie decisioni preliminari di Tunnell e fece in modo che la sede del terzo processo fosse la stessa aula di Georgetown. Con poche variazioni, tutti i testimoni ribadirono quanto dichiarato nel secondo processo. L'unica differenza fu la partecipazione di due consulenti scientifici inviati dalla Behavioral Science Unit, la divisione d'élite dell'FBI di Quantico, in Virginia, dedicata alla ricerca e allo studio dei criminali violenti, in particolare dei serial killer e dei predatori sessuali.

Il perito chiave dell'accusa era l'agente dell'FBI David Gomez, che presso la Behavioral Science Unit aveva appena concluso due anni di addestramento come analista di crimini violenti. Tra i suoi incarichi c'era quello di consulente delle forze di polizia locale texane. Per la difesa c'era Robert Ressler, specialista di fama mondiale in delitti a sfondo sessuale. Ressler aveva contribuito a fondare la Behavioral Science Unit, e fino alla pensione, nel 1990, ne era stato agente speciale supervisore e criminologo numero uno. Aveva contribuito a scrivere due bibbie sull'omicidio violento, *Sexual Homicide: Patterns and Motives* del 1988 e il *Crime Classification Manual* del 1992. In aula, Gomez riconobbe l'importanza dei due volumi come testi di riferimento nei corsi che lui stesso aveva seguito.

Secondo Gomez l'assassinio di Linda Jo Edwards rientrava nella categoria degli "omicidi per libidine", incentrati cioè sugli organi sessuali della vittima fino alla rimozione di parti del suo corpo. Concluse che il responsabile era una persona che non conosceva intimamente la vittima; che a motivarlo era stata una sensazione di ambivalenza, inadeguatezza e immaturità sessuale. L'omicida libidinoso di Linda ne aveva mutilato gli organi sessuali per neutralizzarla. Incredibilmente, Gomez non vide i segni di un "*overkill*" – uno sfoggio ingiustificato di violenza – ma soltanto dello sforzo indispensabile a controllare e uccidere la vittima. Per questo motivo non lo classificò tra gli "omicidi domestici", che si verificano tra persone che hanno un legame intimo e spesso implicano *overkill* scatenati dalla rabbia. Gomez sosteneva che l'accanimento sull'area genitale non fosse *overkill*, ma rappresentasse l'aspetto libidinoso del delitto. Nelle sue conclusioni diede credito alla teoria di Dobbs, secondo il quale le tendenze dell'imputato al voyeurismo potevano aver innescato la fase fantastica del crimine e rispecchiato le frustrazioni sessuali dell'assassino.

Ressler era di tutt'altro avviso. Giudicava il delitto un omicidio domestico, commesso con grande probabilità da un ex amante della vittima. Vedeva chiari indizi del "consistente *overkill*" che spesso accompagna gli omicidi domestici. Le ferite indicavano una incontenibile rabbia contro Linda. Le feroci mutilazioni genitali denotavano che una relazione ormai conclusa aveva portato l'assassino a distruggere l'area del suo interesse per lei, che a sua volta l'aveva distrutto. Ressler non dava credito all'ipotesi che si trattasse di un omicidio per libidine motivato dall'inadeguatezza o dall'ambivalenza sessuale, nelle quali non si era mai imbattuto come moventi di una o più mutilazioni. Inoltre era pronto a testimoniare che le persone che praticavano il voyeurismo, persino i guardoni dichiarati, non erano portate per lo scontro fisico e non commettevano omicidi violenti a sfondo sessuale.

Purtroppo, la giuria non poté mai ascoltare la deposizione di Ressler. Durante il *voir dire*, ovvero l'esame preliminare con cui il giudice stabilisce se un testimone è idoneo a deporre, Ressler disse al giudice che per prepararsi all'udienza aveva letto, sull'aereo dalla Virginia, il verbale della perizia di Gomez. Per questo il giudice Jones gli vietò di testimoniare, sentenziando erroneamente che Ressler avesse infranto la regola che proibisce ai testi di venire a conoscenza delle deposizioni avversarie prima di presentarsi in aula. Paul Nugent obiettò correttamente che la norma riguardava i testimoni *fattuali*, non i consulenti scientifici. Anzi, era una consuetudine accettata che, prima di testimoniare, i periti analizzassero i documenti dell'avversario. Il giudice Jones non ne volle sapere. Congedò Robert Ressler e lasciò credere alla giuria che la Behavioral Science Unit dell'FBI avesse uno e un solo parere riguardo all'omicidio di Linda, quello dell'agente Gomez. Skeen ci andò a nozze. Nell'arringa conclusiva citò Gomez diverse volte, e terminò dichiarando che "nelle parole di Dave Gomez c'è la soluzione del caso".

La scandalosa decisione di Jones ebbe conseguenze disastrose per Kerry.

Dopo diversi giorni di stallo, la giuria chiese alla corte di poter rileggere la testimonianza dell'agente Gomez. Mezz'ora dopo averla ricevuta, il 23 febbraio, dichiarò Kerry Max Cook colpevole di omicidio punibile con la pena capitale.

L'udienza per l'irrogazione della pena durò cinque giorni. Nugent si fece in quattro per salvare la vita a Kerry, ma il risultato fu prevedibile, considerata l'orribile natura del delitto. La resa dei conti giunse il 3 marzo 1994. Prima di emettere la sentenza, il giudice chiese a Kerry se avesse qualcosa da dichiarare. Lui rispose: "Sì, signore. Con tutto il rispetto per la giuria e per la corte, sono innocente, e che il Signore li perdoni, perché non sanno quello che fanno". Dopodiché, il giudice Jones lo condannò a morte tramite iniezione letale, com'era avvenuto già sedici anni prima.

Dopo aver trascorso due anni nelle carceri di contea, Kerry tornò nel braccio della morte sconfitto e devastato. Mancava un mese al suo trentottesimo compleanno, ma aveva già i capelli grigi. Nel frattempo, Nugent non volle arrendersi e si imbarcò nell'impresa titanica di presentare ricorso contro la condanna alla CCA, la Corte d'appello del Texas. A quel punto rappresentava Kerry *pro bono* da quattro anni. Come riconoscimento alla sua incrollabile dedizione, la Centurion riuscì a raccogliere il denaro necessario a finanziare la fase di preparazione dell'appello.

Un anno dopo, a luglio del 1995, Paul Nugent depositò una colossale memoria di duecentotredici pagine in cui descriveva in dettaglio sessanta casi di sistematica negligenza professionale da parte degli inquirenti e di madornali esclusioni di elementi probatori a discarico dell'imputato, verificatisi nel corso dei tre processi. Kerry non poté non rimanere colpito dagli sforzi del suo avvocato, ma aveva subito delusioni su delusioni. All'epoca la CCA aveva fama di essere una corte a maggioranza conservatrice. I pronostici erano quasi tutti contro di lui.

Invece la Corte d'appello stupì tutti. Il 6 novembre 1996 ribaltò la sentenza che condannava Kerry Max Cook, criticando aspramente la condotta dell'accusa e dei magistrati che avevano escluso prove cruciali che avrebbero discolpato l'imputato. Secondo l'opinione concordante del giudice Charles Baird, un nuovo processo a Mr Cook sarebbe dovuto risultare inammissibile, in quanto "la negligenza della pubblica accusa ha inquinato il processo di ricognizione della verità al punto tale da rendere impossibile lo svolgersi di un processo equo". Baird scrisse che lo Stato "aveva fatto in modo di decretare una condanna basata sull'imbroglio, e ignorato il dovere di cercare la verità", e che "la negligenza dello Stato non si limita a un singolo caso isolato o alla condotta di un singolo agente di polizia, ma a una serie di deliberate scelte dei magistrati che rappresentavano lo Stato". Stabiliva che "la manipolazione illecita delle prove da parte dello Stato ha viziato l'intera indagine sul delitto".

L'opinione di maggioranza scritta dal giudice Stephen Mansfield annullava il verdetto di colpevolezza ma non scongiurava un nuovo processo. Mansfield accertava che "la negligenza dei pubblici ministeri e della polizia ha macchiato questa vicenda sin dall'inizio". Rimproverava la corte per aver impedito alla difesa di introdurre le deposizioni "nettamente scagionanti" rese al gran giurì da testimoni che avrebbero potuto spiegare la presenza delle impronte di Kerry sulla porta del patio senza incriminarlo. Il dato forse più importante era che, secondo il verdetto della maggioranza, se la procura avesse deciso di processare Cook per la quarta volta avrebbe dovuto eliminare dalle prove tutte le dichiarazioni rese dal defunto Robert Hoehn. Di conseguenza, la sua storia dozzinale ma perlopiù inventata di sesso rovente e voyeurismo spinto nella notte dell'omicidio era off-limits.

Così, stavolta in attesa del quarto processo, i vicesceriffi trasportarono di nuovo Kerry dal braccio della morte al carcere della contea di Smith. Era il 6 agosto 1997: dal suo arresto erano passati esattamente vent'anni e un giorno.

L'11 novembre, il giudice Jones, sempre più ostile dopo la strigliata ricevuta, concesse a Kerry la libertà condizionale su cauzione e ne fissò l'importo a 100.000 dollari, convinto come Skeen che il collegio difensivo dell'imputato non disponesse di una simile somma. I due furono sorpresi e indignati quando, un paio di giorni dopo, Jay Regan, presidente del consiglio d'amministrazione della Centurion e investitore a Wall Street, inviò all'ufficio dello sceriffo della contea di Smith un bonifico da 100.000 dollari. (Regan si fidava e sapeva che se Kerry avesse onorato i termini della scarcerazione lui avrebbe riavuto il denaro indietro.)

Quello stesso giorno, il 13 novembre 1997, Kerry Max Cook uscì dal carcere della contea di Smith e riabbracciò la madre Evelyn. La libertà ritrovata era esaltante, ma Kerry aveva anche paura, sapendo che la battaglia contro la contea era tutt'altro che conclusa. Mentre festeggiavamo sul marciapiede, attorniati da giornalisti e telecamere, Kerry, Paul e io notammo David Dobbs che dall'altro lato della strada ci guardava in cagnesco.

Dalla prigione Kerry aveva stretto amicizia con Mikaela e Richard Raine, una coppia di Dallas che credeva nella sua innocenza. I due lo invitarono generosamente a stare con loro e i loro quattro figli mentre aspettava il processo; gli regalarono persino un cane, un Jack Russell di nome Everton. L'avvocata Donya Witherspoon di Dallas assunse Kerry come suo assistente, e lui poté ben presto permettersi un appartamento per sé ed Everton. Tra i requisiti per la libertà condizionale c'erano continui esami tossicologici del sangue e delle urine. Ogni volta che entrava in città, Kerry sentiva un nodo allo stomaco per paura che la polizia lo arrestasse con qualche accusa inventata. Invece, la vita gli fece un regalo. Dopo un convegno di Amnesty International a Dallas conobbe un'adorabile ragazza di nome Sandra Pressey. I due si innamorarono in fretta e stanno insieme da allora.

Alla vigilia del quarto processo nel febbraio del 1999, nonostante il verdetto della CCA il pubblico ministero Skeen giurò che non avrebbe avuto pace finché Cook non fosse tornato nel braccio della morte. Dobbs aggiunse che "non sarebbero mai scesi a compromessi con lui, nemmeno in cambio dell'ergastolo". Lo volevano morto. La Centurion era altrettanto determinata a fare sì che il quarto processo a Kerry Max Cook fosse l'ultimo. Sapevamo che gli serviva una difesa robusta, munita di consulenti scientifici di prima classe e di una schiera di talentuosi avvocati ad assistere Paul Nugent. Non era il momento di lesinare sulle spese. Un ricco benefattore, David Gelbaum, si fece avanti e garantì un budget di 365.000 dollari. Alla squadra si unirono gli avvocati Cheryl Wattley di Dallas e Rocket Rosen di Houston. Otto esperti in identificazione da parte dei testimoni oculari, ambiente visivo, false confessioni, patologia forense e psichiatria erano pronti a condividere le proprie competenze. Tra loro c'era Robert Ressler, il padrino della Behavioral Science Unit dell'FBI. Mentre il 1998 passava veloce, il giudice Jones aveva scelto come sede processuale Bastrop, una contea perlopiù rurale una cinquantina di chilometri a sudest di Austin. La selezione della giuria sarebbe cominciata a metà febbraio del 1999.

La settimana che precedette il processo portò alla luce nuove potenziali prove basate sul DNA. Per la prima volta nei ventidue anni di storia del caso, l'accusa aveva chiesto alla Scientifica di esaminare la biancheria intima di Linda. La scoperta interessante fu che gli indumenti riportavano macchie di sperma abbastanza grandi da risalire al profilo del donatore. Con il consenso di entrambe le parti, il giudice Jones ordinò che gli esami del DNA e il processo proseguissero in parallelo. Ci aspettavamo di avere i risultati a procedimento in corso. Dobbs disse ai giornalisti che lo sperma poteva appartenere "soltanto all'assassino". Lo credevamo anche noi, certi che non fosse di Kerry ma, piuttosto, di Mayfield.

E ci fu dell'altro: a pochi giorni dal processo, l'accusa infranse la promessa di non scendere a compromessi con Kerry. Dobbs mise sul tavolo la proposta di un accordo stragiudiziale, offrendogli quarant'anni di carcere in cambio della dichiarazione di colpevolezza. Kerry la rifiutò immediatamente. A quel punto Dobbs rilanciò proponendo che a stabilire una pena inferiore ai quarant'anni fosse, a sua discrezione, il giudice Jones. Di nuovo, Kerry non ne volle sapere. Non aveva nessuna intenzione di affidare il suo futuro a Jones. Alla fine, il 16 febbraio 1999, pochi minuti prima che cominciasse la selezione dei giurati, Dobbs propose un altro accordo stragiudiziale che ridimensionava il capo d'imputazione (omicidio, ma non punibile con la pena capitale), non implicava l'ammissione di colpevolezza e stabiliva la pena a vent'anni. Poiché Kerry li aveva già scontati, sarebbe potuto tornare a casa quel giorno stesso, da uomo libero, senza alcun tipo di supervisione. L'unico svantaggio era che sulla sua fedina penale sarebbe rimasta la condanna per omicidio. Il giudice gli diede un'ora per decidere.

Ci riunimmo nella casa che la Centurion aveva affittato per il team. Dicemmo a Kerry che la vita era la sua. Se preferiva andare a processo, eravamo pronti. Se accettava l'accordo, avremmo capito. Uscì dalla stanza e rimase da solo per qualche minuto. Aspettammo.

Poi lui tornò ad annunciare la sua decisione. Accettava la proposta.

Nel braccio della morte aveva subito troppi traumi, non se la sentiva di rischiare di tornarci di nuovo in attesa dell'esecuzione. Scelse la libertà garantita e immediata di tornare subito a casa con Sandra, piuttosto che tentare l'azzardo di un processo in una contea estremamente conservatrice, con un giudice ostile e vendicativo. Quella sera, Kerry, Sandra e il team al completo festeggiarono in un ristorante chic di Austin. Molti di noi combattevano per Kerry da quasi dieci anni. A turno brindammo alla nostra salute. Non vedevamo l'ora di ricevere l'esame del DNA dello sperma prelevato dalle mutandine di Linda.

Alla fine, il 16 aprile 1999 la Scientifica parlò. Lo sperma apparteneva senza il minimo dubbio a James Mayfield, non a Kerry Max Cook. Nei nuovi processi del 1992 e del 1994, Mayfield aveva sempre dichiarato di non avere avuto rapporti sessuali con la sua ex nelle tre settimane successive trascorse fra il tentato suicidio e l'omicidio di lei. Mentre nell'ufficio del procuratore distrettuale rimasero tutti allibiti, David Dobbs cercò disperatamente di difendere la propria dignità. Sostenne che i risultati del DNA non escludevano la responsabilità di Kerry. Forse lo sperma di Mayfield risaliva a tre settimane prima ed era sopravvissuto a tre settimane di usura e lavaggi, un'ipotesi assurda. Prima di consegnare gli slip ai tecnici, Dobbs aveva correttamente presupposto che lo sperma dovesse appartenere all'assassino di Linda. Adesso che i fatti facevano traballare l'accordo stragiudiziale – e la reputazione del suo ufficio –, insisteva che Kerry era colpevole, che le autorità di Tyler avevano catturato l'uomo giusto, e che le nuove prove legate al DNA erano "irrilevanti".

Quanto a Kerry, l'esame del DNA lo rinvigorì. Gli restituì fiducia in se stesso e lo spinse a portare la sua vicenda giudiziaria in giro per il mondo, nel vero senso della parola. A Londra, Parigi, Roma, Ginevra, e in tutti gli Stati Uniti tenne eloquenti conferenze sull'ingiusta condanna, sui mali della pena capitale e sui difetti della giustizia penale americana. Divenne un motivatore molto ricercato, che raccontava la sua storia per insegnare al prossimo a non mollare, nemmeno nelle circostanze peggiori. Le università, comprese Harvard e Princeton, lo accolsero a braccia aperte. Si espresse a favore di una moratoria sulla pena di morte di fronte al parlamento statale del Texas.

La sua storia fu una delle sei portate in scena dallo spettacolo teatrale *The Exonerated,* che debuttò a New York a ottobre del 2000, andò in tournée in tutto il paese, e ispirò l'omonimo film con Aidan Quinn. Nel 2007 l'editore William Morrow pubblicò il suo memoir *Chasing Justice.*

La gratificazione più grande, però, fu la nascita di suo figlio Kerry Justice Cook. "KJ", come lo chiamano Kerry e Sandra, ha compiuto ventiquattro anni nel 2024.

Nonostante i successi e i riconoscimenti, per Kerry non fu facile riabituarsi alla vita dopo la prigione. Soffriva di forme acute di stress post-traumatico e depressione. Per lui e per la sua famiglia, la condanna per omicidio continuava a essere un tormento, un ostacolo nel trovare lavoro o nel tenerselo, nel chiedere prestiti o ottenere documenti e certificati. Capitava persino che, venuti a conoscenza del suo passato, i vicini di casa gli girassero alla larga. Furono questi problemi e l'annoso e profondo desiderio di ottenere la piena assoluzione che, a un certo punto, convinsero Kerry ad agire. Non gli bastava essere stato scagionato dall'opinione pubblica, voleva che a riconoscere la sua innocenza fosse la giustizia del Texas.

Nel 2012 l'Innocence Project prese in carico la sua causa e mise insieme un team coordinato da Gary Udashen nel Texas e Nina Morrison a New York. Tre anni dopo, nel 2015, i due depositarono un'istanza di *habeas corpus* alla contea di Smith con l'obiettivo di ribaltare la sentenza di condanna per omicidio e far dichiarare Kerry innocente, alla luce delle analisi del DNA del 1999 e della sistematica negligenza degli inquirenti.

Le loro indagini portarono alla luce una decisione sospetta

delle autorità della contea di Smith riguardo a un pelo insanguinato trovato su una natica di Linda, che non apparteneva né a lei né a Kerry. Nel 1999, quando le autorità di Tyler lo consegnarono alla Scientifica insieme agli indumenti intimi di Linda, i tecnici lo giudicarono idoneo a un prelievo di DNA. Tuttavia, subito dopo l'accertamento che lo sperma corrispondeva al profilo genetico di Mayfield, la procura distrettuale ordinò alla polizia di riottenere il follicolo e non sottoporlo ad analisi.

Se l'esame del DNA avesse dimostrato che il pelo insanguinato apparteneva a Mayfield, il caso si sarebbe clamorosamente riaperto, perché né Mayfield né le autorità avrebbero saputo spiegarlo. Nessuno glielo poté chiedere, tuttavia, perché nel 2001 le autorità di Tyler distrussero il reperto, violando una legge statale – emanata appena otto mesi prima – che vietava la distruzione di prove idonee al prelievo di DNA. All'epoca, Jack Skeen era ancora procuratore distrettuale, carica che mantenne fino al 2003 quando diventò giudice della contea di Smith.

Con una scelta sorprendente, ai primi di aprile del 2016 il successore di Skeen alla procura della contea di Smith accolse una richiesta di Gary Udashen e gli concesse di interrogare Jim Mayfield a Houston. Il procuratore, Matt Bingham, garantì a Mayfield l'immunità, lo fece giurare e concesse di presenziare al suo avvocato storico Buck Files. Con lui c'era anche la fedelissima Elfreide.

Dall'omicidio di Linda erano passati quarant'anni. Mayfield era un pensionato ottantatreenne che, ironia della sorte, aveva lavorato a lungo come viceamministratore del carcere della contea di Harris. L'interrogatorio a tutto campo durò due ore. Udashen faceva le domande, Bingham precisava. Dal confronto emersero molti dettagli significativi. Per la prima volta Mayfield ammise che l'8 giugno, all'ora di pranzo, per festeggiare il suo quarantaquattresimo compleanno lui e Linda avevano fatto sesso, e lei l'aveva sommerso di regali, tra i quali un completo da tennis nuovo.

Si disse sorpreso che ci fossero tracce del suo sperma sugli indumenti intimi indossati da Linda la sera dell'omicidio, perché l'ultima volta erano stati insieme il giorno prima. Non si capacitava che la ragazza avesse portato biancheria sporca per due giorni di fila.

Ammise che Linda esercitava su di lui un'attrazione sessuale irresistibile, che la sua semplice presenza lo accecava. Non era mai riuscito a vincere quella tentazione. "Quando c'era lei non ero forte, anzi" disse. Sapeva di "dover fare tutto il possibile per starle lontano".

Nel periodo in cui la ragazza era morta, Mayfield stava cercando di salvare il suo matrimonio; Linda "veniva per seconda". Lui era deciso a rimettere insieme i cocci della sua vita e a "piantarla di vedere Linda". Cosa che, se avessero continuato a frequentarsi, sarebbe stata inevitabile. La sua carriera da bibliotecario era andata in fumo. Oltre al lavoro, per colpa di Linda aveva perso anche la casa sul lago e rischiato di perdere sua moglie. E lui "non intendeva distruggere il [suo] matrimonio per Linda". Aveva giurato a Elfreide che con lei era finita. Se Elfreide avesse scoperto cos'era successo il giorno del suo compleanno a casa di Paula, sarebbe stata la fine del loro matrimonio.

Linda, però, non era disposta a chiudere. Voleva che la storia continuasse anche dopo il compleanno di Jim. "Non era contenta" che lui avesse deciso di tornare da Elfreide. La sera dell'omicidio si era presentata a casa di lui con la chiara intenzione di passare del tempo insieme. Quel giorno era già successo quattro volte. Mayfield doveva smettere di vederla. Sapeva di dover mettere fine alla loro relazione, in un modo o nell'altro.

Ammise di aver esclamato con rabbia, mentre all'indomani dell'omicidio lui e Ann White sostavano nel parcheggio dell'Embarcadero, che Linda gli aveva "rovinato la carriera". Nel corso dei processi contro Kerry l'aveva sempre negato. Confessò che poteva aver parlato a Olene Harned dei suoi timori che Linda fosse decisa a seguirlo a Houston. Anche questo, in aula, l'aveva negato.

Con queste ammissioni finì, forse inconsapevolmente, per chiarire i moventi dell'omicidio di Linda. Doveva troncare il rapporto con lei per difendere ciò a cui teneva più di ogni altra cosa, ovvero il matrimonio con Elfreide. Linda, oltretutto, aveva compromesso il ménage familiare e lavorativo a cui Mayfield aveva sempre ambito e che lo faceva sentire realizzato. Lui sapeva che non avrebbe avuto la forza di volontà necessaria per superare la dipendenza sessuale da lei, e che se la ragazza lo avesse seguito a Houston sarebbe stata una volta di più la sua rovina. L'aveva detto anche a Olene Harned alcuni giorni prima dell'omicidio: "Se lo fa, non mi sbarazzerò mai di lei". La relazione, in un modo o nell'altro, andava troncata. Chi conosceva bene Mayfield era convinto che il lato iracondo del suo carattere avesse prevalso, e che lui, in preda alla rabbia cieca, fosse crollato, distruggendo le parti di Linda che avevano distrutto lui.

Durante l'interrogatorio, Mayfield ammise anche per la prima volta che tra lui e il professor Mears c'era stato un dialogo riguardo al libro *The Sexual Criminal*, quello con le immagini di mutilazioni femminili. Nelle deposizioni preprocessuali aveva sempre negato di conoscerne l'esistenza, e ciò aveva consentito ai giudici, prima Tunnell e poi Jones, di impedire a Paul Nugent di mostrarlo alla giuria e di interrogare Mayfield al riguardo.

Mayfield sosteneva di non aver mai più visto Paula né parlato con lei dopo l'omicidio di Linda, e di non averla mai cercata per sapere come stesse. Quando Udashen gli domandò se fosse stato al corrente che Paula diceva di aver visto lui quella sera, rispose di sì. Curiosamente, nell'interrogatorio non disse mai che Paula si era sbagliata. Come sempre, dichiarò che il 9 giugno 1977 lui era a casa insieme a Elfreide e Louella. Non era mai uscito. Seduta accanto all'uomo che da sessantadue anni era suo marito, Elfreide intervenne: "Quella sera lui era a casa con me, ne sarò sicura finché campo".

Siccome Jack Skeen era diventato giudice della contea di Smith, fu chiamato a valutare l'istanza di *habeas corpus* un magistrato esterno, il giudice Jack Carter di Texarkana. L'udienza era fissata per lunedì 6 giugno. Nel frattempo, dietro le quinte, Udashen e Bingham negoziavano un accordo. David Dobbs, in pensione ormai da tempo, aiutò Bingham nelle trattative. Lui e Skeen volevano evitare a ogni costo un'udienza pubblica che li avrebbe esposti a un controinterrogatorio umiliante. Kerry, invece, mirava a un processo con tutti i crismi, al capovolgimento della sentenza, alla piena assoluzione.

Il giorno dell'udienza le parti trovarono un compromesso. Poiché in base al suo recente interrogatorio era chiaro che Jim Mayfield aveva dichiarato il falso durante il secondo e il terzo processo, il procuratore distrettuale acconsentì di raccomandare al giudice Carter di annullare la condanna per omicidio. Al tempo stesso, però, raccomandava di non dichiararlo innocente. Per sciogliere quest'ultimo nodo, anziché impegnarsi in un processo con testimoni, le parti avrebbero esposto le proprie tesi a Carter come se si fosse trattato delle loro arringhe finali. La difesa sosteneva l'innocenza dell'imputato, l'accusa lo considerava colpevole. Carter accettò di procedere su queste basi.

L'unico che si opponeva all'accordo era Kerry. Il compromesso garantiva il tanto ambito e clamoroso annullamento della condanna, ma lui protestò con veemenza che non gli bastava. Voleva un processo vero, pubblico, con prove e testimoni, che oltre a dimostrare la sua innocenza inchiodasse Dobbs e Skeen alle loro responsabilità per la sofferenza fisica e psicologica che gli era toccato subire da quando avevano preso in mano il caso.

Tuttavia, alla vigilia dell'udienza, dopo una lunga e accorata discussione, Kerry si arrese e con estrema riluttanza accettò l'accordo. Un paio di giorni dopo, però, frustrato dal fatto che la questione si fosse chiusa senza udienze pubbliche, lasciò tutti a bocca aperta e, senza preavviso, licenziò il suo team difensivo. Per fortuna Mark Bennett, un celebre avvocato di Houston che non aveva mai avuto a che fare con il caso, colmò il vuoto a una sola condizione. Dedicarsi a rescindere l'accordo era impossibile, per ragioni di tempo: aveva a disposizione soltanto tre settimane per mettere a punto la sua arringa a favore dell'innocenza di Kerry.

Il 1° luglio si tenne la discussione finale. L'accusa rigurgitò le prove già presentate durante i tre processi precedenti. Bennett si concentrò sui numerosissimi casi di negligenza che avevano prodotto le false accuse contro Kerry, e sostenne che il colpevole era Mayfield. Il 25 luglio il giudice Carter espresse il proprio parere alla Corte d'appello del Texas. Raccomandò, come stabilito, di ribaltare la sentenza di condanna per omicidio inflitta a Kerry, ma anche di respingere la sua richiesta di piena assoluzione. Sottolineò che per concederla, la CCA avrebbe dovuto disporre di nuovi elementi probatori che fossero "incontestabili" e di solidità "erculea".

Ammetteva che le prove basate sul DNA andavano a discolpa di Cook, ma precisava che per stabilire che Mayfield le aveva lasciate sugli slip di Linda la sera dell'omicidio una giuria avrebbe dovuto "fare una deduzione". Pertanto, concludeva che il DNA non accertava "incontestabilmente" né l'innocenza di Cook, né la colpevolezza di Mayfield. Viceversa, la difesa sosteneva che fosse una deduzione facile da fare.

Per credere che l'ultimo rapporto sessuale tra Linda e Mayfield risalisse non alla sera dell'omicidio ma, come sosteneva Mayfield, a un giorno e mezzo prima, la giuria avrebbe dovuto presupporre che Linda avesse indossato gli stessi slip sporchi per trentasei ore consecutive: dal pranzo di mercoledì 8 giugno, quando Mayfield aveva ammesso che c'era stato un rapporto sessuale a casa di Paula, fino alle prime ore del 10, poco dopo mezzanotte, quand'era stata uccisa. Quel mercoledì sera, Linda aveva seguito una lezione di pittura durata alcune ore; era tornata a casa e aveva dormito in camera sua; l'indomani si era cambiata, era andata a trovare Mayfield in ufficio e aveva pranzato con lui; all'una e mezza si era presentata a un colloquio presso una banca locale; poi aveva giocato a tennis con Mayfield. Diverse ore dopo, era andata in auto a casa di lui, sul lago Palestine, per discutere della loro relazione. Non era forse ragionevole pensare che, considerati i fatti, qualsiasi gruppo di giurati avrebbe presupposto che a un certo punto di quel giorno e mezzo – dopo il rapporto sessuale del mercoledì con Mayfield, cambiandosi d'abito per il colloquio, dopo la partita di tennis in un pomeriggio caldo e la successiva doccia, o prima di prendere l'auto e, non certo in tenuta da tennis, piombare a casa Mayfield sul lago Palestine – Linda si era infilata un paio di slip puliti? Eppure, per qualche motivo, il giudice Carter non la vedeva così.

Ad agosto del 2016 Carter inoltrò le sue raccomandazioni alla CCA. Dopo otto anni, nel corso di una battaglia contro la giustizia che ne era durati quarantasette, Kerry Max Cook era ancora in attesa di una decisione della corte. Non riusciva a non ricordare che negli anni Ottanta la CCA aveva impiegato otto anni per respingere il suo primo ricorso. Non è dato sapere perché la corte affrontasse con tale lassismo il suo caso. Tuttavia, con ogni fibra di se stesso, Kerry si ostinava a credere che un giorno o l'altro i magistrati avrebbero fatto la scelta giusta. Quel giorno arrivò senza preavviso, come un fulmine dal cielo.

Le scritture dicono che "se avrete fede e non dubiterete, se direte a questo monte: 'Levati e gettati nel mare', ciò avverrà". Il lungo, lunghissimo viaggio della giustizia si concluse il 19 giugno 2024, quando con motivazioni dettagliate e pungenti il giudice Bert Richardson della CCA gettò nel mare la montagna delle ingiustizie subite da Kerry: "Il caso in questione è afflitto da una quantità di negligenze da parte dell'accusa tale da rendere nulla la condanna inflitta al ricorrente. E per quanto riguarda le solide prove a favore della sua piena innocenza, ci sono tutte: una palese violazione del principio stabilito nella sentenza Brady, dimostrazioni che è stata resa falsa testimonianza, ammissioni di spergiuro e nuovi elementi probatori scientifici".

E così la CCA ha dato a Kerry ciò che il suo cuore ha desiderato ardentemente in tutti quegli interminabili anni perduti: la pura, immacolata assoluzione. Il sogno di essere dichiarato innocente dalla più alta corte del Texas si è avverato. Adesso il mondo sa ciò che lui ha sempre saputo, la *verità*: che le forze dell'ordine e la magistratura della contea di Smith l'avevano incastrato. Quant'è dolce il riscatto!

“Il fuoco non mente”

John Grisham

Nel 1976 la Corte suprema degli Stati Uniti annullò una moratoria della pena di morte che durava da quattro anni, e i trentacinque Stati che la praticavano ricominciarono a darsi da fare. Da allora 1572 uomini e 15 donne sono stati giustiziati con il gas, l’iniezione letale e la sedia elettrica, uno con l’impiccagione e uno da un plotone d’esecuzione. Il Texas si colloca orgogliosamente in cima alla classifica, con 586 uccisioni. L’Oklahoma è in seconda posizione, con 123, seguito dalla Virginia con 113, un numero che difficilmente cambierà, visto che lo Stato ha bandito la pena capitale.

A oggi il Death Penalty Information Center cita venti esecuzioni, la metà delle quali sono avvenute in Texas, di uomini che “probabilmente” erano innocenti. Questa cifra non può essere confermata perché non esistono prove chiare, biologiche (come il DNA) della loro innocenza, e per ovvie ragioni i tribunali tendono a disinteressarsi di un caso dopo che l’accusato è morto.

I giornalisti e gli attivisti no. Nel campo della giustizia penale, poche cose amareggiano più dell’idea che un innocente sia stato giustiziato. Riguardo ai venti che secondo il Death Penalty Information Center potevano essere scagionati da “prove concrete” di innocenza si è scritto tanto.

Un caso, però, ha attirato molto più interesse degli altri. Com’era prevedibile, accadde in Texas. Stranamente, però, è l’unico caso in cui l’arma del delitto fu un incendio.

Nel 2004 Cameron Todd Willingham fu mandato a morire per un crimine inesistente.

Todd, come si faceva chiamare, era nato nel 1968 ad Ardmore, in Oklahoma. Morì a trentasei anni a Huntsville, in Texas, legato a una barella nella stanza delle esecuzioni più affollata del mondo. Aveva trascorso gli ultimi dodici anni di vita nel braccio della morte, senza mai smettere di proclamarsi innocente.

Todd ebbe un'infanzia difficile. I suoi genitori si separarono quando era piccolo e suo padre si risposò con una donna che lui considerò sempre sua madre. Lasciò la scuola in seconda superiore e si diede alla piccola delinquenza: droga, alcol, risse, furtarelli. Gli piacevano l'heavy metal, il sesso occasionale, la birra, il whisky, i locali notturni, le bettole. Aveva anche una passione per le auto sportive, cominciava a cavarsela come meccanico, ma non aveva ancora un posto di lavoro fisso. A vent'anni, in un bar di Corsicana, Texas, ventiquattromila abitanti, conobbe Stacy Kuykendall. L'infanzia di Stacy era stata più turbolenta della sua.

I due andarono a convivere in un piccolo appartamento in affitto in una zona operaia di Corsicana, un'ora a sudest di Dallas. Il loro rapporto era altalenante e spesso violento. Todd beveva troppo, passava troppo tempo nei locali e andava dietro ad altre donne. Litigavano, e più di una volta lui la picchiò. Stacy se ne andava, poi tornava a vivere con Todd. Lui se ne andava, poi sistemavano le cose. La loro vita si assestò quando nacque Amber. Todd e Stacy presero sul serio il ruolo di genitori e si dedicarono interamente alla bambina. Poco tempo dopo arrivarono anche le gemelle Kameron e Karmen. Con tre bambine piccole da accudire, Todd decise che era arrivato il momento di crescere. Lui e Stacy si sposarono ad Ardmore nel 1991.

Entrambi faticavano a trovare un posto fisso. Todd faceva lavoretti saltuari nel settore edilizio e come meccanico, Stacy dava una mano nel bar del fratello. La famiglia era indigente, spesso al verde, guadagnava il minimo necessario per sopravvivere. A dicembre del 1991 Todd e Stacy erano già in ritardo di due mesi sul pagamento dell'affitto, e con altre spese in arrivo. Lui era stato di nuovo licenziato. Il Natale era vicino e la famiglia era quasi senza soldi.

Domenica 22 dicembre la matrigna di Todd, Eugenia, lo chiamò per parlargli. Lei e il padre di Todd, che vivevano in Oklahoma, avevano intenzione di andare a trovarli entro un paio di giorni per vedere le bambine. Todd era di ottimo umore, pronto per le vacanze e felice di godersi le piccole. Era contento perché lui e Stacy avevano portato le bimbe al centro commerciale per fare delle foto di famiglia, e non vedeva l'ora di mostrarle ai nonni.

Il mattino seguente Stacy uscì presto per andare a comprare i regali di Natale al negozio dell'Esercito della salvezza. Todd rimase con le tre bambine. Diede il biberon alle gemelle, che si addormentarono nel solito posto, un angolo sul pavimento della cameretta. Anche Amber sonnecchiava già. Todd si stese sul suo letto e si assopì. Verso le dieci fu svegliato da Amber che urlava: "Papà! Papà!". Si drizzò a sedere e sentì immediatamente un forte odore di fumo. La casa stava bruciando. Balzò giù dal letto e mentre si infilava i pantaloni gridò: "Amber, esci subito di casa! Esci subito!". Non riusciva a vederla e lei non rispose. Tenendosi basso per evitare il fumo, Todd si diresse verso la camera delle bambine, ma non riuscì a scorgere altro che una nuvola nera. Sentiva scoppiare le prese e gli interruttori della corrente. Arrivato alla porta della cameretta cercò di alzarsi, ma i suoi capelli presero fuoco. Il calore e il fumo erano così intensi che lo fecero indietreggiare. Riuscì a spegnere le fiamme che gli bruciavano i capelli, si mise a quattro zampe e strisciò nel buio. Quando si rese conto di essere sul punto di svenire, risalì faticosamente il corridoio verso la porta d'ingresso, boccheggiando in cerca d'aria. Quando si girò a guardare la casa rimase pietrificato. Era invasa dal fumo.

Una vicina, Diane Barbee, se ne accorse e si precipitò in giardino. Todd le gridò di chiamare i vigili del fuoco, poi trovò un bastone e sfondò una delle finestre della camera delle bambine. Dal vetro uscirono lingue di fuoco. Todd sfondò un'altra finestra, dalla quale divamparono altre fiamme. In seguito un vicino disse alla polizia che Todd gridava: "Le mie bambine! Le mie bambine!". Mentre il calore si faceva più intenso, tutte e cinque le finestre della cameretta esplosero "sputando fiamme", come disse Diane Barbee. Accorse la prima squadra di vigili del fuoco, che circondarono l'area con le pompe e gli idranti. Nella confusione arrivarono altri vicini, che rimasero sbigottiti quando si resero conto che le bambine erano ancora dentro.

Todd era isterico. Un cappellano della polizia, George Monaghan, lo prese e lo accompagnò dietro un'autopompa nel tentativo di calmarlo. Singhiozzava: "Mia figlia ha cercato di svegliarmi per avvisarmi! Non sono riuscito a prendere le bambine!".

Quando un vigile del fuoco uscì dalla casa cullando il corpo inerte di Amber, Todd gli corse incontro, poi si diresse verso la camera delle bambine mentre l'incendio divampava ancora dalle finestre. Un altro vigile del fuoco lo afferrò e con l'aiuto di Monaghan riuscì a trattenerlo. Todd era alto uno e ottanta, era robusto e non aveva mai temuto il contatto fisico, perciò ci vollero molti uomini per fermarlo. Monaghan si prese un pugno in un occhio. Un pompiere commentò: "Personalmente, con un incendio del genere penso che sarebbe stato folle per chiunque cercare di entrare in casa".

Todd fu portato in ospedale, dove gli medicarono alcune abrasioni e ustioni lievi. Mentre era là gli comunicarono che Amber era morta soffocata dal fumo. I corpi carbonizzati di Kameron e Karmen erano stati ritrovati sul pavimento della loro stanza.

La notizia della tragedia scosse Corsicana e scatenò un'ondata di affetto e sostegno. Partì subito una colletta per pagare i funerali, durante i quali si radunò una grande folla commossa. Todd e Stacy si fecero forza a vicenda e riuscirono ad affrontare quell'incubo senza crollare.

Quattro giorni dopo l'incendio arrivarono gli investigatori a esaminare i danni e stabilirne le cause. Todd li autorizzò a fare il loro lavoro: "So che forse la risposta non l'avremo mai, ma vorrei proprio sapere che cosa mi ha portato via le mie bambine". La casetta di assi bianche era sventrata, ma ancora in piedi. Metà dell'esterno era carbonizzato e annerito.

Douglas Fogg era il vicecomandante dei pompieri di Corsicana e ben presto si unì a lui anche Manuel Vasquez, del Comando statale dei vigili del fuoco. Vasquez era praticamente una leggenda nel settore delle investigazioni sugli incendi, e dichiarava di averne indagati tra i 1200 e i 1500 senza mai fallire. Una volta, sotto giuramento, gli chiesero se fosse mai arrivato alla conclusione sbagliata riguardo alle cause di un incendio. Lui rispose: "Se è successo, signore, non ne sono a conoscenza. O non mi è mai stato fatto notare". Era pittoresco, presuntuoso, e si divertiva a pronunciare massime come "Il fuoco non distrugge le prove: le crea", "Il fuoco non mente" o ancora "Il fuoco racconta la storia. Io sono solo l'interprete", "Mi limito a raccogliere informazioni. Non ho nessun obiettivo. Non ho pregiudizi".

Tuttavia, aveva attribuito un'origine dolosa all'80 per cento degli incendi esaminati durante la sua lunga carriera: una proporzione incredibile. La media nazionale era di circa il 50 per cento.

Né Fogg né Vasquez erano laureati. Nessuno dei due aveva una formazione scientifica. In Texas, come in molti altri Stati, chiunque poteva diventare un esperto in incendi dolosi seguendo un corso di quaranta ore, superando un esame e ottenendo un attestato.

Entrambi avevano imparato il mestiere sul campo, limitandosi ad assimilare le tecniche investigative collaudate dai loro predecessori.

Fogg e Vasquez cominciarono le indagini ispezionando l'esterno della casa, prendendo appunti e scattando fotografie. Poi passarono all'interno ed entrarono nella cucina, che rivelava soltanto danni da fumo e calore: segno che il fuoco non aveva avuto origine lì. Anche nella camera matrimoniale, dov'era stato trovato il corpo di Amber, trovarono solo danni da fumo e calore. In un corridoio stretto notarono le pareti annerite alla base. A mano a mano che il calore aumenta, le fiamme divampano verso l'alto, mentre quell'incendio sembrava essere rimasto in basso, vicino al pavimento.

Quello fu il primo elemento sospetto.

Il secondo era nella stanza delle bambine, sul cui pavimento i due uomini notarono "pattern di versamento" o "configurazioni a pozzanghera", ossia segni di bruciatura riconducibili al versamento di una sostanza accelerante come benzina, combustibile per accendini, diluente e via dicendo. Fu il primo indizio che suggerì a Fogg e Vasquez la presenza di un accelerante. Poi notarono che le molle dei materassi bruciati erano diventate bianche, segno che dal pavimento si era alzato un calore intenso.

La maggior parte degli incendi domestici causa la rottura dei vetri di porte, finestre, piatti. Da decenni gli investigatori si basavano su una reazione nota come "fessurazione", la comparsa di una crepa simile a una ragnatela sui vetri danneggiati. Si riteneva che il vetro fessurato fosse tra i principali indicatori che un incendio era divampato con particolare intensità. Si credeva anche che gli acceleranti producessero fiamme più calde rispetto a un cavo elettrico o alla legna. Soltanto un incendio molto caldo poteva aver ridotto i vetri in quel modo.

L'incendio aveva lasciato anche una specie di "scia" che Fogg e Vasquez seguirono dalla cameretta lungo il corridoio e oltre la porta d'ingresso, sotto la cui soglia di alluminio furono sorpresi di trovare legno bruciato. La veranda anteriore aveva il pavimento in cemento, sul quale notarono macchie marroni che attribuirono a un accelerante. Esaminando i pattern delle bruciature, i tecnici collocarono il punto d'origine dell'incendio in tre spazi distinti: la camera delle bambine, il corridoio e la porta d'ingresso.

Per chi si occupa di questo tipo di indagini, punti di origine diversi significano solo una cosa: che l'incendio è stato appiccato intenzionalmente. Ancora una volta, il leggendario segugio Vasquez aveva trovato quello che cercava: un incendio doloso. Qualcuno aveva versato acceleranti nella camera delle bambine e lungo il corridoio fino alla porta d'ingresso per creare una barriera, in modo che le piccole non potessero scappare.

Fogg e Vasquez inviarono campioni di oggetti e materiali bruciati a un laboratorio incaricato di individuare la presenza di un accelerante. Nel campione prelevato dalla soglia della porta, un chimico trovò sostanze riconducibili al combustibile per accendini.

Caso risolto. Triplice omicidio. E Todd era l'unico sospettato. Le autorità non esitarono ad accusarlo di quello che è forse il crimine più atroce che si possa immaginare: aver bruciato vive le sue bambine.

La polizia, in cerca di testimoni, parlò con i vicini chiarendo sin dall'inizio che Todd era sospettato di aver appiccato l'incendio. Un delitto così mostruoso e scioccante che la gente ci credette subito. La solidarietà mostrata pochi giorni prima si trasformò rapidamente in disgusto.

Le persone che erano state testimoni dell'incendio e avevano fornito racconti dettagliati e persino commoventi dei tentativi di Todd di salvare le bambine cominciavano a ripensarci. Forse non ci aveva provato abbastanza. Forse stava solo recitando. Persino padre Monaghan, il cappellano che si era ritrovato con un occhio nero cercando di trattenere Todd, disse: "Le cose non erano come sembravano. Avevo la sensazione che in realtà Willingham avesse il completo controllo di sé".

Due settimane dopo l'incendio, gli investigatori chiesero a Todd di rendersi disponibile per una serie di domande di routine. Lui non aveva idea di essere un sospettato e nessuno gli lesse i suoi diritti. Todd accettò subito l'incontro e si presentò senza un avvocato. Raccontò la storia dell'incendio e descrisse con esattezza i suoi movimenti. Quando gli chiesero se avesse idea del punto di origine dell'incendio disse di no, ma aggiunse che probabilmente era nella camera delle bambine, perché là aveva visto le fiamme. Lui e Stacy usavano tre stufette elettriche per scaldare la casa, e una si trovava in cameretta. Era stata una mattinata fredda e Todd era sicuro che le stufe fossero accese.

Vasquez gli chiese se prima di scappare dalla casa avesse infilato le scarpe.

Lui disse di no.

Quello fu il fattore decisivo. Todd aveva ucciso le bambine, Vasquez ne era certo. Se il pavimento fosse stato cosparso di accelerante, Todd non sarebbe potuto scappare senza ustionarsi. L'esame medico di quel giorno rivelò che non aveva ferite sulle piante dei piedi.

Todd ribadì che le fiamme erano vicino al soffitto e non sul pavimento, ma Vasquez non gli credette. In seguito avrebbe testimoniato che, secondo lui, Todd aveva appiccato il fuoco mentre indietreggiava verso la porta d'ingresso.

Un delitto sensazionale richiedeva un arresto sensazionale. Un uomo sospettato di aver ucciso le sue figliolette non poteva essere semplicemente prelevato da casa da un paio di poliziotti. Una sera, tre settimane dopo l'incendio, mentre Todd e Stacy viaggiavano in auto, sbucarono dal nulla alcune squadre di agenti dell'unità SWAT armati fino ai denti e li costrinsero ad accostare. Circondarono la loro macchina con le pistole cariche e il dito sul grilletto. Disarmato, Todd si arrese senza farsi sparare. Stacy, disarmata anche lei, era terrorizzata.

E sconcertata. Successivamente disse alla polizia che sì, lei e Todd avevano avuto i loro dissidi e lui l'aveva anche picchiata, ma non aveva mai sfiorato le bambine. Le figlie li avevano uniti: "Le nostre bimbe erano viziatissime".

Todd fu incarcerato e accusato di tre omicidi punibili con la pena capitale. Quanto al movente, sulle prime la polizia non ebbe molto da dire. Esisteva un'assicurazione sulla vita delle piccole che ammontava a 15.000 dollari, ma l'aveva sottoscritta il nonno di Stacy e il beneficiario era lui. Ben presto, tuttavia, le autorità cominciarono a tenere sotto controllo la versione ufficiale degli eventi e a screditare ogni possibile accenno alla presunzione di innocenza. In un'intervista informale a un giornale di Dallas, il sostituto procuratore distrettuale John Jackson definì Todd "un individuo completamente sociopatico".

Dal momento che era indigente, a Todd furono assegnati due avvocati d'ufficio, entrambi convinti della sua colpevolezza. Ne erano convinti tutti, tanto che il processo avrebbe dovuto essere trasferito in un luogo neutrale, lontano da Corsicana. Invece non fu così, e otto mesi dopo l'incendio le udienze presero il via nel tribunale locale.

Stacy, sicura che Todd non avrebbe mai fatto del male alle bambine, gli restò accanto.

Benché i suoi familiari la pensassero diversamente, vollero evitare lo spettacolo del processo. Parlarono con i pubblici ministeri, che accettarono di proporre a Todd un accordo inaspettato: l'ammissione di colpevolezza in cambio dell'ergastolo.

Gli avvocati di Todd erano entusiasti: lo consideravano colpevole e sapevano che qualunque giurato preso a caso dalle strade di Corsicana lo avrebbe dichiarato tale e condannato a morte. Uno dei legali, David Martin, affermò: "Le prove indicano che è colpevole al cento per cento. Ha cosparso la casa di accelerante e ha messo del combustibile per accendini sotto il letto delle bambine".

Era questo il sentimento comune verso il sospettato.

I suoi avvocati gli consigliarono di accettare l'accordo, ma Todd rifiutò: "Non confesserò una cosa che non ho fatto, men che meno di aver ucciso le mie figlie".

Gli avvocati difensori avrebbero preferito evitare che il processo si tenesse nella contea di Navarro, e chiesero alla corte un cambio di sede. Durante l'udienza in merito presentarono le dichiarazioni sediziose rilasciate ai giornalisti dagli inquirenti. Mostrarono il video di un pubblico ministero che, chiacchierando con la stampa riguardo al possibile movente degli omicidi, ipotizzava: "Le bambine interferivano con il debole di Todd per la birra e le freccette".

Il giudice respinse la richiesta di cambiare sede processuale.

Considerato che era in gioco una condanna a morte fu un processo veloce, persino rispetto agli standard del Texas. Il primo testimone per l'accusa fu, a sorpresa, un certo Johnny Webb. È difficile che in un procedimento per reati punibili con la pena capitale non salti fuori la falsa testimonianza di almeno un carcerato-spia, e quello di Todd non fece eccezione. Webb aveva precedenti per furto d'auto, spaccio di droga, contraffazione e rapina. Era in carcere con l'accusa di aver rapinato una donna minacciandola con un coltello. Ammise di fare uso di stupefacenti dall'età di nove anni e sostenne di essere rimasto traumatizzato dopo aver subito uno stupro in prigione, nel 1988. Era un criminale incallito, molto esperto nell'arte di fare la spia, e temeva di dover trascorrere un altro lungo periodo di detenzione.

Per puro caso si trovava in carcere quando Todd fu arrestato, e un giorno ebbe una breve conversazione con lui. Lo scambio fu notato dallo sceriffo, che avvicinò Webb per chiedergli di che cosa avessero discusso e suggerirgli di parlare di nuovo con Todd dell'incendio; magari gli sarebbe sfuggito qualcosa che poteva inchiodarlo. Lo sceriffo disse di Webb a John Jackson, il pubblico ministero che si occupava del caso. Jackson convocò Webb per parlare dell'incendio; convinto che Todd avesse ucciso le figlie, mostrò al detenuto alcune fotografie delle bambine morte, immagini che lui non avrebbe mai dimenticato. Fu soltanto il primo di diversi colloqui simili. Alla fine Webb chiese che genere di "accordo" volessero proporgli. Jackson promise di far cadere l'accusa di rapina, prima o poi.

Webb diede alla giuria questa versione: poco tempo dopo l'arrivo di Todd in prigione si era trovato a passare davanti alla sua cella proprio nel momento in cui, strano ma vero, Todd voleva parlare del crimine commesso. Bisbigliando attraverso la stretta fessura per il cibo nella porta della cella, Todd era crollato e aveva confessato a Webb, un perfetto sconosciuto, di aver deliberatamente appiccato il fuoco spruzzando combustibile per accendini sulle pareti e sui pavimenti della casa. La presunta confessione era avvenuta vicino a un microfono interno che consentiva alle guardie di ascoltare i detenuti.

Webb si prese la briga di aggiungere dettagli inventati e testimoniò che Todd gli aveva anche rivelato il movente: aveva appiccato l'incendio per coprire gli abusi di Stacy, che picchiava le bambine e ne aveva persino ferita una.

I corpi delle bambine furono sottoposti ad autopsia. Erano morte per soffocamento da fumo. Non riportavano segni di traumi o lesioni.

Prima della testimonianza di Webb nessuno aveva mai accennato a presunte violenze di Stacy o Todd contro le piccole.

Dulcis in fundo, Webb assicurò ai giurati che il pubblico ministero non gli aveva promesso un trattamento di favore.

In seguito venne fuori che il pubblico ministero Jackson aveva detto di non considerare Webb un testimone affidabile. Davvero? E allora perché l'aveva fatto deporre per primo per l'accusa in un processo così clamoroso? Perché affidarsi a un testimone inattendibile nella smania di condannare un uomo per il crimine più atroce che si possa concepire?

Poi l'accusa chiamò al banco dei testimoni numerosi vicini di casa di Todd. Al momento dell'incendio tutti l'avevano descritto come un padre disperato che gridava aiuto e sfondava le finestre cercando di rientrare nell'abitazione in fiamme per salvare le figlie. Ma questo avveniva prima che gli inquirenti cominciassero a parlare di "incendio doloso". A distanza di otto mesi, testimoniando per l'accusa, i vicini descrissero un Todd calmo e indifferente nel mezzo della tragedia, aggiungendo che forse stava recitando ed era perfettamente padrone di sé.

Il testimone chiave della pubblica accusa era Manuel Vasquez, un veterano delle aule giudiziarie. Fece un resoconto dettagliato dei venti indicatori tipici di un incendio doloso e spiegò alla giuria come aveva svolto la sua minuziosa perizia. Si dichiarò convinto che Todd Willingham avesse deliberatamente appiccato l'incendio con l'intento di uccidere le figlie.

In quanto avvocati d'ufficio, i difensori di Todd disponevano di un budget ridotto. L'unico perito che poterono permettersi concordava con l'accusa. Todd insistette per testimoniare, ma gli avvocati temevano che fosse controproducente e non interrogarono né lui né Stacy. Rassegnati a perdere, convocarono una sola teste, una baby-sitter che disse di non credere che Todd avrebbe potuto uccidere le sue figlie.

Il processo durò appena due giorni. Dopo un'ora di discussione la giuria dichiarò Todd colpevole di omicidio punibile con la pena di morte. L'indomani, durante il dibattito per l'irrogazione della pena, Stacy e altri membri della famiglia furono chiamati a deporre nel tentativo di salvare la vita a Todd. Mentre Stacy era sul banco dei testimoni, il pubblico ministero le chiese il significato di un grosso tatuaggio sul bicipite sinistro del marito, il disegno di un teschio e un serpente.

"È un normale tatuaggio" rispose lei.

"Nel senso che è normale che a una persona piacciano teschi e serpenti. È questo che intende?"

"No. È solo... un tatuaggio che si è fatto."

Parte della strategia dell'accusa era descrivere Todd come un sociopatico. Per dimostrarlo, lo Stato chiamò due periti. Il primo, Tim Gregory, era laureato in psicologia ed esercitava nell'ambito della consulenza familiare. Il procuratore era in possesso di varie fotografie scampate alle fiamme. Due raffiguravano poster delle band Iron Maiden e Led Zeppelin. A Gregory fu chiesto di interpretare le immagini per la giuria. Secondo la sua opinione professionale, rappresentavano un'ossessione per la morte e la violenza. "Spesso gli individui che possiedono un gran numero di illustrazioni come queste hanno un interesse per attività di tipo satanico" dichiarò.

Il secondo perito era lo psichiatra forense James Grigson, il famigerato "Dottor Morte". In tutti i casi in cui era chiamato a testimoniare, il suo ruolo era convincere la giuria che l'imputato fosse un assassino irrecuperabile, che alla prima occasione avrebbe ucciso di nuovo; i giurati avevano dunque il dovere di fermarlo con la pena di morte. Definì quello di Todd "un gravissimo caso di sociopatia", incurabile. Tre anni dopo il processo a Todd, Grigson fu radiato dall'American Psychiatric Association – lo abbiamo raccontato parlando del caso Kerry Max Cook – per avere in più occasioni emesso una "diagnosi psichiatrica" senza aver nemmeno esaminato l'individuo in questione e per aver sostenuto, mentre testimoniava come perito a un processo, di poter prevedere con assoluta certezza che l'imputato si sarebbe dedicato a futuri atti violenti.

All'unanimità, la giuria condannò Todd a morte.

Todd fu incarcerato e cominciò la lunga attesa degli esiti dei ricorsi in appello. Supplicò i suoi avvocati di salvarlo: "Non potete immaginare che cosa vuol dire essere qui, in mezzo a gente con cui non ho niente a che fare". Non era un criminale e non doveva stare tra gli assassini. Litigò con i compagni di cella e finì nella "Segreta", un buco nero in cui venivano chiusi quelli che creavano problemi. In prigione chi fa del male ai minori viene trattato con disprezzo, e Todd reagiva quando lo chiamavano "assassino di bambine".

Con alcuni detenuti andava d'accordo, con altri per niente. Sapeva che non era il caso di affezionarsi troppo, considerato il ritmo delle esecuzioni capitali nel Texas di metà anni Novanta. Eppure era durissima vedere così tanti uomini fare il conto alla rovescia delle loro ultime ore e andarsene. Ogni esecuzione ricordava a chi rimaneva che prima o poi sarebbe toccato anche a lui.

Un detenuto con cui Todd andava particolarmente d'accordo era Ernest Ray Willis, uno dei pochi a essere convinto della sua innocenza. Al contrario di quanto si creda, la maggior parte dei condannati a morte non si proclama innocente. Molti sono orgogliosi dei loro crimini e godono nel vantarsene, soprattutto in prigione.

Il caso di Willis aveva incredibili analogie con quello di Todd. Anche lui era stato condannato per aver appiccato un incendio nella casa in cui stava dormendo. In un'altra stanza erano morte due donne e Willis era riuscito a scappare mentre il rogo inghiottiva l'edificio. Anche i suoi piedi non presentavano ustioni. I vicini pensavano che si fosse comportato in modo strano. Gli incaricati delle perizie avevano trovato tracce che facevano pensare allo spargimento di un accelerante e altri chiari segni di incendio doloso. Non esisteva un movente. Willis era incensurato. Gli inquirenti stabilirono che era un sociopatico e lo accusarono di duplice omicidio capitale. La giuria non perse tempo, lo dichiarò colpevole e lo condannò a morte.

Todd era sconcertato da tutte quelle similitudini. Per puro caso Willis aveva attirato l'attenzione di un prestigioso studio legale di New York, ottenendone la consulenza legale *pro bono*. Gli avvocati newyorkesi, convinti della sua innocenza, stavano spendendo una fortuna in periti e investigatori.

Todd doveva accontentarsi dei suoi legali. Con i genitori si lamentò spesso del fardello di essere rappresentato da avvocati che lo consideravano colpevole.

A prescindere dall'insufficienza di prove concrete o dall'andamento del processo, capitava raramente che la Corte d'appello del Texas ribaltasse una sentenza, e a marzo del 1995 confermò all'unanimità la condanna a morte di Todd. Non riscontrò vizi procedurali e dichiarò fondata la decisione con cui era stato negato il cambio di sede processuale. Il verdetto spinse Todd un po' più vicino all'esecuzione. Lui riuscì a procurarsi un altro avvocato, Walter Reaves di Waco, e fu felicissimo quando capì che il legale nutriva seri dubbi sulla sua condanna. Reaves depositò alla Corte statale diverse istanze di *habeas corpus* che furono tutte respinte. Nel 2001 e nel 2002 le presentò al tribunale federale, con lo stesso esito. Fece ricorso alla Corte suprema, che a dicembre del 2003, dodici anni dopo il rogo, si rifiutò di esaminare il caso. La data dell'esecuzione venne fissata per il 17 febbraio 2004.

Il 3 febbraio 2004 Walter Reaves chiese la sospensione temporanea dell'esecuzione alla Commissione per la libertà condizionale e all'ufficio del governatore. Dieci giorni dopo, inviò a entrambe le sedi la deposizione giurata di un esperto che confutava le basi scientifiche della perizia originale sul rogo. L'autore era il dottor Gerald Hurst, un famoso esperto di incendi che viveva a Austin, in Texas.

La richiesta di rinvio fu respinta sia dalla commissione, sia dal governatore.

Il dottor Gerald Hurst era un chimico talentuoso, cresciuto in povertà in Oklahoma durante la Grande Depressione. Da piccolo costruiva radio con rottami, cavi elettrici e ferraglia di scarto. Un insegnante riconobbe il suo talento e riuscì a farlo laureare. Hurst ottenne un dottorato in chimica a Cambridge e cominciò a lavorare per aziende belliche specializzate in armi segrete. Progettò bombe e altri esplosivi e depositò brevetti redditizi. A un certo punto si stancò di costruire armi letali e si mise a lavorare per alcune compagnie assicurative come perito specializzato in incendi. In fatto di roghi ed esplosivi era competente come pochi, e ben presto divenne uno dei maggiori esperti del settore.

Si interessò al diritto penale, e quando cominciò a studiare gli incendi dolosi rimase sconcertato dai metodi usati dagli investigatori statali e locali. Molti avevano soltanto il diploma e avevano affinato le proprie competenze lavorando sul campo, imparando da veterani, che a loro volta avevano imparato da altri veterani. A livello nazionale non esistevano standard condivisi applicabili alle perizie sugli incendi. Nel 1992 la National Fire Protection Association aveva pubblicato le sue prime linee guida, rimaste pressoché ignorate. La maggior parte degli investigatori nazionali e locali era convinta che l'esperienza e l'intuito fossero più efficaci dei nuovi criteri scientifici.

Verso la fine degli anni Novanta il dottor Hurst aveva cominciato a indagare su casi di incendi dolosi costati l'incriminazione e la condanna ai loro presunti responsabili. Grazie ai suoi vecchi brevetti continuava a guadagnare bene, e ciò gli permetteva di svolgere il suo lavoro senza l'assillo del denaro e con grande generosità. Quando venne a sapere di Todd, il suo ruolo era già stato essenziale nel proscioglimento di dieci persone innocenti.

Due settimane prima dell'esecuzione, mentre il tempo stringeva sempre più, Walter Reaves gli mandò il dossier di Todd. Hurst ne sparpagliò le pagine nel caotico seminterrato della sua casa di Austin e si mise al lavoro. Esaminando il voluminoso materiale, alcuni dettagli catturarono la sua attenzione. Il primo fu la dichiarazione con cui Manuel Vasquez affermava di aver indagato su un numero di incendi tra i 1200 e i 1500, scoprendo che erano dolosi nell'80 per cento dei casi. Era una proporzione altissima e, secondo Hurst, semplicemente inattendibile. Da decenni, infatti, gli esperti di tutto il paese riferivano un tasso di incendi dolosi pari al 50 per cento.

Poi c'era un'altra dichiarazione di Vasquez, che sosteneva

che il rogo, provocato da un liquido accelerante, si fosse sviluppato "veloce e caldissimo". Gli investigatori davano per scontato che i roghi appiccati con combustibili liquidi emettessero più calore di quelli originati da impianti elettrici, stufe, legna, tessuti o altri materiali. Era un presupposto incriminante, perché di solito generava il sospetto che qualcuno – il piromane – avesse versato o sparso benzina o un fluido combustibile e acceso un fiammifero. La teoria, però, era del tutto sbagliata. Numerosi esperimenti avevano dimostrato che i roghi originati dal legno e dalla benzina bruciano sostanzialmente alla stessa temperatura.

Hurst dubitò da subito di tutto quello che Fogg e Vasquez avevano affermato nella loro perizia. Per esempio i due sostenevano che a lasciare le macchie marroni nella veranda anteriore fosse stato l'accelerante liquido che non aveva avuto il tempo di penetrare nel cemento. La teoria era che Todd l'avesse spruzzato oltre la soglia di casa per impedire alle bambine di scappare. Il dottor Hurst sapeva che non era così. Le macchie marroni sui pavimenti erano comuni negli incendi, e raramente avevano a che fare con gli acceleranti.

Un altro esempio fu la teoria del "vetro fessurato", secondo cui l'incendio era stato così caldo e veloce da produrre particolari crepe sulle superfici vetrose. Hurst sapeva che le cose stavano in un altro modo perché aveva testato vari tipi di vetro scaldandoli con una fiamma ossidrica e raffreddandoli subito con dell'acqua. La trama a ragnatela che vi si formava era la stessa a prescindere da ciò che aveva causato l'incendio.

Il cosiddetto fenomeno del *flashover* si verifica quando uno spazio si surriscalda così tanto che, letteralmente, esplode. Fogg e Vasquez ipotizzarono, come la maggior parte dei segugi della vecchia scuola, che il *flashover* si verificasse molto più in fretta in caso di utilizzo di un accelerante. Ennesimo presupposto sbagliato. Durante un *flashover* il percorso seguito dal fuoco è condizionato dalla presenza di nuove fonti di ossigeno. Quando Todd era scappato dalla porta d'ingresso, il fuoco si era diretto da quella parte. Dopo che aveva sfondato le finestre, le fiamme erano divampate attraverso di esse. Secondo Fogg e Vasquez, Todd non avrebbe potuto percorrere il corridoio e uscire di casa senza ustionarsi i piedi nudi. Ma il corridoio non era ancora in fiamme, perché il *flashover* non lo aveva ancora raggiunto. Il fumo era impenetrabile, ma il fuoco era temporaneamente circoscritto alla camera delle bambine. Dopo un *flashover*, inoltre, è impossibile individuare tracce di acceleranti.

Il dottor Hurst fece un esperimento per ciascuna prova analizzata da Fogg e Vasquez. Quest'ultimo aveva girato un video della casa, che Hurst studiò. I suoi test dimostrarono che ognuna delle conclusioni originali era sbagliata. Hurst esaminò metodicamente l'elenco dei venti indicatori di incendio doloso individuati dai periti e li smontò a uno a uno. Non c'erano prove che il rogo fosse partito da vari punti. Dal momento che non era stato sulla scena, Hurst non poteva stabilirne la causa, ma senza dubbio non si trattava di un incendio doloso: a causarlo doveva essere stata una stufetta o un guasto all'impianto elettrico. Il che spiegava perché non fosse mai stato trovato un movente. Hurst scrisse subito la sua relazione. Cominciava così: "Alla luce delle attuali cognizioni nell'ambito dell'origine e della causa degli incendi, è legittimo chiederci come sia stato possibile commettere così tanti gravi errori nell'esame dei reperti". La inviò a Walter Reaves, che la inoltrò alla Commissione per la libertà condizionale nella speranza di ottenere una sospensione in extremis. La commissione la negò.

Walter Reaves fece di tutto per far arrivare la perizia di Hurst ai giudici statali e federali. La spedì anche al governatore Rick Perry, che la ricevette quattro giorni prima dell'esecuzione. L'avvocato sperava che Perry concedesse la sospensione per avere il tempo di leggere la relazione di Hurst.

Perry era un convinto e chiassoso sostenitore della pena di morte. Nei quattordici anni del suo mandato sarebbe intervenuto per sospendere soltanto una delle 234 esecuzioni previste. Nel 2001 aveva posto il veto a un disegno di legge per l'abolizione della condanna a morte dei detenuti con un quoziente intellettivo molto basso.

Gli assistenti del governatore comunicarono che Perry

aveva ricevuto la perizia di Hurst il 17 febbraio, giorno dell'esecuzione.

Reaves chiamò Todd e gli disse che la commissione aveva votato all'unanimità contro di lui.

Durante i suoi ultimi giorni di vita, Todd chiese a Stacy di poter essere seppellito accanto alle bambine. Lei disse di no. Mentre Todd era nel braccio della morte aveva chiesto il divorzio e si era risposata.

Pur cambiando spesso versione, Stacy dichiarò che a un certo punto, dopo aver creduto a Todd per molto tempo, aveva cominciato a dubitare di lui. Affermò di aver letto gli atti giudiziari e le perizie sull'incendio (non quella di Hurst) e di averne dedotto che Todd era colpevole. A un giornalista disse: "Mi ha portato via le mie bambine". Alcune settimane prima aveva riunito i suoi familiari e comunicato loro che Todd le aveva confessato di aver appiccato il fuoco volontariamente, con l'intento di uccidere le figlie. Dopo l'esecuzione negò tutto.

Il 17 febbraio Todd si incontrò con i genitori e alcuni parenti nella sala delle visite. Persino in quelle ultime ore gli fu proibito toccarli. Non poté abbracciare i genitori perché erano separati da un sottile pannello di plexiglas. In Texas la procedura era questa.

Alle quattro del pomeriggio consumò il suo ultimo pasto: costolette di maiale arrostite, gombo fritto, *enchiladas* di fagioli con formaggio, anelli di cipolla fritti e due fette di torta con crema al limone. Gli comunicarono che il governatore Perry aveva rifiutato la sua richiesta di sospensione. "Tra cinquantacinque minuti sarò un uomo libero. Tornerò a casa e vedrò le mie bambine" disse ai suoi genitori.

Quando fu il momento, i secondini lo accompagnarono nella stanza della morte e lo legarono con le cinghie di cuoio. I membri del team medico gli inserirono aghi collegati a tubicini in entrambe le braccia. Per quel compito c'erano molti volontari, ma nessuno voleva assumersene la piena responsabilità. I ruoli, perciò, erano suddivisi in modo che nessuno di loro potesse essere considerato l'unico responsabile dell'esecuzione.

Il direttore chiese a Todd se volesse dire qualcosa. Lui rispose: "L'unica dichiarazione che voglio fare è che sono un innocente condannato per un crimine che non ho commesso. Mi hanno perseguitato per dodici anni per qualcosa che non ho fatto. Polvere sono e polvere tornerò, e la Terra sarà il mio trono". Tra i presenti nella saletta degli spettatori fu sorpreso di vedere Stacy, e cominciò a insultarla. Il direttore spostò il microfono e azionò un telecomando. Nel braccio di Todd fu iniettato del tiopental sodico, un barbiturico, poi del bromuro di pancuronio, un miorilassante che paralizza il diaframma e interrompe la respirazione. Una terza sostanza, il cloruro di potassio, fu iniettata per fermare il cuore. Todd morì alle sei e venti.

Secondo le sue volontà fu cremato, e i suoi sparsero di nascosto le ceneri sulle tombe delle sue figlie.

L'esecuzione sollevò subito un acceso dibattito. Attivisti e avvocati impegnati contro la pena di morte criticarono aspramente le corti del Texas, e soprattutto il governatore Perry, per aver deliberatamente ignorato le conclusioni scientifiche del dottor Hurst e accorciato i tempi dell'esecuzione. Che fretta c'era? Todd era nel braccio della morte solo da dieci anni, non molti nel cavilloso mondo delle controversie che seguono una condanna.

I sostenitori della pena di morte, soprattutto i politici, si lamentano di continuo degli infiniti ricorsi e promettono di impegnarsi per rendere le esecuzioni più veloci. La verità è che spesso ci vogliono anni, persino decenni, per scovare le prove tenute nascoste dalla polizia e dai pubblici ministeri. La tragedia è che spesso quelle prove non vengono trovate in tempo.

Che cosa ne fu della perizia di Hurst finita nell'ufficio del governatore Perry? La versione ufficiale dice che fu letta e vagliata. Un'addetta del suo ufficio stampa dichiarò: "Come vuole la prassi, il governatore è stato aggiornato per tempo su tutti i dettagli del caso. È stato aggiornato su questa perizia quando il nostro ufficio l'ha ricevuta, nel tardo pomeriggio di quel giorno. Dopo che il documento

– lungo quattro pagine – è stato richiesto, ottenuto e visionato, il governatore ha convenuto con i giudici statali e federali che non era sufficiente a chiedere una sospensione dell'esecuzione".

I dubbi sull'indagine e sulle basi scientifiche su cui si fondava arrivarono ben presto sulle prime pagine dei giornali. Steve Mills e Maurice Possley, giornalisti del "Chicago Tribune", andarono a Corsicana a indagare. Chiesero anche la consulenza di famosi esperti di roghi e incendi dolosi, i quali concordarono nel dire che il lavoro svolto da Fogg e Vasquez era pieno di difetti. Il dottor Hurst, uno degli interpellati, dichiarò: "Un esperto del settore dotato di buonsenso non lo definirebbe mai e poi mai un incendio doloso. Fu un incendio, punto e basta".

Persino il Texas gli diede ragione. Edward Cheever, un vicecomandante dei vigili del fuoco dello Stato che aveva assistito Vasquez nelle indagini del 1992, ammise che "all'epoca dell'incendio di Corsicana ci basavamo su criteri che oggi non sono più considerati precisi. A quei tempi lo erano, oggi no. Hurst aveva ragione. Adesso sappiamo che certe supposizioni non stanno più in piedi".

Kendall Ryland era un comandante dei vigili del fuoco e aveva tenuto corsi su incendi e roghi alla Louisiana State University. Cercò di simulare in laboratorio le condizioni descritte da Fogg e Vasquez; accertato che l'esperimento non portava a nessun risultato, dichiarò a un giornalista: "Mi fa rabbia pensare che quell'uomo sia stato giustiziato sulla base di questa perizia. L'hanno giustiziato senza neanche stabilire su basi scientifiche se ha davvero appiccato il fuoco o se è stato un incidente".

Un anno dopo l'esecuzione di Todd, in risposta alle sempre più pressanti proteste contro gli approssimativi metodi d'indagine scientifica usati nei tribunali del Texas, lo Stato costituì una commissione di controllo, la Texas Forensic Science Commission. I primi casi a essere presi in esame furono quelli di Todd e di Ernest Ray Willis, il protagonista del caso di incendio doloso quasi identico al suo.

Dopo diciassette anni nel braccio della morte, Willis venne scarcerato grazie a un brillante gruppo di avvocati e al dottor Hurst, che aveva revisionato il suo caso e concluso che l'incendio non era stato doloso. Il pubblico ministero gli credette e ritirò le accuse.

In entrambi i casi il dottor Hurst concluse che non c'era stato dolo. Todd era morto. Willis era libero. Pubblici ministeri diversi, tribunali distrettuali diversi, stesso Stato.

La commissione affidò la revisione del caso Willingham allo scienziato Craig Beyler, famoso esperto di incendi. Giunse alle stesse conclusioni di Hurst, e affermò in maniera se possibile ancora più perentoria che la perizia di Fogg e Vasquez non aveva nessuna base scientifica. Avevano sottovalutato gli elementi che negavano l'origine dolosa dell'incendio, basandosi su convenzioni folcloristiche prive di fondamento e trascurando di esaminarne le potenziali cause alternative; inoltre non conoscevano nemmeno i rudimenti della dinamica degli incendi e avevano operato "al di sotto degli standard non soltanto odierni ma anche di allora". Definì le conclusioni di Fogg e Vasquez "nient'altro che una sfilza di opinioni personali che nulla ha a che vedere con un'indagine fondata su basi scientifiche".

Poco prima che la commissione esaminasse la relazione di Beyler, il governatore Perry ne destituì improvvisamente tre membri, incluso il presidente. Perry era ancora convinto che Todd fosse colpevole e arrivò a denigrare i professionisti che dicevano il contrario; sostituì il presidente della commissione con un magistrato del Texas. Il riassetto rimandò l'esame della testimonianza di Beyler e delle conclusioni di altri esperti a dopo le elezioni del governatore, che si sarebbero tenute di lì a poco.

Nel 2010 Perry si candidò alla rielezione e nel 2012 partecipò alle primarie per le Presidenziali.

Nel 2006 l'Innocence Project riunì cinque tra i più importanti esperti indipendenti nel settore degli incendi perché esaminassero le prove del caso. L'Arson Review Committee, la commissione deputata all'esame degli incendi dolosi, analizzò ogni dettaglio del rogo e criticò aspramente l'operato di Fogg e Vasquez. Una relazione lunga quarantotto pagine concludeva che l'incendio che aveva ucciso le tre piccole Willingham era stato accidentale: "I reperti esaminati e utilizzati dai periti rientrano in un quadro assimilabile a quello di un rogo accidentale che si sviluppa dopo un *flashover*".

E poi: "I consulenti scientifici dell'accusa [...] si affidarono all'interpretazione di 'indicatori' che per esperienza consideravano prove di incendio doloso. Non dubitiamo che fossero convinti di ciò che sostenevano, ma oggi è dimostrato che nessuno degli indicatori su cui si fondava la perizia aveva la minima validità scientifica".

E ancora: "Sfortunatamente per Mr Willingham, se è vero che il fuoco 'non ha mentito', Mr Vasquez non ha saputo interpretarne il messaggio. Lo zelo nel voler fornire una consulenza 'professionale' e la mancanza delle competenze necessarie per presentare alla giuria informazioni precise possono forse giustificare i numerosi gravi errori di Mr Vasquez. Un sistema giudiziario che avvalora testimonianze di questo genere, tuttavia, richiede una riforma approfondita".

La condanna si basava su due fonti: la perizia sull'incendio doloso e la testimonianza di Johnny Webb. Per infliggere la pena capitale non è tassativo chiarire il movente del delitto. L'accusa sapeva che non avrebbe trovato le prove di un movente, perché non c'era.

Sommersa dalle critiche riguardo alla perizia e alla deposizione di Fogg e Vasquez, l'accusa dovette fare i salti mortali per tenere buona la sua spia, Johnny Webb, che si era rivelato instabile e malato di protagonismo e aveva minacciato più volte di ritrattare e dire la verità.

Una spia bada per prima cosa al suo tornaconto. Ha una lunga condanna da scontare, e sa come sfruttare gli inquirenti a proprio vantaggio. Durante il processo dice ai giurati che non esiste nessun accordo, e mente. Un accordo c'è sempre. L'ha stretto con un pubblico ministero perfettamente consapevole che la spia sta mentendo. Indurre un testimone a mentire significa istigarlo allo spergiuro, ma i pubblici ministeri non vengono mai puniti quando le loro spie mentono in aula.

Mentre svisceravano i difetti clamorosi della perizia, giornalisti, avvocati e attivisti presero di mira anche il sostituto procuratore John Jackson. Se c'era stato un accordo con Johnny Webb, erano decisi a scoprirlo. Strano ma vero, ad aiutarli fu lo stesso Jackson: i suoi tentativi di proteggere Webb erano documentati da diversi scambi epistolari.

Per esempio, due mesi dopo il processo Willingham, Jackson aveva scritto a un funzionario della prigione per chiedergli di trasferire Webb in un'unità medica, decisamente migliore rispetto all'unità di protezione in cui si trovava. Nel messaggio, Jackson spiegava che Webb era un testimone chiave in un caso di omicidio punibile con la pena di morte e, in quanto spia, per lui era rischioso restare in mezzo agli altri detenuti. Aggiungeva che in aula poteva esserci ancora bisogno di lui, e per questo lo voleva in "un ambiente che gli garantisca il minimo rischio".

A distanza di un mese, con un'altra lettera, Jackson aveva chiesto di riportare Webb a Corsicana, nella prigione della contea di Navarro, perché vivesse in un ambiente ancora più sicuro. Il presunto motivo era che il detenuto aveva ricevuto minacce di morte e andava protetto. Avvicinarlo a casa, sapere che era letteralmente dietro l'angolo, avrebbe facilitato le cose a Jackson. "In caso di ribaltamento della sentenza vorrei poter contare sulla collaborazione continuativa di Webb" scriveva, ma la sua richiesta fu respinta.

Le lettere continuarono per tre anni, nel corso dei quali Jackson fece di tutto per tenersi buona la sua spia. Grazie a un amico, il ricco allevatore Charles Pearce, Jackson riuscì a far arrivare soldi al conto di Webb per gli acquisti nello spaccio della prigione. Nel 1995 quest'ultimo scrisse a Pearce che un secondino lo stava sollecitando a ritrattare la sua testimonianza, per placare altri detenuti che odiavano le spie. Pearce comunicò l'allarmante notizia a Jackson, che scrisse al direttore dicendo: "Sono desolato di doverla di nuovo disturbare con i problemi di Johnny Webb. Non è esattamente un cittadino modello, ma sarei molto allarmato se sapessi che il personale della prigione fa pressioni su di lui nel tentativo di convincerlo a cambiare versione".

Nel 1996 Webb scrisse a Jackson e chiese di essere trasferito in un carcere federale o nella prigione della contea di Navarro. Nella lettera, chissà se inavvertitamente o no, Webb ammetteva finalmente la verità. "Qui lo Stato mi ha offerto certi benefici in cambio della testimonianza che ha fatto condannare un uomo a morte. Visto che io sono stato di parola, anche allo Stato tocca esserlo, finché non sarò scarcerato" scrisse.

Jackson manovrò nell'ombra per garantire a Webb la scarcerazione anticipata. Fece pressioni sul giudice Kenneth "Buck" Douglas, lo stesso che aveva presieduto il processo a Todd e condannato Webb a quindici anni di carcere, perché abbreviasse la pena. A nome di Webb scrisse alla Commissione per la libertà condizionale e badò a confondere le proprie tracce garantendo che a Webb non era stato promesso nessuno sconto di pena in cambio della testimonianza, e che il detenuto non era nella posizione di "aspettarselo".

Jackson scrisse poi a Webb per rassicurarlo. Lo stesso fece Pearce. Entrambi gli garantirono che stavano facendo il possibile per scarcerarlo. Nonostante queste smancerie – davvero singolari, nei confronti di un criminale incallito –, Webb continuò a minacciare di dire la verità. Quando la sua richiesta di scarcerazione anticipata fu respinta, Jackson intervenne di persona e chiese clemenza al governatore. Gli fu negata. Ma Jackson era deciso a tenersi buono Webb finché gli avvocati di Todd Willingham avessero presentato ricorsi.

Nel 1996 Jackson fu eletto giudice al posto di Douglas. In quanto magistrato del tribunale distrettuale aveva molto più potere di quando era un semplice sostituto procuratore. Una delle sue prime mosse fu un'ordinanza che imponeva il trasferimento di Webb nella contea di Navarro per un'udienza. Dagli atti non risulta che tale udienza si sia mai tenuta.

Due anni dopo Webb fu finalmente rilasciato con la libertà condizionale. Andò subito da Pearce, che gli diede i soldi per comprarsi un pick-up e accettò anche di pagargli un corso di guida di veicoli commerciali. Webb ci si iscrisse, ma fu arrestato per droga e tornò in prigione. Come unica retribuzione dichiarò un assegno da 1000 dollari al mese che riscuoteva da Pearce. Si disse colpevole e fu condannato a due anni, ma sarebbe rimasto dietro le sbarre fino al 2007 per violazione della condizionale. Non appena fu in carcere, Pearce ricominciò a mandargli denaro.

A marzo del 2000, in prigione, Webb stese una memoria legale con tutti i crismi intitolata "Mozione per ritrattare la testimonianza". Nel documento manoscritto ammetteva di aver mentito riguardo a Todd Willingham e lo dichiarava "completamente innocente". Spedì la memoria al procuratore distrettuale, che la inoltrò al giudice John Jackson. Il documento non fu mai inviato agli avvocati di Todd, né venne incluso negli atti processuali di Webb, che alla fine lasciò perdere.

Ad agosto del 2000 il giudice Jackson scrisse a Webb e lo rassicurò che lui e Pearce stavano lavorando per farlo scarcerare di nuovo.

Nel 2004, mentre l'esecuzione di Todd si avvicinava, il suo avvocato Walter Reaves chiese una sospensione di novanta giorni. Aveva sentito dire che Webb aveva avuto un pick-up in cambio della sua testimonianza e voleva indagare.

Il giudice Jackson si oppose alla richiesta, che venne respinta.

Webb uscì in libertà condizionale nel 2007 e ritrattò di nuovo. In una serie di interviste registrate con il Marshall Project, un organo di informazione senza scopo di lucro che si occupa di giustizia penale, disse di aver reso la sua falsa testimonianza contro Todd Willingham perché John Jackson lo ricattava, minacciandolo di trattenerlo a lungo in prigione con l'accusa di rapina. Jackson gli aveva anche promesso uno sconto di pena.

David Grann è un pluripremiato giornalista che ha scritto, tra gli altri, per il "New Republic" e il "New Yorker". I suoi libri sono dei bestseller. Ad agosto del 2009 il "New Yorker" pubblicò un suo lungo reportage intitolato *Trial by*

Fire: Did Texas Execute an Innocent Man? ("La prova del fuoco: il Texas ha giustiziato un innocente?"). Era una denuncia scioccante del caso Willingham, che finì subito al centro del dibattito sulla pena capitale. Corredato di ricerche approfondite, scritto benissimo e sorprendentemente equilibrato, l'articolo sviscerava ogni aspetto della scienza delle indagini sugli incendi dolosi e concludeva che la relazione di Fogg e Vasquez era stata viziata da gravi errori. Grann aveva intervistato chiunque volesse parlare con lui: le famiglie, i vicini, i vigili del fuoco, gli avvocati, gli agenti di polizia, i pubblici ministeri, i testimoni, Johnny Webb, gli scienziati e persino alcuni giurati. I passaggi più importanti dell'articolo riguardano la storia delle perizie sugli incendi dolosi e la carenza di tecnici più competenti e meglio preparati.

Nel 2014 l'Innocence Project, che indagava sul caso Willingham da dieci anni, consegnò all'Ordine degli avvocati del Texas un'istanza contro il giudice John Jackson, sostenendo che dovesse essere indagato, sanzionato e forse perseguito penalmente per aver falsificato atti ufficiali, nascosto elementi probatori alla difesa, istigato allo spergiuro e ostacolato il corso della giustizia. L'istanza affermava che la condotta di Jackson era stata "indegna dei suoi doveri professionali, etici e costituzionali".

L'Ordine degli avvocati prendeva sul serio questo tipo di denunce. Nel 2013 aveva obbligato un giudice a rassegnare le dimissioni, consegnare la licenza e scontare dieci giorni in prigione per il famoso caso dell'ingiusta condanna di Michael Morton. Il giudice era stato il pubblico ministero del caso e aveva occultato alcune prove. Morton, accusato di aver ucciso la moglie, aveva scontato venticinque anni di prigione prima che l'esame del DNA lo scagionasse. Il giudice passò cinque giorni in prigione e fu scarcerato per buona condotta. Rimane l'unico caso in cui un pubblico ministero degli Stati Uniti responsabile di una condanna ingiusta abbia dovuto scontare a sua volta una pena.

Nel 2014 l'Ordine degli avvocati del Texas aveva chiesto e ottenuto la radiazione del procuratore distrettuale Charles

Sebesta, per negligenza professionale nel processo a Anthony Graves.

Aperta un'inchiesta su John Jackson, l'Ordine lo accusò di non aver informato gli avvocati di Todd che a Webb era stato promesso un trattamento di favore in cambio della sua testimonianza. Jackson negò e chiese di andare a processo. Nella contea di Navarro! Fu inviato un giudice speciale e vennero selezionati dodici giurati. Gli avvocati dell'accusa mostrarono un video in cui Webb ammetteva di aver mentito contro Todd perché Jackson gli aveva promesso un trattamento di favore. Quando però Webb fu chiamato al banco dei testimoni, non rispose alle domande. Si appellò cinquanta volte al Quinto emendamento e rifiutò di autoincriminarsi. La sua memoria non era più quella di un tempo. Disse quasi un centinaio di volte che non riusciva a ricordare nulla.

Undici giurati su dodici si pronunciarono a favore di John Jackson. Fu una sconfitta bruciante per l'Ordine degli avvocati del Texas e per l'Innocence Project, e una gratificante vittoria per il giudice.

Il 3 aprile 2014, interpellata dal governatore Perry su richiesta dell'Innocence Project, dei parenti di Todd e di Michael Morton, la Commissione per la grazia e la libertà condizionale del Texas si pronunciò sulla possibilità di concedere una grazia postuma a Todd Willingham. Alla luce delle indagini svolte, la commissione diede un responso negativo.

Un'ultima parola da Johnny Webb. Nel 2015, intervistato da Maurice Possley del Marshall Project, Webb si disse pentito di essersi fatto coinvolgere nel processo a Todd Willingham: "Ormai questa storia mi perseguiterà per sempre".

Ringraziamenti

John Grisham

Dopo aver scritto ogni singola parola dei miei primi cinquanta libri, qualcuno vorrà sapere perché ho deciso di lavorare con un coautore. La risposta sarcastica è che sono stanco e impigrito. Perché non lasciare che di metà del lavoro si occupi qualcun altro?

La risposta seria è che Jim McCloskey è un vero eroe americano. La sua avventura alla ricerca della giustizia è cominciata quando studiava al Princeton Theological Seminary. Ha dedicato la sua vita e la sua carriera a ridare la libertà a persone innocenti. Ha reso la Centurion un'istituzione potente che si batte per loro. La cosa più importante, però, è che Jim racconta storie grandiose. Sono onorato di condividere la copertina e il frontespizio con lui. Non capita tutti i giorni di poter lavorare con uno dei tuoi eroi.

Ho scritto tanti libri, anche troppi, ma Doubleday è sempre stata felice di pubblicarli con un entusiasmo che continua ancora oggi. Molti anni fa mi resi conto di quanto fossi fortunato a poter scrivere i libri senza dovermi preoccupare di come arrivavano al pubblico. Il motivo è che ho alle spalle una grande squadra che non ringrazio da troppo tempo.

Suzanne Herz segue il mio lavoro da trent'anni. Nel corso della sua carriera ha assunto vari ruoli – in ogni casa editrice ci sono moltissimi incarichi diversi – e io ho smesso di voler stare al passo già dal secolo scorso. Quello che so è che Suzanne riceve da me il manoscritto e circa tre mesi dopo mi spedisce, fresca di stampa, una bellissima edizione cartonata che sistemo con orgoglio su uno scaffale speciale insieme a tutte le altre. Non conosco tutti i dettagli di ciò che succede in quei tre mesi, ma so che la responsabile è lei. Ci confrontiamo e spesso discutiamo dell'immagine di copertina. Su alcuni titoli siamo stati in disaccordo. Spesso mi sollecita ad andare in giro a promuovere i libri. Sul lato creativo, Suzanne mi dice subito se la storia le piace, e quasi altrettanto in fretta mi dice il contrario. È libera di mettere in discussione qualsiasi dettaglio, anche di rifiutare il manoscritto fino all'ultima parola, e io la ascolto ogni volta. Non sempre sono d'accordo, e il battibecco che ne nasce è spesso piacevole. Suzanne conosce il settore, e possiede un suo modo sicuro e silenzioso di identificare un buon libro, portarlo in libreria e farlo vendere. I suoi scrittori le sono ciecamente fedeli.

La nostra fiducia reciproca è implicita e fondata su una lunga amicizia. Grazie, Suzanne.

Todd Doughty è un grande amico e il braccio destro di Suzanne. Insieme, noi tre abbiamo affrontato diversi minitour promozionali e ridiamo ancora delle nostre avventure. Todd si occupa della comunicazione – anche qui, il suo ruolo ufficiale mi sfugge – e conosce il mondo dell'editoria e delle librerie meglio di chiunque altro. Conosce ogni reporter, giornalista, produttore, editor e cronista del settore. Conosce bene e ha visitato centinaia di librerie americane. Legge di tutto e segue decine di scrittori, non soltanto della sua casa editrice. Guarda ogni programma televisivo e ogni film possibile e risponde sempre a tutte le domande del quiz "Double Jeopardy!" in una manciata di secondi. Grazie, Todd.

Insieme a Suzanne e Todd ci sono gli altri membri della squadra: Judy Jacoby si occupa della pubblicità, Lauren Weber del marketing, Eddie Allen della produzione. Vimi Santokhi è la caporedattrice, Jaci Updike gestisce le vendite per tutta la Penguin Random House.

Kris Puopolo è la nostra meravigliosa editor, che si è destreggiata con grazia tra i dieci racconti che le arrivavano in momenti diversi da due diversi scrittori.

Grazie anche a Neil Rosini, che da tanto tempo mi segue come avvocato nel settore letterario; è specializzato in diritto d'autore e diffamazione, e legge sempre il mio manoscritto con occhio critico in cerca di potenziali problemi. Per fortuna gli autori hanno sistemato quelli che ha scovato.

Grazie a Eric Brown per la consulenza legale nel corso degli anni. In quanto ex avvocato cerco ancora di comportarmi da buon cliente. Eric è sempre un professionista.

Grazie a Claire Leonard, Ana Espinoza e David Litman.

E come sempre, grazie a David Gernert, il mio agente e caro amico. Nel 1990, quando faceva l'editor a Doubleday, David ebbe la lungimiranza e la fortuna di acquistare il mio secondo romanzo, *Il socio*. Un'ottima mossa per entrambi. Pubblicò i miei cinque romanzi successivi, con risultati sempre più esaltanti. Nel 1995 David lasciò Doubleday e si mise a lavorare in proprio come agente superstar. Io fui il suo primo autore. Da allora ci siamo divertiti tantissimo, e anche se stiamo invecchiando non abbiamo nessuna intenzione di rallentare. Ci sentiamo praticamente ogni giorno, e raramente parliamo di libri. Ci aggiorniamo sulle novità di famiglia, commentiamo la partita di basket della sera prima, ci confrontiamo con timore sulle protesi d'anca che ci aspettano e di solito gli faccio un paio di battutacce quando i suoi adorati Mets perdono, cioè quasi sempre.

Jim McCloskey

Questo libro è frutto dell'ingegno di John Grisham. L'idea iniziale, il titolo, la proposta di raccontare dieci storie vere e incredibili di condanne ingiuste vengono da lui. A ispirarlo sono state la compassione e una profonda empatia per le vittime di questo genere di ingiustizie, e dalla sua indignazione per la frequenza con cui si verificano.

Quando all'inizio del 2021 John mi ha chiesto di scrivere in coppia con lui mi sono sentito onorato ma anche un po' in soggezione. Ancora non riesco a crederci. L'impresa è stata impegnativa, ma lavorare con John è sempre un piacere: è affabile, generoso, collaborativo. Completato il progetto, ho subito sviluppato sintomi da astinenza. Scrivere *Incastrati* insieme a John è stato il punto più alto della mia carriera.

Sono eternamente debitore alla squadra editoriale di Doubleday, che con tatto e competenza ha reso queste storie così leggibili. L'editor con cui ho lavorato fianco a fianco è stata Kristine Puopolo, vicepresidente della casa editrice e direttrice editoriale della *non fiction*. Kristine ha reso il processo dell'editing quasi godibile e ha abilmente e significativamente migliorato quello che le avevo dato. Mi mancherai, Kris. Un contributo importante l'ha dato la sua assistente, Ana Espinoza, determinante per la gestione della raccolta di fotografie usate nei miei cinque capitoli.

Sono oltremodo grato alla mia agente letteraria, Deborah Grosvenor, che mi ha coperto le spalle in tanti modi. Dall'inizio della nostra collaborazione, nel 2014, è diventata una cara amica. È lei che ha venduto a Doubleday i diritti del mio memoir *When Truth Is All You Have*. Inoltre ha revisionato ciascuno dei miei cinque capitoli di *Incastrati* prima che li inviassi a Kristine Puopolo, con la quale ha lavorato a stretto contatto su una varietà di questioni. Mi ha consigliato sui diversi contratti necessari a formalizzare la mia collaborazione come autore con John e Doubleday/Penguin Random House. Senza di lei mi sarei perso. Grazie, Debbie, di fare quello che fai per me in modo così efficace, e con pazienza e allegria.

John e io meriteremmo una sgridata se non riconoscessimo il valore di Corban Addison Klug, straordinario redattore incaricato del fact checking e a sua volta abile autore di *non fiction*. Corban ha controllato con diligenza e meticolosità tutti e dieci i capitoli per verificarne le informazioni e creare le note finali che collegano diverse importanti dichiarazioni alle loro fonti. Su mia richiesta ha inoltre fornito spunti e suggerimenti per i miei cinque capitoli.

Grazie a Tyler Spikes, l'archivista della Centurion, che si è fatto in quattro per organizzare e selezionare le fotografie dei soggetti dei miei capitoli. Tra i vari compiti ha dovuto rintracciare le immagini, risalire ai proprietari, assicurarsi il diritto di usarle: una bella sfida, considerati gli anni e lo spazio geografico che le separavano.

Adesso mi rivolgo agli uomini e alle donne di cui ho seguito i casi, senza i quali questo libro non esisterebbe. Grazie di averci permesso di raccontare le vostre storie. Spero che vi darà un po' di conforto e che vi aiuterà ad alleviare l'indicibile sofferenza che avete sopportato tanti anni fa e che segna le vostre vite ancora oggi. Grazie a Clarence Brandley, morto nel 2018; a Mark Jones, Kenneth Gardiner e Dominic Lucci; a Ellen Reasonover; a David Alexander e Harry Granger; a Kerry Max Cook.

Scrivendo le vostre storie ho rivissuto nel profondo quello che vi è successo e ho provato un'ammirazione e un rispetto ancora più profondi per il coraggio e la grazia che vi hanno miracolosamente permesso di sopportare l'intollerabile. Mi è tornato in mente quello che dice san Paolo nella Lettera ai Romani: "la tribolazione produce pazienza, la pazienza una virtù provata e la virtù provata la speranza. La speranza poi non delude". Nessuno lo dimostra meglio di voi.

Siccome sono tantissimi, non posso nominare uno per uno tutti gli avvocati, gli investigatori, i giudici e i testimoni che sono stati determinanti nell'impresa di prosciogliere i detenuti innocenti di cui parlo nei miei capitoli. Anche se sono tutti citati per nome nelle loro rispettive storie, vorrei comunque fare una menzione d'onore ad alcune di queste anime coraggiose.

Paul Henderson entrò a far parte della Centurion nel 1988 in qualità di investigatore, dopo una carriera da giornalista investigativo e vincitore del premio Pulitzer al "Seattle Times". Lavorò generosamente insieme a me a tre di questi casi: Reasonover a St Louis; Alexander e Granger in Louisiana; Jones, Gardiner e Lucci a Savannah. È mancato qualche anno fa all'età di settantotto anni. Tutti noi della Centurion non dimenticheremo mai la sua inesauribile energia e l'impegno dedicato a queste persone e a molti altri "clienti" dell'associazione.

Peggy Woodward e Steve Woodring meritano un riconoscimento speciale per aver preso posizione in favore di Alexander e Granger nella contea di Iberia. Nella sua lotta decennale per liberare i due uomini, Woodward affrontò con coraggio l'ostile e implacabile ufficio del procuratore distrettuale e l'intero sistema giudiziario della Louisiana. Woodring, contro il volere dei suoi ex colleghi delle forze dell'ordine, difese Alexander e Granger a spada tratta, ribadendo inequivocabilmente la sua convinzione della loro innocenza a chiunque volesse ascoltarlo, inclusa la trasmissione "60 Minutes".

Grazie a Bill Srack, l'unico giurato che votò "non colpevole" durante il primo processo a Clarence Brandley, facendolo annullare. Gli altri membri della giuria lo derisero e ridicolizzarono, definendolo "amico dei negri". Nei mesi successivi al processo, lui e la moglie ricevettero giorno e notte minacce telefoniche anonime. Soltanto per aver votato secondo coscienza. Mary Johnson pagò a caro prezzo l'aver testimoniato contro il suo capo, il giudice Martin, durante l'udienza davanti al giudice Perry Pickett. Fu licenziata dal posto di stenografa del tribunale e divenne "persona non gradita" nel palazzo di giustizia di Conroe. Alla fine ci rimise la carriera.

Infine voglio ringraziare mio fratello Richard e mia sorella Lois per l'incoraggiamento e il sostegno morale negli ultimi due anni di scrittura. Per lo stesso motivo tutta la mia affettuosa gratitudine va anche alla mia famiglia della Centurion, capeggiata dal direttore esecutivo Corey Waldron.

Nota sulle fonti

John Grisham

A differenza di Jim, che le ha rese possibili, io queste storie non le ho vissute. Lui sì che è sceso in trincea – per le strade, nei vicoli, nei bar, nelle prigioni e nei tribunali – a scavare in cerca della verità. È stato il personaggio principale, il protagonista, il centro della trama attorno al quale girava un cast nutrito e disordinato di testimoni, informatori, avvocati, pubblici ministeri, giudici, famiglie e, ovviamente, imputati e imputate innocenti. È stato lui a spronarli a scoprire o a dire la verità.

Io sono arrivato a queste vicende soltanto attraverso i giornali e le riviste, i libri, i ricorsi e gli atti processuali, le motivazioni dei giudici, anche qualche documentario. Mi sono basato sul lavoro di altri, che in questa sede trovo giusto citare.

I QUATTRO DI NORFOLK

Nell'agosto del 2007 sul "New York Times" comparve un articolo intitolato *Che cos'è successo a Norfolk?*. Io abito in Virginia, ma Norfolk è lontana da casa mia, e non avevo mai sentito parlare della vicenda. L'articolo, di Alan Berlow, è un interessante resoconto delle incredibili storture nell'indagine della polizia di Norfolk. Nel 2007 i quattro marinai erano in prigione da diversi anni, e parecchi avvocati stavano cercando di farli scarcerare. Conoscevo un paio di loro e li contattai. Mi fecero leggere i dossier e mi inviarono persino una copia della richiesta di grazia giunta al governatore dello Stato.

Richard Leo insegna diritto alla University of San Francisco ed è esperto in tattiche degli interrogatori polizieschi e false confessioni. Tom Wells ha scritto molto riguardo alle condanne ingiuste. I due, nel 2009, pubblicarono un libro notevole, *The Wrong Guys: Murder, False Confessions, and the Norfolk Four*, che getta luce sulla condotta autoritaria della polizia di Norfolk e spazza via ogni dubbio sul fatto che le confessioni furono estorte e scorrette. Ne tengo una copia sullo scaffale dietro la scrivania. In copertina ci sono i quattro volti dei giovani marinai in divisa, quasi trent'anni fa. La guardo tutti i giorni.

Per liberarli, un piccolo esercito di avvocati ha lavorato più di dieci anni. Ne cito alcuni, quelli che mi hanno aiutato, e mi scuso in anticipo con chi inevitabilmente dimenticherò. George Kendall, all'epoca dello studio Holland & Knight, Des Hogan di Hogan & Hartson, e Don Salzman dello studio Skadden Arps mi hanno aperto i loro dossier. In particolare Don mi è stato d'aiuto rileggendo il manoscritto e segnalando gli errori.

GIOCARE ALL'AUTOPSIA

Nel 2007 ebbi un piccolo ruolo nella fondazione dell'Innocence Project presso la facoltà di legge della "Ole Miss", la University of Mississippi. Come direttore esecutivo fu nominato Tucker Carrington, che da allora è mio amico. Anche mio figlio Ty ha studiato legge alla Ole Miss e ha collaborato con la sua squadra.

Nel 2018, insieme all'impavido giornalista investigativo Radley Balko, Tucker pubblicò il libro *The Cadaver King and the Country Dentist*, una denuncia della campagna di terrore dei dottori Steven Hayne e Michael West, a cui ebbi l'onore di scrivere la prefazione. Qualche anno dopo io e Tucker ipotizzammo di scrivere un libro sulle ingiuste condanne di

Kennedy Brewer e Levon Brooks, ma non trovammo il tempo. Il volume scritto da lui e Radley è un eccellente resoconto di una vicenda che non smette di lasciarmi a bocca aperta.

IGNOTO 1

Paul Casteleiro è il coordinatore processuale della Centurion e se la vede da decenni con i pubblici ministeri e i procuratori. Durante uno dei suoi resoconti al consiglio direttivo riassunse il bizzarro caso di Chester, in Pennsylvania. Lui e la Centurion rappresentano Sam Grasty, e mi ha incoraggiato a indagare sul caso.

Vanessa Potkin è l'avvocata di punta dell'Innocence Project di New York e vanta un curriculum di tutto rispetto: probabilmente, soltanto Jim McCloskey ha fatto scagionare più persone. Rappresenta Morton Johnson e mi è stata di grande aiuto.

A Chester, l'avvocato Guy Smith mi ha raccontato tanti di quegli aneddoti pittoreschi da riempirci vari libri. Rappresentava Morton al processo del 2001 e da oltre cinquant'anni si batte per i suoi clienti nella contea di Delaware e a Philadelphia.

L'ASSENZA DI UN MOVENTE

Pamela Colloff è una pluripremiata reporter di ProPublica nonché una firma del "New York Times Magazine". Nel 2018 pubblicò un documentato servizio in due parti intitolato *Blood Will Tell*. Parlava dei rilievi sbagliati che fecero condannare Joe Bryan a trentaquattro anni di galera.

Una degli avvocati di Joe, Jessica Freud, ha risposto a tutte le domande che mi sono sorte. L'ho conosciuta in carcere quando ho fatto visita a Joe.

Walter Reaves di Waco ha rappresentato sia Joe Bryan sia Cameron Todd Willingham (protagonista del capitolo "*Il fuoco non mente*"), e ha sempre risposto con prontezza alle mie domande.

Nel 2009 il giornalista del "New Yorker" David Grann raccontò l'incredibile storia dell'esecuzione di Willingham e del ruolo avuto dalle perizie scientifiche scorrette. Fu la prima volta che sentii parlare della vicenda.

È di gran lunga il caso con la maggiore copertura mediatica, protagonista di centinaia di articoli su quotidiani e riviste. Il rapporto conclusivo della Texas Forensic Science Commission è lungo novecento pagine. Mi sono basato sugli approfonditi reportage di David Grann, del Marshall Project, di "Texas Tribune", "Chicago Tribune" e "Houston Chronicle", oltre che sulle pubblicazioni online firmate ACLU, Innocence Project e Time.com.

La vicenda ha ispirato due film e un documentario. "Frontline" ne ha ricavato una serie di video. E la storia non è ancora finita.

Jim McCloskey

Come scrivo nella prefazione, i cinque casi che racconto sono quelli che ho gestito personalmente e su cui ho indagato dall'inizio alla fine del coinvolgimento della Centurion. Prima di lavorare a un caso, alla Centurion siamo soliti rintracciarne e leggerne tutti gli atti, e con il procedere dell'indagine è inevitabile che vi aggiungiamo nuovi fascicoli. Intratteniamo anche fitti scambi epistolari con i nostri potenziali clienti.

Nella stesura dei miei racconti mi sono basato su un ampio repertorio di materiali d'archivio della Centurion, che include, tra gli altri, i verbali dei processi e delle udienze probatorie pre e post processuali (federali e statali), le memorie degli avvocati, i verbali della polizia, le motivazioni delle sentenze, le carte dei casellari giudiziali, i rapporti investigativi della Centurion e gli appunti sugli interrogatori dell'epoca. In ciascun caso si è trattato di migliaia, ma anche decine di migliaia, di pagine. Queste fonti, e il costante confronto con i protagonisti delle vicende, mi hanno permesso di raccontarle con la massima precisione possibile.

COLPEVOLE FINO A PROVA CONTRARIA

Nel racconto della vicenda di Clarence Brandley ho potuto contare sul preziosissimo volume *White Lies* di Nick Davies, pubblicato nel 1991 da Pantheon Books. Come lui stesso spiega nella prefazione, a partire dall'autunno del 1987 l'esperto giornalista investigativo inglese Davies trascorse due anni e mezzo negli Stati Uniti a scrivere il libro, svolgendo ricerche e intervistando i protagonisti della vicenda su entrambi i fronti. Davies fa una cronaca di come si svilupparono le accuse contro Clarence prima che, all'inizio del 1990, la condanna che gli era stata inflitta fosse annullata. Offre anche una nitida descrizione del clima culturale e della storia razziale di Conroe.

A settembre del 1987 la prestigiosa rivista "Texas Monthly" pubblicò un dettagliato articolo del compianto Tom Curtis riguardo a Clarence. Era ricco di informazioni preziose e si intitolava *Guilty Until Proven Innocent*, ovvero "Colpevole fino a prova contraria"; oltre ad annoverarlo tra le mie fonti ho scelto di riprenderne il titolo, perché riassume perfettamente la filosofia che portò le forze dell'ordine locali a rinchiudere Clarence nel braccio della morte.

Feci parte del team difensivo dal 1987 in poi, e dedicai gran parte di quell'anno a cercare nuove prove e a preparare l'udienza probatoria che si tenne in autunno. Il mio coinvolgimento personale nel caso di Clarence e la rilettura completa di tutti gli atti sono stati preziosissimi quando si è trattato di scriverne la storia.

"60 Minutes" trasmise il servizio di Harry Reasoner nel 1987. Ho tratto informazioni anche dai materiali raccolti all'epoca dalla redazione del programma televisivo.

L'ULTIMA SERATA TRA AMICI

Tra il 2003 e il 2009 Jock McFarlane, un volontario della Centurion, collaborò con i parenti e gli ex avvocati di Mark Jones, Dominic Lucci e Kenneth Gardiner, incriminati e condannati per il delitto di Savannah del 1992, nella raccolta di atti e carte processuali. Nell'analisi della vicenda fu aiutato da Deborah McGill, la madre di Mark Jones, che rintracciò una quantità enorme di documenti e glieli fece avere.

Gli studi legali di Savannah che avevano assistito i soldati, convinti della loro innocenza, diedero alla Centurion un aiuto prezioso, mettendo a disposizione i propri archivi e le informazioni raccolte riguardo ai protagonisti della vicenda e a tutto ciò che era venuto fuori prima e durante il processo del 1992.

Io sono riuscito a scrivere questa storia basandomi sul mio coinvolgimento pluriennale e affidandomi ai documenti d'archivio della Centurion, che includono i verbali del processo del 1992 e dell'udienza probatoria del 2013, seicento pagine di verbali della polizia, i nostri rapporti investigativi e appunti sugli interrogatori, le motivazioni delle sentenze, i dettagliati reportage dei quotidiani di Savannah e le mozioni delle parti in causa dall'inizio del processo in poi.

I NASTRI FANTASMA

Kate Germond della Centurion ha dedicato anni all'ottenimento e allo studio accurato dei verbali dei processi, della storia legale e di una lunga serie di altri documenti relativi al caso di Ellen Reasonover, ed è al suo lavoro che ho attinto nella stesura del capitolo. Kate ha intrattenuto anche un lungo rapporto epistolare con Ellen, ottenendone la sua versione dei fatti e una dettagliata autobiografia. Diverse informazioni determinanti sono tratte da un reportage del "Washington Post" datato 1984.

Oltre che sulle numerose relazioni dei detective della Centurion a seguito di indagini e interrogatori, mi sono basato sui verbali del primo processo e dell'udienza federale davanti alla giudice Hamilton, sulle memorie presentate dall'accusa e dalla difesa, sulle motivazioni dei giudici (in particolare sulle settantacinque pagine con cui Hamilton annullava la condanna a Ellen) e su numerosi documenti della polizia, fra i quali le trascrizioni degli interrogatori a numerosi testimoni.

ATTRAVERSO LO SPECCHIO

Vent'anni dopo le condanne di David Alexander e Harry Granger, le corti statali e federali avevano sommariamente respinto ogni ricorso in appello senza neanche concedere il beneficio di un'udienza. Nel 1996, quando la Centurion raccolse il testimone e cominciò a lavorare per David e Harry, in tutta la Louisiana non c'era un avvocato penalista disposto a occuparsi del caso, giudicato un vicolo cieco dal momento che ogni strada giudiziaria era stata battuta due volte. L'unica eccezione era l'avvocata Margaret "Peggy" Woodward di New Orleans.

Nel ridurre a un breve capitolo questa complicata saga trentennale mi sono stati di enorme aiuto gli scritti di Peggy, lunghi e meticolosi. Nel 1999 giustificò la richiesta di uno sconto di pena presentando una memoria di centosettantotto pagine in cui elencava in dettaglio gli aspetti assurdi della tesi accusatoria e dimostrava che tutti e sei gli imputati erano innocenti. Vi allegava centoquarantasei reperti tra atti processuali, rapporti investigativi e deposizioni dei testimoni raccolte da lei stessa e, dopo aver unito le nostre forze, dalla Centurion. Purtroppo, le corti statali e federali respinsero questa richiesta.

Riguardo alla vicenda, Peggy ha scritto un libro tuttora inedito che si intitola *... And Counting* ed è lungo quattrocentotrentasei pagine. Mi ha permesso di attingervi come e quanto volevo, ed è stato preziosissimo nella stesura del capitolo. Racconta tutta la storia di queste ingiuste condanne in una prosa limpida e raffinatissima.

L'inviato di "60 Minutes" Ed Bradley realizzò un avvincente reportage sul caso di Alexander e Granger, intitolato *Chi ha ucciso Louis Gladu?*. Anche il suo punto di vista sulla vicenda si è dimostrato utile nella stesura del capitolo.

"OH, QUANT'È INTRICATA LA TELA CHE TESSIAMO QUANDO PER LA PRIMA VOLTA A INGANNAR CI ESERCITIAMO"

Il capitolo su Kerry Max Cook è lungo il doppio degli altri. Chiedo scusa, ma era inevitabile. La sua storia è un giro sulle montagne russe che si è concluso soltanto nell'estate del 2024, dopo quarantasette anni, quando la più alta corte del Texas ha sancito la piena innocenza dell'imputato. Sarò eternamente grato a John Grisham e a Kristine Puopolo, vicepresidente e direttrice editoriale della *non fiction* di Doubleday, per avermi concesso lo spazio necessario. È un caso che si commenta da sé.

La Centurion cominciò a occuparsi di Kerry nel 1991 e, insieme all'avvocato Paul Nugent di Houston, lo assistette nei nuovi processi del 1992 e del 1994, e fino alla vigilia di quello del 1999. Le fonti a cui ho potuto attingere sono sterminate: i verbali di tre processi, importanti trascrizioni di udienze del gran giurì, rapporti dettagliati sulle indagini e sugli interrogatori della polizia, perizie scientifiche, quarant'anni di memorie degli avvocati e decisioni dei giudici, approfonditi articoli pubblicati da giornali e riviste, più le relazioni interne, gli appunti e i rapporti investigativi prodotti dalla Centurion nel corso degli anni Novanta.

Nella preparazione del capitolo mi sono state di grande utilità le motivazioni con le quali nel 1996 la Corte d'appello del Texas annullava la sentenza di condanna del 1994. Un'altra risorsa importante è stato il memoir di Kerry, *Chasing Justice*, pubblicato nel 2007 da William Morrow. Se vi chiedete che cosa significa vivere per vent'anni da innocenti nel braccio della morte, vi consiglio caldamente questa storia vera e ben scritta. Ho trovato molti spunti anche negli articoli pubblicati su "Texas Monthly" dal giornalista investigativo Michael Hall; in particolare cito quello di aprile 2017, intitolato *The Trouble with Innocence* ("Il problema dell'innocenza"). Anche David Hanners, oltre ai numerosi e inestimabili articoli apparsi sul "Dallas Morning News" per tutta la tortuosa durata della vicenda, a marzo del 2015 scrisse un importante servizio su "Texas Monthly".

Nel 2015, dopo la scarcerazione, Kerry presentò un'istanza di *habeas corpus* e chiese la cancellazione della sua condanna per omicidio e, basandosi sui risultati delle ultime analisi del DNA, la piena assoluzione. A seguito di un'udienza del 2016, il giudice raccomandò alla Corte d'appello del Texas di annullare la condanna alla luce delle nuove prove, ma respinse la richiesta di assoluzione. Dopo otto lunghi e tortuosi anni, la corte stupì la giustizia texana emettendo una sentenza di centosei pagine che criticava aspramente le autorità della contea di Smith per avere ingiustamente condannato un innocente, Kerry Max Cook. Le dettagliate carte del procedimento legale del 2015-16 e le approfondite motivazioni della sentenza mi hanno consentito di scrivere un resoconto aggiornato della posizione legale di Kerry.

È di capitale importanza che il lettore creda all'accuratezza di ciascun racconto. Io, scrivendoli, ho fatto del mio meglio per non tradire né violare la sua fiducia.

Certificato PEFC
Questo prodotto è realizzato con materia prima da foreste gestite in maniera sostenibile e da fonti controllate
PEFC/18-32-03
www.pefc.it

Mondadori Libri S.p.A.

Questo volume è stato stampato
su carta HOLMEN
con fibra vergine proveniente da foreste sostenibili holmen.com/paper
presso ELCOGRAF S.p.A.
Stabilimento - Cles (TN)

Stampato in Italia - Printed in Italy